4차 산업혁명 시대의
융합형 인재를 위한

SMART 융합기술과 혁신경영

Smart Convergence Technologies and Innovation Management

우기훈 · 김석준 · 송영화

MEDIA JIPHIL
(주)지필미디어

4차 산업혁명 시대의 융합형 인재를 위한

SMART 융합기술과 혁신경영

Smart Convergence Technologies and Innovation Management

지은이 우기훈, 김석준, 송영화

발행처 (주)지필미디어

주　소 경기도 파주시 문발로 132, 402호(구, 문발동 531-4/우편번호 10881)

전　화 (031)957-4504

팩　스 (031)957-4503

이메일 jiphil@hanmail.net

홈페이지 jiphil.co.kr

발행인 김성남

발행일 2020년 1월 30일 초판 1쇄

등록번호 2제 312-1997-000043호 (1997년 07월 16일)

ISBN 979-11-86674-64-2 / 93320

가　격 29,000원

머리말

2002년 6월 20일 필자는 미국 샌프란시스코로 가는 비행기에 무거운 마음으로 몸을 싣고 있었다. 코트라 샌프란시스코 무역관장으로 부임하기 위해서다. 그것은 10년 가까이 프랑스 파리에서 머물면서 섬유, 가죽 제품, 완구, 장신구 등의 수출을 위해 이리 뛰고 저리 뛰고 난 후의 일이었다. 파리 13구 뒷골목의 수입상 사무실을 전전하던 필자가 그때부터는 실리콘벨리에 있는 글로벌 IT기업의 경영진을 상대로 뭔가 해내야 했다. 큰 도전이었고 실리콘 밸리에서의 생존을 걱정하지 않을 수 없었다.

당시의 실리콘 밸리는 닷컴 버블이 막 꺼진 상태였지만 한국은 통신 기술 개발의 빛나는 업적과 반도체 산업의 약진으로 IT 산업의 새로운 강자로 부상하고 있었다. 덕분에 미국기업들의 한국에 대한 관심은 오히려 더 커지고 있던 상황이었다. 일 할 분위기는 그렇게 나쁘지는 않았던 것이다. 그러나 실리콘밸리에 입성한 이후 한 동안 필자는 엄청난 무력감에 시달리지 않을 수 없었다. 말하자면 '내 실력으로는 실리콘 밸리에서 밥 값하기는 글렀다.'는 생각이 항상 짓눌러 왔기 때문이다.

문제는 기술에 대한 얄팍한 지식이었다. 실리콘 밸리에서는 파리에서 불어로 섬유제품을 팔던 실력은 아무런 도움이 되지 않았다. 보잘것없는 기술 지식으로는 어렵사리 약속을 잡았던 글로벌 IT 기업 경영진과의 대화를 5분도 지탱하기 어려웠던 것이다. 이러다간 서울로 불려 들어갈 판이었다. 이로부터 필자의 이판사판 노력은 시작되었다. 우선 실리콘 밸리 세미나란 세미나는 거의 모두 참가해서 기술에 대한 지식을 습득하고 한국 IT 엔지니어 모임(KIN)의 이사직을 맡고 한국 생명공학자모임(KOLIS)를 후원하면서 과학 기술 전문인들과의 교류를 쌓아 갔다. 무역관의 직원들도 공과대학 출신으로 바꾸었고 IT 컨설턴트도 별도로 고용하였다. 좌충우돌 미국과 한국 기업들을 만나며 정신없이 지내다 보니 어느 새 적지 않는 실리콘 밸리 IT기업의 R&D센터들을 한국으로 유치할 수 있었다. 그토록 필자를 눌러왔던 밥값 걱정을 가까스로 덜게 된 것이다.

필자는 두서없이 이야기한 개인적 체험을 통하여 글로벌 시장에도 먹힐 수 있는 인재가 되기 위해서는 무엇보다도 경영과 기술이 융합된 지식과 사고가 필요하다는 것을 절실히 깨달았다. 그 이후 필자는 기술경영을 더 연구하여 기술 경영학 박사학위를 받게 되었고 건국대학교 초빙교수로 '공학기술과 경영'이라는 과목을 강의하게 되었다. 이 과목은 기술 지식이 부족한 사회과학도들에게, 거꾸로 경영 지식이 생소한 공학도들에게 경영과 기술에 대한 융합 지식을 제공할 수 있는 융합 교과목이었다. 지금 진행되고 있는 4차 산업혁명은 인재들에게 융합적 지식과 사고들 요구하고 있고 이에 부응하기 위해서는 다학제적인 학습과 노력이 더 없이 중요하게 되었다. 특히 최근 기업들은 입사의 문을 두드리는 인재들에게 핵심역량(core competence), 포터의 5 forces' model, 4차 산업혁명 기술 등에 대한 질문을 거침없이 쏟아 내고 있어 지금은 전공만으로 대응할 수 있는 시대가 아닌 것이다.

이 책은 깊이 있는 이론서가 아니다. 현장과 학교를 경험한 저자들이 사회의 현장에서 인재들에게 요구하고 있는 경영과 기술혁신에 대한 흐름과 지식을 정리한 것이다. 이 책의 내용은 이론서에서 벗어나 사회과학도와 공학도들의 머릿속에 기술과 경영에 대한 최근 지식과 사고의 체계를 넣어 주기 위한 것으로 이루어져 있다.

이 책은 3부로 구성되어 있다.

제 1부에서는 과학, 경영, 기술의 뿌리를 다루었다. 이를 통하여 눈앞에 보이는 현상만 보는 것이 아니라 보다 깊이 있게 세 부문의 흐름을 관조할 수 있는 바탕을 제공하고자 하였다.

제 2부에서는 기술 혁신에 대해서 가장 핵심적인 내용을 정리하였다. 혁신에 대한 개념, 모습, 라이프 사이클, 기술 사업화 등을 서술함으로써 현장의 요구에 부응할 수 있는 지식을 주로 담았다.

제 3부는 IT 기술을 바탕으로 한 4차 산업 혁명의 기술의 흐름을 알기 쉽게 서술하였다. 이 내용을 통하여 독자들은 4차 산업 혁명의 핵심 기술에 대한 이해도를 높이고 미래에 대한 통찰력도 키울 수 있을 것으로 생각한다.

이 책은 필자와 더불어 건국대학교 기술경영학과 초빙교수 김석준 박사, 기술경영학과 송영화 교수가 공동으로 저술하였다. 김석준 박사는 KT의 미래 융합 사업 전략실 상무로 재직하면서 KT의 융합형 신사업 진입 전략을 주도하였다. 김석준 박사는 융합기술에 대한 전문가로서 그 동안 다수의 저서를 통해 현장에서 작동하고 있는 기술영역을 알게 쉽게 설명하여 왔다. 송영화 교수는 동경대 기술경영학과 박사 출신으로 한국전자통신 연구원에서 연구실장으로 재직하였다. 송영화 교수는 현장과 대학에서 많은 연구 실적과 경험으로 쌓은 한국 기술혁신학계의 새로운 기둥이기도 하다. 송영화 교수는 이 책의 전반에 걸쳐 방향 설정과 자료를 제공함으로써 사실상의 주 저자 역할을 하였다.

이 책은 저자들의 오랜 현장 경험과 대학에서의 연구와 강의를 바탕으로 집필된 만큼 4차 산업 혁명시대의 융합형 인재 육성에 기여할 수 있는 서적이 되기를 기대한다.

건국대학교 기술경영학과 초빙 교수 겸 스마트 혁신 경영 연구소 대표 **우기훈**

차 례

PART 1 기술경영의 뿌리를 찾아서

PART 3 세상을 바꾸는 융합과 연결 - 기술트렌드

PART 1

기술경영의 뿌리를 찾아서

제1장
과학과 기술의 탄생과 발전

1. 경영, 과학 그리고 기술의 융합이 요구되는 시대

기술경영(MOT, management of technology)이란 용어를 처음으로 접했을 때 다소 생소하게 느껴지는 것이 사실이다. 우선 기술경영학이 학제적으로 어디에 뿌리를 두고 있을까 하는 의문을 가지게 된다. 그것은 오랫동안 과학기술과 사회과학이 서로 분리되어 다루어져 왔기 때문일 것이다. 우리가 고등학교 시절부터 경험하였듯이 반 편성부터 문과반, 이과반으로 구분되어 왔고 대학교에 진학하여서도 사회 과학도와 공학도 사이의 교류는 그다지 많지 않았다. 사회 진출 후에도 그 성장과정은 매우 달랐다. 그러나 언제부터인가 과학기술의 발전과 함께 기술에 대한 이해 없이는 경영자로서는 성공이 어려우며 공학적 배경을 가진 전문가들이 세계적인 기업의 경영자로서 성공하고 있는 사례가 오히려 더 많이 생겨나고 있다.

이와 같은 추세는 개인적인 커리어 관리에서도 시사하는 바가 크다. 필자가 실리콘 밸리에서 일할 때 간혹 지인들과 실리콘 밸리에서 성공하려면 개인적인 커리어 패스를 어떻게 관리하여야 할까 하는 이야기를 종종 나누곤 하였다. 결론적으로 공대 출신으로 MBA과정을 거치는 것이 가장 이상적인 경로라는 것이 대체적인 합의였다. 이는 지금까지 기업의 CEO는 경영학에 대한 지식과 능력이 필요하다는 당연한 논리가 실리콘 밸리에서는 먹히지 않는 그런 경우를 많이 보아 왔기 때문이다. 실로 공학적인 지식이 없는 경영학 전공자가 실리콘 밸리 기업을 방문하였을 때 글로벌 기업들과 미팅을 5분도 이끌어 가기도 버거운 경우가 종종 생겨나기도 하였다. 기초적인 기술 용어도 제대로 구사하지 못하는 상대에게는 냉정하게 미팅을 마무리해버리는 비즈니스맨들을 쉽게 만날 수 있는 곳이 실리콘 밸리였다. 이에 더하여 이공계 출신의 CEO가 세계적인 혁신 기업을 창업하여 와해적 혁신(disruptive innovation)을 통해 산업과 기업의 판도를 뒤바꾸는 모습을 직접 눈으로 볼 수 있는 곳도 실리콘밸리이다.

실리콘 밸리에서 내노라하는 CEO들의 면면을 살펴보면 과학과 기술 그리고 경영에 대한 융합적인 지식이 이들의 성공을 뒷받침하고 있다는 것을 알 수 있다. 구글 창립자 래리 페이지(Lawrence Edward Larry Page)는 컴퓨터 공학을 전공했다. 아마존의 창립자 제프 베조스(Jeffrey Preston Bezos)는 프리스턴 대 물리학과로 입학하여서 컴퓨터 과학과 전기공학 학위를 받았다. 또한 페이스북(Facebook)의 창업주 마크저크 버그(Mark Elliot Zuckerberg)는 하바드 대에 심리학 전공으로 입학하였으나 대부분 과학수업에 참여하였던 것으로 알려져 있다. 이와 같은 사례는 공학적 지식을 바탕으로 성공적인 경영자가 된 경우이다. 타고난 경영 감각으로 현실적인 수요를 파악하고 공학 지식의 기술적 구현 방안을 강구하였던 것이다.

이와 같이 융합적 지식과 역량이 필요한 상황은 제4차 산업 혁명 시대의 도래와 더불어 더욱 심화되고 있다. 이러한 수요에 대한 해결 방안을 제시하는 분야가 기술경영학이라고 할 수 있다. 현재는 공학과 사회과학의 한 분야인 경영학 간의 연계가 활발히 일어나고 있으나 학제적인 접목의 역사는 그리 오래되지 않았다. 기술경영학이 새로운 학문영역을 자리 잡기 위한 노력은 최근의 일이다. 따라서 현실적으로도 우리나라 학제에서는 기술경영학과를 경영대학에 두고 있는 대학교가 있는가 하면 공과대학에 설치하고 있는 경우도 있다. 이와 같은 기술경영학의 정체성 혼돈으로 경제발전론에 대한 기술경영학의 학문적 기여와 현실적인 경제문제 해결에 대한 실용적 기여에도 불구하고 학문으로서의 가치가 과소평가되어 그 발전은 더디었다. 따라서, 기술경영학의 뿌리를 살펴보고 학제적인 구분을 분명히 하는 것이 기술경영학 공부의 출발점이 될 수 있을 것이다.

2. 과학과 기술의 뿌리를 찾아서 [1)]

기술경영학을 논하기에 앞서 과학이 무엇이며 어떻게 인식되어 왔는지를 살펴보는 것도 흥미로울 뿐만 아니라 기술경영학에 대한 기초적 식견을 다지는 데에 도움이 될 것이다. 우선 어원을 따져 보자면 과학은 라틴어로 지식이란 뜻인 Scientia(knowledge)에서 왔다고 알려져 있다. 원래 자연을 대상으로 한 지적 탐구는 라틴어 'philosophia naturalis(natural philosophy, 자연철학)'이라고 불렸다. 그리고 거기에 종사하는 사람들은 1800년 무렵까지도 자연 철학자(natural philosopher)로 불리고 있었다. 그러나 지금의 의미로 쓰이기 시작한 것은 18세기 초 또는 중엽 경이다. 영국 수학자이자 철학자였던 윌리엄 휴얼(W. Whewell, 1794~1866)이 과학자 즉 Scientist라는 용어를 처음으로 사용하였다. 당시의 의미는 'Science에 종사하는 사람들'이란 의미로 쓰였다. 이러한 의미의 어휘를 사용하게 된 배경으로는 당시에 일반적으로 'philosophy'라고 불리고 있던 지식 중에서 독자적 성질을 가지는 있는 지식이 생겨남에 따라 그 지식을 구분하여 부르기 위하여 라틴어 'scientia'라는 명칭을 사용하게 되었고, 그 지식을 탐구하는 전문가 집단이 스스로를 다른 집단과 구별하기 위해 그 용어를 쓰기 시작하였다고 한다.

기술이란 말은 일반적으로 예술(art), 기량(skill), 정교한 손놀림(cunning) 등의 의미로 쓰였던 그리스어 'techne'로 부터 시작되었다고 알려져 있다. 여기에 지식체계라는 의미의 'logia'가 덧붙여서 이루어졌다. 기술(technology)도 19세기 중반부터 쓰였다. 이전에는 개별적인 용어인 머신(machine), 엔지니어링(engineering) 같은 말이 먼저 사용되었다. 과학과 기술은 사실 직접적인 상호 작용은 많지 않았다. 독일 실존주의 철학자인 마르틴 헤이데거(Martin Heidegger,1889~1976)는 기술의 정체와 근본 성격을 해명하려 노력하였고 기술을 철학적으로 해석하기도 하였다. 그는 "기술 활동은 인간이 세상의 존재들을 인간을 위해 유용한 대상으로 바꾸는 어떤 의지"라고 정의하였다. 또, "기술은 단순한 수단이 아니다. 기술은 발굴함의 한 방식이다. 우리가 이 사실에 주목한다면 기술의 본질은 완전히 다른 영역으로 나아갈 것이다."라고 하였다.[2)] "과학은 그것을 위해 필요하기 때문에 발전시킨 지식"이라고 정의했다. 말하자면 기술을 좀 더 본질적인 것으로 보았다. 이

1) 이 내용은 홍성욱 교수 (서울대 생명과학부)의 2015년 봄 카오스 강연 내용을 편집, 보완한 것임.

2) Martin Heidegger(1994), Vorträge und Aufsätze. Stuttgart

와 같은 관점에서 보자면 과학은 17세기 이후에 나타났다. 반면에 기술은 이보다는 한참 이전인 이를테면 원시 시대에도 있었다.3)

한편, 프랑스 인류학자 브르노 라투르(Bruno Latour, 1947~)는 과학과 기술 모두가 인간과 비인간(nonhuman)의 사이에 새로운 연관을 만드는 행위로 정의하였다. 과학과 기술은 비인간적인 것을 인간에게 의미 있는 것으로 탈바꿈시키는 행위라고 주장하였다. 그는 과학과 기술의 근본적인 차이는 없다고 봤으며 이런 관점에서 Technoscience라는 말을 만들어서 사용하였다. 이러한 논의들만 봐도 학자마다 다른 생각을 가지고 있었던 것을 알 수 있다. 따라서 기술과 과학에 대한 뿌리와 발전과정을 정리해보는 것도 의미가 있을 것이다.

먼저 기술을 보자면 기술은 사람만이 가지고 있는 것이란 생각이 지배했다. 그러나 동물도 도구를 사용하고 있어 기술이 반드시 사람만이 가지고 있다고는 할 수가 없다. 갈라파고스 섬의 딱따구리 핀치 새는 선인장 가시를 입에 물고 나뭇가지 속에 박혀있는 벌레를 빼 먹는다. 그런데 인간의 기원 살펴보자면 인간은 223만 년 전에서 140만 전에 지구상에 살았고 1964년 아프리카 탄자니아에서 발견되었던 호모 하빌리스(Homo Habilis)는 'Handy man'이라고 불리는 데 이들은 간단한 타제석기 또는 뗀 석기(chipped stone implement)를 사용하였다고 한다. 아프리카를 떠난 최초의 인류인 호모 에렉투스(Homo electus)는 불을 사용하기 시작하였고 호모 사피엔스(Homo sapiens)와 네안데르탈렌시스(Homo neanderthalensis)는 간단한 도구와 함께 다목적 도구를 사용하기에 이른다. 호모 네안데르탈렌시스는 멸종되었다. 호모사피엔스가 50만 년 전에 등장했는데 3만 5천 년 전에서 4만 년 전 사이에 기술과 관련된 수많은 중요 기술들이 등장하였다. 바늘, 로프, 그물, 악기, 활, 창, 바늘 등을 돌과 뼈를 깎아서 사용하였다. 이보다 조금 늦은 시기에 그린 것으로 추정되는 동굴벽화들이 발견되는 데 이것들은 종교적인 영적인 활동을 통해서 사람들을 연관시켜주는 역할을 했다. 이것도 하나의 기술적인 관점에서 볼 수 있다. 그림 1.1은 3만 6천 년 전 프랑스 남부 지역에 위한 쇼베 동굴(Chauvet Cave)에 그려진 사자 그림이다. 이 벽화는 1995년에 와서야 발견되었는데 그림 속에는 당시로서는 관찰하여 그리기 어려웠던 맹수 4천 점 이상이 정교하게 그려져 있다. 호모사피엔스는 창을 던지는 사냥을 오래한 덕분에 시각과 운동을 일치시키는 능력이 발달해 그림을 그릴 수 있었다고 한다. 이와 동반하여 자연에 대한 탐구도 함께 이루어졌다. 인간은

3) 김향선 (2001). 하이데거의 기술철학. 철학연구. 52. 79-102.

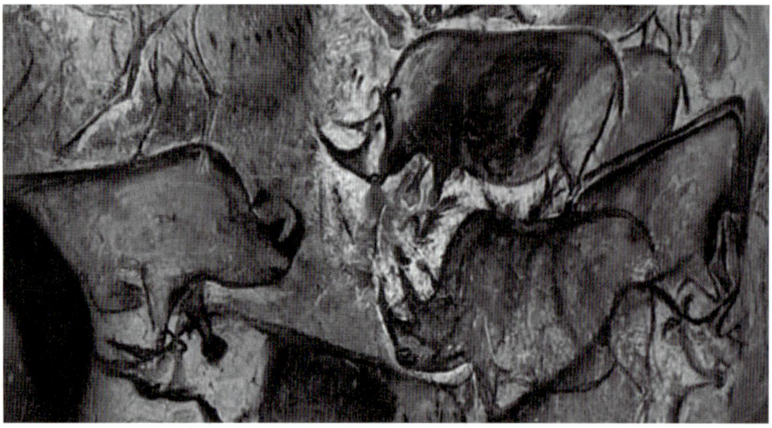

그림 1.1 쇼베 동굴의 코뿔소

자료: wikimedia Commons

우크라이나 지역의 맘모스 뼈에 달이 뜨고 지는 것을 기록하여 두었다. 이것이 3만 년 전에서 만 오천년 전 사이에 일어났던 일이다. 프랑스에서도 3만 년 전에 달의 위상 변화가 기록된 조각이 발견되고 있다.

미국의 역사학자 조지 바살라(George Basa1la, 1928~)는 1998년 발표한 「기술의 진화(The Evolution of Technology)」에서 구석기시대에 나타나기 시작한 기술적 발명에 대해서 흥미로운 해석을 내놨다. 일반적으로 기술은 필요에 의해서 나타났다고 생각했지만 바살라는 다른 해석을 내놨다. 필요에 의해 나타났다고 설명하기에는 당시에 너무 많은 기술이 한꺼번에 나타났던 것이다. 바살라는 당시 기술의 진화는 잉여에 대한 욕망에서부터 비롯되었다고 보았다. 단순한 필요가 아니라 더 큰 욕망을 충족시키기 위해서 나타났던 것이다. 그런데 네안델타인보다 호모사피엔스가 이러한 능력이 뛰어났다. 본래 네안델타인도 도구를 만들었고 뇌의 용량도 더 크고 체격도 컸지만 호모사피엔스보다 사회적 지능, 기술 지능 등은 상당히 많이 떨어져 있었다. 신석기 시대로 넘어 오면 만 2000년전 농경이 시작되고 잉여가 생기면서 저장의 기능이 생기고 동네가 만들어 지고 권력이 생기고 노동의 분업이 발생하게 된다. 노동, 통치, 농사짓는 사람, 무엇을 만드는 사람들이 생겨나게 된 것이다.

기원전 5000년 정도 되면 문명권들이 만들어진다. 세계 4대 문명에는 BC4000~BC 3000년경 큰 강 유역에서 발달한 최초의 인류 문명 발생지들이 있는데 인류의 발생지로 여겨지는 아프리카로부터 시작해서 고대 문명의 발상지로는 나일 강변의 이집트 문명,

티그리스 · 유프라테스 강 유역의 메소포타미아 문명, 인도의 인더스 강 유역의 인더스 문명, 중국 황허 유역의 황허 문명 등을 들 수가 있다.

3. 과학의 역사

일반적으로 과학은 그리스로부터 시작한다고 보고 있는데 이의 중심에는 고대 그리스의 철학자인 탈레스(Thales, BC624~BC546)가 있다. 탈레스는 그리스 철학자중 가장 오래된 철학자이면서 과학과 철학의 아버지라고 불린다. 그는 최초의 철학 학파인 밀레토스 학파를 창시하였다. 그는 원의 지름이 원을 반분하고 두 선분이 교차할 때 마주 보는 각도가 같다는 사실을 알아냈다. 물이 근본 물질임을 주장하고 일식을 예측하기도 하였다. 그러나 탈레스의 주장들은 실용과 응용과는 관계없고 자연현상의 본질을 밝히는 데 연관되어 있다고 할 수 있다. 이러한 관점에서 바빌론(Babylon)과 그리스(Greece)를 비교할 수 있다. 바빌론은 기원전 2,500여 년경 티그리스와 유프라테스강 사이 약 1,000km에 달하는 지역에 건설됐다. 그곳은 비옥한 초승달지대로 메소포타미아라고 예전부터 알려져 왔던 곳이다. 바빌론은 고대 천문학과 수학의 중심지였다. 한 시간(an hour)이 60분(60minutes)으로 이루어져 있다든지 원주(full circle)는 360도(degree)라는 이론은 바빌론에서 비롯된다. 그러나 그리스 과학은 바빌론 과학과는 차원이 다르다고들 한다. 그리스는 바빌론 과학과는 다르게 자연의 본질을 밝히기 위해 노력하였다. 관심의 정도가 달랐다. 훨씬 더 추상적이었다. 원자, 4원소 설 등 자연의 발견 또는 자연의 발명은 인간이나 신의 개입에 의해 바꿀 수 없는 것이 있다고 믿었다. 말하자면 항상 존재하는 것이 있다는 것이다. 그것이 바로 코스모스(cosmos)론 이다. 우주를 질서 있는 조화로운 시스템으로 보았다. 예를 들어 태양도 신이 움직이는 것이 아니라 벗어날 수 없는 궤도가 있다는 것이며 아테네의 플라톤을 중심으로 이러한 사고가 발전했다.

그리스 과학의 분위기에 대해서 미국의 인류학자 로이드(W. Lloyd Warner, 1898~1970)는 중국을 주로 연구했지만 그리스 과학에는 독특한 것이 있다는 것을 발견했다. 중국과 달리 아테네에서는 학자에 대한 지원이 없었다. 따라서 철학자들은 학생들을 스스로 모으고 이들을 통해서 생활방편을 강구하여야 했다. 학자들은 학생들의 관심을 끌기 위해서는 독특하고 극단적인 철학적 주장들을 내세워야 했다. 말하자면 학생들을 모으기 위해서 논쟁거리를 만들어야 했다고 한다. 한편, 이 당시 사회 한 켠에서는 기술을 하는 사람들이 나타났다. 고대의 대표적인 과학자인 아르키메데스(Archimedes, BC287~BC212)는 물리학 분야에서 정역학과 유체정역학을 연구했으며 지레의 원리를 설명한 것으로 잘 알려져 있다. 또한 아르키메데스는 아르키메데스 나선양수기, 해상에 있는 배를 공격하기 위한 거울 등의 기계를 제작하기도 하였다. 해론(Hero, AC10~70)은 가장 오래된 증기기관 헤론의 공(aeolipile)의 고안자로 유명하다. 그러나 이와 같은 발명들은 실용적인 사용이 그 목적이 아니다. 그들은 엔니지니어가 아니라 이들 역시 자연 철학자들이다. 말하자면 이들이 만든 기구 역시 놀이를 위한 목적이거나 자연 철학적 논증을 위한 것이었다.

플라톤(Plato, BC427~BC347)에 이르러 자연 현상에 대해 상당히 정교한 설명이 이루어진다. 플라톤의 자연 철학은 근대 및 현대 과학에 매우 큰 영향을 미친다. 그는 탈레스의 밀레토스 학파를 받아들여서 관념화시키고 기하학은 감각이 아니라 사유에 의한 앎을 가르치는 필수적인 것이라 판단하였다. 그는 세계 최초의 고등 교육기관인 '아카데메이아(Academy, 'Ακαδημία)'를 만들었는데 그 입구에는 "기하학을 모르는 자는 들어오지 말라."는 문구가 붙어 있었던 것으로 유명하다. 그는 우주를 구성하는 근본 물질로 4원소설(흙, 물, 불, 공기)을 수용하고 이들 4원소를 간단한 도형으로 설명하는 기하학적 원소론을 제시하였다. 당시 플라톤의 골칫거리는 행성 문제였다. 당시에 행성은 수성, 금성, 목성, 토성만 관찰할 수 있었는데 이 행성들은 일정한 질서에 따라 움직이는 것이 아니라 끊임 없이 위치가 바뀐다는 것이었다. 프톨레마이오스(Ptolemy, AD83~168)가 이를 깔끔하게 정리했다. 그는 주전원(epicycle)이라는 작은 원을 여러 개 만들어서 그 행성이 실제 큰 원이 아니라 주전원을 중심으로 하는 작은 원위에서 운동한다는 식으로 설명하였다.

원초적으로 과학의 관심은 하늘이었다. 수메르 문명(BC5500~BC4000)에서 처음으로 하늘에 대한 기록을 남겨두었다. '별들이 동쪽에서 떴다가 서쪽으로 진다.', '태양은 낮에 뜬다.'는 것 등이었다. 당시에 맨눈으로 볼 수 있는 별이 5개가 있었다. 그것이 수성, 금성, 화성, 목성, 토성이다. 여기에 달과 해를 합치면 요일 된다. 이것이 음양오행설의 기초이다. 서양은 기하학에 관심이 많았다. 앞서 말한 플라톤의 4원소설과 기학학적 원소론이 그것이다. 플라톤의 자연 철학은 그의 제자 아리스토텔레스("Aristotele", BC384~BC322)의 자연 철학으로 발전되어 우주 구조, 물질이론, 운동이론이 체계적으로 연결된다.

그리스 과학 이후 과학 혁명은 중세의 암흑시기를 거치면서 모든 현상은 신의 섭리

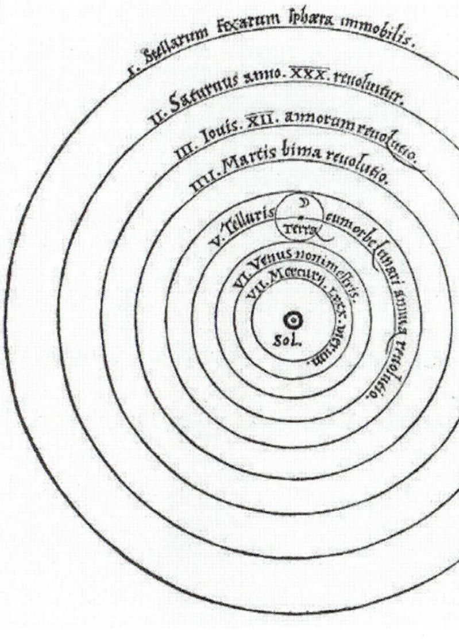

그림 1.2 코페르니쿠스의 태양중심설 모형 (Heliocentric model of the Solar System in Copernicus' manuscript)
자료: from Copernicus 1543 derivative work: Professor marginalia via Wikimedia Commons

로 설명되어 졌다. 14세기에서 16세기에 걸친 르네상스 시기에도 과학에는 무관심하였다. 예를 들어 레오나르도 다빈치(Leonardo da Vinci, 1452~1519)는 화가이자 조각가, 발명가, 건축학자, 해부학자, 식물학자로서의 면모를 갖추고 있지만 그를 예술가(artist)라고 불렀다. 과학이 다시 인류사에 등장한 것은 한참 뒤인 1543년에 코페르니쿠스(Nicolaus Copernicus, 1470~1543)가 그리스의 프톨레마이오스를 소환하면서부터이다. 코페르니쿠스는 프톨레마이오스 이론은 여러 가지 이론을 짜깁기 한 기괴한 이론이라고 비판하면서 천동설 대신 지동설을 가져온다. 코페르니쿠스는 「천체의 회전에 관하여(De revolutionibus orbium coelestium, 1543)」에서 지동설을 주장하여 기존 교회와 유럽인들의 세계관을 흔들어 놓았다. 많은 학자들은 이 시기를 과학적 혁명의 기점으로 보는 견해에 동의하고 있다. 고대 그리스 과학과 과학 혁명 사이의 거리가 급격히 좁혀진 것이다. 근대 과학의 출발은 17세기 과학 혁명으로 부터 비롯된다고 볼 수 있다. 근대 과학 혁명은 그리스 과학을 기초로 하고 있다. 근대 과학은 16~17세기 무렵에 과학혁명이라 불리는 광범한 지적 전환 시기에 시작됐다. 당시에 무대에 등장한 인물은 코페르니쿠스, 갈릴레이, 케플러, 뉴턴 등이다. 과학사 연구로 유명한 프랑스 철학자 알렉산더 꼬이레(Alexandre Koyré, 1892~1964)는 그 시기에 가장 중요한 해를 1543년과 1678년으로 들었다. 1543년에는 전술한 코페르니쿠스의「천체의 회전에 대하여」와 안드레아스 베실리우스(Andreas Vesalius, 1514~1564)의 「인체의 구조에 대하여(De humani corpois fabrica libri septem)」가 발간되었다. 그리고 1687년에 아이작 뉴턴(Issac Newton, 1643~1727)의 「자연철학의 수학적 원리(Philosophiæ Naturalis Principia Mathematica)」가 발표되었다.

그는 근대 과학의 발생과 부흥의 역사를 성공한 수학적 법칙의 누적이라고 보고 자연에 대한 철학적 논쟁은 과학 발전에 무용지물이라고 보았다. 말하자면 자연 세계를 수학적으로 표현하고 탐구할 수 있다고 믿고 실제 그것을 실행하는 과학에 기초한 자연관을 가지고 있었다. 근대 과학의 차별성은 기계적 자연관, 철저한 경험적 방식, 수학적 서술 등으로 요약할 수 있다. 이 중 기계적 자연관은 굉장히 독창적인 것으로 자연을 일정한 원리에 따라 움직이는 자동기계로 보는 것이다. 이러한 관념은 고대 그리스의 플라톤주의자와 원자론자가 주장하였던 내용과 그 맥락이 일치한다. 독일의 점성술가이자 천문학자인 케플러(Johannes Kepler, 1571~1630)는 자신의 이름을 붙인 행성운동법칙인 'Kepler's laws of planetary motion'로 유명하다. 그는 신의 법칙을 기하학적인 원칙으로 바꿨다. 여기에서 당시 '신과 자연의 법칙'에 대한 사람들의 사고방식 변화를 들여다 볼 수 있다. 프랑스 철학자 르네 데카르트(René Descartes, 1596~1650)는 자연은 단순한 역학 법칙에 바탕을 두고 기계적으로 움직여 진다고 생각했다.[4] 그런데 앞서 말한 뉴턴의 「자연철학의 수학적 원리」는 자연과학에서 가장 위대한 저서로 꼽히고 있는데 이 저술로 지상의 물체 운동도 천체(행성)의 운동도 모두 동일 원리로 수학적으로 설명 가능하게 되었다. 여기에서 그는 고전 역학과 만유인력(law of universal gravity)을 제시하며 과학 혁명을 발달시켰다. 물체는 정지 상태에 있는 것이 아니라 움직이고자 하는 관성(inertia)과 에너지를 가지고 있다는 것을 알아내었다. 이를 기초로 미분과 적분을 사용해서 행성 움직임을 고전 역학으로 정확하게 짚어 낼 수 있었다.

근대 과학이 그리스 과학에 기초를 하고 있다는 인식은 1970년 대 까지 받아 들여 졌다. 그런데 80년대 이후 이런 생각이 바뀐다. 현대 과학의 90%는 실험과학이다. 그리스에서는 실험이 없었다. 오히려 그리스에서는 "실험하면 안 된다 그러나 관찰은 좋다."는 생각을 가지고 있었다. 과학자들이 할 일은 관찰하는 것이고 자연을 뜯어 발기는 것은 할 일이 아니라는 생각을 가지고 있었다. 뜯어 고치는 것은 인공이라는 생각이고 인공은

4)샤세이키(1978). 과학사의 새로운 관점.

장인이나 엔지니어가 하는 일이라고 생각했다. 지금이 실험과학이라면 그리스가 근원이 아니라고도 볼 수 있다.

그러면 실험이 어디서 나왔을까? 실험 과학은 영국의 철학자이자 과학자였던 로저 베이컨(Roger Bacon, 1219년/1220년~1292년)이 선구자였다. 그는 광학, 화약, 달력 등 여러 가지 과학적 업적을 가지고 있으나 가장 중요한 것은 과학은 실험과 수학을 이용해야 한다는 강한 신념을 가지고 있었다는 점이다. 그는 엔지니어들의 활동에서 아이디어를 가져왔다. 뭔가 변형하고 조작을 가하는 엔지니어의 작업에서 과학의 원리를 가져 온 것이다. 또 연금술도 실험과학의 중요한 기초가 된다. 그런데 이런 것은 그리스에서는 과학이라고 부르지 않았다. 현대 과학은 고대 그리스에 뿌리를 두고 있는 과학과 실용적 기술의 재결합을 통해서 이루어진 실험 과학에서 출발한다고 할 수 있다. 실험과학은 프랑스 과학기술자 부르노 라투르(Bruno Latour, 1947~)가 이야기하는 테크노 사이언스(Tecnoscience)의 출발과 같다고 할 수 있다.

뉴턴이 새로운 역학을 제안한 1687년부터 1900년까지의 과학을 근대과학이라고 부르고 1900년 이후의 과학을 현대과학이라고 부른다. 말하자면 17세기말 근대과학이 출발했고 18세기 산업 혁명을 거쳐 20세기 현대과학에 연결된다고 할 수 있다. 근대과학은 뉴턴 역학을 바탕으로 하고 있었다. 이러한 법칙은 약 200년이 흐른 후 19세기에 영국의 마이클 패러데이(Michael Faraday, 1791~1867), 제임스 클러크 맥스 웰(James Clerk Maxwell, 1831~1879) 등에 의해 전기. 자기 현상에 적용되어 전자기학(electromagnetism)이라는 이론을 만들어 진다. 그런데 1900년에 들어 또 다른 이론이 나온다. 양자 역학(quantum mechanics)이 그것이다. 당시 베를린 대학의 막스 플랑크(Max Karl Ernst Ludwig Planck, 1858~1947)가 양자의 존재를 발견하여 양자가설(quantum hypothesis)을 발표하고 양자 역학이 만들어지게 된다. 그 다음에 알베르트 아인슈타인(Albert Einstein, 1879~1955)은 상대성이론(theory of relativity)을 발표하게 된다. 1905년 특수 상대성 이론, 1916년 일반 상대성 이론이 나오는 데 이 중에서 우리가 관심 있는 것은 '빛의 속도가 일정하다.'는 것이다. 특수 상대성 이론은 아인슈타인이 그가 16세 때 '빛과 나란히 달리면 빛이 어떻게 보일까' 하고 상상한 그림에서 출발했다. 결과적으로 이 상상은 20세기 최고의 과학 천재를 낳은 불멸의 상상이 되었던 것이다. 그는 또 시공간 즉 Time space라는 개념인 4차원에 대해 이야기하기 시작한다. 상대성 이론은 단순히 새로운 이론이 아니라 공간과 시간에 대한 우리의 생각을 송두리째 바꾸어 놓은 혁명적인 이론이었다.[5] 현대 과학은 자연에 대한 이해를 엄청나게 넓혔다. 이를테면 우주, 자연, 생명에 대한 보편적인 지식 체계가 크게 확대된 시기였다. 이와 함께 과학을 이용한 기술의 발전이 있었다.

과학과 기술의 구분 문제는 항상 우리의 관심사다. **과학**은 일반적으로 **객관적, 보편적, 가치 중립적**이고 **자율적** 발견의 대상이 되는 것이다. 보상은 주로 **명예**이다. 반면 **기술**는 **주관적, 국지적, 가치 지향적**이며 창의적 발명의 대상이 된다. 그리고 기술에는 **경제적 보상**이 따른다. 기술은 입장에 따라 가치가 다르다. 또 기술은 여건에 따라 가치가 달라진다. 미국에서 가치 있는 기술이 한국에서는 가치가 없는 것도 있다. 그런데 현대 과학에서 구분이 다소 애매해졌다. 과학을 발견하기 위해서는 기술이 투입되어야 한다. 특히 생명과학, 생명공학, 정보공학, 인공지능 등이 그러하다. 이건 회색지대라고 볼 수 있다. 그러나 엄연한 구분이 존재하고 있고 존재하여야 한다.

역사적으로 볼 때 과학과 기술은 엄연히 다른 존재로 발전되어 졌고 발전했던 시기와 지역이 서로 다를 때가 많았다. 고대 과학의 발달은 그리스에서 일어났으나 기술의 발전은 없었고 로마에서는 기술의 발전이 있었으나 과학의 발전은 없었다고 한다. 과학과 기술이 연관성이 커지기 시작한 것은 16세기와 17세기 과학 혁명 기간 동안이었다. 기술에 대한 과학자들의 태도는 달라지기 시작했다. 기술이 실제 결과를 얻게 해주고 객관적이고 발전적이며 인류의 복지에도 도움이 되는 기술의 특성을 과학도 본받아야 한다는 주장이 나타났던 것이다. 사상적으로는 천상계-자연계 그리고 인공과 자연으로 나뉘던 구분이 케플러와 갈릴레오 등에 의해서 무너지기도 했던 시기이다. 기술은 과학의 새로운 출처가 되었으며 과학은 더 이상 자연세계만을 대상으로 생각하지 않고 기계와 기술에 대해서도 살피게 된 것이다. 그러나 과학 지식이 기술에 응용된 사례를 아직 많지 않았다. 실제로 18세기 산업혁명에 과학지식이 기여한 예는 많지 않다고 한다. 오히려 산업 혁명에 기여 하였 던 것은 과학적 학문 탐구가 아니라 오랜 경험과 시행착오에 의해 얻게 된 재주, 지혜에 바탕을 둔 것이 많다.

과학 지식이 기술에 직접적으로 응용된 것은 19세기 중반의 일이다. 이는 주로 독일과 영국에서 일어났던 것으로 유기화학과 전자기학의 지식에 바탕을 둔 분야에서 였다. 18세기 말부터 19세기 전반을 통해서 여러 분야의 과학이 이론적으로 체계화, 전문화되기

5) 네이버 지식 백과

시작해서 19세기 중반부터 기술에 응용되기 시작하였다. 이는 또한 기술의 과학화를 의미하는 것이었다.6)

4. 자연과학과 인문과학의 분화

일반적으로 학제를 나눌 때 인문과학, 사회과학, 자연과학을 나눈다. 인문 과학(人文科學)은 인간과 인간의 문화에 대한 학문이다. 철학, 문학, 언어학, 여성학, 예술, 음악, 역사학, 고고학, 종교학, 문화인류학, 민속학 등이 이에 속한다. 사회 과학(社會科學)은 사회 현상을 지배하는 객관적 법칙을 해명하려는 경험 과학이다. 사회학, 정치학, 경제학, 역사학 등이 사회과학의 대상이 된다. 자연과학(自然科學)은 자연 현상을 검증을 통해 연역적으로 가능한 한 객관적으로 탐구하는 활동을 말한다. 연구대상은 물리학, 생물학, 지질학, 지리학, 천문학, 화학 등이다.

근대 과학의 시발점에서는 자연과학과 인문과학은 분리되지 않았다. 그러나 18세기, 19세기 초에 이르러 실험적, 경험적 근거를 강조하는 자연과학은 선험적 관념적 사고에 기초한 철학과 분리되기 시작했고, 자연과학을 지칭하는 'science'에 대비하여 인문과학을 'arts' 또는 'letters'라는 명칭을 가지게 되었다. 특히 19세기는 사회적, 정치적 패러다임의 근본적인 변화와 더불어 학문적인 분화가 일어나던 시기였다. 자연과학 자체도 비경험적인 속성을 지니는 수학과 경험적인 속성을 지니는 물리학, 화학, 생물학 등으로 분화되고, 인문과학도 철학, 문학, 역사학 등으로 분리되었다.

19세기 후반에는 산업자본주의 형성과 함께 자연과학의 산업적 응용을 위한 다양한 공학(engineering)이 자리를 잡게 되고, 인문과학의 사회적 연계를 지향하는 사회과학(social science), 즉, 경제학, 사회학, 정치학 등이 생겨남으로써 오늘날 우리가 일반적으로 받아들이고 있는 종합대학의 학제구조(disciplinary structure)의 기본 틀이 정착되었다.

그러나 20세기 후반에 접어들면서 학제 간의 연계를 모색하는 양상을 보이게 된다. 먼저 진행된 일차적인 연계 움직임은 사회과학 내에서 독립적인 학제들 간의 연계, 과학기술 내에서 독립적인 학제들 간의 연계라는 기존 틀 내에서의 연계로 나타났다.

6)김영식(2008). 과학, 역사 그리고 과학사. 생각과 나무.

하지만 21세기에 들어서면서 최근에 일어나고 있는 이차적인 연계는 보다 근본적인 구조조정의 모습을 보이고 있다. 그 이유는 사회구조가 근본적으로 달라지고 기술 분야에서의 융합 현상이 활발하게 일어나고 있기 때문이다. 이에 따라 사회과학과 과학기술 간의 결합을 통하여 새로운 학제를 만드는 가능성을 찾고 있는 것이다.

5. 기술경영학 탄생

이와 같은 흐름은 기술과 사회가 서로 상호작용을 하면서, 한편으로는 사회의 변화를 수용할 수 있는 기술을, 다른 한편으로는 기술의 변화에 적응할 수 있는 사회를 위한 학문이 무엇인가에 대한 고민에 이르게 된다.

이러한 흐름 속에서 새로운 학제의 가능성이 구체적으로 나타나고 있는 영역은 공학과 경영이 연계되는 기술경영학이라고 할 수 있다. 기술경영학의 학제를 살펴보면 경영학, 경제학, 사회과학과 자연과학, 공학의 융합 분야를 다루는 다 학제적(Multidisciplinary) 학문이다. 기술경영학은 조직 경쟁력 확보. 유지. 제고를 위한 기술의 전략적 경영을 다룬다는 의미에서 경영학과 밀접한 관계가 있다. 또, 기술경영학은 과학기술 분야의 모든 분야를 포괄한다는 점에서 자연과학과 공학의 지식의 기초 없이는 존립할 수 없다. 기술경영, MOT(management of technology) 또는 TM(technology management)으로 불리는 학제의 정의는 1987년 미국의 전미연구평의회(NRC, National Research Council)가 구성한 기술경영연구팀(Task Force on MOT) 발간 보고서에서 잘 나타나 있다. 이 보고서에서는 "기술경영은 공학, 자연과학 및 경영학의 원리를 결합하여, 기업의 전략적이고 실무적인 목표를 수립하고 달성하기 위한 기술 능력을 계획, 개발, 실현하는 것에 대한 학문(MOT links engineering, science, and management disciplines to address the planning, development, and implementing of technological capabilities to shape and accomplish the strategic and operational objective of an organization)"이라고 정의하고 있다. 또 다른 개념으로 wikipedia에서는 "기업이 기술적인 기반을 경영하여 경쟁우위를 창출하고자 하는 일련의 경영 교육(Technology management is a set of management disciplines that allows organizations to manage their technological fundamentals to create competitive advantage)."이라고 정의하고 있다기술경영의 영역으로는 기술 자체의 경영(management of technology), 기술에 의한 경영(management by technology), 기술을 위한 경영(management for technology) 등으로 나누기도 한다. 기술 자체의 경영은 기업이 보유하고 있는 기술자산의 경영으로 특허관리, 지식경영, 정보시스템운영을 포함하며 기술에 의한 경영은 기술력을 이용한 기업전략의 수립이나 경영 방식의 개선을 뜻한다. 기술을 위한 경영은 기술을 획득하기 위한 활동을 관리하는 주체로 전통적인 연구개발 관리가 여기에 해당한다.

기술경영 수행하는 조직의 단위는 3가지로 나눌 수 있다. 거시적으로는 국가, 중간적 차원에서는 산업 및 지역, 미시적 차원에서는 기업이 될 수 있다. 한편 박용태(1995)는 기술경영의 주체를 공공부문과 민간 부분을 나누어서 연구하여야 한다고 주장하였다. 이는 공공부문과 민간부문의 기술활동은 그 목적과 기능의 측면에서 큰 차이를 보이기 때문이다. 공공부문의 기술활동이 근본적으로 외부성에 의한 시장실패의 보정에 초점을 맞추는 반면 민간 부문의 기술활동을 철저하게 사적 이익을 추구하기 때문이다. 따라서 공공부문은 거시적(macro)이고, 규범적(normative)인 행동원리와 기준을 따른다. 이에 반해 민간부문의 기술활동은 전략적(strategic)이고 행위론적(behavioral)인 기준과 원리에 의해 결정된다. 타렉 카릴(Tarek M. Khalil, 2000)[7]도 민간부문의 기술경영과 공공부문의 기술경영을 구별하여 정의하였다. 결론적으로, 박용태는 기술경영의 '주체'는 민간기업으로 국한되어야 한다고 주장하였다. 영리를 목적으로하는 기업과 사회적 수익을 우선으로 하는 정부는 기본목적이 상이하고 실제로 정부의 기술경영을 기술정책(technology policy)으로 부르는 현실을 고려할 때 기술경영의 주체를 민간기업으로 좁히는 것이 기술경영의 목적과 원리를 분명히 할 수 있다고 하였다.[8]

7) Tarek M. Khalil (2000), Management of Technology: The Key to Competitiveness and Wealth Creation, Boston: McGraw Hill

8) 박용태(1995). 기술경영의 개념정립과 체계화모형. 과학기술정책관리연구소

제2장 경영학 350년

1. 경영이란 무엇인가?

경영이라는 단어는 우리가 일상생활에서 가장 많이 사용하는 단어 중에 하나일 것이다. 우리나라 표준 국어대사전에서는 "기업이나 사업 따위를 관리하고 운영함."으로 정의되고 있다. 케임브리지 사전에서도 "the control and organization of something"으로 정리하고 있다. 현재에는 상당히 넓은 의미로 쓰이고 있어 행위를 나타내는 어떤 명사 뒤에 붙여 사용하여도 어색하지 않은 범용적 단어가 되었다. 그러나 'manage'란 어원은 '말을 다룬다(to handle, train and direct a horse)'는 의미를 가진 1500년대 중세 단어 'manege'에서 온 것으로 기록되어 있다. 이 단어는 '손'이란 의미의 'manus'와 행동하다라는 의미의 'agere'의 합성어이다. 경영에 대한 현대적 의미는 다양하게 정의되고 있는데 경영관리의 아버지라 불리는 프랑스의 헨리 페욜(Henri Fayol, 1841~1925)은 "경영하는 것이란 예측, 계획, 조직화, 명령, 협조 및 통제하는 일련의 과정(to manage is to forecast and to plan, to organise, to command, to co-ordinate and to control)"이라고 정의하였다. 한편 미국의 피터 드러커(Peter Drucker,1909~2005)는 경영의 기본적 임무는 마케팅과 혁신으로 보았으며 마케팅이 경영 성공의 핵심이라고 주장하였다.

일반적으로 우리나라에서 소개되고 있는 개념은 경영이란 "조직의 목표를 설정하고, 고도의 업무수행을 위한 조직의 제 자원의 효율적이고 효과적인 사용에 관한 의사결정을 행하는 행동"으로 설명하고 있다. '경영한다.'는 표현은 영리를 목적으로 하는 경제단위나 비영리적 경제 단위에 모두 사용되는 것으로 그 설립목적에 부합하도록 의식적으로 계획하고 유도하며 지휘하는 것을 말한다. 예를 들면 학교·병원·고아원 등과 같은 비영리적 경제단위나 영리적 경제단위인 주식회사를 경영한다는 것은 이들 경영체의 설립목적에 부응하도록 계획하고 운영하는 것이다. 영리를 목적으로 경영하는 경제단위를 기업이라고 부르며 "기업은 이익을 추구할 목적으로 비즈니스활동을 하는 생산 경제 조직체"라고 정의할 수 있다. 본서는 기업 경영에 대한 제반 관점을 서술하고자 한다.

또 경영이란 개념은 정태적 개념과 동태적 개념으로 나눌 수 있다. 우선 동태적 관점은 경영을 '과정'으로 생각한다. 말하자면 경영이란 경영자가 목표를 세우고 경영자원을 조달하고 배분하며 경영활동을 수행하고 통제하는 과정으로 보고 있는 것이다.

정태적 관점에서는 경영을 기능적 관점에서 보는 것이다. 여기에는 우리가 흔히 말하고 있는 생산, 재무, 인사, 마케팅 관리 등 경영의 4대 기능을 주로 다루고 있다.

경영학의 명칭을 살펴보면 현대 경영학의 출발지인 미국에서는 Business management, Business 또는 management라고 불리는데 이를 엄격히 구분하지 않는 것으로 보인다.

우리나라에서는 1876년 개항과 더불어 경영학의 앞 단계라 할 수 있는 상업학이 도입되었다. 우리나라에는 일본을 거쳐 독일의 경영경제학이 도입되었기 때문에 상업학에 바탕을 둔 독일 경영경제학의 영향이 컸다. 따라서 서울대학교에서도 경영학이 도입된 것은 1960년대로 알려져 있다. 그 이전에는 상과대학 안에 상학과와 경제학과만 설치되었다.

2. 경영의 출발

현대적 경영에서는 미국경영학이 주류를 이루고 있으며 이는 20세기 초 미국의 테일러(Taylor)의 과학적인 관리(Scientific management)로부터 시작한다. 그러나 실질적인 경영 관리는 고대에도 있었다고 볼 수 있다. 일반적으로 이집트의 피라미드 건설에 노예가 동원된 것으로 알고 있으나 임금 노동자가 투입되었으며 이들 임금 노동자들의 계약서에는 노동 시간이 정해져 있었다는 설이 있다. 또한 피라미드의 설계에는 고도의 수학이 동원되었으며 엄청난 석회암이 운송되어 일종의 물류 시스템이 가동되었다는 것이다. 따라서 피라미드 건설에는 실질적인 경영이라고 할 수 있는 인사관리, 물류, 엔지니어링 등이 적용되었다. 그러나 지금의 관점에서 볼 때 당시의 경영은 연구대상이 된다고 보기는 다소 어렵다. 경영관리의 목적이 생산의 효율성이나 생산성의 극대화라고 볼 수 없기 때문이다. 또 다른 사례로서 기원전 4세기경 마케도니아의 알렉산더 대왕(Alexander the great)의 세계 경영을 들 수 있다. 20세의 나이에 문명 세계를 거의 정복했던 그는 세계화 경영 기법을 사용했던 것으로 알려져 있다. 그 중에서도 속도 경영과 현장 경영의 사례는 유수 대학의 MBA과정에서 다루고 있다. 이와 함께 13세기 경 몽골제국의 칭키스칸(Činggis Qan)도 다각화 전략, 전략적 제휴, 차별화 전략 등을 사용하여 제국을 통치함으로써 지금도 그의 경영전략을 탐구하는 학자들이 적지 않다.

15세기 이탈리아 베니스도 경영학의 발전에 빼놓을 수 없는 곳이다. 베니스는 군사항인 동시에 상업의 중심지로서 경영활동이 매우 활발하였다. 특히 회계의 복식 부기는 베니스에서 첫선을 보였다고 알려지고 있다. 1494년 베니스의 승려인 루카 파치울리(Lucas Pacioli)에 의해 복식부기가 세상에 처음으로 소개되었다.

경영의 큰 전환점은 산업혁명이다. 산업혁명은 신학과 비과학의 지배사회를 과학과 산업의 지배사회로, 저생산성과 저성장률의 사회를 고도생산성과 고도성장률 사회로, 가내생산을 공장제 생산으로 전환시키는 계기가 되었다. 초기 경영학의 최대 관심사는 혁신적인 능률개선을 통한 최대이윤의 추구였으며 노동력 착취, 인간의 기계화 등과 같은 비인간적 요인의 발생과 더불어 초기 경영학은 태동하게 되었다.

학문으로서의 경영학을 살펴보면 크게 독일경영학과 미국경영학으로 대별된다. 독일경영학은 14~16세기 이탈리아에서 생성된 상업학이 독일에서 정착하여 경영경제학(Betriebswirtschaftslehre)으로 발달한 것이다. 미국경영학은 기업을 주된 연구대상으로 삼는 경영관리학(Business Administration, Business Management)이라는 점에서 독일경제학과 다르다. 미국경영학과 독일경영학은 발달 과정에서 각기 독자적인 성격을 지녀왔지만 오늘날에는 서로 영향을 주고받아 점차 동류화하는 현상을 보이고 있다. 한 가지 재미있는 차이는 미국의 경영학은 테일러와 포드 등 산업 기술자나 기업가들로부터 출발했으나 독일의 경영경제학은 경제학자들로부터 출발하였다는 것이다. 여기에서 독일경영학과 미국의 경영학의 차이가 출발한다고도 볼 수 있다. 이를테면 미국에서는 학문적인 경영학보다는 기업의 조직이나 행정 관리론 입장에서 발전하였다는 주장도 일리가 있는 것으로 보인다.

3. 독일 경영경제학

앞서 말한 바와 같이 독일의 경영학은 상학자들의 연구를 바탕으로 생성, 발달했다. 따라서 이론 중심적이고 학론적인 성격이 강하다는 특징을 갖는다. 초기에는 개별 경제학 또는 사경제학으로 불리다가 1920년경부터 경영경제학으로 통일되었다.

독일경영학의 특징은

첫째, 기본적으로 경제학의 테두리 안에서 경제학적 방법에 의해 다루어져 왔다. 곧 독일의 경영학은 경영경제학으로서의 경영학이다.

둘째, 독일경영학에서는 기업자 중심의 실리추구에 앞서 생산조직으로서의 경영체의 본질을 어떻게 정립할 것이냐의 문제를 두고 고심했는데 이 때 독일민족 특유의 민족공동체 의식이 반영된 경영 본질론을 집중적으로 다루고 있다.

셋째, 독일경영학을 형성한 학자들은 대개 회계학에 소양이 깊었기 때문에 그들은 특히 기업의 자본이나 비용문제에 중점을 두었다. 이런 까닭에 독일경영학은 오랫동안 회계학의 비중을 크게 다루어왔다.

좀더 거슬러 올라가면 1675년에 출판된 프랑스의 상인 사봐리(J. Savary, 1622~1690)가 저술한 「완전한 상인」을 독일경영학의 시작으로 보고 있다. 이 책은 당시에 각국 언어로 번역되어 수백만부가 판매될 정도로 훌륭한 책이었다고 한다. 그러나 학문적 성립은 독일에서 이루어지게 되었다. 독일경영학은 말페르거(P. J. Marperger), 루도비찌(K. G. Ludovici), 그리고 로이크스(J. M. Leuchs) 등의 노력으로 사봐리의 상업학은 독일 상업학으로 발전하게 되었다.

이와 같은 상업학은 관방관리 즉, 왕실의 재물관리에 행정적 기술과 지식을 보급한다는 목적을 지닌 관방학(Cameralism)에 의해 사경제 영역으로 발전하였다. 상업학은 사적 상업학과 국가 상업학으로 체계화되었는데 사적 상업학은 개별기업의 입장에서 본 상업조직체에 관한 일체의 이론과 실제를 다루며 국가 상업학은 시장, 수송수단, 금융기관등 상업정책에 중점을 두었다. 그 이후 19세기 들어 상업학의 쇠퇴기를 맞게 된다. 1898년 라이프치히에 독일 최초의 상과대학이 설립되기 전까지 스미스의 자유 경제사상의 영향을 받은 국민 경제학이 대학에서 중요한 학문 영역으로 발전하게 되었다. 반면 상업학의 경우, 과학적인 연구보다 실천적인 사업에 더 관심을 두는 분위기의 영향으로 쇠퇴기를 맞는다.

이와 같이 상업학이 쇠퇴기를 거치는 동안 독일은 19세기 말엽에 산업혁명이 완성되어 공업국가로 발돋움하게 된다. 이에 따라 20세기 초엽 독일 각지에 대학수준의 각급 상업교육기관이 처음으로 설치되기에 이른다. 이를테면 세계최초의 상과대학인 라이프찌히(Leipzig)대학이나 쾰른(Köln)대학이 이러한 시대의 산물인 것이다. 이렇듯 독일경영학은 처음부터 학자들에 의해 다루어지게 되어 실무 중심인 미국경영학과는 상이한 학풍을 이어가게 되는 것이다.

현대의 독일경영학은 1960년대부터 미국의 경영관리론을 도입함으로써 본질적인 변혁기를 맞이하게 되었다. 한편 1970년대에 이르러 오일쇼크를 계기로 독일 고유의 사회적 시장경제원리는 벽에 부딪히게 되고 이러한 상황을 극복하기 위하여 서독 기업의 몸집 키우기는 본격적으로 전개되었다. 이에 따라 몸집이 커진 기업들이 직면하게 된 관리문제와 의사결정문제는 경영경제학 발전의 촉매제가 되었다. 미국의 근대적 조직론, 시스템론, 사회학, 심리학, 행동과학 등의 지식이 도입되었으며 사이몬(H. A. Simon)을 중심으로 하는 근대적 조직론, 시스템론, 의사결정론, 행동과학 등의 행동 과학의 영향도 받게 되었다.[9]

4. 고전 학파 경영 이론(classical management theory)

한편, 독일 경영경제학의 흐름과는 달리, 영국에서는 1760년경 시작된 산업혁명을 계기로 경영학적인 사고방식이 발전하게 되었다. 이와 관련 초기의 경영학자로서는 로버트 오웬(Robert Owen,1771~1858)과 찰스 바베지(Charles Babbage,1792~1871)를 들 수 있다. 이들은 고전 경영이론이 나타나기 전에 경영관리에 대한 개념을 제시하였다. 영국의 오웬은 방직공장의 경영자로서 인적자원의 중요성을 인식하고 자본가와 노동자간의 평화로운 공존을 모색하였으며 처음으로 협동조합을 만들었다. 또한, 그는 노동자 관리와 노동자 교육을 중요시하였다. 우리나라에서 오웬은 사회주의라는 용어를 가장 먼저 사용한 노동

9) 독일경영학과 미국경영학의 차이, 2019년 2월 3일 접속. https://kin.naver.com. 수정 및 편집

운동가로서도 잘 알려져 있다. 그에 대한 서적도 다수가 출간된 바 있다. 영국의 수학자 바베지는 노동의 분업과 전문화를 중요시하였다. 아담스미스의 사상이 바베지에 영향을 많이 끼친 것으로 알려졌다.

초기 경영학자들을 거쳐 20세기 초부터 경영학은 본격적으로 고전학파 경영이론으로 발전한다. 고전학파 경영이론으로는 프레더릭 윈즐로 테일러(F. W. Taylor)의 과학적 관리론, 헨리 페욜(H. Fayol)의 경영관리론 그리고 막스 베버(M. Weber)의 관료제 이론 등을 들 수 있다.

가. 고전적 과학적 관리론(Scientific Management Theory)

1) 테일러의 과학적 관리론

현대 경영학에서의 과학적 관리론은 테일러(Frederick Winslow Taylor, 1856~1915)로부터 시작된다. 테일러는 경영학의 아버지라고 불릴 정도로 경영학에 대한 기여는 매우 크며 그가 집필한 「과학적 관리의 원리(the principles of scientific management, 1911)」는 미국 경영의 출발점이 되는 서적이기도 하다. 1856년에 출생한 그는 제강회사 기계공 출신으로 당시 현장에 만연해 있던 '은밀한 태업(soldering)' 관행에 문제의식을 느꼈다. 그는 노동자에게는 높은 임금을 주고 자본가에게는 높은 이윤을 제공하기 위하여 고임금, 저노무비를 실현하여야 한다고 생각했다. 이를 위해 종래의 '주먹구구식 관리 방식(rule of thumb)'을 탈피하여 하고자 하였다. 그는 작업장에서 작업의 능률을 높임으로써 생산성 증대를 도모하기 위하여 작업을 과학적으로 관리하는 방법을 체계적으로 연구하였다.

이에 대한 이론으로 테일러는 과학적 관리의 4대 원리(Taylor's four principles)를 제시하였다. 이는 아래와 같이 정리된다.

- 작업의 과학화로 과업의 각 요소를 과학적으로 연구하여 과업을 수행하는 데 가장 좋은 작업방법과 절차를 개발함으로써 주먹구구식 관리 방식을 대체한다.
- 적격한 종업원을 과학적으로 선발하여 훈련하고 교육시킨다.
- 관리자와 작업자간의 긴밀한 협조관계 유지를 통해 과학적인 작업 방법으로 과업을 수행할 수 있도록 한다.
- 경영자와 작업자간 작업 및 책임을 균등하게 배분한다. 경영자와 작업자의 기능과

직무를 분업화한다.

과학적 관리론은 기업 조직에서 작업자를 가장 효율적으로 생산과정에 활용하는 기술과 지식체계를 제시하였다는 점에서 커다란 공헌을 하였다고 할 수 있다. 그러나 이와 같은 공헌에 불구하고 테일러의 과학적 관리론은 조직원의 인간적 요인을 과소평가하고 조직 구성원을 교환이 가능한 부속품으로 간주하는 인간 기계론적 관점을 가졌다는 점에서 결함이 있다는 평가를 받았다.

2) 포드의 과학적 관리론 : management by synchronization(동시 관리)

테일러와 비슷한 시기에 헨리 포드(Henry Ford, 1863~1947)는 자동차 개발에 힘을 쏟았고 테일러의 「과학적 관리의 원리」가 출판되기 3년 전인 1908년에 유명한 자동차 T Model의 생산을 시작하였다. 그는 농부의 아들로 태어났으나 15세부터 기계공이 되어 자동차 제작에 몰두하여 1903년에 포드사를 설립함으로써 Ford Motor Company의 창업자가 되었다. 그는 기업을 사회공중에 봉사하기 위한 기관으로 보았으며 자동차 가격은 내리고 임금을 올림으로써(low wage and high price) 자동차의 대중화에 기여하였다. 또한 그는 1908년 Ford T Model을 생산하면서 컨베이어 시스템에 의한 이동 조립법이라는 혁신적인 생산 시스템을 사용하여 자동차 가격을 3000달러 수준(고급기준)에서 850달러까지 내려 "미국의 자동차 시대를 열게 하였다(put America on wheels)."는 찬사를 들었다. 포드

그림 2.1 1928년 경 Ford Motor company 전경

자료: Wikipedia (Literary Digest 1928년 1월 28일자 기사)

의 생산 방식은 Fordism이라 표현되며 공정 혁신(process innovation)의 대표적인 사례로 많이 소개되고 있다. Ford system의 특징은 대량 생산의 원칙으로 통용되고 있는 3S로 요약될 수 있는데 이는 제품의 표준화와 부품의 규격화(standardization), 작업의 단순화(simplification), 그리고 작업자가 단일한 공정에 집중케 하는 것과 분업화의 의미를 포함하는 전문화(specialization)를 의미한다.

나. 고전적 조직 이론(Administrative Management Theory)

앞서 서술한 과학적 관리론이 개발 종업원에 초점을 맞추었다면 고전적인 조직이론은 전체 조직을 중요시하였다. 19세기 후반부터 미국과 유럽에서는 산업 혁명으로 인해 산업조직의 덩치가 급격하게 커짐에 따라 조직의 효율적 관리와 합리적 조직구조의 설계가 요구되어 졌다. 이러한 요구에 크게 부응한 학자는 독일 사회학자 막스 웨버와 프랑스 학자 페이올이었다.

1) 웨버의 관료제 이론(Bureaucratic administration)

독일의 사회학자인 웨버(Marx Weber, 1863~1920)는 관료제를 처음으로 연구하고 관료제라는 용어를 최초로 사용한 사람으로 알려져 있다. 그는 20세기 초 독일의 산업혁명 당시 조직 관리를 효과적으로 수행할 수 있는 합리적이고 이상적인 조직 형태는 관료제 조직이라고 생각하였다. 웨버의 관료주의 모델은 분업화된 전문화, 엄격한 위계 질서, 문서주의, 연공서열과 능력에 의한 승진 등의 특징을 가지고 있었다. 관료제 조직은 권한과 합법적인 통제(legitimate control)로 근간으로 하고 있어 합리성과 합법성의 모델(rational-legal model)이라고도 불리고 있다.

2) 페이욜의 행정 관리론

프랑스의 헨리 페이욜(Henry Fayol: 1841~1925)은 경영관리 이론의 아버지라고 불린다. 페이욜은 프랑스 국립고등광업학교(École Nationale Supérieure des Mines)를 졸업한 광산 엔지니어 출신으로 본인의 경험으로 바탕으로 1916년에 「산업 및 일반관리(Administration Industrielle et Générale)」를 펴냈다. 이때는 미국에서 테일러가 「과학적 관리의 원리」은 발표했던 시기와 비슷하다. 페이욜은 이 책에서 경영관리의 기능(managerial function)은 계획(planning), 조직화(organization), 명령(command), 조정(coordination), 통제(control)로 이루어진다고 처음 소개하였다. 이 기능은 현대 경영학에서도 그대로 인용되고 있는 내용이다. 페이욜은 경영활동을 관리적 활동을 포함한 6개 활동으로 나누었는데 그 내용은 다음과 같다.

- **기술적 활동**(생산 제조 가공)
- **상업적 활동**(자산, 원료 및 재료의 구매, 판매, 교환)
- **재무적 활동**(자금의 조달과 운용)
- **보전적 활동**(자산 및 종업원의 보전, 보호 및 예방적 활동)
- **회계적 활동**(재산 목록과 재무제표의 작성, 원가계산 등)
- **관리적 활동**(계획, 조직, 명령, 조정, 통제)

여기에서 관리적 활동은 경영관리의 5대 요소를 포함하고 있다. 또 페이욜은 이와 같은 6가지 경영활동을 뒷받침하기 위하여 따라야 할 규율을 14가지를 제시하였는 데 이 중 중요한 내용만 간추려 보면 다음과 같다.

- **업무의 분업(division of work)** : 조직체내의 업무 세분화와 업무 배정으로 조직의 능률과 생산성이 향상된다는 원칙으로 이는 아담 스미스(Adam Smith)의 분업 원칙을 적용하였다.
- **연결 계층(scalar chain) :** 조직은 최고 권한을 지닌 계층으로부터 최하위직까지 연결되는 계층구조를 형성하여야 한다.
- **명령 일원화(unity of command) :** 종업원은 단지 한 사람의 상사로부터 지시를 받아야 한다.
- **권한과 책임(authority and responsibility) :** 직무에는 권한이 부여되어 상위계층은 하위계층에 대하여 명령과 지시할 수 있는 권한이 있고 하위계층으로 부터의 복종을 요구할 수 있다. 다만 권한에는 책임이 수반된다.
- **집권화(centralization) :** 하위계층에 부여되는 권한이 제한되어 하위계층의 중요성이 감소되는 상태를 집권화라고 하며 조직은 적절한 집권화의 체계를 가지고 있어야 한다.
- **지휘 통일(unity of direction) :** 같은 목적으로 가지고 있는 조직 활동의 개별 그룹은

한 사람의 관리자에 의해 지휘되어야 한다.

이와 같은 페이욜의 경영원칙들은 현대 경영학에서도 그 빛을 잃지 않고 있다.

5. 행동관리이론

지금까지 서술한 과학적 관리이론은 조직과 직무를 기계적인 관점에서 이해하였다. 말하자면 조직을 기계로 인간을 부품으로 취급하면서 이를 표준화하고 과학적으로 통제함으로써 작업의 능률을 올리고자 하였다. 그러나 1920년대에 들어서 인간적인 관점에서 사람을 관리하는 데 관심을 가지게 되어 이에 대한 비판이 제기되었다. 이러한 흐름에 커다란 동인을 만들어 낸 연구가 호손실험(Hawthorne experiment)이다. 호손 실험 이전에도 심리학을 산업현장에 응용하고자 하는 노력이 있었다. 이를 초기 행동주의자들로 분류할 수 있으며 그 중에서도 가장 큰 영향을 미친 인물이 독일계 미국 심리학자 휴고 뮌스터버그(Hugo Munsterberg, 1863~1916)이다. 뮌스터 버그는 산업 심리학의 아버지(the father of industrial phycology)라고 불리고 있다. 그는 1913년 「심리학과 산업의 효율성(Psychology and Industrial Efficiency)」을 펴내고 심리학자가 산업발전에 공헌할 수 있는 방안을 제시하였다.

가. 호손 실험

호손 실험은 본래 테일러리즘(Taylorism)을 입증하기 위해 1924년부터 1932년까지 8년 동안 이루어진 실험이었다. 이 연구는 엘톤 메이요(Elton Mayo, 1880~1940)교수를 중심으로 미국의 웨스턴 전기회사(Western Electric Company)의 호손 공장에서 작업 여건이 작업자의 피로와 성과에 미치는 영향을 측정하기 위한 것이었다.

이 연구는 과학적 관리 즉 테일러리즘의 영향을 확인하는 데는 실패하였으나 인간의 심리적인 요인(psychological factors)이 생산성 확대에 중요한 영향을 미친다는 사실을 확인하였다. 말하자면 작업장의 밝기를 올리거나 내리는 것은 작업자들의 생산성에 영향을 미치지 못한다는 사실을 오랜 기간의 연구를 통하여 확인하였다. 오히려 여성작업자들이 휴식을 마음대로 가질 수 있도록 감독 방법을 바꾸었을 경우 통상 임금을 고정시키더라

Hawthorne Effect

the inclination of people who are the subjects of an experimental study to change or improve the behavior being evaluated only because it is being studied, and not because of changes in the experiment parameters or stimulus.

그림 2.2 Hawthone 공장 전경

자료: Investopedia, Hawthorne Effect.

도 생산성이 증가하였고 실험대상으로 선발되었다는 사실만으로도 생산성이 증가되었다는 사실을 확인한 것이다. 이를 **호손 효과(Hawthorne effect)**라고 한다.

호손 연구는 인간이 조직에서 가장 중요한 요소 중의 하나라는 사실과 경제적, 기술적 요인외에도 개입과 집단의 사회적 심리적 요소가 조직성과에 중요한 영향을 미친다는 사실, 그리고 인간의 상호작용에 의해 자연발생적으로 형성되는 비공식 집단(informal group)의 규범이 작업자들의 행동에 영향을 미친다는 점들을 확인함으로써 인간관계론 발전의 기초를 마련하였다.

나. 인간 관계론적 접근

호손 연구가 불을 지핀 인간 관계론은 사람들의 태도, 가치관, 감정 등 사람들의 사회심리적 요인을 중요시 하였다, 초기 인간관계론을 이끌었던 학자는 메슬로와 맥그리거였다. 미국의 심리학자였던 아브라함 매슬로우(Abraham Maslow, 1908~1970)는 **욕구 단계설(needs hierarchy theory)**를 주장하였다. 그에 따르면 인간의 욕구는 생리적 욕구(physiological needs), 안전 욕구(safety needs), 소속 및 애정 욕구(belongingness and love needs), 존중 욕구(esteem needs), 자기 실현 욕구(self-actualization needs)로 구성되며 인간은 이러한 순서대로 욕구를 채운다고 하였다. 따라서 경영자가 이 순서대로 작업자들의 욕구를 만족시켜 준다면 작업자들의 생산성은 높아진다고 주장하였다.

한편 더글러스 맥그리거(Douglas McGregor, 1906~1964)는 우리에게 좀 익숙한 **X이론, Y이론**을 주장하였다. X이론은 이를테면 성악설 입장에서 인간은 본래 노동을 기피하고 경제적인 동기에서만 일을 한다는 인간관에 기초 하고 있다. 따라서 평균적인 작업자는 일반적으로 게으르고 일하기 싫어하며 가급적 적게 활동하려는 속성을 가진다고 가정한다. 반면 Y이론은 성선설 입장에서 인간은 자기능력을 발휘해서 자기 실현을 지향한다는 인간관을 바탕으로 한다. 따라서, 일반적인 작업자들는 게으르지 않고 일하고 싶은 욕구를 가지고 있다고 가정한다, 경영자 입장에서는 X이론에 따르면 작업자의 성과를 높이기 위해서서는 작업자를 좀 더 밀접하게 감독하여야 하며 보상과 벌을 사용하여야 하며 반면에 Y이론에 입각할 경우는 작업자들에게 좀 더 많은 자율을 부여함으로써 작업자들이 자아실현 욕구를 만족시킬 수 있도록 기회를 부여하여야 한다.

6. 현대 경영 이론

현대 경영 이론은 2차 대전 이후에 나타난 경영학에 대한 접근 방식을 총칭하는 표현이다. 현대 경영 이론은 다양한 접근 방식으로 나타나고 있어 보편적인 이론은 없다고 할 수 있다. 그러나 현대 경영학의 핵심은 계량화, 시스템, 상황이론 등으로 요약될 수 있다.

가. 계량 경영학의 발전

계량 경영학의 출발은 2차 세계대전 중 개발된 OR(Operation Research) 기법으로부터 시작된다. 예를 들어 잠수함을 잡기 위해 가장 효과적으로 포탄을 투하하는 방법 등에 수학적인 방식이 사용되었고 이러한 방법은 전쟁 후에 종업원의 배치나 공장입지결정에 이용되었다. 이후 계량 경영학이 주로 사용되던 영역은 생산 및 운영 관리, 경영정보 시스템 등이었다.

1) 생산/운영 관리

생산운영관리는 기업의 주요 제품과 서비스를 창출하고 공급하는 시스템을 설계, 운영 그리고 개선하는 활동을 의미한다(김병태 등 1999). 이와 같은 생산운영관리는 아담 스미스의 분업(1776)부터 테일러의 과학적 관리(1911), 1950년대부터 시작된 자동화, 계량적 분석 도구를 사용한 시스템 다이내믹스(Forrester, 1961) 등 계량과 연관된 경영기법이 생겨나게 되었다. 생산운영관리에 대해서는 제 5장에서 좀더 자세히 다루고자 한다.

2) 경영정보 시스템(Management Information System, MIS)

경영정보 시스템은 어떤 조직 특히 기업에서 컴퓨터를 기반으로 정보를 관리, 통제, 분석하여 최종 의사결정에 이용하는 시스템을 말한다. 경영정보시스템의 역사를 살펴보면 기업들이 회계장부를 기록하던 시기까지 거슬러 올라 갈수 있다. 케네스 C 로돈(Kenneth C. Laudon, 1944~)은 현대적인 경영정보 시스템의 역사를 표 2.1과 같이 5단계로 나누고 있다.

경영정보 시스템은 기업관점에서 기업 가치를 높이는 목적으로 IT 기술을 이용한다는 점에서 컴퓨터 과학(computer science), ERP(enterprise resource planning) 등과 구분할 수 있다. 말하자면 컴퓨터 과학의 주요 관심은 소프트웨어이며 ERP는 MIS의 하위 개념이다. 이러한 경영정보시스템은 방대한 양의 정보를 손쉽게 처리하여 경영의 의사결정에 이용되기 때문에 기업의 경쟁우위 확보를 위한 중요한 수단이 되고 있다.

단계	내용
First Era	Mainframe and minicomputer computing
Second Era	Personal computers
Third Era	Client/server networks
Fourth Era	Enterprise computing
Fifth Era	Cloud computing

표 2.1 현대 경영 시스템 5단계

자료: Laudon, Kenneth C., Laudon, Jane P. (2009). Management Information Systems, P164.

나. 시스템 이론(Systems Approach)

시스템 이론의 효시는 오스트리아의 생물학자인 루드윅 폰 버틀란피(Ludwig von Bertalanffy, 1901~1972)로 알려져 있다. 본래 이 이론은 동물이 먹이를 어떻게 섭취하고 배설하여 균형상태를 유지하는가를 설명하기 위한 이론이었다. 이론의 초기 학자는 미국의 행정학자 바나드(Chester I. Barnard, 1886~1961)이다. 그는 조직이론의 선구자적인 이론을 수립한 인물로 평가받고 있으며 조직의 내적 균형과 외적 적응을 강조하는 시스템론적인 조직관을 제시하였다.

시스템 이론은 1950년부터 여러 이론에 접목되었고 경영학 분야에서는 로젠버그(J. Rosenzweig), 존슨(R. Johnson) 등이 도입하여 일반 시스템 이론을 정립하였다. 이들은 기존 연구가 전체와의 연계성과 일치성이 미흡하다는 인식을 바탕으로 조직 요소들의 상호작용이라는 역동적 측면을 다원적으로 연구하기 시작하였다. 그들은 조직을 유기적(organic)이고 개방적(open) 시스템을 보았다. 시스템은 상호 작용(interacting)하고 독립적인(interdependent)부분으로 구성되어 있는데 이를 하위시스템(subsystems)이라 하였다.

시스템은 외부환경과 상호작용하지 않는 폐쇄 시스템(close system)과 외부환경과 지속적으로 작용하는 개방 시스템(open system)으로 나눌 수 있다. 전통적인 경영이론은 기업을 폐쇄된 시스템이라는 인식을 기초로 하고 있다고 볼 수 있다. 예를 들어 테일러의 과학적 관리론도 폐쇄적 시스템을 기초로 하고 있다.

시스템 이론에서 기업은 **경영환경(environment)**으로부터 **입력물(input)**을 제공받아 이를 가공, 처리하는 **변환과정(transformation process)**을 통해 제품이나 서비스라는 **산출물(output)**로 전환하여 이를 다시 환경에 **제공(feedback)**하는 시스템이라는 인식을 가지고 있다. 결론적으로 기업은 하나의 시스템 또는 하위 시스템으로 구성된 조직화된 전체(an organised whole)라고 설명하고 있다.

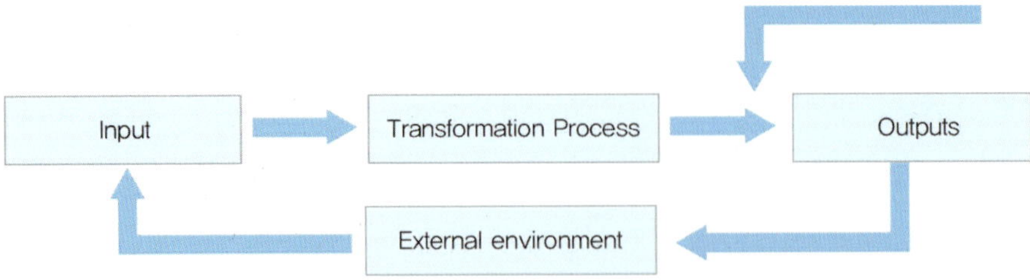

그림 2.3 시스템 이론에서의 Input-output model

자료: Chikere(2015),The Systems Theory of Management in Modern Day Organizations p3..

다. 상황 적합론(Contingency Theory)

상황 적합론은 1960년대 미국과 영국에서 시작된 이론이다. 전통적 이론이 환경이나 조직의 조건에 관계없이 모든 조직에 공통적으로 유효한 조직 관리의 원칙을 도출하는 데 초점을 맞추고 있는데 반해 이 이론에 따르면 일반적으로 모든 상황에 보편적으로 적용할 수 있는 전략과 관리제도는 존재하지 않는다. 어떤 조직을 만들고 이끌고 결정하는 데 단 하나의 가장 좋은 방법(one best way)은 존재하지 않으며 적절한 경영 기술은 조직이 성취하고자 하는 과업의 종류에 따라 결정되어야 한다는 것이다. 이 이론은 환경 또는 상황요인을 조건 변수로 하고 조직의 내부 특성 변수와 성과의 관계를 분석하는 방법론이다. 이들은 웨버의 관료주의나 테일러의 과학적 관리론의 실패는 조직구조나 경영스타일에 영향을 미치는 다양한 요소들 즉 상황적 요소를 무시한 데서 비롯된다고 주장하였다.

영국의 조직이론가 모간(Gareth Morgan, 1943~)은 그의 저서 「기업의 이미지(Images of Organization, 1983)」에서 상황 이론의 4 가지 개념을 다음과 같이 요약하였다.

첫째, 기업은 내부적 요구를 충족시키고 외부환경에 적응해야 하는 개방형 시스템이다(Organizations are open systems that need careful management to satisfy and balance internal needs and to adapt to environmental circumstances).

둘째, 경영에 있어서 유일한 최고의 방법은 없다. 적합한 형태는 외부환경에 따라 다르다(There is not one best way of organizing. The appropriate form depends on the kind of task or environment one is dealing with).

셋째, 경영은 적합성과 정렬성을 확보하는 데 관심을 두어야 한다(Management must be

concerned, above all else, with achieving alignments and good fits).

넷째, 다른 환경에서는 다른 조직이 필요하다(Different types or species of organizations are needed in different types of environments).

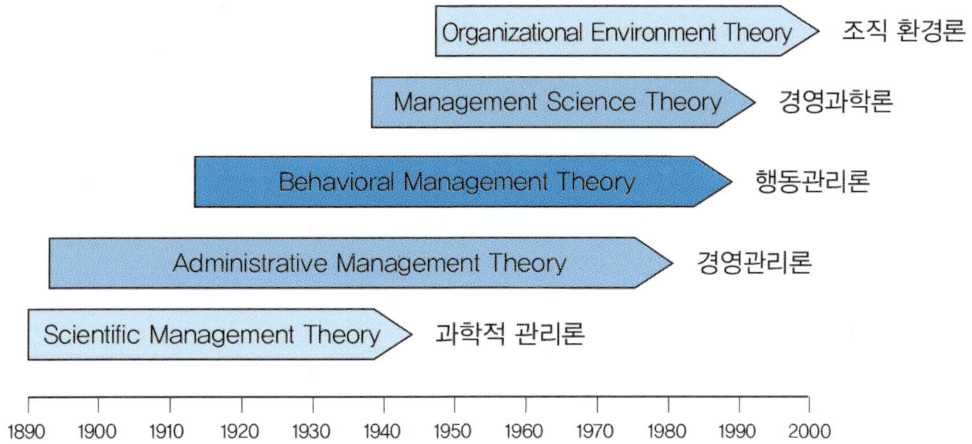

그림 2.4 경영학 이론의 역사적 발전

제3장
전략경영의 기초 I : 외부 환경 분석

1. 경영전략이란 무엇인가?

가. 기업 경영에서의 경영전략의 비중과 개념

기업 경영에서의 경영전략은 가장 포괄적이고 최종 영역이다. 경영전략은 생산관리, 마케팅 관리, 인사관리, 재무관리 등 4개의 중추기능과 기업 조직관리 및 정보관리로 이루어지는 경영의 하부 부분을 포괄적으로 지배하고 조정하는 역할을 한다. 다시 말하자면 하부 부문 간의 마찰과 갈등을 전사적 차원에서 해결하고 균형을 유지함으로써 기업 목표를 달성토록 하는 것이 경영전략이다.

'전략'이란 말은 처음에는 군사적 용어로 "전쟁을 전반적으로 이끌어 가는 책략이나 방법"이라는 의미로 쓰였다. 어원은 그리스어 stratēgia에서 찾을 볼 수 있는데 이는 장군의 기술(art of troop leader)이란 의미라고 한다. 장군은 상황에 대한 분석을 철저히 하고, 통제 가능한 변수와 불가능한 변수를 선별하여, 효율성과 효과를 함께 고려한 전략을 짜야 큰 전투에서 승리할 수 있다.[10] 나폴레옹 시대의 전략가이자 서양 최초의 군사 사상가, 철학자로 평가받는 칼 폰 클라우제비츠(Carl von Clausewitz, 1780~1831)의 저서 「전쟁론(On War, 1832)」에서는 "전략은 전쟁계획을 짜고 목표의 달성에 이르는 일련의 행위"로 정의하고 있다.

10) 문휘창, 박지민(2015). 경영전략과 군사전략의 비교 연구. 연세경영연구.52(1),1 - 20.

경영전략의 다양한 정의

Alfred D. Chandler Jr.(1918~2007), author of *Strategy and Structure* (1962), the classic study of the relationship between an organization's structure and its strategy, defined strategy as "the determination of the basic long-term goals and objectives of an enterprise, and the adoption of courses of action and the allocation of resources for carrying out these goals."

Robert N. Anthony(1916~2006), author of *Planning and Control Systems* (1965), didn't give his own definition of strategy. Instead, he used one presented in an unpublished paper by Harvard colleague Kenneth R. Andrews: "the pattern of objectives, purposes or goals and major policies and plans for achieving these goals stated in such a way as to define what business the company is or is to be in and the kind of company it is or is to be."

Kenneth R, Andrews(1916~2005), Harvard professor and editor of the *Harvard Business Review*, published the first edition of *The Concept of Corporate Strategy* in 1971 and updated it in 1980. His published definition of strategy took this form in the 1980 edition: "the pattern of decisions in a company that determines and reveals its objectives, purposes or goals, produces the principal policies and plans for achieving those goals, and defines the range of businesses the company is to pursue, the kind of economic and human organization it is or intends to be, and the nature of the economic and non-economic contribution it intends to make to its shareholders, employees, customers, and communities."

Michael E. Porter(1947~), Harvard professor, became well known with the publication of his 1980 book, *Competitive Strategy*. Porter defined competitive strategy as "a broad formula for how a business is going to compete, what its goals should be, and what policies will be needed to carry out those goals."

Henry Mintzberg(1939~), a professor of management at McGill University, took the entire strategic planning establishment to task in his 1994 book, *The Rise and Fall of Strategic Planning*. In effect, Mintzberg declared strategy did indeed have several meanings, all of which were useful. He indicated that strategy is a *plan*, a *pattern*, a *position*, a *perspective* and, in a footnote, he indicated that it can also be a *ploy*, a maneuver intended to outwit a competitor

자료: Fred Nickols(2016)

기업에서의 경영전략은 다양하게 정의되고 있다. "경영전략은 희소한 경영자원을 배분하여 기업에게 경쟁우위를 창출하고 유지시킬 수 있는 주요한 의사결정"[11] 또는 "기업의 사명과 목표를 달성하고 환경과의 관계를 관리하고 경쟁우위를 확보하기 위하여 전략을 수립하고 실행하는 과정(process)"[12]이라고 설명되고 있다. 한편, 챈들러(Chandler)는 "전략이란 기업의 장기적인 목표의 결정과 그 목표를 달성하기 위한 행동을 결정하고 경영자원을 배분하는 것이다."라고 정의하였다. 이러한 정의에 따르면 '경영자원의 배분'과 '경쟁우위' 등이 핵심 키워드로 등장하고 있다.

나. 경영전략의 패러다임 변화

경영전략이 현대 경영학에서 중요한 주제로 등장한 시기는 1950년대와 1960년대이다. 이후에 시대적인 상황에 따라 경영전략의 내용과 범위가 달라지게 된다. 1960년대는 세계 경제가 호황이었던 시기로 거대 기업들이 등장하였고 이에 따라 다양해진 사업 분야들을 어떻게 운영할 것인가가 중요한 관심사가 되었다. 기업들은 주로 중단기 계획을 세우고 투자하는 데에 역점을 두었고 생산, 마케팅, 인사, 재무, 회계 등 기업의 기능적 통합을 중요시하였다. 따라서 이 당시의 경영전략은 경영정책(business policy)이란 개념으로 설명되기도 하였다. 전략과 정책의 차이에 대해서는 정책은 일상적이고 반복적인 기업의 조직적 행위인 반면 전략은 새로운 환경 변화 속에서의 의사결정에 관한 것이라고 구분할 수 한다.

다. 전략의 수준(level of strategy)

일반적으로 기업은 다양한 제품을 생산하고 다양한 사업을 영위하게 된다. 이러한 사업에 맞추어 생산 및 운영, 재무, 마케팅 등에 대한 다양한 부서별 기능전략로 필요하게 된다. 이에 따라 경영자가 당면하는 의사결정과 수준에 따라 전략을 기업전략(corporate strategy), 사업전략(business strategy), 기능전략(functional strategy)으로 나눌 수 있다.

11) 장세진(2005), 글로벌 경쟁시대의 경영전략, 서울 박영사
12) 유필화(2014), 글로벌 시대의 경영학, 오래

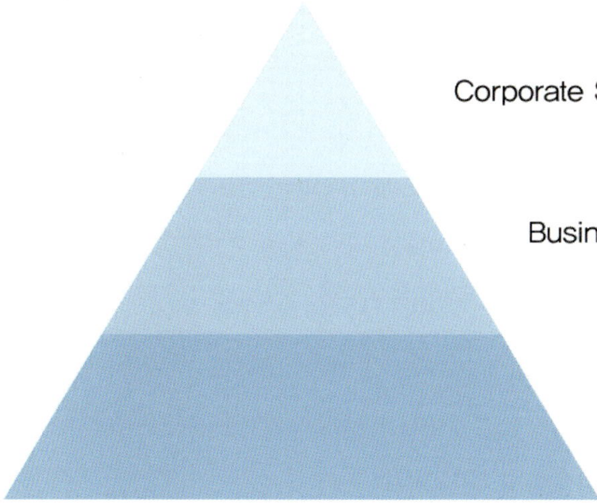

그림 3.1 전략의 수준

기업전략은 한 기업이 지속적 경쟁우위를 확보하기 위하여 그 조직이 나아가야할 방향을 설정하는 것이다. 이 전략은 전략 체계 중 최상위에 있는 단계로 기업이 영위하는 모든 것을 포괄하는 일반적 전략을 말하는 것이다. 말하자면 기업전략은 "전략 전반을 서술하고(outlines general overall strategy)", "활동하여야 할 시장을 정의하며(defines markets it will operate in)", "이 시장들에 진입 계획을 세우는 것(plans how these markets will be entered)"이다. 기업전략은 가치 지향적(value-oriented), 개념적인(conceptual)인 전략으로 사업전략과 기능전략보다는 덜 구체적인 전략이다. 기업전략에는 기업이 새로운 제품이나 서비스 시장에 진출하기 위한 다각화 전략(diversification), 수직적 통합(vertical integration), 기업의 인수 합병(M&A), 해외 사업 진출 등의 전략을 포함한다.

사업전략은 각 사업 단위 내에서 해당 사업의 경쟁적인 위치를 증진하는 데 필요한 모든 활동을 말한다. 각 사업 단위는 그의 고유한 사명과 경쟁자를 가지고 있으며 기업전략 속에서 사업전략을 독립적으로 수행하여야 한다. 많은 기업들은 일반적으로 다수의 사업단위를 가지고 있으며 이를 전략적 사업단위(Strategic Business Unit)이라 한다. 사업전략은 기업전략을 활용하여 개별 시장에 특화된 전략을 정의하며(define specific tatics for each market), 각 사업부가 이 계획된 전략을 어떻게 실행할 것일지를 서술한다(relates how each busienss unit will deliver these planned tactics). 그러나 시장과 사업영역이 하나의 사업부문에만 국한되어 있을 경우 사업전략과 기업전략이 구분되지 않는다.

기능전략은 사업전략의 실행을 지원하기 위하여 주요 기능부서에서 수립하는 실행 계획이다. 기능 부서라 함은 마케팅, 생산, 재무, 인적 자원, R&D, IT관련 부서 등을 말한다. 이는 조직이 움직여 가는 일상 전략(day-to-day strategy)이다. 기능전략 없이는 조직이 매일 벌어지는 경쟁에 대응할 수 없다는 점에서 중요성을 가진다. 기능전략은 기업전략과 사업전략을 조직에 전달하는 역할을 하며(day-to-day actions need to deliver corporate & business strategies) 사업단위, 부서, 팀 간의 관계(relationships between business units, departments & teams)를 설정하고 기능적 목표가 충족되고 통제되는 방법(how functional goals will be met & monitored)에 대해 서술한다.

2. 경영전략의 패러다임 변화

경영전략은 시기적으로 상황 변화에 따라 그 패러다임이 변화해 왔다. 이를 다음과 같이 요약할 수 있다.

가. 정책 수립 패러다임(~1960년)

전술한 바와 같이 전략은 군사적 용어였으나 1950년대, 1960년대 다양한 사업 영역을 가진 거대 기업들이 등장하면서 기업 경영에 확장되었다. 앞 장에서 서술한 바와 같이 1960년 대 초까지만 해도 경영전략에 대한 명확한 개념이 없었다고 할 수 있으며 당시에는 경영전략을 생산관리, 마케팅 관리, 인사관리, 재무관리 등 기능을 종합하는 의미의 **경영정책(business policy)**차원으로 이해하였다. 기업들은 주로 중단기 계획을 세우고 투자하는 데에 역점을 두었다. 경영정책은 경영자의 책임과 과업을 주로 다루는 것으로 경영전략의 태동 단계라고 할 수 있다.

나. 장기 경영전략 패러다임(1960년대~1970년대 초)

1958년의 세계 경제 후퇴(recession of 1958)는 짧은 기간 지속되었지만 기업들은 미래

경영 환경 예측에 대한 관심이 커졌다. 이에 따라 1960년 중반까지 미국 기업들은 기획조정실(corporate planning departments)을 설립하여 미래 변화를 예측하고 장기경영전략계획을 수립케 하였다. 주로 재무적 투자 계획 수립, 시장 예측, 시장 점유율 분석 등이 주요 관심사가 되었다. 당시에 주로 이용되던 분석 기법은 보스톤 컨설팅 그룹의 **BCG 메트릭스**나 **SWOT분석**이었다. BCG 메트릭스는 시장점유율과 시장성장율이라는 두 가지 측면에서 개별사업의 특성을 나타내는 기법이며 SWOT 분석은 기업의 강점(strength)과 약점(weakness)등 기업 내부역량을 분석하고 기업의 외부환경 요인인 기회(opportunity)와 위협(threats)을 도출하여 기업전략을 수립하는 방법이다.

다. 전략경영 패러다임 I(1970년대~1980년대 중반)

1970년대 들어 두 차례의 오일 쇼크 등 예측 불가능한 상황이 발생하자 장기 경영 계획의 무용론이 일었다. 장기적인 경영전략보다는 변화에 대처하는 역량이 더 중요하게 인식되었다. 이를테면 경쟁력 있는 제품과 서비스를 생산하는 것만 중요한 것이 아니라 재난을 피하고 사업기회를 찾아내는 것이 더 중요한 경영과제가 되었다.

당시 하버드 경영대학원의 포터교수(M. Porter, 1947~)의 산업 구조 분석과 경쟁 분석이 경영의 중요한 도구로 활용되었다. 이 시기는 **Porter's 5 forces model**을 통해서 경쟁환경을 분석하고 전략수준이 기업, 사업 및 기능전략으로 설정되던 때이기도 하다. 포터는 기업의 수익성은 그 기업이 참여하고 있는 산업이 구조적 특성에 따라 결정된다고 주장하였다. 이와 같은 분석 방법은 SWOT 분석에 있어서 외부환경 분석 즉 기회와 위협 요인을 분석하는 이론적 기반을 제공하였다.

라. 전략경영 패러다임 II(1980년대 말~1990년대 중반)

포터가 제시하였던 산업 구조 분석 모델은 1980년대 말에 이르러 전략 수립과 실행에 한계가 있다는 회의론에 직면하게 되었다. 기업이 직면한 환경에 대해 구체적인 대응 방안을 제시하지 못하였기 때문에 새로운 전략 수립의 기준이 필요하게 되었다. 또한 포터의 산업 구조 분석은 동종 기업들이 동일한 경영환경에서 유사한 사업을 영위하더라도 경영 성과가 달라지는 것을 설명할 수 없었다. 이에 따라 1990년 초 경영전략 분석의 관점은 산업과 같은 기업외부환경 분석으로 부터 기업이 보유하고 있는 **내부적인 경영자원과 핵심역량**을 분석하는 관점으로 바뀌게 되었다. 이를 **자원 기반 관점(RBV, resource based view)**이라 하며 제이 바니(J. Barney, 1954~)가 1991년에 발표한 논문 "Firm Resources and Sustained Competitive Advantage"에서 소개되었다. 이 논문에서 그는 기업이 보유하는 있는 자원은 이동하기 쉽지 않고 차별성이 있기 때문에 경쟁우위의 요소로 작용하고 있다고 주장하였다.

기간	1950~1970초	1970후반~ 1980중반	1980후반~ 1990중반	1990후반~ 2000년대
주요주제	장기전략계획	산업구조 및 경쟁 분석	경쟁우위, 기업 자원 및 역량 분석	인터넷 기반 기술 진보
주요개념/ 기법	재무적인 투자계획 수립 및 시장 예측 시장점유율 분석, SWOT 분석	산업구조분석과 산업 내의 포지셔닝	기업 내의 경쟁우위를 창출하는 요인 분석,동태적 분석기법	수확체증의 현상, 네트워크 경제성, 혁신, 산업표준의 중요성
조직 특징	재무관리가 중요 기능 수행, 기업의 종합 기획실 설립	수익성이 낮은 사업으로부터 탈퇴 및 전망이 좋은 사업분야로 진입	인적자원관리, 전략적 제휴를 통한 핵심역량 배양, BPR로 비용감소 및 서비스 향상	전략적 제휴의 강조, 시장과 기술변화에 빠른 대응, 창의력 증대, 기업가 정신
대표적 학자	Ansoff Andrews Christensen	Porter	Barney Hamel Prahalad	Arthur Nonaka

표 3.1 경영전략론의 변천

마. 인터넷 시대의 경영전략 패러다임(1990년 후반~)

1990년대 후반부터 인터넷의 발달을 중심으로 한 기술진보는 경영 전반에 영향을 미치게 되었다. 이와 같은 변화에 따라 그동안 경제학의 기초가 되었던 수확체감현상이 적용되지 않고 수확체증현상이 경제의 새로운 패러다임으로 나타나기에 이르렀다. 아울러 네트워크의 경제성, 산업표준경쟁 등이 기업의 경쟁우위에 결정적인 영향력을 미치게 되었다.

기업들은 혁신(innovation)을 통한 경쟁우위확보에 몰두하는 동시에 합종연횡을 통한 전략적 제휴로 시장 경쟁을 헤쳐 나가고 있다. 또한 이를 뒷받침하기 위한 기업가 정신(entrepreneurship)이 전에 없이 강조되고 있기도 하다.

3. 전략경영의 개념과 실행

가. 경영전략(management strategy)과 전략경영(strategic management)

경영전략과 전략경영이란 용어는 다양하고 매우 모호하게 쓰이고 있어 통일된 개념은 없는 것으로 보인다. 일반적으로는 경영전략을 어떤 환경에서 해야할 사업에 대한 의사결정에 대한 것으로 인식하고 있는 반면 전략경영은 이러한 의사결정이 이루어지는 흐름을 총체적으로 관리하는 지속적 과정으로 파악하고 있다. 말하자면 경영전략은 의사결정을 다루는 데 비해 전략경영은 경영전략이 잘 설정 될 수 있도록 하는 일련의 프로세스에 관한 것이라 할 수 있다.

따라서 전략경영이란 기업의 경쟁우위와 성과 향상을 목적으로 경영자가 전략을 수립하고 제시하는 데 관련된 모든 것(all about identification and description of the strategies that managers can carry so as to achieve better performance and a competitive advantage for their organization)[13]이라고 설명되기도 한다. 좀 더 구체적으로 첸(Chen, M. j. 1954~)은 전략경영이란 "기업이 활동하는 내외부 환경을 평가하고 보유자원을 고려하여 기업의 경영자가 경영 목표와 계획을 설정하고 실행하는 과정(the formulation and implementation

13) www.managementstudyguide.com/strategic-management.htm. 2019.4.5. 접속.

of the major goals and initiatives taken by an organization's top management on behalf of owners, based on consideration of resources and an assessment of the internal and external environments in which the organization operates)"이라고 설명하고 있다.

전략경영은 본질적으로 정적인(static) 개념은 아니며 실행을 모니터링하여 다음 단계의 계획 수립을 위해 피드백(Feed-back)하여 알려주는 동적인 개념이다.

이를 정리하면 6가지의 과업으로 구성되어 있다.

- **목적 수립(goal formulation)**
- **환경 분석(environment analysis)**
- **전략 수립(strategy formulation)**
- **전략 실행(strategy implementation)**
- **전략 통제(strategic control)**
- **전략 평가(strategy evaluation)**

나. 전략경영(strategic management) 방법의 발달

전략경영을 실행하기 위한 분석방법은 시대에 따라 다양하게 연구되고 활용되었다. 이에 대한 내용은 시기별로 아래와 같이 정리할 수 있다.

- SWOT analysis (1960년 대)
- Experience curve(1966년, Boston Consulting Group)
- Corporate strategy and portfolio theory(1970년경, Boston Consulting Group)
- Competitive advantage(1980년, Porter)
- Industry structure and profitability : five forces analysis(1980년, Porter)
- Generic competitive strategies(1980년, Porter)
- Value chain(1985년, Porter)
- Core competence (1990년, Hamel & Prahalad)
- Theory of the business(1994년, Drucker)

이 중 중요한 분석방법에 대해서는 뒤에서 차례로 서술키로 한다.

	강점(Strengths)	약점(Weaknesses)
기회 (Opportunities)	SO STRATEGY	WO STRATEGY
위협 (Threats)	ST STRATEGY	WT STRATEGY

표 3.2 SWOT 전략

다. SWOT분석과 외부환경 분석

1) 조직환경 분석을 위한 기초적인 툴로서의 SWOT분석

SWOT분석은 회사 입사 후에 신입 사원 시절부터 가장 많이 접하게 되는 기업 경영 환경과 전략수립에 이용하는 분석 방법이다. 이 툴은 최근에 개발된 것이 아님에도 불구하고 기업들이 가장 많이 활용하고 있다. 이 처럼 SWOT분석이 오랫동안 널리 쓰이는 이유는 전략 분석 방법으로서 가장 단순하면서도 강력하기 때문일 것이다.

이 분석 방법의 역사를 거슬러 올라가면 1960년대에 Harvard 대학의 경영정책(business policy) 수업에서 가르쳤던 것으로 알려져 있다. 이 프레임 워크는 **기업의 역량(competency of a company)**을 **강점(strengths)**와 **약점(weakness)**으로 구분하고 **기업의 외부 환경(external evironment)**를 **기회(opportunities)**와 **위협(threats)**으로 나누어 분석하여 이를 매칭시킴으로써 전략을 도출하는 방식이다.

이와 같은 매칭을 통해 기업의 전략은 표 3.2에서와 같이 WT전략, WO전략, ST전략, SO전략 등 4가지 전략으로 도출되는 데 전략별 내용은 다음과 같다.

WT전략 : 약점을 보완하면서 동시에 위협을 회피하는 전략이다. 사업의 취소, 재검토, 청산 등이 고려된다.

WO전략 : 약점을 보완하면서 기회를 극대화하는 전략이다. 외부로부터 기술을 도입하기 위한 M&A 전략이나 외부 인력을 수혈하여 시장 기회를 적극 활용하는 전략이다.

ST전략 : 강점을 살리고 외부 위협을 최소화하는 전략이다. 예를 들어 브랜드 전략 강화 또는 고급화 전략 강화 등을 통해 강점을 더 살리고 외부 위협을 회피할 수 있는 현지화 전략을 들 수 있다.

SO전략 : 외부 기회를 적극 이용하고 내부 강점을 더욱 강화하는 것이 바람직한 전략인 경우이다.

2) PEST ANALYSIS

PEST 분석(Political, Economic, Social and Technological analysis)은 미국 하버드대 교수였던 프란시스 아귈라(Francis Aquilar, 1932~2013)의 「Scanning the Business Evironmnent(1967)」에서 발표된 모형이다. 이 모형은 전략관리 구성 요소 중 거시적 환경 요소를 분석하는데 활용된다. 일부 학자들은 이 내용에 법적(Legal) 특성을 추가하여 SLEPT로 부르기도 하며 환경(Environmental) 분야를 추가하여 PESTEL 혹은 PESTLE로 칭하는데 영국에서 주로 쓰이고 있다. 시장 조사나 전략 분석을 할 경우 특별히 거시경제 요소를 반영하여 기업이 의사결정을 내려야할 때 사용하는 기법으로 시장 성장과 축소, 사업 포지셔닝, 사업 방향 등을 파악하는 데 효과적인 도구이다.

PEST 분석 요소는 정치적 요소(political) 경제적 요소(economic), 사회적 요소(social), 기술적 요소(technological)등 4가지 요소로 이루어져 있다. 요소별 주요내용은 다음과 같이 정리할 수 있다.

정치적 요소 : 기본적으로 정부가 기업에 어떻게 관여하는가를 분석하는 것이다. 이 요소들은 주로 조세 정책, 노동 정책, 환경 정책, 무역 규제, 관세 그리고 정치적 안정성을 포함한다.

경제적 요소 : 경제적 요소는 경제성장률, 이자율, 환율, 인플레이션율 등을 포함하는 것으로 기업의 경영과 의사결정에 영향을 미칠 경제적 변수들이다.

사회적 요소 : 사회적 요소는 보건에 대한 의식 수준, 인구 증가율, 연령별 인구 분포, 직업관(career attitude), 안전 의식(emphasis on safety) 등을 포함한다.

기술적 요소 : 기술적 요소는 시장진입장벽을 낮추거나 제거하는 역할을 한다. 이 요

소는 혁신 및 연구 개발 활동, 자동화 수준, 기술 인센티브, 기술 변화율 등을 포함한다.

PEST 분석 사례 : Drone Industry

자료: MBN '드론 전문가 시대'(2018.3.14.)

- **정치적 환경**
  - 미국 내 무인 비행체의 비행에 대한 정부의 법적용 방향
  - 상업용 드론에 대한 FAA(연방 항공국)의 입장
- **경제적 환경**
  - 미국내 산업의 경쟁 상태
  - 미국 최저 임금의 지속적인 상승 : 상당수의 미국 기업이 비싼 노동력을 대체하는 합리적 수단으로서 드론을 인식
  - 2023년까지 드론의 12%가 상업용 드론일 것으로 전망
  - 미국 소매 유통의 주류인 전자 상거래 기업은 드론의 이용으로 편익을 확대할 수 있다고 예측
- **사회적 환경**
  - 시민들의 안전에 대한 이슈, 윤리적 이슈 (개인적 프라이브시)
- **기술적 환경**
  - 기술 자원과 인프라의 가용성
  - 영화 산업의 경우처럼 드론 사용의 타당성이 확대되는 추세
  - 대학과 기업간 기술협력이 일반화되는 환경

3) STEEP ANALYSIS

PEST 분석은 몇 차례의 명칭 변경을 거쳐 STEEP 분석으로 발전한다. 일반적으로 이 분석은 마케팅에 영향을 미치는 외부환경을 평가하는 데 이용된다. PEST 분석에서 Ecological (자연환경 및 생태 환경)을 추가로 분석하며 기업의 경영환경을 내부환경(internal), 운영환경(operational), 일반환경(general)으로 구분한다. **내부환경**은 기업 역량과 자원, 경영진에 대한 것으로 기업이 통제할 수 있는 범위의 환경이다. 반면 **운영환경**은 경쟁 환경, 시장환경, 고객 분석 및 경쟁자 분석을 통해 어느 정도의 통제가 가능한 환경을 말한다. STEEP 분석의 주요 대상은 일반환경이다. 이 **일반환경**은 경영이 직접적인 영향을 미칠 수 없는 환경(직접적인 통제에서 벗어나는 환경)으로 여기에는 사회적(Social), 기술적(Technological), 경제적(Economical), 생태학적(Ecological), 정치적/법적 환경(Political/Legal) 환경을 포함하고 있다.

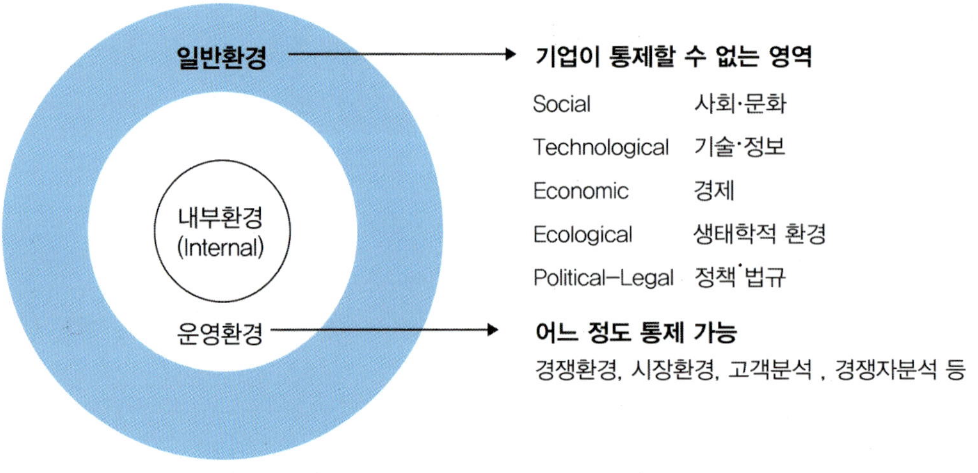

그림 3.2 STEEP 분석과 환경 분류

자료: LG CNS(2017). 거시적 환경 분석과 4P[14)]

분석 항목은 PEST 분석과 유사하나 이를 전체적으로 표 3.3과 같이 정리할 수 있다.

14) https://m.post.naver.com/viewer/postView.nhn?volumeNo=10117650&memberNo=3185448. 2019.5.10. 접속.

환경 구분	주요 항목
· Social(사회적)	인구통계, 라이프 사이클, 종교, 문화적 가치, 소비자 행태, 교육 수준 등
· Technological(기술적)	혁신 정도, R&D 수준, 보유 특허, 기술변화 속도, 제품 사이클, 대학 숫자 등
· Economic (경제적)	경제성장률, 금리, 저축률, 물가 상승률, 환율, 무역수지, 임금수준, 실업률, 소비성향 등
· Ecological(상태학적)	수자원, 풍력, 토양, 식량, 에너지, 대기 오염 정도, 천연 자원 소진율 등
· 정치적 / 법적 (Political/Legal)	정치적 안정성, 독과점 정책, 세금 정책, 가격 정책, 소비자 보호, 노동 조합 성향 등

표 3.3 STEEP 분석 요소

4) 포터의 5 FORCES MODEL

포터 모형은 다이몬드 모형으로 불리면서 우리나라에서도 널리 이용되던 모형이다. 이 모델을 다양하게 응용하여 국가 현안 문제에 대한 결론을 도출하기도 하였다. 예를 들어 대통령 후보의 경쟁력을 이 모형을 이용하여 예측한 보고서도 있을 정도였다.

하버드 대 교수인 포터(Michael Eugene Porter, 1947~)는 경영전략과 국가 경쟁력의 연구의 최고 권위자 중 한 사람으로 그의 연구는 학계, 정부, 기업에서 널리 인용되고 있다. 그는 1980년도 "경쟁전략 : 산업과 경쟁자 분석을 위한 기법(Competitive Strategy : Technique for analyzing industries and competitors)"를 통해 '왜 업종별로 기업들 마다 이윤 수준이 다른가?'에 대한 해답을 제시하였다. 답은 산업 구조와 환경을 형성하는 **다섯 가지의 경쟁 세력(5 forces)**이 기업의 이윤에 영향을 미친다는 것이었다. 쉽게 이야기해서 경쟁 또는 위협이 치열하지 않는 덕분에 정상 수준 이상의 이윤을 내는 기업들이 존재한다는 것이다. 이들 위협의 정도는 기업 이윤차원에서 **산업의 매력도(attractiveness)**를 결정하며 산업이 매력적이지 못할 경우 그 산업은 정상이윤(normal profit)정도 만을 누리는 데 그친다.

5가지 경쟁 세력은 기존 경쟁자간의 경쟁 강도(competitive rivalry), 잠재적 진입자의 위협(threat of new entrants), 대체재의 위협(Threat of substitute products or service), 구매자의 협상력(bargaining power of customers), 공급자의 협상력(bargaining power of suppliers) 등이다.

기존 경쟁자간의 경쟁 강도는 산업에 속해 있는 기존 업체들의 경쟁 강도를 말한다. 말하자면 산업 내 기업 간의 경쟁이 심할수록 산업의 매력도가 떨어진다. 이와 같은 경쟁은 가격, 제품 디자인, 광고비용, A/S 등에서 추가적인 비용이 발생되게 하고 궁극적으로는 산업의 이윤을 감소시킨다. 경쟁자 규모가 유사하고 많을수록 경쟁강도가 높아지며 이 경우 경쟁기업의 이익은 감소한다. 한편 수요가 증가할 경우 경쟁강도는 낮아지며 수요 감소는 그 반대의 결과를 가져온다.

잠재적 진입자의 위협은 현 산업 내에서는 존재하지 않으나 앞으로의 경쟁 여건에 따라 새로이 진입할 수 있는 기업으로부터 오는 위협을 말한다. 잠재적 진입장벽이 높을수록 그 산업은 기존 진출자에게 매력적인 산업이 될 수 있으나 신규로 시장에 진입하기 원하는 기업에게는 매력적이지 못한 산업이 되는 것이다. 이와 같은 진입 장벽을 형성하는 요소는 규모의 경제, 제품 차별화, 창업 비용, 브랜드 충성도, 납품 업체 공급망, 판매 유통망, 정부의 규제, 기존 업체의 위협 등을 들 수 있다.

공급자의 협상력은 어떤 산업에 서비스, 원료, 노동력과 같은 생산요소를 제공하는 공급업체의 가격 교섭력이다. 공급자의 협상력은 공급자의 숫자와 제품의 차별화 정도에 따라 다르다. 제품이 차별화되지 않아 많은 기업이 공급 가능할수록 공급자의 협상력은 낮아진다. 또한 어떤 기업이 생산하는 제품을 어느 특정 기업에 많은 양을 납품하는 경우 공급업체의 협상력은 낮아진다. 공급자의 교체 비용도 공급자에 영향을 미친다. 공급업체를 교체할 때 발생하는 비용이 클수록 공급자를 교체하기 어려우며 공급자의 교섭력은 커진다.

구매자의 협상력은 상품을 구매하는 고객이 가격인하를 요구하거나 품질과 서비스에 대한 영향을 미칠 수 있는 능력을 말한다. 이러한 구매자 능력이 클수록 기업에게는 위협으로 작용한다. 이는 산업의 이익을 구매자가 가져갈 수 있기 때문이다. 구매자의 협상력은 구매자의 숫자가 많을수록 또 차별화가 되지 않을수록 구매자의 교섭력은 낮아진다. 구매자가 구매처를 분산하지 않고 대부분의 물품을 한 기업에서 집중적으로 구매할 경우 구매자의 협상력은 낮아진다. 구매자를 바꿀 경우에 드는 비용도 구매자의 협상력에 영향을 미친다. 그 비용이 클수록 구매자의 협상력은 높아진다. 구매자가 공급회사를 매수하거나 합병하는 후방 수직 통합(backward vertical integration)의 경우는 구매자의 협상력은 커진다. 후방수직통합은 자동차 제조업체가 철강공장을 구입하는 것과 같이 제품 생산에 필요한 생산시설을 구입하거나 만드는 과정을 말한다. 이 경우 구매자인 자동차 제조 회사의 협상력은 커지는 반면 철강 공장의 협상력은 작아진다.

대체재의 위협은 다른 사업 또는 산업의 제품이 자사 제품의 고객 욕구를 만족시킬 수 있는 경우이다. 이 경우 그 산업은 가격을 올려서 독과점 이익을 거둘 수 없다. 대체재는 다른 기술을 사용하여 동일 경제적 욕구를 충족시키는 재화나 서비스이다. 유선 전화기와 스마트 폰, 맥주와 와인 등이 그 예가 될 수 있다. 대체제 위협에 영향을 미치는 요소는 구매자들의 대체재에 대한 반응(propensity), 대체재의 가성비, 구매자 교체 비용, 제품

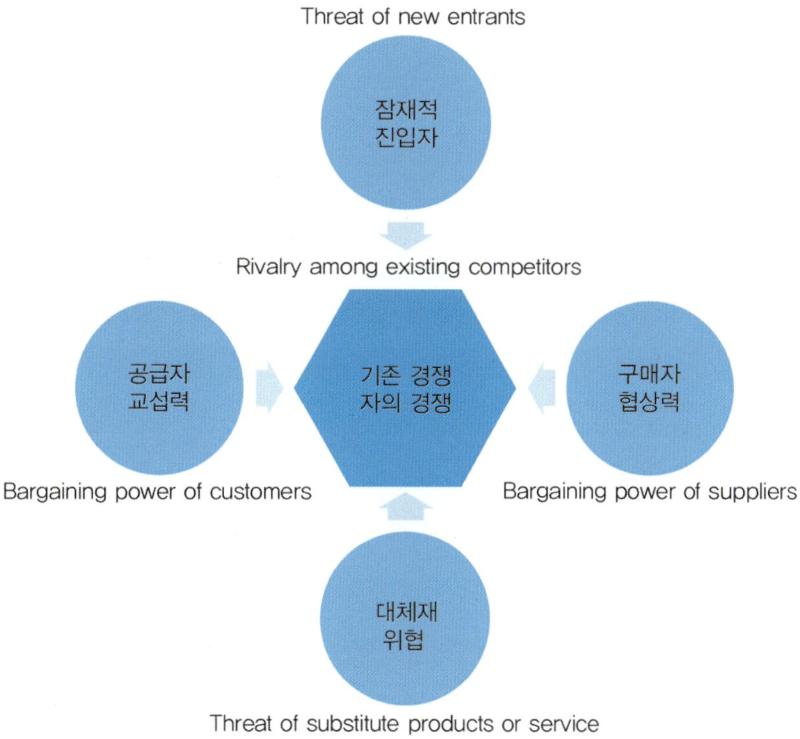

그림 3.3 마이클 포터의 5 Forces' Model

자료: Michael E. Porter, "How Competitive Forces Shape Strategy," 참고, 편집[15)]

15) Porter, M. (1979). How Competitive Forces Shape Strategy. 57(2). pp. 137-145.

차별화에 인지정도, 대체재의 숫자 등을 들 수 있다.

한편 포터 모형의 문제점으로는 우선 모형이 정태적이라는 데 있다. 포터는 경쟁과 산업구조가 동태적으로 변한다는 사실을 충분히 반영하지 못하였다. 경쟁우위는 기업전략에 따라 끊임없이 뒤바뀌는 역동적인 과정이며 이 과정에서 산업 구조는 변화하고 있다는 사실을 간과한 것이다. 이와는 달리 슘페터는 기업 혁신(innovation)은 동태적으로 산업을 진화, 발전시킨다고 일찍이 주장하였다.

또한 포터는 구매자, 경쟁자 그리고 공급자는 서로 연관되어 있지 않고 상호 작용이나 공모(collude)하지 않는다고 가정하였다. 그러나 현실적으로 이들은 서로 상호작용하고 경쟁하며 이를 통해서 독과점 이윤은 소멸된다는 경쟁 환경을 설명하지 못하고 있다.

5) 전략 집단 분석(Strategic Group Analysis)

경쟁기업의 전략은 특정 기업의 성과에 가장 직접적으로 영향을 미치는 요소이다. 경쟁기업의 움직임에 따라 기업이 효과적으로 대응함으로써 시장 점유율을 유지 또는 확대해 나갈 수 있다. 그러나 현실적으로는 많은 기업들이 경쟁기업에 대한 정확한 분석을 하지 못하고 있다. 전략집단 분석은 포터의 산업구조분석의 하위 분석(subset analysis)이라고 할 수 있는데 가장 직접적인 외부환경인 경쟁기업의 전략을 분석하는 것이다. 포터(1980)는 전략집단이란 "산업 내에서 전략 차원 면에서 동일하거나 유사한 전략을 추구하는 기업들의 집단"이라고 정의하였다.[16] 포터는 기업집단에 따라 사업성과에 미치는 산업구조의 경쟁요인들이 서로 다른 점을 발견하였으며 이를 통해 산업 내에서도 서로 다른 전략을 채택하는 일단의 기업군 즉, 전략집단이 있다는 사실을 밝혀냈다.

그런데 **전략집단(strategic group)**은 1972년 헌트(Hunt, Michael Stephen)[17]에 의해 처음으로 소개된 것으로 상이한 전략을 따르는 기업들 간의 성과 차이를 설명하기 위한 용어였다. 이후 여러 연구자를 거쳐 기초적 개념이 정리되었는데, 전략 그룹은 1) 유사한 전략을 실행하는 기업의 집단이며 2) 집단 내의 기업 간의 유사성은 집단 밖의 기업 간의 유사성보다 크며 3) 집단 내의 기업들은 시장기회에 유사하게 대응한다는 특징을 가지고 있다(Thomas & Venkatraman, 1988).[18] 전략집단을 분류하는 데 있어서 가장 중요한 요인은 어

16) Porter, M. (1980). Competitive Strategy. Free Press. New York. P129.

17) Hunt, M. (1972).Competition in the Major Home Appliance Industry. doctoral dissertation. Harvard University.

18) Howard, T. and Venkatraman, N.(1988). Research on Strategic Groups: Progress and Prognosis. Journal of Management Studies(25). 6. pp537~555.

떤 변수를 기준으로 전략집단을 나눌 것인가 하는 것이다. 이와 같은 관점에서 전략집단 연구는 산업 조직론적인 관점과 경영전략론 관점으로 나뉘어져 왔다. 산업 조직론적인 관점에서는 주로 산업의 경쟁정도와 성과에 대해서 주로 연구한 반면 경영전략 관점에서는 수익을 초점으로 한 기업성과를 기준으로 전략집단을 나누었다.19)

전략집단분석에 있어서 이해해야 할 개념은 **이동성 장벽(mobility barriers)**이다. 이는 진입 장벽의 확장된 개념으로 "한 기업이 특정 전략집단에서 다른 전략집단으로 이동하는 것을 억제시키는 산업 내 진입장벽"을 말한다. 동일한 산업 내에서 속해있는 전략그룹에 따라 기업 성과 즉, 수익성이 다르게 나타난다(조동성, 2009). 진입장벽의 요인으로는 규모의 경제, 제품 차별화, 교체 비용, 원가우위, 유통경로에 대한 접근성, 소요자본, 정부 정책 등을 들 수 있다. 이러한 진입 장벽은 기업이 한 전략적 위치에서 다른 전략적 위치로의 전환을 억제하는 이동장벽의 요소로 작용한다. 특정 산업 내의 일부 기업들이 다른 기업들보다 계속 높은 수익을 내는 가는 큰 이유는 이동성 장벽에 있다고 할 수 있다.

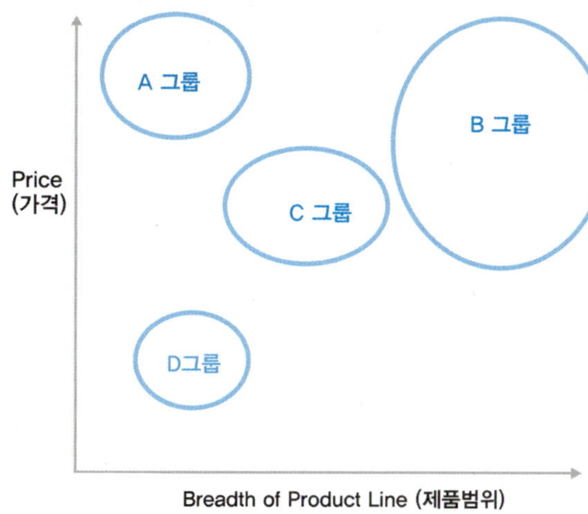

그림 3.4 전략집단도 예시

19) 여현철과 김영수(2011), "PP 산업에 대한 전략집단 개념의 적용". 한국컨텐츠학회 논문지,11(1). 357-370

이와 같은 전략집단을 나타낸 그림을 전략집단도(Strategic Group Mapping)라고 하며 이는 경쟁전략을 세우고 기회를 포착하는 데 많은 도움이 되고 있다. 그림 3.4는 가격대와 제품범위를 변수로 하여 전략집단도를 그린 것이다.

제4장
전략경영의 기초 II : 내부 역량 분석

1. 관점의 변화
: '기업의 성패는 외부산업구조보다 핵심역량에 달려 있다.'

가. 자원 기반 관점(Resource Based View)의 탄생

앞장에서 다루었던 바와 같이 1980년대 까지 전략경영분야에서는 산업구조 분석이 주도적인 이론이었다. 그러나 산업 구조 분석 모형이 유사한 기업들이 동일한 산업 환경에서도 성과가 다르게 나타는 현상을 설명하지 못하자 그 원인을 기업의 내부 자원에서 찾기 시작하였다. 기업의 내부자원에 대한 관심은 1959년 경제학자 펜 로즈(Edith Penrose, 1914~1996)의 「기업 성장론(the theory of the growth of the firm)」으로부터 시작되었는데 그는 기업을 "여러 생산적 경영자원의 집합체"로 정의하였다. 이러한 관점은 덴마크 경제학자 워너펠트(Birger Wernerfelt, 1951~)에 의해 경영학으로 확장되었다. 그가 집필한 「기업의 자원 기반 관점(A Resource-based View of the Firm,1984)」은 미국 사회과학 서적 중에 가장 많이 인용된 서적 중의 하나이기도 하다. 그는 이 책에서 기업은 보유 자원에서 이질적인 것을 전제로 하여 이론을 전개하였다.

이후 프라할라드(C.K. Prahalad, 1941~2010)와 게리 하멜(Gary P. Hamel, 1954~)은 그들의 공저 "기업의 핵심역량(The core competence of the corporation, 1990)"에서 기업 경쟁력의 기초는 핵심역량임을 주장함으로써 경쟁우위의 동태적 분석 프레임을 제공하였다. 미국의 경영학자 제이 바니(Jay Barney, 1954~)가 발표한 "기업 자원과 지속적 경쟁우위(Firm Resources and Sustained Competitive Advantage, 1991)"는 자원기반이론의 탄생에 중심적 역할을 한 것으로 평가를 받고 있다. 그는 이 논문에서 경쟁우위를 분류하고 자원(resources)과 역량(capabilities)의 속성을 정의하는 등 다양한 개념을 제시하였다.

자원기반관점은 기업이 비교우위를 확보하는 데 기반이 되는 전략적 자원을 인지하는 경영 분석 방법론이다. 이는 결과적으로는 지속적 경쟁우위를 확보하는 데 이용된다. 자원 기반 관점과 산업 구조론의 차이는 산업 구조론이 산업구조(industry structure)를 분석하는 접근 방법이라면 자원기반관점은 **독특한(idiosyncratic) 기업 특유의 내부자원**에 초점을 두고 있다. 자원기반관점의 전제는 기업의 전략적 자산은 **이질적(heterogeneous)**이며 기업 간에 이동하지 않으며 시간에 따라 변하지 않는 특성을 가지고 있다는 것이다.

1980년대에는 산업 구조론이 주도적인 이론이었음에도 불구하고 높은 위협과 적은 기회를 가진 기업이 성공하는 사례가 적지 않게 발생하게 되었다. 예를 들어 당시 미국의 백화점 월 마트(Wal-mart)는 할인 소매점들이 경쟁적으로 유통업계에 진출함에 불구하고 유통업계의 지배적인 위치를 잃지 않았으며 미국 항공사 사우스웨스트 항공(Southwest Airlines)도 당시 미국 항공 산업의 전반적인 손실에도 불구하고 순익을 기록함으로 산업구조론의 주장을 무색하게 하였다. 이를테면 월마트의 경우 점포의 입지, 물류시스템, 브랜드, 종업원들의 충성심 등 핵심 자산을 구축함으로써 원가경쟁력을 핵심역량으로 키웠다. 이를 통해 유통업계의 전반적인 불황에도 불구하고 성장세를 이어 갔다. 사우스웨스트 항공은 아시다시피 미국의 저가 항공사이다. 이 항공사의 경쟁우위는 '낮은 비용(low operational cost)과 높은 효율성(high operational efficiency)'으로 부터 온다. 이 항공사는 보잉 737이라는 단일 기종만으로 운영하고 좌석 예약제도 없으며 기내식도 제공하지 않는

그림 4.1 Southwest airlines와 Walmart

다. 목표 시장도 단거리 노선에만 집중하는 틈새 시장 전략을 구사하였다. 자사만의 시장 세분화 전략을 구축하여 확고한 전략적 위치를 차지함으로써 성공적인 기업으로 자리잡았다.

나. 전략경영 프레임에서의 자원기반관점

자원기반 관점에서 보면 기업이 보유한 자원과 역량은 여러 단계를 거쳐 기업의 **전략적 경쟁력(strategic competitiveness)**으로 발전하게 된다. 기업의 자원은 **역량(capabilities)**으로 기업에 **내재화(embedded)**되며 기업에 내재화된 역량은 다른 기업과 차별되는 **핵심역량(core competencies)**으로 발전한다. 기업의 핵심역량은 **경쟁우위(competitive advantage)**로 이어 지며 궁극적으로는 전략적 경쟁력으로 구현된다. 이를 도표로 나타낼 경우 그림 4.2와 같다. 본서에서는 이러한 경쟁우위와 관련된 키워드들은 언론이나 현장에서 자주 인용되므로 이를 상세히 서술하고자 한다.

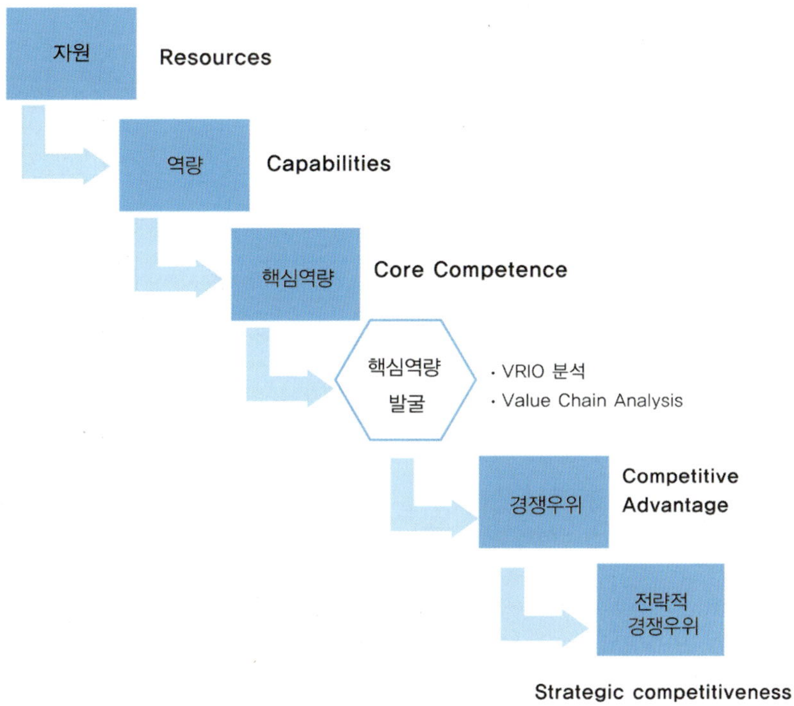

그림 4.2 자원과 역량의 경쟁우위의 관계

자료: 저자 편집

2. 기업의 자원과 역량은 무엇인가?

가. 자원에서 역량으로 (From resources to capabilities)

전술한 바와 같이 자원 기반 이론에서 기업의 성과를 가름하는 것은 기업의 내부역량의 차이이다. 바니(1991)는 자원을 "모든 자산(assets), 역량(capabilities), 조직 프로세스(organizational processes), 기업 특성(firm attributes), 정보(information) 및 지식(knowledge) 등으로 기업에 의해 통제되고 기업으로 하여금 전략 수행을 가능케 함으로써 기업의 효율성과 유효성을 높이는 데 사용되는 모든 것"으로 정의하였다. 기업의 자원은 유형(intangible), 무형(intangible)로 나눌 수 있다.

기업이 보유하고 있는 유형자원은 재무자원, 공장설비, 건물, 장비 등 기업의 재무제표상에서 파악할 수 있는 자원을 말한다. 무형 자원은 기업의 브랜드, 경영지식, 기술 또는 특허권, 기업의 문화, 고객, 주주, 공급자들과의 관계 등 물리적으로 파악할 수 없는 자원이다. 인적자원(human resources)은 무형자원으로 분류하기도 하나 최근에는 인적자원을 별도로 인식하는 추세이다.

한편 기업의 역량(capabilities)은 기업 조직에 내재화(embedded)되어 이전할 수 없는(non-transferable) 특수한 형태의 자원으로 다른 자원의 생산성을 높이는 데 유용한 것을 말한다.

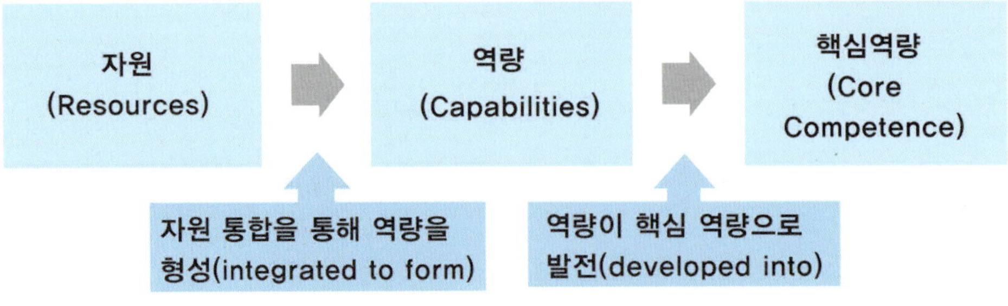

그림 4.3 자원에서 핵심역량으로 발전 과정

자료: 저자 편집

나. 기업 자원 VS. 기업 역량

기업 자원(firm resources)은 본질상 기업에 반영구적으로(semi-permanently) 종속되어 있는 것으로 고객을 위하여 제품과 서비스를 제조하고 전달하는 데 쓰이는 것이라 할 수 있다. 반면 역량(capabilities)은 기업이 원하는 목적을 달성하기 위하여 다양한 자원을 배치하고 조합하고 조직의 프로세스를 운영하는 능력으로 정의된다.

자원과 역량은 두 가지 관점에서 특징이 다르다. 첫 번째, 역량은 **기업 전유성(firm specific)**을 가지고 있다. 반면 자원의 경우는 대부분 기업 전유성이 없다. 예컨대 역량의 기업 전유성으로 인해 그 기업이 청산되거나 사라질 경우 역량도 함께 사라지나 자원의 경우 비록 기업이 사라지더라도 자원은 다른 기업에 의해 소유되고 있다. 인텔(Intel)의 특허권은 '자원'으로 인텔이 설령 없어진다 해도 다른 기업에 이전되어 존재하고 있지만 인텔의 반도체 설계 기술은 '역량'으로 인텔이 없어질 경우 인텔과 함께 사라진다. 두 번째, 역량은 자원들을 연결시키는 **중간재 역할(intermediate goods)**을 함으로써 기업이 소유하는 자원의 효과성과 생산성을 향상시키는 역할을 한다. 이는 투입물(input)로서의 특징을 지닌 자원과는 다른점이다.

3. 핵심역량은 무엇인가?

가. 개념

핵심역량(core competency) 개념은 1990년 프라할라드와 게리하멜이 소개하였다. 그들은 기업의 핵심역량을 "시장에서 어떤 기업이 차별화되는 다양한 자원과 기술의 조화로운 조합(harmonized combination of multiple resources and skills that distinguish a firm in the marketplace)"이라고 정의하였다.

핵심역량은 다음의 세 가지 역할 기준을 충족하여야 한다.

- 폭넓은 시장 접근을 가능케 하여야 한다.
- 최종 제품에 대해 고객이 지각하는 편익을 증대시키는 데 기여하여야 한다.

- 경쟁자가 모방할 수 없어야 한다.

핵심역량은 핵심제품의 개발을 가능케 하며 핵심제품은 최종 사용자를 위한 최종제품을 생산케 한다. 말하자면 핵심역량은 기업 성장의 뿌리 역할을 하는 것이다. 나무에서의 뿌리는 영양분을 섭취하여 나무가 생존하고 성장할 수 있는 바탕이 되는 것이다. 나무의 큰 줄기는 핵심제품, 나무의 가지는 사업부 그리고 잎과 꽃은 최종 제품을 비유할 수 있다. Honda의 사례를 들면 Honda의 핵심역량은 경량급 엔진을 생산할 수 있는 능력과 노하우에 비교할 수 있으며 Honda의 핵심제품은 경량 엔진(lightweight engines)으로 나무의 줄기 부분이라 할 수 있다. 나무의 가지 부분은 경량 발전기 사업부가 될 것이다. 마지막으로 나뭇잎과 과일 부분은 최종 제품인 발전기에 비유할 수 있다.

핵심역량은 단기적인 변화로 축적되는 것이 아니라 장기간 걸쳐 계속해서 향상되어야 개발되는 것이다. Harvard Business Review에서는 1980년대에 일본 기업인 NEC가 핵심역량을 효율적으로 관리함으로써 반도체, 통신, 소비자 가전제품에서 지배적 위치에 오르

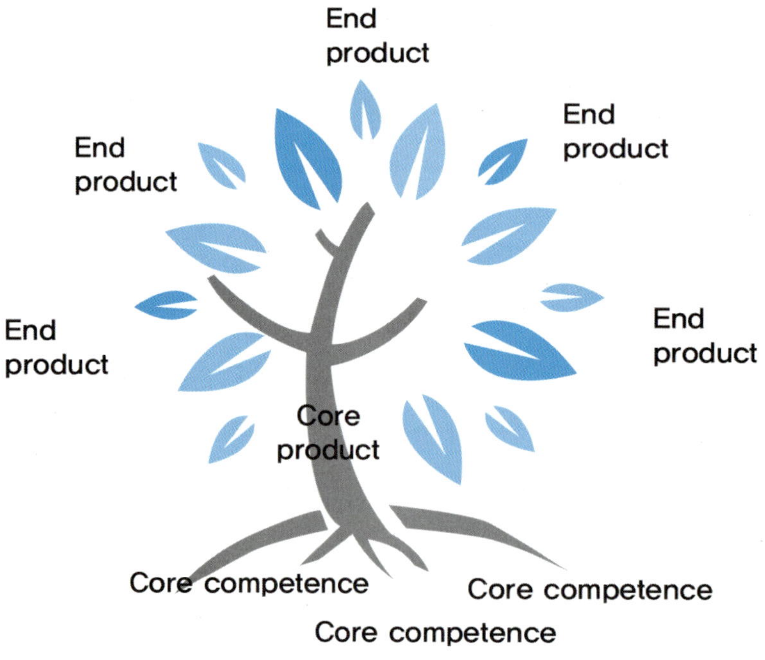

그림 4.4 핵심역량 나무

자료: https://www.mbacrystalball.com/blog/strategy/core-competencies/ 29. 2019.11.2. 접속.

게 된 것을 사례로 들고 있다. NEC의 경우는 수직적 통합을 위한 기업인수 합병에 집중한 것이 아니라 디지털 기술이라는 핵심역량 강화를 위해 노력한 결과 경쟁자인 미국 최대의 통신사였던 GTE(지금의 Verizon)를 제칠 수 있었던 것이다.

핵심역량의 특성은 몇 가지로 요약할 수 있다.

첫째, 핵심역량은 집합적 학습(collective learning)의 산물이다. 개인적인 학습보다는 집합적 학습을 통하여 축적된 조직 전체의 역량을 말하는 것이다.

둘째, 조직 경계를 넘는 폭넓은 커뮤니케이션, 참여, 열정을 바탕으로 하고 있다. 핵심역량은 개별 기술 등의 총체적 집합체로 상호간의 교류를 통하여 기회를 확보하여야 할 대상이다.

셋째, 핵심역량은 사용으로 소멸되지 않는다. 핵심역량은 물리적 자산과는 달리 사용되고 공유할수록 향상되는 특성을 가지고 있다. 핵심역량은 육성과 보호되어야 할 대상으로 현재의 사업들을 묶는 접착제와 같은 역할을 하며 새로운 사업을 개발하기 위한 엔진 역할을 한다.

나. 핵심역량 찾아 내기

1) VRIO Framework

VRIO Framework은 바니가 1991년에 개발한 분석 방법으로 그의 논문 “기업 자원과 지속적 경쟁우위(Firm Resources and Sustained Competitive Advantage)”에 소개되었다. 그는 이 논문에서 기업의 자원이 지속적인 경쟁우위의 요소가 되기 위해서 가져야 할 4가지 속성을 정의하였다. 말하자면 자원을 보유한다고 해서 모든 자원이 기업의 경쟁우위에 도움이 되는 것이 아니라 좋은 기업이 되기 위해서는 환경에 맞는 자원을 가지고 있어야 한다. 전술한 펜로즈 교수의 업적은 종래의 경제학은 기업을 생산 함수로 간주하여 동질적인 것으로 보았으나 그는 기업을 다양한 자원의 결합체로 보았다는 것이다. 따라서 기업이 보유하는 자원에 따라 기업 성과가 달라진다는 설명이 가능해지는 것이다.

여기에서 발전하여 바니는 성과에 도움이 되는 자원의 속성을 가치성(value), 희소성(rareness), 모방가능성(imitability) 및 조직화(organization) 등 4가지로 정리하였다. 이를 기준으로 자원을 평가함으로써 핵심역량에 이르는 자원을 식별할 수 있다.

가치성(Valuable)은 기업이 외부 위협을 중화시키거나 기회를 이용하는 데 유용한 가로 평가된다.

희소성(Rare)은 자원의 통제는 상대적으로 매우 적은 수의 수중(in the hands of a relative few)에 있는 가의 여부로 평가된다.

모방가능성(Inimitable)은 다른 기업이 모방하기 어려워야 하며 그러한 자원을 획득, 개발 또는 복제하기 위해서 얼마나 큰 비용을 지불하여야 하는 가로 평가된다.

조직화(Organized)는 기업은 자원을 이용할 수 있도록 조직화되고 준비되어 자원으로부터 얼마나 많은 가치를 끌어 낼 수 있는 가로 평가된다.

이와 같은 기준으로 기업이 보유하는 자원에 따라 경쟁우위 상태를 경쟁열위(competitive disadvantage), 경쟁등위(competitive parity), 일시적 경쟁우위(temporary competitive advantage), 미 실현 경쟁우위(unused competitive advantage), 지속 가능한 경쟁우위(sustained competitive advantage) 등으로 나눈다. 경쟁열위는 기업의 보유자원이 네 가지 기준을 모두 충족하지 못하는 경우이다. 기업이 경쟁우위를 확보할 만한 아무런 자원도 보유치 못한 상태로 볼 수 있다. 경쟁등위는 기업이 보유하는 자원이 가치만 있는 경우를 나타낸다. 이를테면 쓸모는 있으나 그것이 누구나 가지고 있고 모방하기 쉬운 것이라면 경쟁우위에 있다고는 볼 수가 없다. 일시적인 경쟁우위는 가치 있고 희소성은 있으나 경쟁자가 모방

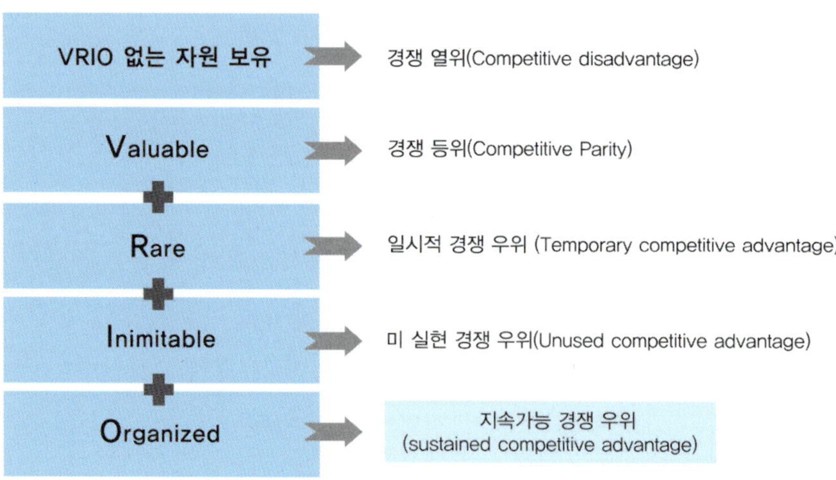

그림 4.5 VRIO분석과 경쟁우위

자료: 저자 편집

하기는 쉬운 것으로 모방하는 데 걸리는 시간 동안만 경쟁우위를 누리는 경우를 말한다. 미 실현 경쟁우위는 다른 기준에 모두 충족되는 자원을 보유하고 있으나 막상 자원을 이용하지 못하는 경우를 나타낸다. 마지막으로 VRIO요건을 모두 갖춘 자원을 보유하였을 경우, 지속가능한 경쟁우위를 확보하게 된다.

일부 분석에 따르면 구글의 경쟁우위 자원은 의외로 인사관리에 있다. 구글은 직원관리에 대한 데이터를 운영하는 능력이 탁월하고 이를 사람 간 신뢰를 구축하는 기반으로 삼고 있다고 한다. 데이터 베이스를 기반으로 하는 이 역량은 생산성 있는 혁신적인 인재의 채용을 가능하게 하는 것이다. 이러한 역량을 다른 경쟁사가 보유하거나 모방하기에 쉽지 않은 이유는 두 가지로 요약될 수 있다. 첫째, 정교한 소프트웨어를 구축할 수 있는 IT역량이다. 구글의 IT역량을 타사가 보유하기에는 많은 비용이 소요되고 모방하기도 어렵다. 두 번째는 훈련된 인사 관리자들이다. 이들은 데이터 베이스를 기반으로 하는 인사에 관한 의사결정을 할 수 있는 관리자들로 자원의 가치를 포착하고 관리할 수 있는 역량을 가지고 있다. 이를 통해 구글은 지속가능한 경쟁우위를 확보하고 있다.

2) 가치 사슬 분석(Value Chain Analysis)

가치사슬(value chain)은 기업이 시장에 가치 있는 제품 또는 서비스를 시장에 제공하기 위해서 수행하는 일체의 활동(a set of activities that a firm operating in a specific industry performs in order to deliver a valuable product or service for the market)을 말한다. 이 개념은 1985년에 포터가 발표한 "경쟁우위 : 우월적 성과를 창출하고 유지하기(Competitive Advantage: Creating and Sustaining Superior Performance)"에서 소개되었다.

가치 사슬 분석은 기업의 경쟁우위 창출 근거를 기업 전체 관점에서 보는 것이 아니라 기업이 수행하는 수많은 별개의 활동(discrete activities)에서 보는 것이다. 기업이 수행하는 별개의 활동에는 제품의 디자인, 생산, 마케팅, 전달 그리고 지원 등 활동이 포함된다. 이와 같은 개별 활동들이 기업의 상대적 지위를 확보토록 하고 다른 기업과 차별화되는 토대를 제공한다. 따라서 기업의 경쟁우위요소를 분석하고 파악하기 위해서 기업의 구성요소를 세분화하여 살펴볼 필요가 있으며 이를 분석하는 수단이 기업의 가치 사슬 분석이다.

여기에서 가치란 기업이 공급하는 제품에 대해 구매자가 기꺼이 지불하려도 하는 금액을 의미한다. 이를 창출하는 활동은 가치 활동이라고 하며 **본원적 활동(primary activities)**

과 **지원활동(support activities)**으로 구분된다.

본원적 활동은 제품 또는 서비스의 가치 창출에 직접적으로 연관되어 있는 가치 활동을 말한다. 본원적 활동은 5가지로 구성되며 이는 ①물류투입(IL, Inbound Logistics), ②운영/생산(OP,Operations), ③물류산출(OL, Outbound Logistics), ④마케팅과 영업(M&S, Marketing &Sales), ⑤서비스(Services)[20] 등을 포함한다.

지원 활동은 직접적으로 가치를 창출하는 활동은 아니나 본원적 활동을 돕는 가치 활동이다. 지원활동은 ⑥회사 인프라(Firm Infrastructure), ⑦인적자원관리(HRM), ⑧기술개발(Technology Development), ⑨구매조달(Procurement) 등을 포함한다.

그림 4.6 포터의 가치 사슬 분석

자료:Porter(1985). Review: Competitive Strategy.

20) ▪물류투입 : 투입요소의 구입, 저장, 유통에 관련된 활동, ▪운영/생사: 투입요소를 최종 제품 형태로 만드는 활동 ▪물류산출: 제품을 구매자에게 유통시키기 위한 수집, 저장, 물적 유통에 관련된 활동 ▪마케팅 과 영업 : 구매자가 제품을 구입할 수 있게 하고 또한 그러한 행동을 유도하는 수단을 제공하는 활동 ▪ 서비스 : 제품 가치를 유지, 증진시키기 위한 활동을 말하며 정착, 보수, 훈련, 부품공급, 제품조정 등.

포터의 밸류체인 분석은 두 가지 접근 방법으로 실행할 수 있다.

원가우위(cost advantage) : 우선 본원적 활동과 지원활동을 파악하고, 각 활동별로 원가 동인(cost drivers)을 찾아내야 한다. 예를 들어 노동집약적인 활동의 경우 노동 시간, 임금 등이 원가 동인이 될 수 있다. 아울러 활동 간 비용의 연관성(linkages)을 파악하여야 한다. 이는 한 부문의 원가 절감이 다른 부분의 원가 절감을 가져오기 때문이다. 이러한 분석을 바탕으로 구체적인 원가 감소 기회(opportunities)을 찾아내는 것이다.

차별화우위(differentiation advantage) : 차별화우위 전략에서도 고객에게 가치를 창출하는 활동을 파악하는 것이 제일 첫 단계이다. 다음 단계는 각 활동별로 고객가치(customer value)를 올릴 수 있는 요인을 내어야 한다. 예를 들어서 기업이 고객 서비스에 중심을 둘 경우, 상품과 서비스 옵션 확대, 인센티브 제공, 제품 사양의 다양화 등이 그 요인의 사례가 될 수 있다. 마지막 단계로서는 찾아낸 요인 중에서 다른 기업과 차별화 할 수 있는 가장 좋은 방법을 선택하는 것이다.

4. 기업의 경쟁우위전략

경쟁우위(competitive advantage)은 어떤 기업이 경쟁 기업을 앞지르는 속성(attribute)을 말한다. 클레이튼 M 크리스텐슨(Clayton Magleby Christensen, 1952~)은 경쟁우위를 "같은 산업 또는 시장에서 다른 기업보다 더 높은 성과를 내게 하는 속성 또는 자원"이라고 표현하였다.[21] 포터는 기업 또는 조직이 경쟁에 대해 경쟁우위를 가지는 전략으로 3가지를 제시하였는바 그것은 원가우위 전략(Cost Leadership), 차별화 전략(Differentiation), 그리고 집중화 전략(focus)이다. 이들 전략은 산업 내에서 평균이상의 성과를 내는 전략으로 포터는 이를 본원적전략(generic strategy)이라고 하였다.

원가우위 전략은 3가지 본원적전략 중 가장 명확한 전략으로 산업 내에서 가장 낮은 원가의 생산자가 되는 것이다. 이 전략의 원천은 규모의 경제, 사유(특허)기술(proprietary technology), 원재료에 대한 접근 등으로부터 나온다.

차별화 전략은 경쟁자들과는 다른 제품과 서비스를 구매자들에게 제공하는 전략이다.

21) Christensen, K. and Fahey, L. (1984). Building distinctive competences into competitive advantage. Strategic Planning Management. pp113-123.

차별화 전략을 추구하는 기업들은 그 산업에 있어서 구매자에게 독특하기(unique)를 노력한다. 이러한 독특함은 높은 가격(premium price)으로 보상을 받는다. 차별화 전략에는 고객에 대한 서비스, 디자인, 상표 이미지와 기술 등 여러 가지 전략이 포함된다.

집중화 전략은 원가우위 전략과 차별화 전략과는 다소 다른 속성을 지닌다. 집중화 전략은 한 산업 내에서 한정된 범위를 선택하여 집중하는 전략이다. 이 전략은 두가지 방향으로 전개된다. 원가 집중화 전략(Cost Focus)은 목표 시장에서 원가에 집중하는 전략이고 차별적 집중화 전략(Differentiation Focus)은 앞서 말한 차별화에 집중하는 전략이다. 말하자면 비용우위에 기반을 둔 저가시장에서의 전략과 차별화 우위에 기초한 고가특수 시장에서의 전략은 집중화의 대상이 다르다고 할 수 있다(장세진, 2017).[22]

이러한 3가지 전략을 구사하면서 그중 하나라도 성공하지 못한 기업은 '중간에 끼여있는 기업(stuck in the middle)'이라고 표현한다. 이러한 기업은 경쟁우위를 가지지 못하고 있으며 평균이하의 성과(below average performance)를 내는 기업이기도 한다. 이러한 기업들은 근원적 의사결정을 다시 하여야 한다.

		전략적 경쟁우위(Strategy advantages)	
		고객이 인지하는 특유성 (Uniqueness Perceived by the customer)	저 원가 포지션 (Low Cost Position)
전략 목표	산업 전체 (Industrywide)	차별화(Differentiation)	전체적인 원가 리더십 (Overall Cost Leadership)
	산업 특정 부분 (Particular Segment Only)	집중화(Focus)	

표 4.1 마이클 포터의 본원적전략(Generic Strategy)

자료: 마이클 포터의 경쟁 전략 P87 수정 편집

22) 장세진(2017), 글로벌 경영, 박영사

5. 3C Analysis

3C분석은 일본의 경영전략 대가인 오마에 겐이치(Kenichi Ohmae, 1943~)가 제안한 분석 방법으로 경영전략의 중요한 요소인 **고객(Customer)**, **경쟁사(Competitor)**, **자사(Company)**의 분석을 통해 고객에게 경쟁사보다 더 나은 가치를 제공하는 것을 목적으로 한다. 기업은 표적시장 선정을 위하여 각 시장별 매력도를 측정하는 데 이 때 고려해야 할 사항이 이 세 가지 기준이다. 그림 4.7은 이를 도표를 그린 것이다.

이를 차례로 살펴보자면 우선, 고객은 3C분석에 있어서 전략의 기초이다. 기업 경영을 성공하기 위해서는 고객에 대해 이해하여야 한다. 고객은 기업의 존속과 성장에 가장 중요한 역할을 한다는 사실은 재론할 여지가 없는 사실이다. 최근 경영의 무게 중심이 공급자에서 소비자로 이동하게 됨에 따라 고객지향적인 분석과 전략 수립의 필요성은 절대적이다.

두 번째는 경쟁자에 대한 분석이다. 경쟁자의 동향이나 전략도 경영전략 수립에 큰 영

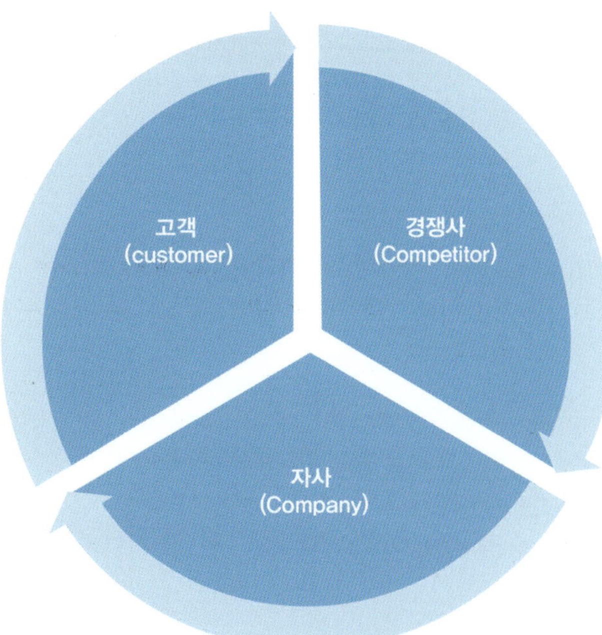

그림 4.7 3C 분석의 요소

자료: K. Ohmae, "Getting Back to Strategy", Harvard Business Review, 1988에서 수정 편집

향을 미친다. 따라서 경쟁자를 분석하고 경쟁자의 강약점을 분석하여 경영전략을 세움으로써 기존 고객 유지는 물론 경쟁자의 고객도 확보할 수 있다. 이 분석을 통해 현재 자사가 마주하고 있는 경쟁사들을 파악하고 이들의 강약점을 종합적으로 살펴볼 수 있을 것이다.23)

마지막으로 자사에 대한 분석은 자사가 보유하고 있는 자원과 핵심역량을 파악하는 것이다. 자사 분석을 통해서 자사의 강점을 극대화 시키는 것이 매우 중요하다. 이는 산업 내에서 성공하기 위해 필수적인 다른 영역(기능)을 향상시킬 수 있는 방법이기도 하다.

3C분석 요소와 전략은 표 4.2와 같다.

3C	전략적 요소
고객(Customers)	고객의 세분화 – 목적에 의한 세분화(Segmentation by objectives) : 고객을 같은 상품이라도 다른 목적으로 사용 – 고객 범위에 의한 세분화(Segmentation by customer coverage) : 마케팅 비용과 점유율의 관계에서 최적화 지점을 찾아냄 – 시장 재세분화(Segmenting the market once more) : 한 번 세분화한 것은 유효성이 사라짐. 변화에 따라 다시 세분화 필요
경쟁사(Competitors)	– 이미지의 힘(the power of image) : 이미지는 긍정적인 차별화의 유일한 원천 – 이익과 비용구조의 차이에 투자(capitalizing on profit and cost structure difference) : 신제품이나 서비스 차이, 고정 비용의 차이는 이윤차이의 원천임을 주목
자사(Company)	– 선택과 연결(selective and sequencing) : 모든 부문에서 앞서갈 필요가 없음. 핵심 영역에서 확실한 우위가 중요 – 사야 하나? 만들어야 하나?(Make or buy) – 비용효율성을 향상(improving cost effectiveness)

표 4.2 3C's Model과 전략적 요소

23) Van Vliet, V. (2009). 3C model by Kenichi Ohmae. Retrieved [2019.10.26] from toolshero: https://www.toolshero.com/strategy/3c-model-ohmae/

제5장
기술과 경영의 교차점, 생산운영관리

1. 기능전략으로서의 생산운영관리

가. 생산운영관리와 기술경영

1) 기업 경영에 있어서 생산운영관리의 위치

미국 기업의 직제를 들여다보면 우리에게는 다소 낯선 직명이 눈에 띈다. COO(chief operation officer)인 데 최고운영관리자라고 번역되고 있다. COO는 기업의 사업 부문의 최고 운영 책임자로 기업에서 일반적으로 서열 2위에 해당하는 임원이다. 그는 사업부문의 기획, 관리, 인사, 경영혁신 등의 기능을 비롯해서 개발, 구매, 생산, 마케팅 등 모든 운영기능을 관여하여 사업의 최고 책임자 역할을 한다. 이 단계를 생산운영관리라고 할 수 있다.

생산관리는 제조업을 중심을 만들어진 개념이나 서비스 산업의 부상에 따라 운영이란 개념을 합하여 사용하고 있다. 조직 측면에서 제조 조직(manufacturing organization)과 서비스 조직(service organization)의 차이는 전자가 **재화 지향성(physical goods)** 이며 후자가 **행위 지향성(nonphysical outputs)**이라는 점에서 차이가 있다. 의료 행위나 컨설팅 서비스와 같은 서비스는 재화와는 달리 무형적(intangible) 특성을 지니므로 행위를 통해 가치가 전달되는 것이다. 따라서 서비스 산업에 제조업 방식의 생산관리를 적용하는 데는 한계가 있다.

기업의 경영을 세 부분을 나눌 때 운영, 마케팅, 재무로 나눌 수 있다. 이 세 부분은 밀

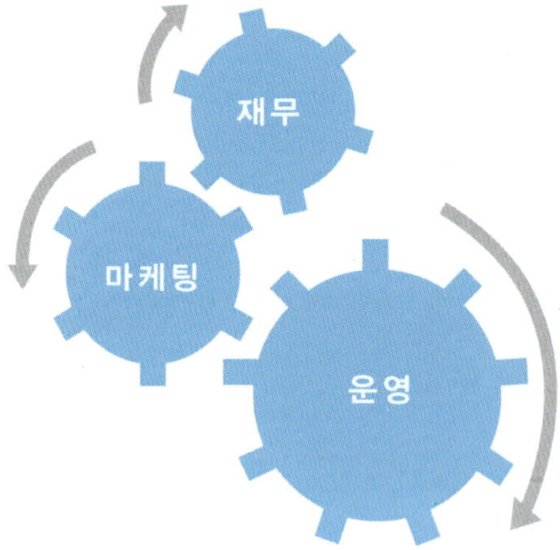

그림 5.1 운영, 마케팅, 재무의 상호 작용

접하게 서로 연관되어 있다.

재무부분에서 투입에 필요한 자원과 자본을 획득하여 운영부문으로 넘기면 운영부문에서는 이를 제품 또는 서비스로 변환한다. 마케팅은 이들 제품 또는 서비스를 판매하여 판매수익을 남기고 이를 재무부문이 관리하여 재투자를 하게 된다. 따라서 기업 경영은 이들의 상호 의존적인 관계를 형성하면서 공조함으로써 경영성과를 이루게 되는 것이다.

개념상 생산운영관리(operation management)는 기업의 제품이나 서비스를 생산하고 유통하는 데 필요한 여러 가지 자원(resources)을 계획, 조정, 통제하는 기능이다. 여기에서의 자원은 사람, 자본, 장비, 기술, 정보 및 기타 자원을 포함한다.

생산운영관리를 프로세스 관점에서 보자면 자원을 투입(input)해서 산출물(outputs)로 바꾸는 **변환 공정(transformation process)**의 설계, 운영, 통제와 연관된 관리 기능이다. 공정(process)은 여러 가지 투입물을 산출물로 변환하여 내부 또는 외부 고객에 제공하는 일련의 활동을 의미한다. 이와 같은 변환과정은 여러 가지 양태로 나타난다.

- 물리적 변환(physical) : 제조 활동.
- 위치이동(locational) : 운송이나 창고 관리.
- 교환(exchange) : 소매업.
- 생리적(physiological) : 건강 관리.
- 심리적(psychological) : 연예 활동.

- 정보(informational) : 통신.

변환과정을 통해 생산된 산출물에 대해서는 품질이나 수량에 대한 **측정(meauremet)**이 이루어 진다. 그리고 고객과 시장에 제공된 산출물에 대한 반응이 조사되어 생산시스템에 **환류(feedback)**된다. 기업은 이러한 프로세스를 통해서 부가가치를 창출하기 때문에 생산운영관리는 기업의 핵심 기능이자 경쟁우위의 원천으로 간주된다. 제조업의 경우 다양한 자원이 제품으로 변형되는 데 여러 가지 공정을 통하여 이루어지며 이러한 공정에는 다양한 기술 수준과 혁신이 반영되어 있다. 따라서 기업 경영에 있어서 기술과 혁신에 대한 이해가 가장 필요한 부분 중의 하나가 생산운영관리이다. 따라서 공학 기술과 경영의 접점에 있는 부분이 생산운영관리라 할 수 있다.

한편 이러한 프로세스들은 서로 연결되어 **공급사슬(supply chain)**을 만든다. 따라서 공급사슬관리(supply chain management)의 요구가 생겨난다. 공급사슬관리는 제품과 서비스 그리고 정보의 흐름을 고객수요에 맞추기 위하여 내부 프로세스와 공급자 및 고객의 프로세스를 동기화하여 끊임없이 Feedback하는 행위이다. 그러한 과정을 그림으로 나타내면 그림 5.2와 같다.

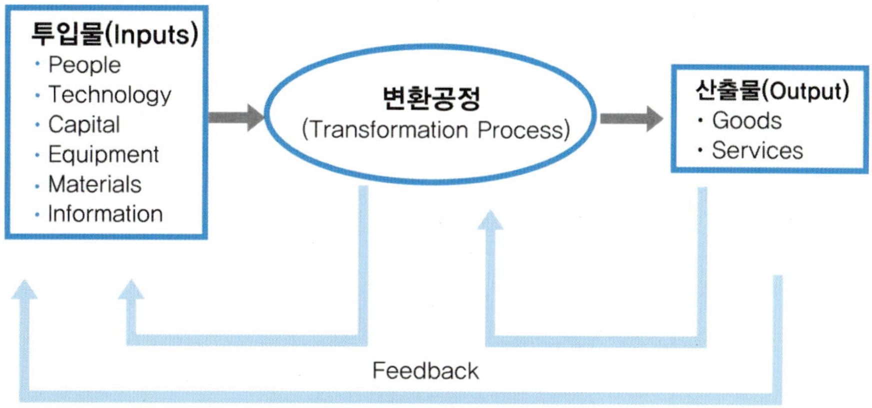

그림 5.2 운영관리와 변환 공정

2) 경영전략과 생산전략의 목표

전술한 바와 같이 경영전략은 기업전략, 사업 전략, 기능전략을 나눈다. 생산전략은 기능전략의 한 부분이며 생산의사결정을 기업전략과 사업전략과 연결시켜주는 역할을 한다. 생산전략은 기업전략의 성공적 수행을 위해서 각종 생산관리 활동이 어떠한 방향으로 나아가야 할지를 제시해주는 지침이 된다(김형재, 2008). 생산전략은 기업전략하에서 종합적이고 유기적으로 전개된다는 점에서 생산 시스템 자체만을 관리하는 생산 통제(production control)와 구분된다.

생산운영관리의 목표는 **원가(cost)**, **품질(quality)**, **납기(delivery)**, **유연성(service & flexibility)** 등이다. 특히 원가, 품질, 납기는 생산관리에서의 핵심적인 관리 요소로서 이 용어들의 약자를 따서 QCD로 표현된다. 여기에다 유연성을 더하여 QCDF로 쓰이기도 한다. 원가는 재료비, 노무비, 간접비로 구성되며 기업은 이를 최소화하는 것을 목표로 한다. 품질은 제품이 가지는 가치 요소로서 고품질이 목표가 된다. 과거에는 품질을 단순히 규격에 대한 적합성으로 간주해 생산자가 품질을 결정하였고 이에 따른 불량률을 감소시키는 것이 주 목적이었으나 최근 들어 품질은 고객의 욕구를 만족시키는 척도로서 소비자가 결정한다. 따라서 고객 욕구를 만족시키는 제품과 서비스를 공급하는 것이 중요하다. 납기는 고객이 원하는 시간과 장소에 제품이나 서비스를 인도할 수 있는 생산 능력으로 적시성과 연관되어 진다. 유연성은 수요의 질적, 양적 변화에 신속하게 대응할 수 있는 능력(the capacity to adapt to changes / modifications)을 의미한다. 최근 고객의 수요가 빠르게 변화하며 다양해짐에 따라 유연성은 경쟁우위의 중요한 척도가 되고 있다.

생산운영관리에서의 장기적 의사결정은 제품설계, 생산 설비 선정과 배치, 기업 입지, 직무설계, 품질경영 등을 말하며 단기적 의사결정문제는 생산계획, 공정 관리, 재고 관리, 폼질 관리, 설비 보전, 원가절감 등을 포함한다.

2. 생산 경영의 발달

제 2차 세계대전 후 미국은 승승장구하는 제조업의 성공에 심취하여 기업의 경영진은 생산 문제를 별로 중요하게 생각하지 않았다. 블랙 박스 이론(Black box theory)에서와 같이 생산은 자원이 투입되면 산출이 발생하는 자동적인 프로세스라고 생각하였다. 반면 독일과 일본은 생산 문제를 집중적으로 들여다보았다. 이에 따라 미국은 제조업 경쟁력을 상실하게 되었고 극심한 무역적자에 시달리게 되었다. 이러한 변화에 직면한 미국은 1970년대 후반부터 생산관리에 관심을 집중하게 된다.

또한, 생산운영관리는 근대 과학기술의 발전과 산업화와 더불어 크게 발전하였다. 산업혁명 이전 주문 생산을 위한 장인이 제품이나 서비스를 만들어 내는 장인 생산 시대(craft production) 시대에는 생산운영관리의 개념은 존재치 않았다고 볼 수 있다.

가. 산업 혁명과 생산 관리

그러나 1770년대 영국에서 발생한 산업혁명(Industrial Revolution)은 공장이라는 새로운 개념을 가져왔다. 1776년 제임스 와트(James Watt, 1736~1819)는 처음으로 상업용 증기기관을 만들었다. 이 증기기관은 1785년 섬유 산업에 가장 먼저 도입되었다. 18세기 후반에 들어 증기력의 활용, 직물, 제철 부분에서 핵심적인 기술혁신이 일어났으며 이는 산업혁명을 비약적인 경제발전과 연결시켰다.

1) Adam Smith의 분업론

비슷한 시기에 노동의 분업(division of labor)을 주장하는 아담 스미스(Adam Smith, 1723~1790)의 국부론(The Wealth of Nations, 1776)이 등장하였다. 국부론에서는 노동의 분업 사례로 핀 공장을 들고 있다. 예컨데 노동자 한 사람이 기계의 힘을 빌리지 않고 수작업으로 핀을 만든다면 잘 해야 하루에 한 개 정도 만들 수 있다. 그러나 핀제조 과정을 18개 공정으로 나누어 열 명이 분업을 하면 하루에 4만 8천 개의 핀을 만들 수 있다는 예를 들었다. 이로써 **전문화(specialization)**과 **단순화(simplification)**의 개념이 탄생하였다.

2) Whitney의 호환성 부품(interchangeable parts)

조면기(Cotton Gin)은 산업혁명당시의 핵심 발명품의 하나이다. 이 제품은 1793년 일라이 휘트니(Eli Whitney, 1765~1825)가 발명한 제품이다. 이 제품으로 호환성 부품(interchangeable parts)이란 개념이 생겨났으며 부품을 표준화함으로써 조면기의 대량 생산을 가능케 하였다. 재미있는 것은 간단한 이 제품이 미국의 노예제도에 영향을 미쳤다는 것이다. 조면기의 대량 보급으로 씨를 분리하는 작업의 생산성이 급격히 상승하자 더 많은 목화를 생산하여 공급하여야 할 상황이 되었다. 이에 따라 목화를 더 생산하기 위해 노예를 더 늘리게 되고 결과적으로 초기에 70만 명 정도에 거치던 노예의 숫자가 400만 명까지 늘어나 노예제 폐지 운동을 불러오게 되었다는 것이다. 그러나 이 기계를 발명한 휘트니는 큰 돈을 벌지는 못한 모양이다. 구조가 너무 쉬워서 많은 기업들이 모방하게 되고 결국 폐업으로 마무리 되었다고 한다. 그러나 이 사례는 대량 생산의 3S중의 하나인 **표준화(standardization)**라는 개념을 남겼다.

3) 바베지 원칙 (Babbage principle)

공장관리란 개념을 실천한 사람은 영국의 찰스 바베지(Charles Babbage,1791~1871)이

그림 5.3 Eli Whitney Museum에 전시되어 있는 조면기

다. 그는 기계식 컴퓨터를 처음 발명한 사람으로 컴퓨터의 아버지라고도 불리고 있다. 그는 1835년 「기계와 제조 경제에 대하여(On the Economy of Machinery and Manufactures)」를 발표하여 운영관리의 연구에 큰 영향을 미쳤다. '바베지 원칙(Babbage principle)'은 이 저서에서 소개되었고 이에는 **'숙련 제한의 법칙(the principle of limiting skills)'**이 포함되어 있다. 이 원칙은 여러 가지 내용을 포함하고 있으나 핵심적인 내용은, '분업은 주의 깊게 이루어져야 한다.'는 것이다. 즉, 고기술업무는 고임금 숙련공에게 배당되어야 하며 저임금 숙련공에게 배당하는 것은 제한하여야 한다는 것이다. 이러한 개념을 기초로 전술한 테일러의 과학적 관리론이 등장하였다(이에 대한 내용은 2장을 참고하기 바람).

4) 20세기의 3가지 사건

20세기 들어 운영관리에 대한 획기적인 혁신이 일어났다. 그것은 3가지 정도로 요약될 수 있는데, 첫째는 제 2장에서 서술한 바 있는 1909년 포드가 발명한 **컨베이어 시스템**에 의한 **대량 생산 방식**이다, 두 번째는 지엠(GM)의 알프레드 슬로안(Alfred P. Sloan, 1875~1966)의 **제품 다양화**와 **고객 세분화** 전략이었다. 지엠은 사회 경제적인 지위에 따라 폭넓게 고를 수 있는 여러 차종을 체계적으로 생산하기 시작한 것이다. 이에 힘입어 지엠은 1920년대부터 1950년대까지 크게 성장하였다. 세 번째는 Toyotism으로 불리는 도요타 자동차의 관리방식인 **맞춤형 소량 생산 방식**인 **Lean production**이다. 이는 1978년 오노 다이에치(Ono Taiichi, 1912~1990)가 도요타 생산시스템(Toyota Production System TPS)을 출간함으로써 널리 알려지게 되었다. 이에 대해서는 뒷장에서 별도로 상술하기로 한다.

5) E-business 환경 도래와 ERP/SCM의 등장

그 이후 기술 발전에 따라 첨단 생산 관리 기법과 수단이 등장하였다. 1980년대에 컴퓨터 이용 설계(CAD, computer aided design), 컴퓨터 이용 생산(CAM, computer aided manufacturing) 등이 나타났으며 1990년대 말과 2000년대에 접어들면서 인터넷과 컴퓨터 테크놀러지 발전은 생산운영관리에 엄청난 파급효과를 가져왔다. 1990년대 전사적 자원관리(ERP, Enterprise Resource Planning System), 공장 자동화, 공급사슬관리(SCM. supply chain management) 등이 도입되었다.

3. 생산 운영 시스템의 성과 : 생산성은 무엇인가?

생산 운영 시스템의 성과는 생산성(productivity)으로 평가된다. 국가 경쟁력도 생산성으로 평가될 수 있다. 생산성은 늘어가는 인구와 제한된 자원이라는 상황 하에서 인류의 지속적 번영을 위한 가치라고 볼 수 있다. 투입을 고려하지 않고 생산량을 최대로 늘린다는 것만으로는 번영의 지속성을 약속할 수 없다. 생산성의 개념은 2차 대전 후 경제 재건시기에 영국 수상 처칠이 매우 잘 활용하였다고 알려져 있다. 영국은 전쟁에서 승리하였으나 국민 생활이 어려워졌으며 전쟁에 대한 위기의식은 여전하였다. 처칠은 생산성 개념을 국민적 슬로건으로 강조함으로써 전쟁물자와 생필품의 생산을 확보하는 데 활용하였다. 한편 미국이 유럽부흥원조계획(마샬 플랜, 1948~1952)을 실시할 때 영국은 미국의 높은 생산성을 체득하고 영국 산업에도 이를 응용하기 위해 생산성 센터를 설립하였다고 한다.

생산성이란 제품이나 서비스 제공에 있어 투입 대비 얼마만큼의 산출이 이루어졌는지를 나타는 지표이다. 기본적으로 생산성은 산출량을 투입량으로 나눔으로써 계산된다.

$$\text{생산성} = \frac{\text{산출량}}{\text{투입량}}$$

이와 같은 생산성은 **단일요소생산성(single factor productivity)**과 **총요소생산성(total factor productivity 또는 multi factor productivity)**으로 나눌 수 있다. 단일요소생산성을 나타내는 지표의 하나로서 노동생산성은 노동력이 성, 연령, 학력, 기술수준 등 인적 속성에 대해 동질적이라는 가정 하에 노동 투입 당 산출의 비율로 정의된다. 이외에 단일요소생산성으로는 자본생산성, 원재료 생산성 등이 있다.

총요소생산성은 여러 가지 생산요소가 투입되는 경제에서 요소 투입과 산출 간 관계를 설명하는 지표이다. 이를 나타내는 계산식은 아래와 같다.

단일요소생산성(Single Factor-Productivity)

$$\frac{\text{생산량(액)}}{\text{투입노동}}, \qquad \frac{\text{생산량(생산액)}}{\text{투입원자재}}, \qquad \frac{\text{생산량(액)}}{\text{투입자본}},$$

다중요소생산성(Multifactor Productivity)

$$\frac{\text{생산량(액)}}{\text{노동} + \text{원료} + \text{일반관리}}, \quad \frac{\text{생산량(액)}}{\text{노동} + \text{에너지} + \text{자본}}$$

총요소생산성(Total Factor Productivity)

$$\frac{\text{생산된 재화와 서비스}}{\text{재화 또는 서비스를 생산하기 위한 모든 투입}}$$

4. Lean Production

Lean Production system은 생산 시설의 생산성을 저하하지 않고 낭비요인을 최소화하는 방식인 Toyota Production System을 일컫는 용어이다. 이 방식은 20세기 후반 일본 도요타 자동차 주식회사(Toyota Motor Corporation)가 채택한 품질개선 중심의 생산 방식이다. 도요타 생산 방식은 1920년대 미국 Ford 방식과 함께 자동차 산업에서 가장 중요한 혁신으로 꼽히고 있다.

도요타는 포디즘(Fordism)으로 표현되는 미국 대량 생산 방식은 소비자 욕구의 다양화와 경제 사회 구조의 변화에 능동적으로 대처하는 데 한계가 있다는 것을 인지하고 그들만의 독창적인 생산시스템을 개발하였다. 이 생산 방식은 질, 양 그리고 타이밍의 조화 속에서 1970년대와 1980년의 엔고 파고와 오일 쇼크 속에서 위력을 발휘하였다. 이와 같은 업적을 바탕으로 이 시스템은 세계 유수기업들의 벤치 마킹 대상이 되었다.

TPS (Toyota Production System)의 목표는 적시 생산 시스템(JIT, Just In Time), 자동화(Jidoka), 유연한 생산체제 등을 통해 낭비를 제거하는 것이었다. 이에는 칸반 시스템(kaban system)[24], 품질 분임조 등의 개념을 포함하고 있는데 1990년대 미국이 일본의 제조업 경쟁력을 분석하면서 Lean production(군더더기 없는 생산체계)으로 정의하였다. 종전의 대량 생산 방식은 Push 방식으로 자재의 공급량에 맞추어 밀어내기식 생산 방식이었다. 이는 재고 누적과 과잉 생산을 초래함으로써 높은 재고 비용을 발생시켰다. 그러

24) 칸반(看板)시스템은 JIT 시스템에서 생산허가와 자재이동을 위한 방법이다. 연속된 공정을 거치는 작업 순서를 통제하는 사용되는 카드를 의미하며 후속 공정에서 선행 공정에 부품을 요청하는 신호로 사용된다.

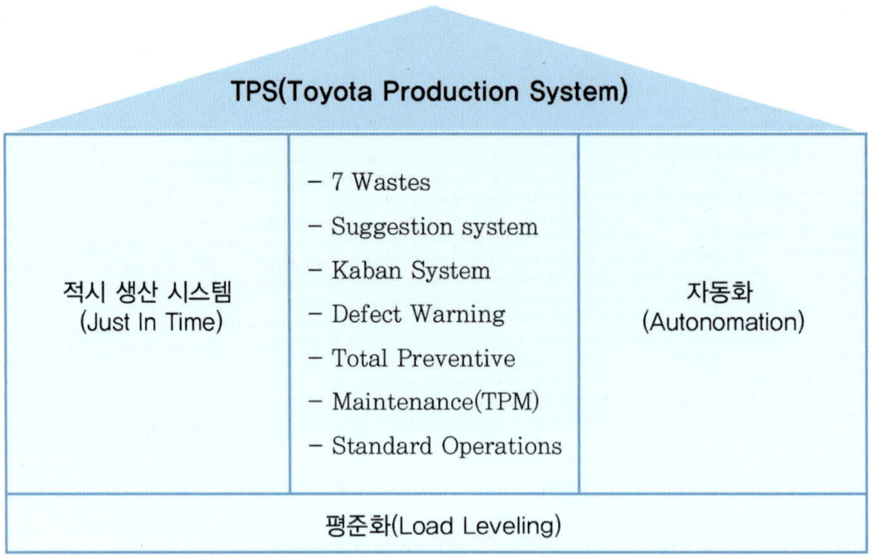

그림 5.4 Lean Production 체계도

나 도요타의 생산 방식은 Pull 방식으로 실제 수요에 따라 적시에 인력과 부품이 공급되는 생산 방식으로 재고 비용을 낮추고 제품 품질까지 향상시키는 성과를 거두었다.

도요타 생산 방식은 적시 생산 시스템(JIT ; just-in-time production system)

도요타 생산 방식은 적시 생산 시스템으로 널리 알려져 있는데 이는 필요한 것을, 필요한 때에, 필요한 만큼 생산하여 판매하는 무재고 생산 방식으로 3가지 요소를 집중 관리하였다. 이는 **낭비의 제거(eliminating waste)**, **변동성의 축소(remove variability)**, **처리 능력의 개선(improve throughtput)** 등이다. 이 중에서도 가장 관심을 끄는 것은 낭비 제거부분으로 도요타 생산시스템은 이를 8개로 정의하였다. **Overproduction(과다생산)**, **Inventory(재고 낭비)**, **Waiting(작업 대기의 낭비)**, **Motion(동작 낭비)**, **Transportation(운반의 낭비)**, **Rework (보수 작업 낭비)**, **Overprocessing(가공 낭비)**, **Underutilized people(사용되지 않는 인력)** 등이 그것이다. 각 부분에서는 이러한 낭비를 없애기 위해서 노력하였다. 타이치 오노가 개발하였을 당시에는 7가지의 낭비요인을 제시하였으나 1990년에 TPS가 서구 사회에 적용될 때 8번째 낭비 요인인 사용되지 않는 인력(Underutilized people)이 추가되었다.

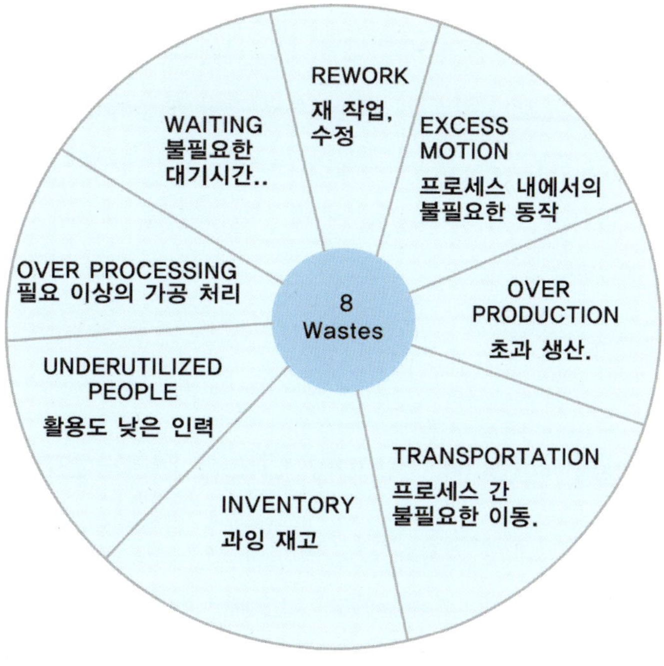

그림 5.5 Toyota의 8가지 낭비 (Wastes)

한편, JIT 시스템를 구성하는 핵심요소는 **간판 방식, 평준화 생산, 생산의 소(小)로트화(small lot production), 설비 배치와 다기능공**으로 요약된다. 간판 시스템(Kanban system)은 어떤 제품(부품)이 언제 얼마나 필요한가를 알려 주는 역할을 한다. 발주점 방식을 응용한 것으로 최소 재고를 위해 '간판'이라는 눈으로 보는 관리 방식을 채택한 것이다. 생산의 평준화는 각 공정에 있어서 생산성(특히 생산속도)의 균일화를 추구하는 것이다. 이는 간판 시스템에서는 생산 공정간 동기화를 기반으로 생산이 진행되기 때문에 특정 공정에서 변동이 발생할 경우 연쇄적인 악순환이 일어나는 것을 방지하기 위한 것이다. 소로트 생산은 생산의 평준화를 달성하기 위해서 가능한 한 로트를 작게 운영한다는 것을 의미한다. 생산 단위를 크게하면 단위당 생산준비 비용이 적어지는 대신 과잉 생산과 재고의 낭비가 있을 수 있기 때문에 재고의 낭비를 배제하고 생산 준비 시간을 단축하기 위하여 생산 단위를 작게하는 방식이다. 설비 배치와 다기능공 부분은 수요변화, 생산량의 변동에 따라 탄력적인 인원조절을 가능하도록 하기 위해서 설비배치를 최적화하고 다기능작업자를 양성하는 것을 의미한다.

이와 같은 도요타의 성공에도 불구하고 최근 도요타 방식은 많은 허점을 드러내었다. 2008년 금융위기가 발생하자 자동차 판매가 급감하면서 금융위기 내내 엄청난 재고에 시달려야 했던 것이다. 도요타 방식은 일본에서와 같이 부품업체와 수직계열화가 형성되었을 때 실현될 수 있으나 수평적인 관계에 있는 다른 국가에서는 실현하기 어렵다는 비판이 제기되었다. 말하자면 JIT는 자동차 업체가 쌓아 놓을 재고를 부품업체 창고에 쌓아 놓는 편법에 불과하다는 비판을 받았다.

5. 공급사슬관리(SCM, Supply Chain Management)

지금은 Globalization 시대다. 재화와 서비스 그리고 자본과 노동의 이동에 대한 국경적 장벽은 거의 사라졌거나 사라지고 있다. 글로벌리제이션은 생산의 글로벌리제이션(globalization of production)과 시장의 글로벌리제이션(globalization of market)으로 진행되고 있다. 기업들은 세계 시장을 국경 없는 단일 시장으로 인식하여 마케팅 전략을 전개하고 세계 어디서나 최적지를 찾아 생산기지를 건설하고 제품을 생산하여 공급하고 있다. 이와 같은 글로벌리제이션 시대를 맞아 중요성이 점차 커지는 것이 공급망 관리(supply chain management)이다. 공급자-생산자-판매자로 이어지는 공급사슬망 구축이 경쟁우위를 요소로 떠오르고 있다. 글로벌리제이션 시대에는 고객의 요구가 더욱 다양해지고 경영 환경의 변동성도 매우 높아지고 있다. 이와 같은 경영 환경 속에서 고객만족을 통한 경쟁우위를 확보하기 쉽지 않다. 따라서 기업들은 기업 내부와 외부공급자, 고객들을 잇는 공급사슬을 관리함으로써 고객이 원하는 다양한 가치를 파악하고 이를 제공할 수 있어야 한다. 1980년대 기업의 전략적 관심은 주로 품질관리에 있었다면 지금은 공급망 관리가 경쟁우위확보의 관건이 되고 있다.

가. 공급사슬관리(SCM)의 등장과 개념

공급사슬관리는 1982년 미국 컨설팅 회사인 부즈 알렌 해밀턴(Booz Allen Hamilton)이 Financial Times에 처음으로 소개한 개념이다[25]. 그러나 실제로 현장 운영관리 책임자가

기업 공급사슬에 경영에 영향을 미치는 사례

〈 Magnitude of Supply Chain Management 〉

- Compaq estimates it lost $0.5 B to $1 B in sales in 1995 because laptops were not available when and where needed
- P&G (Proctor&Gamble) estimates it saved retail customers $65 M (in 18 months) by collaboration resulting in a better match of supply and demand
- When the 1 gig processor was introduced by AMD (Advanced Micro Devices), the price of the 800 meg processor dropped by 30%

〈SCM vs Traditional Purchasing〉

- Traditional purchasing focuses on initial cost; SCM focuses on total cost of ownership
- Traditional purchasing tries to negotiate the price that is best for the purchaser; SCM focuses on negotiating a price that is best for the entire supply chain.

25) https://www.logisticsit.com/absolutenm/articlefiles/85-Supply%20Chain%20Final.pdf. 2019.10.26. 접속.

일상적으로 활용한 것은 1990년대 말 부터이다.

공급사슬관리(SCM)는 다양하게 정의되고 있는데 본서에서는 공급망 관리란 "부품 제공업자들로부터 생산자, 배포자, 고객에 이르는 물류의 흐름을 하나의 가치사슬 관점에서 파악하고 필요한 정보가 원활하게 흐르도록 지원하는 시스템"으로 정의한다. 우리가 흔히 이야기하는 물류관리(logistics management)와의 차이점은 공급사슬관리는 전체의 가치 극대화 관점에서 흐름을 파악한다면 물류관리는 단순한 물적 흐름의 최적화에 초점을 맞춘다는 것이다. 제품 생산을 중심으로 생각한다면 부품의 조달과 제품의 유통에 있어서 부문 최적화가 중요하다고 인식하였으나 글로벌화가 진전됨에 따라 글로벌 마케팅, 글로벌 소싱, 글로벌 생산이 가능해졌으며 이에 따라 지역 특성에 맞는 글로벌 제품 전략 수립이 필수적이 되었다. 이와 같은 환경 아래서는 공급사슬관리에서 기업별 경쟁우위의 차이가 발생하며 기업 부가가치가 발생하고 있다.

나. 공급사슬관리의 목표와 체계

공급사슬관리의 목표는 공급사슬이 창출하는 가치를 극대화하는 것이다. 공급사슬이 창출하는 가치는 공급사슬 수익성에 있다. 공급사슬 수익성이란 고객으로 부터 창출된 수익과 공급사슬 전체가 부담한 비용의 차이를 의미한다. 그러나 이러한 공급사슬의 수익성은 공급사슬 단계 마다 참여하는 개별 당사자의 이익이 아니라 전체적인 이익으로 평가되어야 한다. 따라서 공급사슬 내의 당사자들이 상호 유익한 파트너 십 관계를 유지하는 것이 공급사슬 가치와 수익성을 높이는 전제 조건이 된다. 대부분의 서비스나 제품은 서로 영향을 주고 받는 기업 활동을 통하여 생산된다. 각 활동들은 선행된 활동들에 가치를 추가하여야 하며 이를 위해 낭비와 불필요한 비용이 제거되어야 한다.

한편, 앞장에서 살펴 본 포터의 가치사슬(value chain)과 비교하면 가치사슬은 기업 내 제품의 흐름에 대해 가치를 부가하는 일련의 활동을 구성되어 있다. 반면, 공급사슬은 기업 내 가치사슬을 외부 기업들과 연결을 통해 확장된 개념으로도 볼 수 있다.

공급사슬모델로는 SCOR(Supply Chain Operation Reference) 모델과 GSCF(Global Supply Chain Forum) 모델이 잘 알려져 있다. 1994년 다국적 기업의 경영자들이 개발한 GSCF(Global Supply Chain Forum)모델은 2004년 미국의 더글러스 램버트(Douglas M. Lambert)에 의해 본격 소개되었다.

이는 8개의 프로세스로 구성되어 있으며 세부 내용은 아래와 같다.

- Customer-relationship management (고객관계관리) : 기업에 대한 기여도가 높은 고객을 중심으로 기업의 자원을 집중시킴으로써 수익을 극대화
- Customer-service management(고객서비스관리): 핵심 고객을 중심으로 한 주문 수령, 주문 진행 확인, 정시 배달, 신속한 A/S등 고객 서비스 활동
- Demand-management style(수요관리) : 공급사슬의 능력과 고객 욕구 사이의 균형을 맞추려는 노력
- Order fulfillment (주문 충족) : 고객의 요구사항을 정의하고 네트워크를 설계하며 고객의 요구를 충족시켜 줄 수 있는 능력을 가지기 위해 필요한 모든 활동
- Manufacturing-flow management(제조흐름관리) : 제조유연성을 구축하고 실행, 관리하며 공급사슬의 공장내에서 제품의 이동을 위해 필요한 모든 활동
- Supplier-relationship management(공급자 관계 관리) : 공급업체와의 관계를 개발하고 유지하기 위한 구조를 제공하는 것
- Product development and commercialization(제품 개발과 사업화 관리):고객과 공급업체와 공동으로 제품으로 개발하여 시장에 도입하기 위한 노력
- Returns management(반품관리) : 고객으로부터 공급업체로 이어지는 물류의 흐름을 관리하려는 노력

이를 그림으로 나타내면 그림 5.6과 같다.

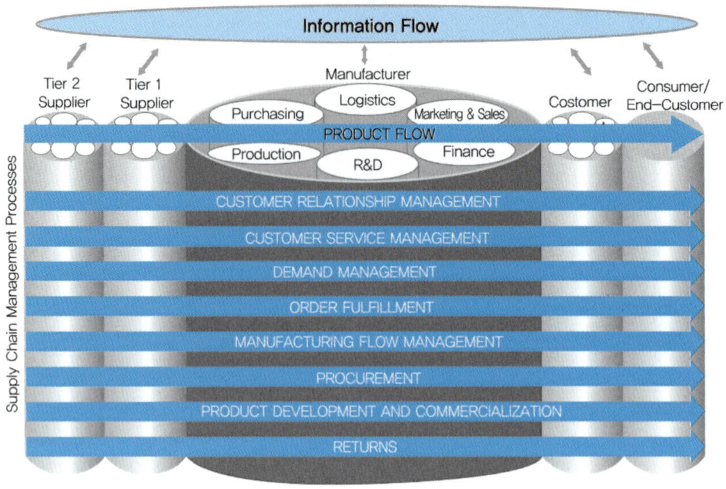

그림 5.6

자료: Lambert et al. (1998) supply chain framework

이와 같은 8개의 요소는 기능간 (cross functional), 기업간 상호 작용을 하며 공급사슬을 구성하게 된다.

공급사슬의 주요 용어

▪ 채찍 효과(bullwhip effect)

공급사슬관리에서 반복적으로 발생하는 문제점 중 하나로, 제품에 대한 수요정보가 공급사슬상의 참여 주체를 하나씩 거쳐서 전달될 때마다 계속 왜곡됨을 의미한다. 채찍효과는 공급망 상의 왜곡된 정보의 전달현상이 막대한 비효율성, 과다한 재고, 빈약한 고객 서비스, 수익의 감소, 비효과적인 배송, 그리고 잘못된 생산 일정 등을 야기 시키게 된다. 이는 수요왜곡과 변화확산 등 두 가지 현상을 의미한다.[26)]

▪ 수요 왜곡

공급망에 있어서 소매상–도매상–제조업체의 주문현상이 실제 소비자가 구매하는 실제수요보다 더 큰 규모의 변화를 유도하는 것(소매상이 부풀려서 주문하면 도매상은 부풀려진 수치를 바탕으로 더 부풀려서 공급업자에게 주문함으로써 원자재에 대한 수요증가를 초래).

▪ 변화 확산

주문량의 변화가 공급망을 따라가면서 증대되는 것

자료 : Wikipedia

다. 공급사슬관리 수단과 정보 기술

정보는 공급사슬이 모든 프로세스를 연결하는데 핵심적 역할을 한다. 지리적으로 떨어져 있는 시장, 원격지로 부터의 생산 원자재 조달, 그리고 세계 전역에 퍼져 있는 생산 기지 등을 연결 시켜줄 수 있는 촉매제가 정보 기술이다. 또한 공급사슬상의 커뮤니케이션의 빈도와 속도는 재고수준이나 효율성, 비용 등에 커다란 영향을 미치게 된다. 여기에 사용되는 정보기술은 아래와 같다.

AIDC(Automated Identification and Data Capture) : 자재 흐름을 실시간으로 추적

WMS(Warehouse Management System) : 창고관리 시스템

EDI(electronic data interchange) : 문서를 컴퓨터와 컴퓨터로 교환

Enterprise Resource Planning(ERP) : 전사적 자원 관리

RFID(radio frequency identification) : 라디오파를 이용하여 각 개체에서 발생된 제품 자료들을 리더(reader)에게 전송

Bar codes : 매출관련 자료들을 컴퓨터 기록으로 즉각 생성

Internet : 기업들이 전 세계에 있는 공급자들, 고객들, 선적 종사자, 그외 연관된 사람들과 즉시 의사소통을 가능케 함

CAO(Computer Assisted Odering) : 자동 발주 시스템

CR(Continuous Replenishment) : 자동 재고 보충 시스템

VMI(Vendor Management Inventory) : 공급자 재고 관리

CMI(Co-Management Inventory) : 공동 재고 관리

6. 품질경영과 Six Sigma

품질에 대한 인식은 1970년대 말부터 미국 기업들이 일본 기업들에 의해 시장을 잠식당하면서 본격적으로 이슈화되었다. 당시 미국은 일본 기업을 들여다보기 시작했고 결론은 일본 제품의 품질이 미국 제품보다 낫다는 것이었다. 이와 같은 일본 품질 경쟁력의

26) Croxton, K., García-Dastugue, S., Lambert, D. and Rogers, D. (2001). The Supply Chain Management Processes. International Journal of Logistics Management. 12(2). pp 13-36.

근원은 대표적으로 JIT 시스템와 같은 생산 시스템에 있다는 결론도 얻었다. 이에 따라 1980년 대 부터 품질에 대한 미국의 관심이 급격히 커지게 되었다.

가. 품질(Quality)이란 무엇인가?

품질은 사전적인 의미로는 "가격과 더불어 상품의 적합성을 좌우하는 요소"이다. 그러나 이러한 개념은 시간이 흐름에 따라 매우 다양하게 변하여 왔다. 과거에 품질은 공급자의 입장에서 유용성이 강조되었으나 지금은 소비자 입장에서 제품에 대한 서비스의 질, 사용 적합성, 신뢰성 등 넓은 의미로 쓰이고 있다. 미국의 산업 공학자이면서 품질관리 전도사로 불리었던 주란(J M Juran,1904~2008)은 **용도에 대한 적합성(fitness for use)**을 품질관리로 정의하였다. 품질을 사용자 관점에서 인식하였던 것이다. 그는 **품질관리의 삼분법(Juran's Quality Trilogy)**을 제시하였다. 그것은 **품질 계획(quality)**, **품질 통제(quality control)**, **품질 향상(quality improvement)**으로 구성된다고 주장하였다. 한편, 크로스비(P. B. Crosby,1926~2001)는 1979년 「품질은 공짜다(Quality is Free)」라는 베스트 셀러를 내어 놓았는 데 품질을 **요구사항에 대한 일치성(conformance to requirement)** 으로 해석하였다. 이는 제품의 제조 방식이나 서비스의 제공 방법을 근거로 하지 않는다는 점에서 기존의 관점과는 차이가 있었다. 이와 같은 개념은 **종합적인 품질관리(Total Quality Management, TQM)**를 주창한 페이겐바움(A. V. Feigenbaum,1920~2014)에 이르러 포괄적인 소비자 위주의 개념으로 발전하였다. 그는 효과적인 품질관리란 설계에서 시작하여 제품이 고객 손에 들어가 고객이 만족하였을 때 끝이 난다고 인식하였다. 말하자면 품질개념을 제품에서부터 전체 시스템을 포함하는 종합적 개념으로 확대하였다.

한편, 개정판에서는 철회된 바 있으나 ISO 8402(품질경영 및 품질 보증 용어)에서는 "품질이란 고객의 명시 또는 내재되어 있는 욕구를 만족시킬 수 있는 제품과 서비스의 속성과 특성의 총체이다(the totality of features and characteristics of a product or service that bears on its ability to satisfy stated or implied needs)."[27]라고 정의된 바 있다.

또한 일반적으로 품질은 설계품질(quality of design), 제조품질(quality of conformance), 시장품질(quality of market)로도 나눌 수 있다. **설계품질(quality of design)**은 소비자의 요

27)https://www.careerride.com/mchoice/what-is-quality-according-to-iso-8402-metrology -quality-control-4754.aspx. 2019.10.26. 접속.

구를 충분히 조사한 다음 공장의 제조기술, 설비, 관리 등의 상태에 따라 경제성을 고려하여 제조 가능한 수준으로 설정한 품질이다. **제조품질(quality of conformance)**은 공장에서 완성된 품질로서 설계품질대로 제조한 결과 만들어진 제품의 품질을 말한다. 적합품질, 수행품질, 제품품질이라고도 한다. **시장품질(quality of market)**은 소비자에 의해 실제 사용상에서 평가되는 품질을 의미한다. 설계품질의 경우 그 품질을 높이면 품질코스트(설계품질을 실현하기 위한 원가)가 올라가고 품질가치도 올라가지만 가치와 코스트의 차이가 점점 작아진다. 설계품질은 단위당 이익이 최대가 되는, 즉 품질가치(가격)와 품질비용(원가)의 차이가 최대가 되는 품질수준이 최적수준이다. 반대로 설계품질이 내려오면 품질 코스트는 적게 들지만 품질저하로 인한 시장가치는 더 크게 하락한다. 제조품질의 경우 최적수준은 총 비용이 가장 적게 들면서 불량률이 가장 낮은 상태에서 결정된다. 설계품질을 향상시키는 것은 평균치를 끌어올려 원가의 상승을 의미하지만 제조품질을 높이는 것은 평균치로부터의 편차를 줄이는 것으로 원가를 절감하고 생산성을 향상시키는데 목적이 있다. 시장품질의 경우 소비자가 부담하는 비용과 생산자가 부담

품질에 대한 다양한 정의

- J. M. Juran(1964) : 사용상의 적합성
- P. B. Crosby(1979) : 제품 규격 또는 요구 조건에의 적합도
- A. V. Feigenbaum(1983) : 사용되는 제품이 고객의 기대를 어느 정도 충족시켜 주는 가를 나타내는 생산된 제품의 복합적인 특성
- W. E. Deming(1986) : 품질 향상은 실질 비용을 낮춘다고 주장. 생산라인에서 가장 중요한 요소는 소비자임을 강조. 따라서 품질은 현재와 미래 고객 요구 조건 충족도로 정의. 전후 일본 성공의 이론적 기반을 제공
- G. Taguchi(1986) : 타쿠치는 종래와는 다른 관점을 제시하였음. 제품과 관련된 사회적 손실에 주안점을 둠. 여기에서의 사회(society)란 제조업자와 고객을 포함하는 개념임. 손실은 제품이 출하된 시점으로부터 성능특성치의 변동과 부작용 등으로 인하여 사회에 끼친 총 손실임.[28] 말하자며 모든 제품은 손실을 최소화하는 목표 가치가 있다고 전제
- ISO 8402(1986)[29] : 고객의 명시 또는 내재되어 있는 욕구를 만족시킬 수 있는 제품과 서비스의 속성과 특성의 총체

하는 서비스 비용의 관계에서 최적의 고객만족도를 찾아내어야 한다.30)

나. 품질관리

품질관리는 제품이나 서비스가 기업이 정한 표준에 어느 정도 근접한가를 측정하는 것이다. 이러한 의미에서 품질관리란 설계품질, 제조품질, 시장품질 등 3가지 종류의 품질을 계획하고 통제하는 것이다. 그러므로 품질관리는 제품설계로부터 원자재의 구입, 제조공정은 물론, 판매 후의 서비스까지 보증활동이 이루어져야한다.

품질관리의 구체적인 종류와 내용은

- 작업자 품질관리(operator quality control)
- 직(조)장 품질관리(foremen quality control)
- 검사자 품질관리(inspection quality control)
- 통계적 품질관리(statistical quality control) 등으로 정리할 수 있다.

제품 및 공정기술의 발전과 더불어 생산량이 더욱 증대되는 상황에서 모든 생산품에 대한 품질검사를 실행한다는 것은 거의 불가능하게 됨에 따라, 샘플링에 의한 통계적 품질관리 개념이 도입되었다. 통계적 품질관리는 일반적으로 표본조사에 의해 이루어지는데, 이는 크게 구매품에 대한 인수샘플링검사(acceptance sampling)와 공정을 거친 반제품 또는 완제품의 검사를 위한 공정관리(process control)로 나눌 수 있다.

다. 품질경영(Quality Management)

1950년대와 1960년대만 하더라도 일본 제품은 싸지만 질 낮은 상품과 동의어였다. 그러나 1970년대부터 품질주도의 경영을 추진하면서 일본제품은 고품질(high level of quality)의 대명사가 되었다31). Toyta Production system으로 대변되는 일본 기업의 품질관

28) https://www.ukessays.com/essays/engineering/taguchi.php. 2019.10.16. 접속.

29) ISO는 international Organization for Standardization의 약어. 표준화(standardization)를 위한 1946년에 설립된 국제 위원회. 모든 제품(서비스, 소프트웨어 등도 포함한)의 생산과정에 대해 QM(Quality Management) 및 QA(Quality Assurance) 시스템에 관한 국제표준으로 계약설계, 구매, 생산, 설치, 서비스의 품질보증규격을 제정. 2019년 기준 총 22,812개의 표준(standard)을 보유.

30)한밭대 강의자료 http://cafe.hanbat.ac.kr/cafe/_board/cafe_download.php. 2019.11.1. 접속.

31) Quality function deployment (QFD) is a method developed in Japan beginning in 1966 to help transform the voice of the customer into engineering

리 방식은 단순히 기술적인 관점을 다루고 있는 것이 아니라 품질문화(인간적 요소)와 밀접한 관계가 있다. 이와 같은 인식하에 미국 기업들이 도입한 개념이 TQM(Total Quality Management)이었다.

앞서 서술한 바와 같이 ISO 8402에서 정의된 품질경영이란 품질방침, 목표 및 책임을 결정하고 품질시스템 내에서 품질계획, 품질관리, 품질보증 및 개선과 같은 수단에 의해 그것들을 수행하는 전반적인 경영기능의 모든 활동이다. 이를테면 품질의 문제를 관리에서 경영으로 확장하였다. 경영에는 최고 경영자, 리더십, 전략, 고객, 인적 자원, 기술 등 많은 요소들이 관련되어 진다.

최근 들어 강조되어 지고 있는 품질경영은 기업구성원 모두를 최고경영자의 경영이념으로 무장하도록 하여 조직 전체가 하나의 시스템처럼 움직이게 함으로써 고객만족을 극대화하는 것이다. 품질경영은 제조자 중심으로 정의된 품질이 아닌 고객 또는 사용자 관점에서 정의된 가치 품질을 어떻게 관리하는 가에 대한 문제를 다루고 있다.

전사적 품질관리(TQM)는 기업활동의 전반적인 부분의 품질을 높여 고객 만족을 달성하기 위한 경영방식이다. 말하자면 "고객에게 가치 있는 제품과 서비스를 제공할 수 있는 종업원의 능력을 끊임 없이 향상시키기(continuously improve) 위한 전사적 노력"이라 할 수 있다.[32] 품질경영은 품질관리 기법, 시스템, 사람 등 세가지로 구현되며 이들이 조화롭게 움직임으로써 조직의 품질을 향상시키는 것을 목표로 하고 있다.

품질경영 활동은 4가지로 이루어지는데 그것은 **quality planning(품질계획)**, **quality improvement(품질개선)**, **quality control(품질관리)**, **quality assurance(품질보증)** 등이다. 품질계획은 품질 목표, 품질요구사항 그리고 품질 시스템 적용 기준 등을 정하는 활동을 뜻하며 품질보증이란 기업이 품질요구사항을 충족시킨다는 신뢰감을 주기 위하여 품질 시스템 내에서 실시되고 실증되는 모든 계획적이고 체계적인 활동을 의미한다. 품질관리란 생산과 관련된 모든 질적 요소를 검토하는 프로세스이다. 품질개선은 조직과 고객에게 부가적인 이익을 제공하고, 활동 및 공정의 유효성과 효율을 증대시키기 위해 조직 전반에 걸쳐 취해지는 조치를 말한다.

characteristics for a product

32) Ciampa, Dan (1992). Total Quality: A User's Guide for Implementation. Reading, Massachusetts:Addison-Wesley. p. xxii

6 시그마란 무엇인가?

6 시그마라는 용어를 수시로 접하고 있지만 일반적으로 이를 이해하는 사회과학도들은 많지 않다. 우선 시그마(σ)는 다름 아니라 통계학에서 배웠던 표준 편차이다. 6 시그마(σ)는 업무 실수와 제품 불량을 통계적으로 관리하여 6σ수준 즉 3.4ppm에 도달하도록 지속적으로 개혁하고 개선하는 것을 말한다. 말하자면 제품 100만 개중 3.4개의 불량률을 추구한다는 의미로 이는 전략적으로 사실상 완벽에 가까운 제품이나 서비스를 개발하고 제공하려는 목적으로 정립된 품질경영 기법이나 철학이라 볼 수 있다. 이 경영기법은 본래 1986년 Motolora의 엔지니어인 빌 스미스(Bill Smith, 1929~1993)가 정립하였던 것인데 1995년 General Electric의 잭 웰치(Jack Welch)가 경영에 도입하면서 알려지고 발전하였다. 6 시그마와 기존 품질관리 기법의 차이점은 특정부분의 개선이 아니라 경영전반의 혁신 운동이라는 점이다. 이를테면 TQC나 TQM방식은 대량생산시대에 부합하는 공장 중심의 관점이었다면 6 시그마는 정보화 사회 적합한 21세기형 관리기법이라 볼 수 있다. 즉, 6 시그마는 출하된 제품이나 서비스의 불량률을 줄이는 것을 목표로 하는 것이 아니라 회사 시스템 자체를 개선하여 불량의 근본 원인을 제거하는 것을 목표로 하고 있다. 이를 구현하기 위한 방법론으로는 DMAIC와 DMADA를 들 수가 있다. DMAIC는 주로 기존의 프로세스를 향상 시키기 위해 쓰이고 DMADA은 새로운 제품이나 서비스를 만들어서 시장을 창출하거나 확대시킬 목적으로 쓰인다.

DMAIC는 5단계 체제로 아래와 같이 전개된다.

- **정의(Define) :** 문제와 고객, 프로젝트 요건, 최종 목표, 고객의 기대치 등을 정의한다.
- **측정(Measure) :** 현재의 프로세스 능력, 제품의 수준, 위험 수준을 측정하고 품질에 결정적 영향을 끼치는 요소(CTQs, Criticals to qualities)를 밝혀낸다.
- **분석(Analyze) :** 공정을 분석해 변동과 결함의 근본 원인을 알아낸다. 이를 통해 현 전략의 문제점 중 최종 목표에 방해가 되는 문제점을 파악한다.
- **개선(Improve) :** 바람직한 프로세스가 구축될 수 있도록 시스템 구성요소들을 개선한다.
- **관리(Control) :** 개선된 프로세스가 의도된 성과를 얻도록 투입요소와 변동성을 관리한다.

DMADV는 존재하지 않은 제품이나 공정을 개발하거나 제품이 최적화 됐지만 아직

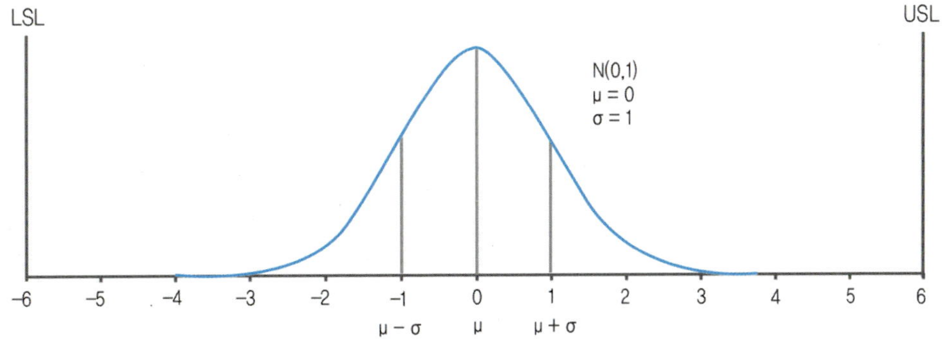

그림 5.7 정상 분포와 식스 시그마

자료: Fleshgrinder(2009)

부족한 점이 있을 때 사용되는 방법으로 다음과 같이 요약할 수 있다.

- **정의(D) :** 고객의 요건이나 사업 전략에 적합한 현실적인 목표를 정의한다.
- **측정(M) :** 고객의 '중대 품질'(CTQ) 요건을 측정, 파악한 후 이를 바탕으로 명확한 프로젝트 목표를 설정한다.
- **분석(A) :** 고객을 위한 여러 가지 선택지와 대안을 프로젝트의 추산된 전체 생명 주기와 함께 분석한다.
- **설계(D) :** 공정을 고급 단계에서 설계한다. 이 과정을 거친 후에 더 상세한 버전으로 이동한다. 이 버전은 오류를 파악하고 변경 사항을 적용하기 위한 원형이 된다.
- **확인(V) :** 제품이나 공정의 최종판이 내외부 고객 전원의 승인을 획득하는지 확인한다.[33]

33) http://www.ciokorea.com/news/36343 2019.10.20. 접속.

PART
2

지금은 Schumpeter시대

제6장
기술의 실체 : 기술혁신은 왜 중요한가?

1. 추락하는 용의 눈물과 노벨 수상자 Paul Romer

가. Krugman의 예언

2018년도 노벨 경제학상은 내생적 성장 이론(endogenous growth)을 연구한 미국 경제학자 로머 (Paul Michael Romer, 1955~)와 기후의 경제적 효과를 연구한 예일대 교수 노드 하우스(William D. Nordhus, 1941~)가 공동 수상하였다. 이중 내생적 성장 이론은 이 책에서 다루고 있는 기술경영과 직접적인 연관이 있는 주제이다. 내생적 성장 이론의 핵심은 기업의 노하우와 연구·개발 결과물, 지식 등 내생적 가치가 경제성장의 주요 동력이라는 것이다. 이 이론은 경제성장이란 경제 체제의 외부로 부터의 요인으로 이루어지는 것이 아니라 경제체제 내의 내생적 결과물이라고 주장한다. 이 모형에서는 기술혁신이나 기술 이전을 경제성장의 핵심요인으로 보고 있다. 우리 국민들이 인식하지 못하였지만 우리나라는 기술혁신과 관련된 뼈아픈 과거를 가지고 있다. 한국은 1960년대에서 1990년대에 이르기 까지는 경이적인 성장을 기록하면서 아시아의 네 마리 용(Four Asian Dragons) 중의 한 국가로 각광받았다. 그러나 1997년 아시아 외환 위기가 덮치면서 우리나라는 추락하는 용의 신세를 면치 못하게 되었다.

그런데 이러한 한국의 추락을 예상한 기고문이 외환위기 3년 전인 1994년에 Foreign Affairs지에 실렸다. 제목은 "The Myth of Asia's Miracle(아시아 기적의 신화)"로 미국의 진보 경제학자 크루그만(Paul Robin Krugman, 1953~)이 기고한 것이었다. 이 기고문에서 그는 아시아의 기적은 요소 이동에 따른 성장으로 서구의 경제를 따라 잡지 못할 것이라고 주장하였다. 특히, 그는 "아시아의 기적은 영감보다는 땀방울로 이루어낸 것이다(The miracle turns out to have been based on perspiration rather than inspiration)."라고 표현하였다. 이를테면 혁신과 창의보다는 열심히 땀 흘려서 일한 대가란 것이며 이러한 요소투입형 성장은 혁신주도형 성장을 따라잡지 못할 것이라고 주장하였다. 크루그먼의 예언은 3년 후에 정확히 맞아 떨어져 아시아 국가들은 외환 위기의 수렁으로 빠져 들었다.

아래는 1994년 12월에 중앙일보에 게재된 기사이다. 그 내용이 매우 흥미롭고 시사하는 바가 크다.

[중앙일보 기사] 아시아경제 결코 미국 추월 못한다.-폴 크루그먼 교수 혹평(1994. 12)

중국과 일본, 나아가서 아시아의 「4마리 호랑이」인 한국, 싱가포르 등 신흥공업국가가 조만간 서구를 추월할 것이라는 의견이 최근 서방 언론에 대두되고 있다. 이런 가운데 미국의 폴 크루그먼 교수는 「자원동원만 많았지 아시아 국가들은 효율이 낮은데다 선진국과의 기술격차 때문에 전과 같은 고속성장이 어려워 미국을 추월하기는 힘들 것」이라며 「기적」의 허구성을 지적하고 서구가 배울만한 아시아 국가의 체제도 신통한게 없다고 혹평했다. 크루그먼교수는 클린턴 행정부의 국가경 쟁력 강화 주장을 비판, 경쟁력 강화 논쟁을 촉발시키는 등 촉망받는 美경제학자중 한명이다. 다음은 외교전문잡지인 포린에페어스 겨울호에 「아시아 기적의 신화」라는 제목으로 실린 그의 글을 요약한 것이다.

서구 여론 지도층은 아시아 국가의 고속성장에 두려움을 느끼면서 ▲기술이 널리 확산되어 서구 국가들은 전통적인 기술우위를 잃게되며 ▲세계 경제의 무게 중심이 아시아 국가로 옮겨지고 ▲자유가 적은 대신 계획성이 높은 아시아 국가경제가 서구보다 우월해 진다는 명제를 당연하게 여긴다. 이는 50, 60년대 소련의 경제성장률이 미국의 3배에 달하자 70년대 초에는 소련이 미국을 능가할 것이라는 결과적으로 틀린 전망을 떠올리게 한다. 그 후 소련의 성장은 둔화, 미국과의 경제발전 격차를 좁히지 못했다. 생산성은 인력자원을 대량 투입하는 것 외에도 관리 향상, 기술발전과 더 좋은 기계의 사용에 따라 높아진다. 소련과 같이 수백만명의 인력을 농촌에서 도시로 이동시키는 등 자원 동원에는 탁월하지만 자원을 효율적으로 사용하지 못하는 경제는 발전에 한계를 맞을 수밖에 없다.

현재 싱가포르, 한국 등 아시아 4마리 호랑이와 50년대의 소련과는 유사점이 많다. 싱가포르의 경우 지난 66~90년 사이에 8.5%나 급성장, 미국의 3배 수준에 달했으며 인구 중 고용비율은 51%로 2배 가까이 늘었다. 그러나 앞으로 고용인구가 2배가 되는 일은 없을 것이고 40%에 달하는 현재의 투자율이 70%에 이를 것이라고 기대하기도 어렵다. 게다가 교육이나 투자율에서 싱가포르보다 못한 다른 아시아 국가들이나 싱가포르 모두 자원동원은 우수하지만 효율성 개선의 증거가 없는 점에서 공통적이다.

중국은 통계의 신뢰성이 떨어지는 것을 감안하면 생각보다 성장이 높지는 않다. 다른 아시아 국가와 달리 효율증대를 통해 성장해온 일본은 최근 성장속도가 둔화되고, 미국의 효율성에 굼벵이 속도로 접근하는 한 일본의 1인당 소득은 미국을 결코 따라잡지 못할 것이다. 선진국과 아시아 국가간의 기술격차는 좁혀지지 않고 있으며 90년 이후 자본이동도 남미쪽으로 집중됐지 아시아는 그 다음이었다. 도리어 아시아 국가들 중에는 자본수출을 하고 있는데 이는 내부의 투자 수익률이 떨어지는 증거다.

그렇다고 일본을 제외한 아시아 국가들에 서구가 배울만한 공통된 체제가 있는 것도 아니다. 아시아 성장의 비결이 있다면 내일의 떡을 위해 오늘의 만족을 희생하겠다는 결의가 있을 뿐이다. 적자해소와 저축률 증가에 고심하는 미국 정책 결정자들에게는 받아들이기 어려운 해법이다. (이상일 기자)

나. 내생적 성장론자 Paul Romer, 노벨 경제 학상을 받다.

경제성장이란 물가 상승을 제거한 실질 국내총생산(GDP)이 증가하는 것이다. 이같은 경제성장은 경제학자들의 주된 연구대상이었다. 아담 스미스로 대표되는 고전학파 경제학자들은 국부는 노동과 노동생산성의 증가에 달려 있다고 보았다. 또한 노동의 증가를 위해서는 자본이 필요하며 결과적으로 경제성장은 자본 축적의 영향을 받는다고 주장하였다.

$$Q = f(K, L)$$

대표적인 경제성장 모형은 1950년대 발표된 신고전학파의 **솔로우(Solow)모형**이다. 이 모형은 자본축적, 인구증가, 기술진보 등이 시간에 걸쳐 어떻게 경제성장에 영향을 주는가를 분석하였다. 그런데 자본 축적을 가져오는 저축률의 증가와 인구 증가는 경제성장에 영향을 미치지 못한다고 주장하였다. 이는 기본적으로 자본에 대한 한계생산체감의 법칙 때문이었다. 기술진보는 이러한 수확체감 법칙을 극복할 수 있는 요소라고 설명하였다. 외부에서 기술발전이 일어나지 않는다면(exogenous technological progress), 경제성장이 멈추게 된다는 것이다. 그는 **총요소생산성(Total Factor Productivity, 이하 TFP)**이란 개념을 도입하였다. 그것은 노동, 자본 등 물적 생산요소 투입에 의해 설명되지 않는 생산 부분을 의미한다. 통계적 용어를 빌어 **솔로우 잔차(Solow residual)**라고도 불리고 있다. 이 모형에 있어서 기술 진보은 외생변수 즉 외부로부터 정해져 오는 변수로 생각하였다. 따라서 이를 **'외생적 성장 모형'**이라고 부르기도 한다. 한계생산성을 나타내는 아래 식에서 z는 기술진보를 나타내며 z값이 상승할 때(기술진보가 일어날 때) 1인당 생산 곡선을 상방향을 이동하므로 한계생산체감의 법칙은 극복된다.

$$Q = zf(K, L)$$

솔로우 모형은 한계 수확 체감의 법칙 때문에 자본 축적이 상이한 나라들도 결국에는 동일한 1인당 자본량과 소득을 갖게 될 것이라고 주장한다. 이를 **절대적 수렴가설(absolute convergence hypothesis)**이라고 한다.

그러나 2차 대전 후 오랜 기간 동안 각 국별로 경제성장이 수렴되지 않고 성장률 격차가 지속적이고 크다는 사실이 경험적으로 확인되었다. 예를 들어 솔로우 모형은 아시아 국가의 약진과 구미 국가들의 정체를 설명하지 못한 것이다. 이러한 솔로우 모형의 약점을 보완하기 위해서 제시된 이론이 내생적 이론이다. 즉, 경제성장의 핵심이 되는 기술, 지식, 아이디어들이 경제주체의 이윤동기에 의해 내부에서 만들어지고 이들이 투입됨으로써 경제성장이 이루어진다는 것이다. 내생적인 성장 모형에 크게 3가지로 나누어 볼 수 있다.

우선 **AK모델**을 보자면 전통적인 실물자본의 개념에 **인적자본(human capital)**과 **지식자본(knowledge capital)**을 포함시키고 인적자본, 지식자본 및 실물자본을 동시에 축적시켜 균제상태[34]에서 자본의 한계생산체감이 일어나지 않도록 함으로써 지속적인 경제성장을 이룰 수 있다는 것이다. 이의 가장 간단한 모델은 루카스(R. Lucas, 1937~)의 **인적자본모형(human capitla model)**이다. 그는 성장의 원동력으로 인적자본의 역할을 강조하였다. 이 모형에서는 단순노동과 인적자본을 구분한다. 내생적 성장이 가능한 이유는 소득에 비례하여 인적자본이 증가하고 그것이 물적자본과 단순노동의 생산성을 지속적

34) 균제 상태(steady state)란 장기균형 상태를 나타내는 용어로 1인당 산출량, 자본량, 소비가 일정률로 성장하는 상태를 말한다. 따라서 여기에서는 1인당 자본량(k)의 변화가 없으며 1인당 생산량(y)의 변화도 없다.

으로 향상시킨다고 주장하였다. 기술경영학에서 주목하는 것은 **R&D 모형**이다. 이 모형은 80년대 중반 빌게이츠와 스티브 잡스의 등장과 시기를 같이 한다. 대표적인 학자는 전술한 바 있는 폴 로머 교수로 그가 1986년 "수확 체증과 장기적 성장(Increasing Returns and Long Run Growth)"을 발표하면서 **내생적 성장 이론(endogenous growth theory)**이 출발하였다.

이 모형에서는 기술수준이 외생적으로 주어지는 것이 아니라 연구·개발에 투입되는 자본과 노동에 의해 결정된다. 이 모형에 따르면 재화 부분의 생산함수가 한계 생산 체감의 법칙을 따르더라도 노동과 자본에 의해 내생적으로 결정되는 기술진보의 속도가 일정수준을 유지하면 기술수준이 지속적으로 상승하여 경제성장이 지속된다는 것이다.

아래는 2018년 10월 한 매체에 실렸던 칼럼이다. 이 중 일부를 발췌해서 게재한다.

[박기성 칼럼] 폴 로머의 '내생적 경제성장 이론'이 주는 시사점

1985년 1월 시카고대학교 한 강의실에서 루카스(Robert Lucas, Jr.)가 박사과정 학생들을 대상으로 화폐금융론 특강(Special Topics in Money and Banking)을 진행하고 있었다. 그 해 여름 영국 캠브리지 대학교의 마샬 강의(Marshall Lectures at Cambridge University)를 앞두고 준비한 것들을 유인물도 없이 쏟아 내고 있었는데, 내생적 경제성장 이론(endogenous growth theory)이 세상의 빛을 보게 되는 역사적 순간이었다.

솔로우(Robert Solow)로부터 시작된 신고전파 경제성장 이론(Neoclassical growth theory)의 결론은 경제가 종국적으로 성장이 멈추거나 모형 외부에서 주어지는 기술진보율 만큼 성장하는 것이다. 경제성장률이 모형 내부에서 결정되지 않고 외부에서 주어지는 기술진보율에 의해 결정되기 때문에 외생적 경제성장 이론(exogenous growth theory)이라고 하지만, 경제성장에 대해 아무런 함의도 도출되지 않으므로 엄밀하게는 경제성장 이론이라고 할 수 없다.

일반적으로 일정 수준 이상의 생산규모에서는 생산규모가 커질수록 평균비용은 그대로 유지되거나 감소한다. 이것을 규모에 대한 수익이 불변하거나 체감(constant or decreasing returns to scale)한다고 한다. 경제가 성장하면 생산규모가 커지지만 제품을 만들 때의 평균비용이 감소하지 않아 성장이 멈춰지게 된다. 반면에 규모에 대한 수익이 체증(increasing returns to scale)하면 생산규모를 확대할수록 평균비용이 떨어지므로 경제가 성장하더라도 기술적으로는 성장의 한계 없이 무한 성장할 수 있지만, 한 기업이 시장 전체를 독점하게 되는 등 경쟁시장을 기초로 하는 시장경제에서는 지탱될 수 없다는 것이 학계의 통설이었다.

로머(Paul Romer)는 1983년 시카고대 박사학위 논문에서 규모에 대한 수익이 체증하는 상황에서도 경쟁시장이 지탱될 수 있는 균형 개념을 제안했고 그 균형이 존재한다는 것을 증명했다. 실제로 빌 게이츠(Bill Gates)나 스티브 잡스(Steve Jobs)가 발전시킨 IT 기술은 본인에게 엄청난 부를 가져다주었을 뿐만 아니라 거의 모든 기업의 생산비용을 떨어뜨렸다. 이 후자가 바로 외부효과(external effects)이다. 이 외부효과로 인해 경쟁시장이 지탱될 수 있고, 기술이나 지식이 축적됨에 따라 규모에 대한 수익이 체증하여 경제는 무한히 성장할 수 있게 된다.

R. E. Lucas(1937~)[35]는 기술이나 지식이 사람에게 체화되므로 기술이나 지식 대신에 인적자본(human capital)이라는 개념을 사용한다. 인간(人間)은 사회적 존재로 상호작용(interaction)을 통해 서로 가르쳐주고 배우면서 새로운 지식, 기술, 기능을 축적한다. 기계와 기계 사이에는 상호작용이 있을 수 없다. 인적자본 축적은 인간 집단 내에 또는 사이에서 일어나는 사회적 활동(social activity)이고 바로 이 점에서 인적자본 축적과 물적자본(physical capital) 축적이 구별된다. 그리고 개인이 알고 있는 지식의 거의 모두는 다른 사람들로부터 배운 것이다. 이 선생들 중 일부에게 수업료를 지불하거나 도제제도(apprenticeship)처럼 그들 주변에 있기 위해 낮은 임금을 수용하기도 하지만 대부분 공짜로 배우고 종종 선생과 학생의 구분 없이 상호적으로 배운다.

그러므로 인적자본은 사회적 존재로서의 인간 사이의 상호작용을 통해 축적되며 그 상호작용은 대부분 공짜이기 때문에 외부효과가 된다. 루카스는 사회적 활동으로서의 인적자본 축적이 외부효과로 작용하기 때문에 각 기업에게는 규모에 대한 수익이 불변하지만 외부효과를 포함하면 경제전체로는 규모에 대한 수익이 체증한다고 봤다. 이런 경제가 독점화되지 않고 시장경제가 작동하면서 무한히 성장할 수 있는 것이 로머의 균형 덕분이다.

로머는 규모에 대한 수익이 체증하는 상황에서 시장경제 균형을 정립하였고, 루카스

35) 로버트 에머슨 루카스 주니어(영어: Robert Emerson Lucas Jr., 1937년 9월 15일 ~)는 미국의 경제학자이다. 합리적 기대의 개념을 거시경제학에 적용시킨 것으로, 새 고전파 거시경제학(New classical macroeconomics)의 길을 열어 놓았다

는 그 균형을 사회적 활동으로서의 인적자본 축적이 일어나는 경제에 적용하여 내생적 경제성장 이론을 만들었다. 그리고 이 이론에 의해 경제가 무한히 성장할 수 있는 가능성이 열렸다.

박기성 객원 칼럼니스트 (성신여대 경제학과 교수, 2018.10.18)

출처 : 펜앤드마이크(http://www.pennmike.com)

2. 기술이란 무엇인가?(경제학과 경영학에 보는 기술)

가. 기술이란 무엇인가?

기술이란 용어를 논하기 전에 유사한 개념을 살펴보자면 발견(discovery)과 발명(invention)을 떠올리게 된다. 발견은 '우리에게 알려져 있지는 않지만 이미 존재하는 것을 찾아내는 것'이라 할 수 있다. 반면 발명은 '이전에 존재하지 않은 것을 새로이 만들어 내는 것'이라 정의되고 있다. 그렇다면 기술은 무엇인가? 기술은 일반적으로 발견이나 발명을 실용화하려는 활동 및 방법을 총칭한다.

과학과 기술이란 개념을 다시 살펴보자면 과학은 자연 현상을 탐구, 발견, 이해하는 것으로 경제성과는 무관한 개념이다. 과학은 존재의 이유(Know-why)를 규명하는 데 초점을 두며 발견과 분석을 통해서 발전한다.

Science is the discovery and explanation of nature

반면 기술은 발견된 자연현상을 이해하는 데 목적을 두는 것이 아니라 실생활에 응용하고자 하는 노력을 포함하고 있다. 자연히 경제성의 개념이 도입이 되며 이는 활용하는 방법(know-how)에 대한 문제이다. 기술은 혁신을 통해서 발전된다.

Technology is the manipulation of nature for human purpose

그러나 과학과 기술의 관계는 동떨어진 것이 아니라 밀접하게 움직이는 개념이다. 과학의 발전은 기술혁신을 가져오고 기술혁신이 과학의 발전을 견인하기도 한다. 이렇듯, 현대 과학과 기술은 서로 영향을 주고받으며 상호 보완적이기 때문에 융합되는 현상이 나타나고 있다. 따라서 '과학기술'이란 용어가 점차 일반화되고 있다.

구분	과학(Science)	기술(Technology)
대상	자연	인공물
목적	자연 현상의 이해	산업 또는 경제적 응용을 전제
동기	지적 호기심	실질적 유용성
과정	가설 연역적, 검증	가설 응용, 실현
핵심	순수한 지식의 산출에 관여	응용적 투입과 산출에 관여
목표	진리의 규명과 발견	생산적인 결과 창출
형태	이론적인 면	사실적인 면
법칙	보편적, 미래 예측적	처방적, 구체적
권리	공공재(전유될 수 없음)	사유재(전유될 수 있음)
특성	시장에서 거래될 수 없음	시장에서 거래될 수 있음.
가치	지식의 보급	특허제도를 통한 지적소유권 보장
보상	경제적 보상과 무관	경제적 이윤에 대한 기대

표 6.1 과학과 기술의 차이점

자료: Kistep 보고서(기초원천연구의 개념 정립 및 추진 방안에 대한 정책 제언)

나. 기술의 개념은 변한다.

기술(technology)란 의미는 지난 200년간 꽤 큰 변화를 겪어 왔다. ‘technology’란 단어는 20세기 이전만 해도 영어에서는 생소한 단어로 유용한 기예(useful arts)에 대한 연구를 묘사하는 용어로 쓰였다. 기술이란 용어가 본격적으로 위세를 떨치게 된 것은 20세기에 들어 펼쳐진 제2차 산업혁명 시대였다. 라디오, 축음기, 화학, 전기 분야에서 새로운 발명품이 쏟아졌던 1930년에 들어서 기술이란 용어는 산업적 기예(industrial arts)에 대한 연구뿐만 아니라 산업적 기예 그 자체를 가리키는 용어로 자리 잡게 되었다. 현재 기술에 대한 사전적인 해석은 “산업 및 엔지니어링 등에 과학을 이용하여 유용한 사물을 만들거나 문제를 해결하는 것(the use of science in industry, engineering, etc., to invent useful things or to solve problem)"이다.

기술의 역할과 생성에 대한 관점도 바뀌어 왔다. 기술에 대한 전통적 관점은 단순히 투입-산출의 관계였다. 기술 변화의 원인은 관심의 대상이 아니었으며 '투입이 들어가면 산출물로 바뀌는 물리적인 과정에 대한 지식의 집합' 으로 보았다. 이를 블랙박스 이론(The Black Box Theory)이라고 한다. 따라서 블랙박스 안에서 일어나는 기술혁신 과정은 규명하기 어렵고 알기 어려운 깜깜한 블랙박스로 남게 되는 것이었다. 그러나 기술에 대한 현대적인 관점은 훨씬 넓다. 기술은 기계, 공정, 발명, 그리고 인간에 체화되어 있는 경험, 기능, 노하우 뿐만 아니라 기술혁신에 대한 기능(skill)을 포함하는 넓은 의미로 보고 있다. 이와 같은 관점에서 기술에 대한 개념으로 미국의 경제학자 라이어스 반 윅(Rias van Wyk)의 정의가 많이 쓰이고 있다. 그는 "기술은 인간의 노력을 지원하기 위해 인간이 창출한 일련의 수단, 즉 창조된 능력(created capabilities)"이라고 하였다.

말하자면 최근의 관점에서 기술은 과학 이론을 실제로 적용하여 자연의 산물을 인간 생활에 유용하도록 가공하는 방법으로 제품 및 서비스의 개발뿐만 아니라 생산, 판매에 쓰일 수 있는 모든 지식(knowledge), 기량(skill), 인공물(attifact) 등을 포함하는 것이다. 이에는 물리적 프로세스(physical process)와 사회적 또는 조직 여건(social arrangements)이 합쳐져 있다. 또한 가치사슬 차원에서 보자면 가치사슬을 구성하는 활동 전반에 걸친 모든 것으로 포함하고 있다.

기술을 생산방법(method of production)관점과 문제해결(method of problem solving)관점으로 나눌 수도 있다. 생산 방법으로서의 기술은 경제적 이익을 목적으로 과학과 공학 지식을 활용하여 제품을 생산하는 방법을 의미하며 이때 경제적 이익은 제품 판매에 의한 수익 증가와 공정 개선에 의한 비용 절감으로 나타난다. 문제 해결 방법으로서의 기술은 인간 편익 증진을 목적으로 산출물을 생산하는 과정에 발생하는 문제를 해결하는 방법을 말하며 현실적 제약으로 제품 생산, 운영, 고객요구 등에서 부딪히는 문제를 해결하는 데 중점을 둔다. 그러나 이 두 가지 접근법은 문제해결이라는 관점을 기초로 하고 있다는 점에서 공통된 인식을 가지고 있다.

다. 기술의 분류

21세기에 접어 들어 과학기술 발전 속도가 가속화되고 신기술의 융합화와 복합화 현상이 더욱 심화되고 있다. 세계 각국은 생존 경쟁에서 살아남기 위해 미래 기술 선점에 많은 노력을 기울이고 있으며 선진국의 경우 국가 차원의 기술 분류 체계를 확립하여 과학기술 정책의 성과를 높이는 데 적극 활용하고 있다. 기업의 경우에도 기술 개발이 중요해짐에 따라 경영 계획, 자원 관리 그리고 예산 배분에 있어 기술 분류는 매우 중요하다.

1) 한국의 과학기술 분류 체계

우리나라의 과학기술 분류체계는 과학기술기본법 제 27조에 따라 2002년도에 처음으로 수립되었다. 과학기술정보통신부(과기정통부)는 국가과학기술심의회의 심의를 거쳐 과학기술기본법에 의거하여 표준분류체계를 5년 주기로 개정하고 있다. 국가과학기술표준분류체계의 개정 목적은 국가연구개발사업의 기획·관리, 과학기술 정보 및 인력의 관리와 유통 등의 효율화이다. 가장 최근 이루어진 개정은 2018년도 개정으로 연구 분야 분류를 대분류 33개, 중분류 371개, 소분류 2,898개로 구성하였다. 2002년도에 제정 당시만 하더라도 대분류 19개 중분류 160개, 소분류 1,023개였다는 점을 감안하면 매우 세분화되고 있다는 것을 알 수 있다.

분야별 구분으로서는 우선 과학기술과 인문사회과학으로 나누고 과학기술 분야는 자연, 생명, 인공물 3개 분야로 나눈다. 이 3개 분야는 각각 대분류로 나누어지는 데 자연은 수학, 물리학, 화학, 지구과학 등 4개의 대분류로 구성되어 있다. 생명 분야는 생명과학, 농림수산식품, 보건 의료 등 3개의 대분류로 나누어져 있다. 기술경영의 주된 관심사인 인공물 분야는 기계, 재료, 화공, 전기/전자, 정보/통신, 에너지/자원, 원자력, 환경, 건설/교통 등으로 나누어진다.

분야		대분류
과학기술	자연	NA. 수학
		NB. 물리학
		NC. 화학
		ND. 지구과학(지구/대기/해양/천문)
	생명	LA. 생명과학
		LB. 농림수산식품
		LC. 보건의료
	인공물	EA. 기계
		EB. 재료
		EC. 화공
		ED. 전기/전자
		EE. 정보/통신
		EF. 에너지/자원
		EG. 원자력
		EH. 환경
		EI. 건설/교통

표 6.2 2018년 개정 과학기술 대분류 항목

2) Gaynor의 기능적 관점에서의 분류

최근 기술 관련 서적들은 기술의 기능적 접근 방법으로 가이너(G. H. Gaynor) 교수의 분류를 많이 소개하고 있다.[36] 기술 분류의 목적은 전술한 바와 같이 조직이 가지고 있는 자원을 어디에 투입할 것인지에 대한 판단 기준으로 삼기 위한 것도 있지만 기술 발전 추이를 예측 가능케 하고 관련 기술 간의 상호 보완 관계를 파악하여 성과를 극대화하는 데 기여하기도 한다. 예를 들어서 기업에게는 핵심기술이 중요하지만 보조기술 없이는 성과를 제대로 낼 수 없는 경우가 매우 많기 때문이다.

36) The Handbook of Technology Management,McGraw-Hill Professional; 1 edition (June 1, 1996)

가이너 교수가 분류한 내용은 아래와 같다.

- **첨단기술 (state of the art technology) :** 경쟁자를 능가하거나 또는 동등한 기술
- **독점기술 (proprietary technology) :** 특허 또는 계약에 의해 보호되는 기술로 측정가능한 경쟁이익을 제공하는 기술
- **보편기술 (known technology) :** 보편적으로 알려져 있으나 어떤 조직내에서 독특하게 사용되는 기술
- **핵심기술(core technology) :** 제품의 품질과 경쟁우위 유지에 필수적인 기술
- **생산지원기술(leveraging technology) :** 각종 제품 및 그 생산라인을 지원하는 기술
- **보조기술(supporting technology) :** 핵심기술과 그 활용을 지원하는 기술
- **조절기술(pacing technology) :** 제품 및 공정 개발 속도를 조절하는 기술
- **미래기술(emerging technology) :** 미래 제품 또는 공정 개발을 위해 현재 검토되고 있는 기술
- **탐색기술(scouting technology) :** 장래 연구 또는 기술적 활용을 위한 기술로써 잠재적 제품, 공정기술개발을 추구하는 기술
- **미지의 기초기술(idealisized unknown basic technology) :** 그 기술이 개발, 활용되면 인간 생활에 많은 편익 제공이 기대되는 기술

이러한 10가지 기술 분류는 정확하게 기술을 분류하는 의미보다는 특정 기술을 서술할 때 활용되는 것을 보여지며 공식적으로는 제한적으로 사용되어지고 있다.

3) ETRI의 기술 분류 및 정의

일반적으로 기술을 분류할 때 정부가 정책 목적상 정의한 것 빼고는 한가지로 정의된 것은 없다. 본서에서는 편의상 한국 전자 통신 연구원(ETRI) 정의를 기초로 살펴보고자 한다.

한국 전자 통신 연구원(ETRI)는 기술을 기초기술, 기반 기술, 상용화 기술로 분류하고 이를 업무에 활용하고 있다. 각 기술별 정의는 표 6.3을 참조하기 바란다.

구분	기초기술	기반기술	상용화 기술
기술 특성	– 미래 선도 기술 – 개혁적, 원칙적 변화를 유도하는 핵심적 기술	– 사회기반구조 기술, 공적 원리 및 가능성 공복지 기술, 공통애로 해결 기술, 이미 기술이 확인된 요소기술 – 성능혁신을 통하여 요소적이며 보편 공통적으로 소요되는 기술	– 상품화 기술
기술 목적	– 기술주도권 확보	– 기술경쟁력 확보	– 제품경쟁력 확보
내용	– 신방식, 신소재, 신원리 등과 같이 새롭게 발명하고 확인된 기술	– 기초기술에 바탕을 둔 혁신된 기술로써 개발을 앞 둔 기술확인 또는 기술 검증까지의 기술	– 기반기술에 의해 확인된 기술을 바탕으로 하여 제품화를 목적으로 개발되는 기술
파급 효과	– 기술적 선도/ 불투명, 광역성	– 여러 제품의 활용/특정 분야	– 제품차별화/특정기업
수혜자	– 수혜자 불명확	– 공공.공익분야, 새로운 산업 분야	– 특정 기업
시장성	– 불분명	– 분명	– 매우 분명
성공가능성	– 매우 낮음	– 낮음	– 높음
수행 주체	– 주로 대학/연구소	– 주로 연구소	– 주로 산업체
결과물 (창출된 형태)	– 논문, 기본 특허, 공학적 원리 및 가능성	– 개선특허, 기존개념/기술의 혁신, 공학적 혁신, 표준 및 기술 검증물	– 정립된 기술의 조합, 개량, 종합, 특허 및 제품

표 6.3 한국전자통신 연구원의 기술 분류

자료: 기초 · 기반기술연구의 개념정의, 한국전자통신연구원, 1995

4) 기초, 원천, 산업기술

한편, 우리가 익히 사용하고 있는 '기초기술'과 '원천기술'에 대해서 살펴 볼 필요가 있다. 기초기술(basic technology)은 과학적 문제해결을 위해 필요한 가장 근본적인 기술을 의미한다. 최근 정부에서는 원천기술이란 용어를 많이 사용하고 있다. 그러면 이 원천기술이란 개념이 기초기술과는 다른가? 원천기술의 경우, 정확히 표현하기는 어렵지만 막연히 '중요하고 없어서는 안 될 가치 있는 기술'의 의미로 많이 사용된다. 스텐퍼드 대학 교수 티모스 브레스나한(Timothy F. Bresnahan, 1953~)과 이스라엘 경제학자 M. Trajtenberg(1950~)은 원천기술은 완전한 최종 솔루션을 제시하기 보다는 새로운 기회를 열어주는 'enabling technologies' 역할을 하는 것이라 하였다.[37)]

대표적인 원천기술 사례로는 퀄컴의 CDMA 기반기술, 샤프의 LCD 기반기술, 톰슨의 MP3 기술 등을 들 수 있다. 이러한 기술을 바탕으로 다양한 제품이 개발되어 소비자들에게 제공되고 있다.

산업기술이란 용어는 특정한 생산품, 공정, 서비스, 시스템 등 구체적인 목적으로 가지고 산업에 곧바로 활용하기 위한 기술을 말한다. 이러한 기술의 예로는 광업기술, 신에너지기술, 제조기술, 정보. 통신 기술 등을 들 수 있다. 주로 수요지향성을 가지며 민간기업 중심으로 연구 개발되어지는 기술이다.

라. 기술의 특성

1) 경제학 관점에서 보는 보는 기술의 특성

기술의 역할을 강조한 내생적 성장 이론을 주장한 로머는 자본은 유형의 물체이나 기술(technology)은 무형의 아이디어(idea)라고 하였다. 그는 기술을 보다 넓게 해석하였다. 여기서 기술의 특성을 3가지로 정리할 수 있다. 첫째는 기술은 **비 경합성(non-rivalry)**을 갖는다는 것이다. 말하자면 기술은 동시에 사용가능한 공동 소비재 특징을 갖는다. 그러나 공공재의 성격을 가지고 있는 것은 아니다. 사용료를 지불해야 사용할 수 있는 경우가 많기 때문에 공공재와 달리 사용을 배제할 수 있다. 둘째, 기술은 많이 생산하면 할수록 평균비용이 줄어 들고 요소 한 단위 투입당 생산량이 많아지는 **수확체증의 특징**을 갖는다. 마지막으로 기술은 **불완전 경쟁의 특성**을 갖는다. 기술 개발 과정에서 소요되는 고정비용이 매우 크기 때문에 자연독점이 나타나고 조정비용을 회수하기 위해서는 한계 비용보다 높은 가격을 설정하고 초과 이윤을 얻는다. 지적 재산권 특히 특허

37) 과학기술정책연구원(2009). 기초·원천기술 확보를 통한 과학기반산업 육성 방안. 36P

권을 통해서 개발자를 보호해 주는 것도 불완전 경쟁의 한 요인이라 할 수 있다.

2) 기술 궤적(Trajectory)

이 용어를 처음 사용한 학자는 넬슨과 윈터(Nelson and Winter)이다. 그들은 기술혁신이 한번 생성되면 이어지는 기술혁신은 어떤 방향을 향하여 계속 움직이게 된다고 설명하고 있다(Nelson and Winter, 1977). 반도체 메모리칩의 경우 면적 당 메모리 용량의 확대라는 방향으로 기술혁신이 꾸준히 일어나고 있다. 실제로 반도체 회로의 선폭은 4~5년마다 반으로 계속 줄어들고 있는 것을 볼 수 있다. 이러한 특성은 연구개발 전략에 있어서 중요한 시사점을 주고 있다. 연구개발 전략을 수립할 때, 기존 기술의 궤적을 고려하여 연구개발의 방향과 목표를 설정해야 한다. 환언하면 기존 기술의 궤적과 혁신의 패러다임을 무시하고 전혀 다른 기술 목표를 설정하여 연구개발을 추진한다는 것은 기술혁신의 성공 가능성이 그만큼 희박 하다고 본 것이다(이공래, 2000).[38] 반대로 기술의 궤적에 너무 집착할 경우 오히려 기술혁신에 나쁜 영향을 준다는 주장도 있다.

영국의 파빗(Pavitt K.)은 기술 궤적이 진행되는 유사성을 기준으로 기술궤적을 4가지의 경우로 분류하였다. 이는 공급자 지배형(supplier-dominated), 규모 집약형(scale-intensive), 전문 공급가형(specialized suppliers), 과학 기반형(science-based)등이 그것이다. 공급자 지배형은 섬유, 농업 등의 전통 산업에 나타나는 것으로 주로 외부혁신에 의존하고 있다. 규모 집약형은 자동차와 같은 내구성 소비제품에서 나타나는데 이 경우 혁신을 내부와 외부에 의존하고 있다. 전문 공급가형의 경우는 전문 기계, 하이테크 도구 등을 생산하는 기업의 경우로 소규모 전문가된 기업이 제품을 다른 기업에 판매하는 경우이다. 과학 기반형은 제약과 전자 산업과 같이 회사 내 R&D 센터에서 신기술을 개발하는 하이테크 기업의 경우이다.[39]

3) 기술의 경로의존성(path dependency)

미국 스탠퍼드 대학의 브라이언 아서(Arthur W. Brian) 교수와 폴 데이비드(Paul David) 교수가 주장한 개념이다. 경로의존성이란 어떤 주어진 환경에서의 결정은 현재의 환경이 바뀌었음에도 불구하고 과거에 했던 결정 그리고 과거에 경험했던 사건에 의해 제어를

38) 이공래(2000). 기술혁신이론개관. 과학기술정책연구원.

39) Pavitt K.(1983). Sectoral patterns of technical change: Towards a taxonomy and a theory. Research Policy. 13(6):343-373.

받는 현상을 말한다. 기술은 경로의존성은 가진다. 즉, 제도나 구조가 과거의 경위와 역사적 우연 등에 구속되거나 이러한 연유로 만들어진 제품 또는 규격이 (비합리적임에도 불구하고) 계속 사용되는 것이다. 경로의존성에 대한 개념은 다양하게 정의되지만 크게 광의의 개념과 협의의 개념으로 구분된다(Levi, 1997; Mahoney, 2000; Swell, 1996). 광의의 경로의존성은 시간적 흐름에서 이전 단계와 이후 단계의 인과적 관련성을 의미하며 시간적으로 먼저 발생한 사건이 이후에 발생하는 사건의 결과에 영향을 미친다는 관점이다(Swell, 1996). 협의의 경로의존성은 특정 대상이 초기에 일단 경로를 선택하게 되면 다른 선택 대안이 존재하더라도 초기 선택에 의존하며 선택된 경로로 이동하는 것을 의미한다(Levi, 1997). 즉, 경로의존성이란 시간적으로 이전 사건이 이후 사건에 인과적으로 영향을 미치는 것을 의미하며, 한번 선택된 경로는 큰 계기가 없는 한 지속되는 것을 의미한다. 따라서 경로의존성이란 특정 시점의 선택이 향후의 선택 범위를 제약하는 과정으로 볼 수 있으며, 개념적으로 초기의 선택이 이후의 선택범위를 제한하며 사건을 시계열적으로 연결시키는 방식을 의미한다(김진수, 서순탁, 2014).

데이비드 교수는 그의 논문 “Clio and the Economics of QWERTY(1984)”에서 이의 사례로 타자기의 키보드를 소개하고 있다. 타자기나 컴퓨터 키보드의 배열은 QWERTY로 되어 있는데 이는 인간의 손가락 동작으로는 효율적이지 못한 배열이다. 그럼에도 불구하고 당시에 타자기에 사용하던 잉크 끈이 서로 엉키지 않도록 하기 위해서 배열을 그렇게 가져갔던 것이었다. 그러나 잉크를 사용하지 않는 컴퓨터의 경우도 계속 쓰고 있다. 이는 기술의 경로의존성 때문인 것이다.

4) 기술혁신은 누적적

누적적이라는 의미는 지식의 속성으로 이해할 수 있다. 지식이 축적이 되면 새로운 지식을 획득하거나 흡수하는 능력이 향상된다. 지식의 흡수 능력이 향상되면 새로운 지식을 만들어 내는 능력도 그만큼 향상되는 것이다. 지식의 학습량이 증가하면 기술혁신을 창출해 내는 가능성도 높아지게 된다. 또한 소규모 개선이 장기간 누적되어 급진적 혁신을 가져오는 경우가 많다. 이러한 맥락에서 기술혁신 능력을 배양하는데 있어서 학습(learning)의 중요성이 강조되고 있다.

5) 기술혁신의 사회성

기술혁신의 또 다른 특성은 기술혁신은 그 나라의 문화 및 사회적 풍토, 제도, 협력에 대한 문화와 열정 등과 같은 사회적 요인에 의해 영향을 받는다는 것이다. 이러한 사회적 요인은 기술혁신에도 영향을 미치지만 반대로 기술혁신이 사회, 문화, 가치체계 등 사회에도 영향을 미친다. 이러한 맥락에서 과학적 연구 및 연구개발 활동이 사회적 요인들과 상호 영향을 주고 받으면서 기술혁신이 동태적으로 창출되는 것으로 설명하는 연계적 체인(Linked-Chain) 모형이 나타난 것이다(Kline and Rosenberg, 1986). 오늘날 이 모형이 기술혁신을 설명하는데 가장 설득력을 받고 있다.

6) 지배적 디자인(dominant design)

지배적 디자인이란 공식적 또는 법적으로 산업표준이라고 정해져 있지는 않지만 사실상 표준의 위치(de-facto standard)를 차지하고 있는 디자인을 말한다(Schilling,2010 ; Utterback, 1994). 산업 혁신 모형에 따르면 산업 초창기에는 제품 혁신이 왕성하게 일어나다가 지배적인 디자인이 출현하게 되면 새로운 제품을 만드는 제품 혁신 보다는 생산공정 혁신에 초점을 맞춘 공정 혁신의 빈도수가 증가하게 된다. 또한 지배적인 디자인은 산업 수명 주기에 있어서 시장 진입 시기를 정하는 데 중요한 요소가 될 수 있다. 이미 시장에 진입해 있는 제품보다 자사 제품이 기술적으로 우위에 있을지라도 시장에서 우위를 점할 수 없는 경우가 발생하기 때문이다.

지배적 디자인의 사례로서 자동차 디자인을 들고 있다. 초창기 자동차의 프레임은 나무로 되어 있었다. 자동차는 본래 마차를 개조하여 제작하였기 때문에 마차의 구조를 그대로 따온 것이다. 포드사의 유명한 T-model도 나무 프레임을 사용하였다. 따라서 T-model은 명성에 걸맞지 않게 자동차의 지배적인 디자인이 되지 못했다. 자동차의 지배적 디자인은 패쇄형 철제 구조를 사용한 닷지(Dodge)가 자동차의 지배적 디자인이 되었다.

또 다른 사례로 VIDEO 테이프의 포맷 전쟁을 들 수 있다. 비데오 포맷 전쟁은 1970년대 말 소니의 베타멕스(Betamax)와 제이브이씨(JVC)의 VHS(Video Home System)간의 경쟁으로 시작되었다. 이 전쟁은 제이브씨의 승리로 귀결되었다. 비교적 최근인 2000년대 초에 이 포맷 전쟁은 다시 불 붙었다. 2차 전쟁은 소니의 블루레이 디스크(Blu-Ray Disc)와 도시바의 HD-DVD 간의 경쟁이었다. 이 경쟁에서는 소니가 승리하여 표준의 자리를 차지하였으나 앞날이 밝지는 않다. SDXC 카드와 플래시 메모리의 등장, 클라우드와 스트리밍 기술의 발전은 블루레이 제품을 밀어내고 있기 때문이다.

제7장
기술혁신의 뿌리를 찾아서

1. 혁신의 정의

가. 혁신의 정의

혁신(innovation)의 정의는 다양하다. 2014년을 기준으로 논문이나 문헌에 나타난 것만 해도 40개 이상의 정의가 존재하는 것으로 알려져 있다. 한자어로 된 혁신의 내용을 풀어보자면 '혁(革)신(新)'이란 단어는 "가죽에서 새로이 만든 것."이란 의미를 가지고 있다. 중국의 고서에서는 "짐승의 가죽에서 그 털을 다듬어 없애는 것을 혁(革)이라고 한다. 혁(革)은 고치는 것이다(獸皮治去其毛曰革. 革, 更也)."라고 해석한다. 혁(革)을 만들기 위해서는 짐승의 살과 피 그리고 털이 범벅된 가죽을 벗겨내어 털 뽑고 다듬는 여러 공정을 거쳐야 한다. 이러한 공정 후에 죽은 동물의 잔해에서 혁(革)이라는 전혀 다른 유용하고 깨끗한 제품이 탄생하는 것이다. 영어 innovation의 어원은 라틴어 innovō이다. innovō는 '회복시키다.'란 의미도 있지만 '바꾸다.'라는 뜻이 innovation의 어원이 되고 있다. 혁신(innovation)은 '기존 사용하고 있던 수단이나 방법에서 전혀 새로운 것으로의 변화'를 의미한다.

여러 서적에서 혁신 의미를 여러 가지 소개하고 있지만 현재로서 가장 완전한 형태의 정의는 OECD 메뉴얼[40]에서 나타난 것이라 할 수 있다. 이는 슘페터(Schumpeter)의 정의와 유사하다. 그 내용은 다음과 같다.

40) Edison, H., Ali, N.B., & Torkar, R. (2014). Towards innovation measurement in the software industry. Journal of Systems and Software 86(5), 1390–407.

- 혁신은 경제적 및 사회적 영역에서 부가가치가 있는 새로운 것을 생산, 채택, 흡수, 활용하는 것이다. 여기에는 제품, 서비스, 시장의 새로운 도입과 확대, 새로운 생산 방식의 개발, 새로운 경영 시스템의 구축을 포함된다. 이는 결과와 과정 둘다에 관련된 것이다.

Innovation is production or adoption, assimilation, and exploitation of a value-added novelty in economic and social spheres; renewal and enlargement of products, services, and markets; development of new methods of production; and the establishment of new management systems. It is both a process and an outcome.

나. 창조적 파괴와 Schumpeter, 그리고 Schumpeter 이후

혁신과 관련하여서는 오스트리아 출신 미국 경제학자 조지프 슘페터(Joseph Schumpeter ,1883~1950)을 빼놓고는 설명할 수 없다. 그는 오랫동안 동갑내기 경제학자 존 메이너 케인즈(John Maynard Keyes, 1883~1946)에 가려져 있었으나 지금은 '혁신의 예언자(prophet

- 조지프 슘페터는 오스트리아-헝가리 출신의 미국경제학자로서 오스트리아 학파에 많은 영향을 주었다.
- 20세기 가장 영향력이 있는 경제학자의 한 사람으로 꼽힌다.
- 오스트리아 재무장관, 은행 총재, 본(Bonn) 대학 교수를 거쳐 미국 하버드 대학 교수가 되어 1932년 미국에 귀화하였다.

그림 7.1

자료: 위키피디아, 2019년 10월 26일 검색

of innovation)'라는 명성을 얻고 있다. 우리가 익히 알고 있는 '창조적 파괴(creative destruction)'라는 개념은 그가 1942년에 발표한 「자본주의, 사회주의, 민주주의(Capitalism, Socialism, and Democracy)」에서 소개한 것이다. 그는 "자본주의의 발전은 혁신과 창조적 파괴의 반복이 진화하는 과정(an evolutionary process of continuous innovation and creative destruction)"이라고 설명하였다.

슘페터 이전 대부분의 경제학자들은 경제는 가격기능에 의해 항상 안정적인 균형 상태를 이룬다고 주장하였다. 경제 현상을 정태적 균형 관점에서 본 것이다. 그러나 슘페터는 이와 같은 정태적인 신고전학파이론으로는 경제가 변동하면서 발전하는 현상을 설명해 주지 못한다고 주장하였다. 경제 발전하는 요인으로 **'기업가에 의한 혁신(innovation by entrepreneur)'**과 이에 의한 **'창조적 파괴(creative destruction)'**를 제시하였으며 기업가의 혁신은 독점적 이윤을 추구하고자 하는 기업가의 강력한 욕망에 기인한다고 주장하였다.

슘페터는 그의 저서 「경제발전의 이론(Theorie der wirtschaftlichen Entwicklung, 1912)」에서 혁신이란, "그 체계의 균형점을 이동시키는 것이며, 새로운 균형점은 그 이전의 균형점으로 부터의 연속적인 걸음으로는 도달할 수 없는 것이다."라고 설명하고 있다. 즉 시스템의 성질을 변화시켜야만 혁신이라는 새로운 균형점을 만들어낼 수 있다고 본 것이다. 여기서 체계란 경제를 의미하는데, 혁신을 통해 경제의 균형점을 이동시키는 이른바 '창조적 파괴'를 통해 경제가 발전한다고 보았다. 기업가의 창조적 파괴가 경기변동을 일으키며 이로 인해 경제는 장기적으로 발전하게 된다는 것이다. 결국 슘페터는 자본주의 발전의 원동력은 기업가에 의한 혁신, 즉 기업가 정신이라고 주장하였다. 특히 그는 자본주의 발전과 더불어 기업이 대규모 조직화 되면서 창의적인 기업가 정신이 점차 소멸하게 된다면 사회주의가 지배적인 위치를 점하게 될 것이라고 예상하기도 하였다.

슘페터에 따르면 혁신은 '생산자원의 새로운 결합'으로 정의되며, 다음 다섯 가지 동인에 의해 진행된다. 이 내용은 위에서 인용한 경제발전이론과 후속 서적에서 주로 서술되었다.

- 새로운 재화 혹은 어떤 재화의 새로운 질(質)의 도입(launch of a new product or a new species of already known product)
- 새로운 생산 방식 또는 판매 방식의 도입(application of new methods of production or

sales of a product, not yet proven in the industry)

- 새로운 시장의 개척(opening of a new market for which a branch of the industry was not yet represented)
- 원재료 또는 반제품 공급의 새로운 원천 획득(acquiring of new sources of supply of raw material or semi-finished goods)
- 새로운 산업 조직의 도입(new industry structure such as the creation or destruction of a monopoly position)

슘페터 이후 기술혁신에 대한 논의가 활발하게 이루어졌다. 크리스토퍼 프리만(Christopher Freeman, 1921~2010)은 혁신을 "새롭거나 개선된 제품, 공정, 장비를 상업적으로 활용하는 것과 관련된 기술, 디자인, 제조, 관리, 비즈니스 등에 대한 활동"이라고 정의하였다. 이후 포터(Michael Poter)는 경쟁력 우위를 설명하는 과정에서 기업의 혁신 행위가 경쟁력 확보에 있어서 핵심 요인이라는 점을 강조하였다. 텍사스 인스트루먼트(Taxas Instruments) 전 회장 하카티는 기술혁신이란 "단순한 새로운 착상 및 새로운 기술의 제안뿐만 아니라 그것을 육성하여 산업기술로서 정착시켜 산업을 활성화 또는 새로운 산업분야를 개척할 때까지의 일련의 노력과 행동"이라고 설명하였다. 2000년대 들어 '혁신'의 아이콘이라고 해도 손색이 없는 사람은 Apple의 창업자 스티브 잡스(Steve Jobs)이다. 그는 2000년 포춘(Fortune)지와의 인터뷰에서 "창의성은 단순히 여러 가지 요소들을 연결하는 것을 말한다."라고 하면서 "인간의 경험에 대해 폭넓게 이해할수록 더욱 훌륭한 디자인을 내놓을 수 있다."고 설명했다. 이처럼 '혁신'에 대한 의미 또는 해석은 시대에 따라 조금씩 달라졌다. 슘페터는 경제의 성장과 발전이라는 측면에서 혁신의 중요성을 강조했으며, 2차 세계대전 이후 세계경제가 급속히 발전하면서 기업의 역할과 기업에서의 혁신 활동을 중요하게 더욱 중요하게 다루었다고 볼 수 있다. 당시에는 기업에서의 연구개발 활동과 기업에서의 학습 및 지식 창출 등을 혁신의 핵심요인으로 보았다. 2000년대 들어와서 글로벌화가 진전되고 인터넷 등 정보통신기술이 꽃을 피우면서 혁신에 대한 핵심 개념을 '창의성'에 두게 되었다. 지식의 획득과 흡수가 과거보다 매우 쉬워지면서 여러 종류의 지식을 잘 결합하거나 혹은 녹여서 새로운 형태의 유용한 지식으로 만들어 내는 능력을 혁신의 가장 중요한 핵심 가치로 보고 있는 것이다. 이제 혁신은 우

리 생활 속에 밀접한 용어로 사용되고 있으며, 누구나 쉽게 다가갈 수 있는 가치로 사용되고 있다.41)

2. 경제학 관점과 경영학 관점에서의 기술혁신 이론

기술혁신이란 혁신의 확장된 개념이다. 혁신이라는 개념은 학문적으로나 상업적으로나 다양한 의미를 지닌다. 혁신은 시장에 새로운 서비스나 제품을 개발하여 제공하기 위해 행하는 여러 가지 수단과 방법을 의미하기도 하고 과거에는 없었던 문제를 해결하거나 그 동안 드러나지 않았던 요구를 충족시켜 주는 다양한 수단과 방법을 의미한다. 기술혁신(Technological Innovation)은 제품이나 서비스의 기술적 측면에 초점을 맞추고 있다고 볼 수 있다.

한편 기술혁신을 technological innovation과 technology innovation으로 나누기도 한다. 이 경우 전자는 제품과 서비스의 기술적 측면으로 기업의 가치를 향상시키는 경영측면을 고려한 개념인 반면 후자는 기술자체에 초점을 맞춘 것으로 설명된다. 본서는 두가지 관점 모두를 다루고 있다.

가. 경제학 관점에서의 기술혁신 이론

1) 신고전학파의 기술혁신이론

신고전학파가 기술의 문제에 관심을 가지게 된 것은 외생적 경제성장론을 발표한 로버트 솔로우(Robert Solow, 1924~)와 같은 학자들이 경제 성장의 변수로서 기술을 강조한 데서 부터 비롯된다.42) 이와 같은 경제성장의 동인으로서 기술을 보는 관점은 크게 두 가지로 나눌 수 있다. 제이콥 슈무클러(Jacob Schmookler)가 주장한 **'수요 견인론(demand pull theory,1966)'**과 이에 대한 비판으로서 나단 로젠버그 (Nathan Rosenberg,1927~2015)가 내놓은 **'과학 투입론(science push theory, 1976)'**이 그것이다. 수요 견인론은 소비자의 수

41)홍사균(2016). 기술혁신의 패러다임 변화에 대응하는 국가과학기술혁신전략 탐색연구. 과학기술정책연구원. P5

42) Solow, Robert M. (February 1956). "A contribution to the theory of economic growth". Quarterly Journal of Economics. 70 (1): 65 - 94. 솔로우는 이 논문으로 1987년 노벨 경제학상을 수상하였다.

요변화가 특허활동의 변화를 가져오고 기술혁신의 힘은 시장의 힘에 달려 있다고 주장하였다. 그러나 그의 이론은 많은 비판에 직면하였다. 슈무클러의 이론은 시장수요를 너무 과대하게 평가한 반면 축적된 과학기술 능력을 과소 평가하였다는 것이다. 예를 들어 의학 기술에 대한 수요는 많았으나 19세기 후반 루이 파스퇴르(Louis Pasteur, 1822~1895)에 의해 세균학이 발전되기 전에는 의학 기술로서 활용되지 못하였다는 사례를 들고 있다.

이러한 신고전학파의 기술혁신과정에 대한 관점에 대해 **네오슘페터리안(Neo-Schumpeterian)**은 **기술 압박론(technology push theory)**과 **수요 견인론(demand pull theory)**으로 나누었다. 기술 압박론은 기술혁신이 '기초연구 → 응용연구 → 개발연구 → 제품생산'에 이르는 선형적 과정을 거치면서 이루어진다고 보았다. 기본적인 기술발전의 동력은 발명에 대한 욕구(기업가 정신과 같은)나 거대기업이나 정부의 기술개발에 대한 자원투자로부터 주어지며, 기술의 발전방향은 기술자체의 발전논리에 의해 결정되게 된다. 반면, 수요 견인론은 기술변화의 추동력은 사회적 수요(특히 투자)로부터 이루어지며, 이러한 수요의 내용이 기술변화의 방향을 결정한다고 해석하였다.

2) 진화론적 경제학에서의 기술혁신이론 : 신슘페터주의자(Neo-Schumpetarian)

1980년대 진화론적 경제학 이론(Evolutionary economics)에서 슘페터 이론은 다시 나타난다. 알다시피 기본적으로 진화론은 다윈의 '적자 생존설'을 기반으로 하고 있다. 적자 생존설을 경제학에 접목시킨 학자가 미국 컬럼비아대 교수 리처드 넬슨(Richard R Nelson)과 펜실바니아대 교수 시드니 윈터(Sidney G. Winter)이다[43]. 이들이 1982년에 쓴 「경제 변화의 진화 이론(An Evolutionary Theory of Economic Change)」은 진화론적 경제학의 출발점이 된다. 진화론적 경제학은 창의력에 의한 새로운 것의 출현과 확산 등을 중요시 한다. 신오스트리아 학파들은 신고전학파가 주장하였던 바와 같이 시장을 배분을 위한 기계나 메커니즘으로 본 것이 아니라 조정과정, 발견적 절차, 문제 해결절차로 파악하였다.[44] 경제를 보는 관점도 경제는 정태적인 균형 상태가 아니라 불균형 상태에서의 동태적인 변화 과정으로 인식하고 있다. 다윈과 마르크스 진화론의 핵심 요소인 유전

43) 이 들은 1982년에 'An Evolutionary Theory of Economic Change'를 펴냄.

44) 네오 슘페터리안 경제학의 관점은 케인즈의 거시적 관점(국가경제)과 신고전학파 미시적 관점(기업)의 중간 단계인 Meso level(산업)에 초점을 맞추고 있음. 이를테면 신고전학파에 있어서 가격의 기능을 혁신이 한다고 할 수 있으며, 신고전학파가 자원 희소성에 따라 가격이 이를 배분하는 기능을 하나, 진화론적 경제학에서의 혁신은 이를 극복하는 데 초점을 맞추고 있다.

인자와 돌연변이 같은 개념을 경제 분석에 적극적으로 수용한 결과이다.

이와 같은 진화론적 경제학은 몇 가지 방향으로 전개되나 기술경영에서의 주된 관심사는 기술변화에 대해 진화론적으로 접근하는 네오 슘페터 주의이다. 네오 슘페터 주의는 슘페터의 기술혁신이론과 허버트 사이몬(Herbert A. Simon)의 **제한된 합리성(bounded rationality)**[45]을 접합시킨 넬슨과 윈터의 이론을 기반으로 하고 있다. 자본주의에 있어서 사회적 경제적 변화의 동인(driving forces)이 **혁신**이며 이들의 촉매제가 **이윤**(profit)이라고 주장하였다. 또한 기술경로를 선택하는 필터 역할은 시장만이 수행하는 것이 아니라 보다 넓은 의미의 **선택 환경(selection environment)**이라는 개념을 도입할 필요가 있다고 주장하였다.

네오 슘페터 주의의 입장에서 기술혁신이론은 기술혁신의 원천에 있어서 '수요견인(demand pull) 이론'과 '과학투입(science push) 이론'간 조화를 모색하는 이른바, 기술과 사회는 조화롭게 함께 발전하는 **공진화(coevolution)**가 이루어진다는 입장이다. 따라서 기업은 적절한 전략과 자원을 동원하여 불확실성에 효과적으로 대응할 수 있는 효율적인 제도를 구상하고 구축하는 데 노력을 기울여야 한다는 것이다. 기업은 기업 나름대로의 합리적인 기술혁신 전략을 활용하여 보다 나은 혁신 활동을 수행하여야 한다고 강조하였다.

구분	초점	성장 요인	주된 행위자
– 신고전학파	자원 희소성과 가격의 배분 기능	생산 요소의 축적(자본과 노동)	기업, 개인
– 혁신경제학	보다 효과적인 프로세스, 제품, 비즈니스 모델을 창출하기 위한 혁신 역량	지식과 기술(R&D, 특허)	연구기관, 정부, 사회

표 7.1 신고전학파와 네오 슈페터주의자의 관점 비교

자료: 저자 편집

45) Bounded rationality is the idea that when individuals make decisions, their rationality is limited by the tractability of the decision problem, the cognitive limitations of their minds, and the time available to make the decision

3) 신성장 이론(New Growth Theory)

신성장 이론은 1990년대에 로머가 내놓은 이론으로 기술은 경제주체가 의도적으로 만들어 성장을 촉진시켜야 한다는 내용이다. 이는 내생적 성장 이론을 보완한 것이다. 제6장에서 설명한 바와 같이 폴 로머와 루카스의 내생적 성장 이론은 인적자본 및 지식이 가진 외부성(externality) 덕분에 기술진보가 내생적으로 발생한다고 본다. 이를테면 한 기업의 창출한 지식은 그 외부성으로 인해 다른 기업도 동시에 사용함으로써 긍정적인 효과를 낳는 것으로 설명하고 있다.

그러나 현실적으로는 기업은 미래 이윤극대화를 위해 의도적으로 연구 분야 투자를 늘리며 자신들의 연구 성과에 대한 배타적인 권리, 즉 저작권 및 특허권(patent)을 가지고 있기 때문에 다른 기업의 지식을 자유롭게 이용할 수도 없다. 따라서 현대 경제성장을 올바로 설명하기 위해서는 '부분적 배제성을 띄는 아이디어의 특징'을 잘 받아들이며, '이윤추구 목적으로 의도적인 R&D 투자' 로 불완전 경쟁 상태에서 '독점이윤'을 누리는 기업의 존재를 이해하여야 한다.

로머의 신성장 이론에 따르면 기술은 무형의 아이디어(idea)로 그 수준에 따라 완전 다른 경제적 결과를 가져 올 수 있다. 결론적으로 **아이디어(idea)**와 **연구(research)**의 역할을 강조하였다. 로머는 1993년 두 가지 논문, "경제발전에서 아이디어 격차와 물적 격차(Idea Gaps and Object Gaps in Economic Development)", "경제발전의 두 가지 전략: 아이디어 이용하기와 생산하기(Two Strategies for Economic Development: Using Ideas and Producing Ideas)"을 통해, '아이디어'의 중요성을 다시 한번 강조하였다.[46)]

나. 경영학 관점에서의 기술혁신 이론

기술혁신 모형을 경영학의 관점에서 보자면 이는 기술혁신 모형을 기초 연구에서부터 상업화에 이르기까지 선형적으로 보는 **선형모형이론(Linear Model)**, 그리고 이에 대한 반성으로 기술혁신은 끊임없는 외부로 부터의 피드백과 상호작용을 통해 이루어진다는 **사슬 연계 모형(chain-linked model)**으로 우선 나눌 수 있다. 또한 여기에 기술혁신의 동적인 전개 과정을 강조한 **동적 기술혁신 모델(dynamic model of innovation)**을 추가할 수 있을 것이다.

46) http://joohyeon.com/260 [on the other hand], 2019.10.16. 접속.

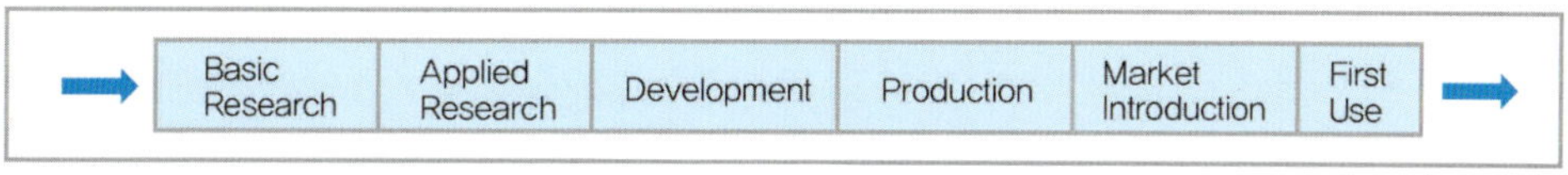

그림 7.2 선형 모형 이론의 전개

1) 선형 모형 이론(Linear Model)

미국의 기초 연구에 대한 믿음은 2차 세계대전 직후인 1945년 미국의 부시(Vannevar Bush)[47]가 루스벨트 대통령에게 보고한 "과학, 끝없는 프론티어(Science, the Endless Frontier)"에서 잘 표출되어 있다. 이 보고서는 제2차 세계대전 과정에서 원자폭탄과 레이더 개발과 같은 성과를 보여준 과학기술활동에 대한 낙관적 믿음과 함께 과학 활동이 경제·사회발전에 도움이 될 것이라는 관점을 바탕에 깔고 있었다. 이 보고서 발표 이후 미국은 국립과학재단(NSF), 국방첨단과학기술연구소(DARPA), 미 항공우주국(NASA), 국립보건원(NIH) 등을 설립하거나 확대함으로써 기초연구 체제를 확립하였다. 이와 같은 분위기 속에서 기술혁신의 선형 모형 이론이 매우 큰 설득력을 얻게 되었고 기업과 국가는 연구개발(R&D)투자 확대를 위해 노력하였다.

이 모델은 대표적 기술혁신이론으로 기술혁신과정을 기초연구에서 상업화로 이루어지는 단순한 선형관계로 파악하였고 기초 과학을 출발점으로 삼음으로써 기초과학의 중요성을 강조하였으며 이는 급진적 혁신 능력 강화에 기여하였다.

이 모델은 여러 가지 장점을 가지고 있다. 상대적으로 경시될 수 있는 기초과학의 중요성을 일깨웠다는 점, 이에 따라 연구개발투자에 관심이 증대되고 연구개발비의 증대에 기여하였다는 점 등은 선형이론의 장점으로 들 수 있다. 그러나 이에 못지않은 약점을 가지고 있었다.[48] 기술혁신과정에서 피드백과, 시행착오, 학습 등을 간과한 점, 그리고 기술혁신이 과학 뿐만 아니라 개발의 역할의 중요한 데도 불구하고 이를 중요시 하지 않고 있다는 점들을 들 수 있다.

47) 버니바 부시(Vannevar Bush, /væ'niːvɑr bʊʃ, 1890년 3월 11일 ~ 1974년 6월 30일)는 미국의 기술자이자 아날로그 컴퓨터의 선구자이다. 역사적으로 부시는 2차 세계 대전에서 원자 폭탄을 개발한 맨해튼 계획을 관리하고 추진한 주역 중 한 사람

48) 정선양 저 '기술과 경영' P89 요약

2) 사슬 연계 모형(Chain linked Model)

사슬 연계 모형은 전술한 선형 모형을 반성하는 데서 출발하였다. 선형모형이 기술과학의 중요성을 강조하고 새로운 기술과학이 혁신의 출발점이 된다고 설명하고 있는 반면 사슬 연계 모형은 성공적인 기술혁신을 위해서는 다양한 사슬과 경로로부터의 지식과 정보의 피드백이 필요함을 강조하는 이론이다. 이러한 모형이 나타나게 된 배경을 살펴보면 1970년대 말의 경제 위기가 그 배경이 된다고 할 수 있다. 당시 미국의 혁신적인 생산 시스템인 포드 주의가 붕괴되기 시작하였다. 연구개발에 대한 투자는 계속되었지만 생산성은 정체 상태에 있었던 것이다. 반면 1980년대에 들어 일본 기업들은 연구개발에 대한 투자가 미국에 비해 많지 않은데도 불구하고 반도체, 자동차들에서 서구기업을 압도 하였다. 이렇게 일본기업들이 경쟁우위에는 확보한 배경에는 지식과 정보가 효과적으로 공유할 수 있는 사회 시스템이 있다는 것을 인식하기 시작하였다.

이 모형은 1986년 "혁신에 대한 고찰(An Overview of Innovation)"에서 스테펀 클라인(Stephen J. Kline)과 로젠버그(Rosenberg)가 소개한 모형이다. 이에 따르면 새로운 지식이 반드시 혁신의 원천은 아니며 아직 **만족하지 못하고 있는 시장 수요(an unfilled market needs)**를 인지하는 데서 혁신은 출발한다고 주장한다. 충족하지 못한 시장 수요가 연구와 개발을 견인하며 또 재디자인과 생산을 거쳐 마케팅으로 까지 연계되는 데 이러한 전 과정은 복합적인 **피드백 사슬(complex feedback loops between all the stages)**로 연결된다는 것이다. 여기에서 피드백 사슬이란 수요와의 간격(gaps)을 메꾸기 위해 기업과 외부지식기반과 연계시키기도 하고 새로운 기초 연구와도 연결시키는 연결고리를 의미한다.

이를테면 기술혁신은 과학기술의 사용자인 기업의 문제 해결활동에서 시작되며 수많은 시행착오를 거쳐서 이루어지는 것이다. 선형모형이론과는 달리 과학기술이 제일 상위에 있는 일방적인 위계구조가 아니라 수평적으로 상호작용하는 구조로 보고 있다.

그림 7.3은 클라인과 로젠버그가 제시한 것이다.

우선 그림에서 구성요소를 설명하자면 아래와 같다.

횡축 : 제조부문을 구성하는 각 부문들 간 정보의 피드백과 상호작용에 의해 기술혁신이 지속적으로 행해지는 과정을 나타낸다.

종축 : 제조부문에서 해결되지 않은 문제들이 기존의 지식기반을 활용하는 활동이나 연구 활동에 의해 해결되는 과정들이 묘사되고 있다.

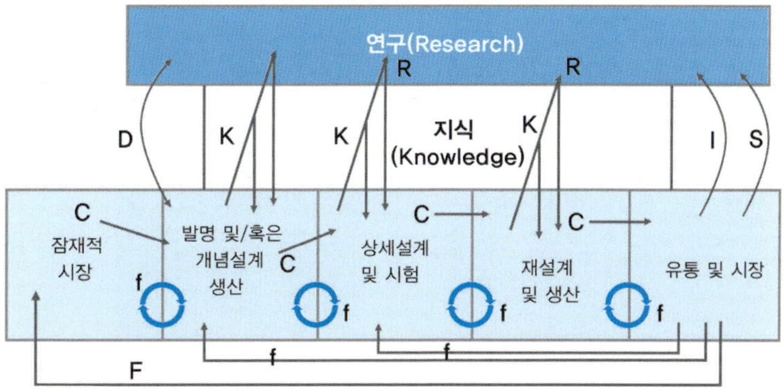

• 각각의 화살표는 정보와 협력의 경로를 나타냄
• C: 혁신의 핵심사슬(central-chain-of-innovation) *f: 피드백고리 *F: 특별히 중요한 피드백
• K-R: 지식에서 연구로의 연계(link) 및 회귀경로 *D: 직접적 연계(direct link)

그림 7.3 사슬 연계 모형(Chain-linked model)

자료: An Overview of Innovation(1986), P290.

제1혁신 경로(the first path of innovation process) : 혁신의 핵심 경로를 나타내는 것으로 (C)로 표시되는 사슬로 표시된다. 이는 "디자인→개발→생산→마케팅" 으로 나타나는 경로이다.

제2혁신 경로(the second path of innovation process) : 피드백을 포함하는 경로로 (f, F)로 표시된다. 여기에서의 피드백은 인지된 시장 요구와 User 등과 관련된 것들이다.

제3혁신 경로(the third path of innovation process) : 연구(R)와 직접적 연계(direct links)하는 경우와 "지식(K)→연구(R)"로 연차적 연계(serial stages)를 포함한다. 즉 두 번째의 경우, 혁신에서 문제를 직면했을 때 이미 알려진 과학적 지식이 있다면 추가적인 연구에 의존할 필요는 없다. 일반적으로 제품을 개발하기 전에는 기존 과학적 지식이 없을 경우, 기술연구를 시작하는 것이다. 이와 같은 제3의 혁신 경로가 사슬 연계 모형의 전형이라고 할 수 있다.

제4혁신 경로(the fourth path of innovation process) : 새로운 과학이 때로는 급진적 혁신을 창출(D)하는 경우이다. 이 경우는 드물게 일어나기는 하지만 신산업을 창출하기도 한다. 이 경우의 예로 반도체, 레이저, 원자폭탄 그리고 유전자 공학 등을 들 수 있다.

제5경로 : 혁신으로부터 더 정확하게는 제품 혁신에서 과학으로 피드백이 되는 경우(I)를 말한다. 예를 들어서 현미경의 발명이 없었다면 Pasteur의 과학적 성취는 불가능했을 것이며 망원경 없이는 갈리레오의 업적이 없었을 것이다.

3) Rothwell의 혁신 프로세스(Innovation process) 이론

영국의 로이 로스웰(Roy Rothwell)은 "제5세대 혁신을 향하여 (Towards the Fifth-generation Innovation Process,1994)"를 통해 혁신 프로세스의 역사적인 진화과정을 분석하였다. 이 논문은 1950년부터 1990년 중반에 이르기까지 혁신 프로세스를 주요 특성에 따라 5세대로 구분하였다.

(1) 제1세대 혁신 프로세스 (1950~1960년대 중반)

이 시기는 2차 대전 후에 엄청난 속도로 산업이 팽창했던 시기이다. 이때는 전자계산기, 반도체, 제약 그리고 합성 물질 부문에서 획기적인 제품이 나와 시장이 급격히 확대되던 시기이기도 하다. 과학기술의 중요성이 부각되고 정부는 시장 수요 보다는 공급자 측면에서 적극적인 공공기술지원 정책을 폈고 정부는 연구개발에 대해 재정적 지원을 아끼지 않았다. 기업들은 수요를 파악하고 이를 충족시키기 보다는 신제품을 만드는 데 필요한 R&D에 노력을 집중하고 경영전략을 'More R&D in, more new products out'로 설정하고 R&D를 위한 자원을 아낌없이 투자하였다. 말하자면 당시는 생산만 하면 잘 팔리던 시대로 R&D와 생산라인의 건설에 힘쓰던 시기였다.

따라서 이 시기에는 혁신 프로세스를 과학적 발견(science discovery)을 바탕으로 기업은 기술적 개발(technology development)을 성공하고 최종적으로 제품이 시장에서 출시되는 일련의 선형과정으로 인식하였다. 이를 **'research-push model'**이라고 하며 앞서 설명한 선형 모형이론과 유사하다. 이 모형에서는 어떤 형태의 피드백은 나타나지 않고 있다. 이 모형은 과학기술의 발전에 지대한 영향을 미쳤으나 시장의 역할을 간과하고 피드백 프로세스 등 프로세스의 변화에 주의를 기울이지 않았다.

그림 7.4 제 1대 혁신 프로세스 모델

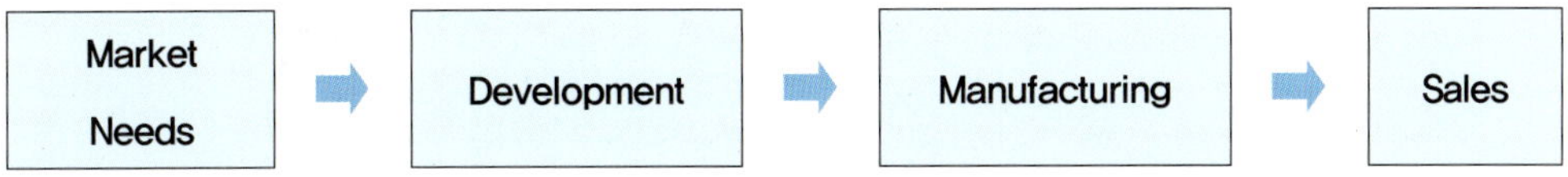

그림 7.5 제2세대 혁신 프로세스 모델

(2) 제2세대 혁신 프로세스(1960년대 중반~1970년대 초기)

제2세대 혁신 프로세스는 **demand pull** 또는 **market pull** 모델이다. 당시는 고용이 서서히 감소하던 시기로 새기술보다는 기존기술을 보다 합리화해서 신제품을 만드는 데 더 관심을 기울였다. 제1세대 시기와는 달리 수요와 공급이 균형을 이루어가던 시기로 이를테면 만들기만 하면 팔리던 시대는 가고 기업 간의 경쟁이 심화되던 시기였다. 따라서 기술합리화와 함께 마케팅이 강조되었으며 시장 수요가 강조되었다. 이 모델에서의 혁신은 수요에 대한 인지로부터 시작되고 이는 기술개발의 방향과 정도에 영향을 미쳤다. 경영의 초점은 시장수요에 부응(responding to the market's needs)하는 것이었다.

그러나 이 모델은 수요에 기반한 마케팅에 중점을 둠으로써 새로운 시장과 새로운 기술변화에 적응하는 것을 어렵게 한다는 약점이 있었다. 따라서, 기업들은 미래를 준비하기 위해서 시장 수요와는 당장은 관계가 없더라도 잠재성이 높은 기술을 찾기 위한 장기적 R&D의 중요성을 무시하는 단점이 있었다. 또한, 기존 제품군만을 조정해서 시용자의 요구에 맞추는 점진적 기술혁신(incremental innovation)에만 치중하는 약점을 가지고 있어서 새로운 시장을 창출하는 급진적 혁신(radical innovation)에는 소홀히 하였다.

(3) 제3세대 혁신 프로세스(1970중반~1980년 중반)

제3세대 혁신 모델은 제1세대와 제2세대가 **'결합(coupling)된 모델'**이다. 말하자면 research push 모델과 demand pull모델이 결합된 모델이다. 기존 모델과 마찬가지로 여전히 순차적(sequential) 형태를 띠고 있으나 피드백 고리(feed-back loops)가 있다는 점에서 다르다. 또한 두 모델 간 상호작용이 강조되었다.

1970년대에 두 차례에 걸친 석유파동은 스태그플레이션(stagflation)을 가져왔고 수요는 공급을 따라잡지 못하였다. 이에 따라 기업 경영은 원가절감, 부채 정리, 그리고 합리화에 중점을 두었다.

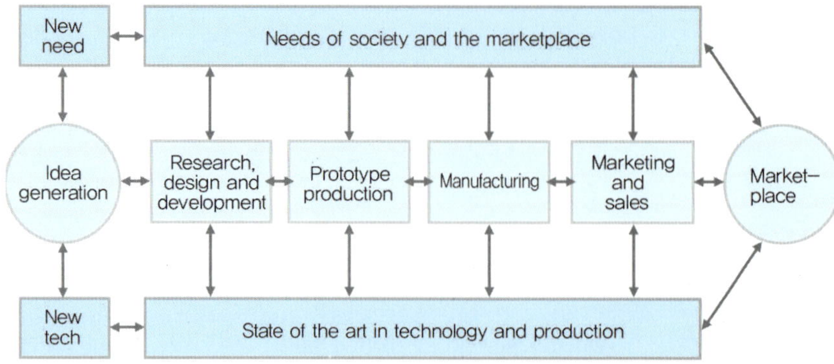

그림 7.6 제3세대 혁신 프로세스 모델

(4) 제4세대 혁신 프로세스 (1980 초반~1990 초반)

제4세대 혁신프로세스는 **통합 모델(integrated model)**로 불린다. 이 프로세스에서는 기업 내 통합을 강조하였다. 당시 세계 경제는 핵심 비즈니스(core business)와 핵심 기술(core technology)을 보유한 기업들로 인해 회복세를 보였다. 일본 기업의 성과에 주목한 시기가 이 때이다. 일본 기업들은 일본 기업들은 JIT(just in time)와 효율적인 신제품 개

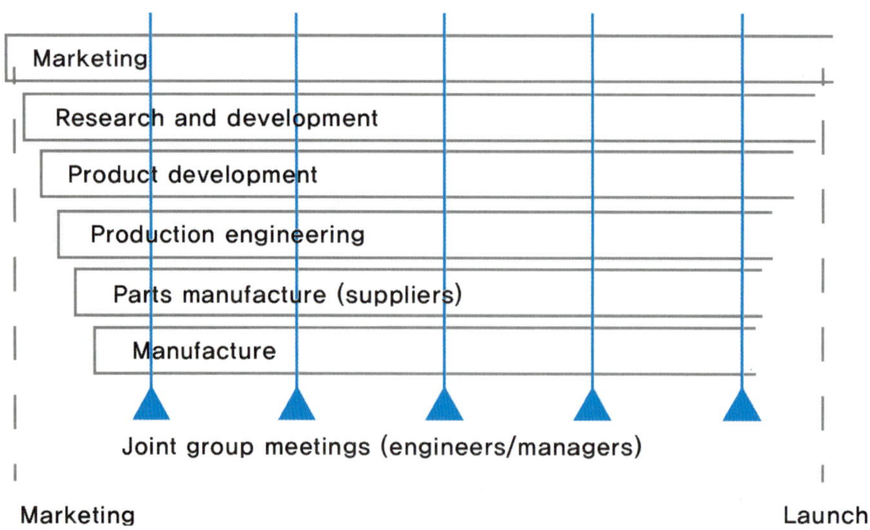

그림 7.7 제4세대 혁신 프로세스 모델

자료: Graves(1987)

발 시스템으로 서구 기업들을 압도하는 성과를 창출하였다. 일본 기업의 특성은 통합(integration)과 병렬개발(parallel development)로 요약될 수 있다. 그림 7.7은 일본의 닛산 자동차의 신제품 개발 프로세스를 나타내는 것이다. 이 프로세스는 제품 개발 단계에서부터 공급업체, 마케팅 부서, 생산 부서가 모두 참여하는 병렬적인 시스템으로 이루어졌다.

(5) 제5세대 혁신 프로세스 (1990년 중반 부터)

제5세대 혁신 프로세스는 기업 내 그리고 기업 간 고강도 통합을 강조하는 모델이다. **Integrated network-based innovation 또는 만능선수형 모델**이라고 한다. 빠른 개발 속도와 효율성을 주요 경쟁력으로 보고 있으며 4세대 혁신의 특징인 병렬적, 통합적 특성에 네트워킹을 추가한 모델이라고 볼 수 있다.

스피드를 뒷받침할 수 있도록 조직 구조는 유연하고 평평하게 가져가고 내부 D/B를 구축하여 경영의 핵심 수단으로 사용하며 제품 개발에 있어서도 컴퓨터를 이용하게 된다. 또한 외부와의 효율적인 상호작용을 위하여 효과적인 e-링크를 활용하게 된다.

이 5세대 혁신 모델의 주요 특성은 아래와 같다.

- 조직과 시스템의 전반적인 통합(외부 네트 워크 포함)
- 수평적이고 유연한 조직 구조(의사결정의 위임을 포함)
- 완전하게 개발된 내부 데이터 베이스
- 전자 지원을 기반으로 하는 상품 개발 프로세스
- 외부와의 효과적인 전자적 연결체제

이와 같은 내용을 키워드로 풀자면 통합(integration), 유연(flexibility), 네트워킹(networking), 병렬적(실시간) 정보 처리 프로세스 등 4가지로 요약할 수 있다.

혁신의 프로세스를 위와 같이 5세대로 구분하여 설명하였으나 현실적으로는 매우 복잡하게 일어나고 있다. 현재에도 다섯가지의 모형이 동시에 일어나고 있다. 예를 들자면 소비재는 여전히 Market-pull 프로세스를 띄고 있고 조립 생산부문은 integrated & parallel 프로세스, 제약은 technology push 모형으로 나타나고 있다.

제8장
기술혁신의 모습

혁신은 여러 가지 모습으로 일어나고 있다. 혁신의 모습은 방법, 범위, 속도 등에 따라 다르게 나타난다. 혁신의 다양한 모습을 이해한다는 것은 입장에 따라 여러 가지 편익을 제공한다. 정부의 기술정책 측면에서 보자면 산업별로 기술혁신의 양태와 특성이 다르게 나타나므로 각 산업의 기술혁신을 촉진시키기 위한 정부의 기술정책도 이러한 산업별 혁신 특성에 맞게 개별적으로 수립되어야 한다. 산업별 혁신 특성의 차이로 인해 특정 산업에 효과를 보인 정책이라도 다른 산업에서는 효과를 내기 어려운 경우가 많다. 기업의 입장에서는 혁신의 모습을 이해하는 것이 더 중요하다. 혁신의 유형에 따라 산업의 경쟁자와 소비자에게 주는 영향도 다르고 이에 대응하는 기업의 전략 또한 달라져야 한다. 예를 들면, 제품 혁신은 소비자와 경쟁자 모두가 기능, 품질, 디자인 등이 새로워진 신제품을 통해 경험하게 한다. 그러나 공정 혁신의 경우 원가절감이 가능하기 때문에 소비자는 물리적 제품을 접하기 보다는 경쟁자에 비해 상대적으로 싼 가격 또는 가격대비 고품질을 통해 경험하게 된다. 반면, 경쟁자는 가격 경쟁력의 위협이라는 형태로 경험하게 된다. 따라서 이 두 혁신에서 마케팅 포인터는 완전히 달라져야 한다. 예를 들어 제품 혁신의 경우 제품의 품질, 기능, 디자인 등의 새로움과 뛰어남을 알릴 필요가 있지만 생산공정 혁신에서는 주로 가격 경쟁력에 초점을 맞추어야 할 것이다. 개별 혁신의 모습은 다음과 같다.[49]

49) 박태영(2014). 사례를 통한 기술경영의 이해. P39

1. 제품 혁신(product innovation)과 공정 혁신(process innovation)

가. 제품 혁신과 공정 혁신의 정의

제품 혁신과 공정 혁신은 제임스 어터백(James M Utterback)과 윌리엄 애버내시(William J. Abernathy, 1933~1983)가 1975년에 발표한 "공정 혁신과 제품 혁신의 동적 모델(A dynamic model of process and product innovation)"에 소개되었다. 어터백은 제품 혁신을 "사용자와 시장 수요를 충족시키기 위해 새로운 기술 또는 기술의 결합을 상업적으로 도입하는 것(a new technology or combination of technologies introduced commercially to meet a user or a market need)"이라고 설명하였다. 또 다른 정의는 "제품 혁신은 신상품의 개발, 기존 제품의 디자인 변화 또는 기존 상품의 제조에 있어서 새로운 재질이나 부품의 사용"이라고 설명하고 있다.50) 새로운 기술을 적용한 혁신적인 제품의 사례로는 컴퓨터, 디지털 카메라, 증기선, 아날로그 저장 장치로부터 디지털 저장장치로 발전한 음향 저장 장치의 발전 등을 들 수 있다. 기존 제품의 다자인을 바꾸거나 새로운 재질이나 부품을 사용한 사례로는 기존의 제품 구조와 기능을 유지하면서 기기의 소형화에 성공한 소니사의 워크맨, 항공기 동체의 재질이 목제에서 알루미늄으로, 알루미늄에서 티타늄으로 발전할 경우 등을 들 수 있다.

반면, 어터백과 애버나시(1975)는 생산 프로세스를 "공정 장비, 인력, 작업 지시, 재료 투입, 작업과 정보의 흐름 등으로 구성된 시스템(the system of process equipment, work

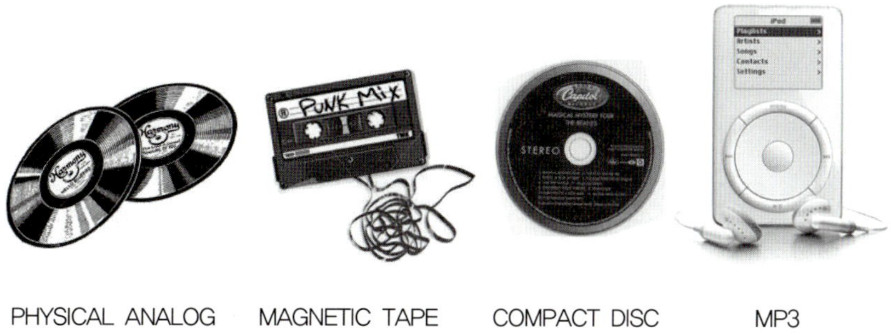

그림 8.1 제품 혁신 사례

50) Policy Studies Institute, University of Westminster(1988). Small Firms' Innovation. 2018.

force, task specifications, material inputs, work and information flows, etc. that are employed to produce a product or service)"으로 정의하였다. 공정 혁신은 이와 같은 프로세스의 범위를 넓혀 기업 또는 조직이 사업을 하는 방식, 즉 마케팅, 유통, 생산방식 등에 변화를 준 경우를 말한다. 예로서 포디즘(Fordism)이나 도요티즘(Toyotism)과 같은 자동차 생산 프로세스의 혁신, 컴퓨터 디자인의 도입, 바이오 기업들의 유전자 알고리즘의 개발 등을 들 수 있다. 앞 2장에서 서술하였듯이 포드 자동차는 제품, 작업의 단순화(simplification), 기계나 공구의 전문화(specialization), 부품이나 작업의 표준화(standardization)로 생산 프로세스의 혁신을 기하였다. 도요타 자동차는 완성차 생산라인에서 필요한 시점에 필요한 부품 물량을 재고나 대기 시간 없이 공급하는 JIT(just in time)기법을 이용하여 프로세스 혁신 성과를 거두었다.

이러한 공정 혁신은 4차 산업 혁명시대에 스마트 팩토리(smart factory) 형태로 나타나 또 다른 국면을 맞고 있다. 독일의 다임러 그룹(Daimler Group)은 지난 2018년 팩토리 56(Factory) 모델을 발표하였는데 이 모델은 메르스데스-벤츠(Mercedes Bentz)의 차세대 공장 모델이다. 이 공장은 공정이 전부 디지털화되어 글로벌 생산 공장 네트웍을 연결하는 '인더스트리 4.0(Industry 4.0)[51]'의 형태로 건설되고 있다.

나. 제품혁신과 공정혁신의 비교

제품 혁신과 공정 혁신의 차이는 표 8.1과 같이 정리할 수 있다. 제품 혁신은 신제품이나 새로운 서비스를 개발하는 데 초점을 두고 새로운 제품을 만들어 내는 것이다. 또 앞서 말한 바와 같이 제품혁신은 새로운 기능을 창출해 내며 혁신의 속도는 매우 급진적으로 일어난다. 말하자면 이전에 존재하는 것 보다 **새롭고(new), 다른 것(different)**을 만들어 내는 것이다. 이 점에서 기능의 개선이나 변화를 의미는 점진적인 것과는 다르다. 이에 반해 공정 혁신은 새로운 공정 개발을 의미하며 생산성 향상에 초점으로 두면서 점진적으로 일어난다. 공정 혁신의 대상은 주로 설비가 된다.

51) 인더스트리 4.0(industry 4.0)은 2011년도 1월 독일에서 공식적으로 발의된 산업 정책이다. 그 내용은 제조업에 IT 시스템을 결합하여 생산 시설들을 네트워크화하고 지능형 생산 시스템을 갖춘 스마트 공장(Smart Factory)으로 발전시키자는 것이다.

그림 8.2 Daimler 사의 차세대 공장 'Factory 56'

자료: Daimler 그룹 홈페이지 (https://www.daimler.com/innovation/production/factory-56.html)

	제품 혁신	공정 혁신
초점	신제품, 신서비스 개발	신공정 개발
기술 내용	제품 창출	공정 개량 및 개선
목적	신기능성 창조	생산성 향상
목표	기능 창출 및 향상	완전 공정 개발
속도	급진적	점진적
핵심 기술	구조, 기능 설계	공정 개발 및 설계
기술 보호 방법	특허, 영업 비밀	특허, 영업 비밀
기술 체화 대상	제품 자체	설비(주로)

표 8.1 제품 혁신과 공정 혁신의 차이

2. 동적 혁신 이론(Dynamics of product and process innovation)

가. Abernathy와 Utterback의 동적 혁신 모형

기업은 성장 단계에 따라 혁신의 모습을 달리하고 있다. 이와 같은 혁신의 동태적인 면을 다루는 것이 동적 혁신 이론(Dynamics of product and process innovation)이다. 앞에서 이야기한 어터백과 애버내시는 그들의 저서 「Mastering the Dynamics of Innovation(1996)」에서 기술혁신의 동태적인 면을 다루었다. 이들의 관심은 산업 내에 급진적인 혁신이 도입되고 정착됨에 따라 기술혁신의 내용, 기업의 조직, 산업의 구조와 경쟁 관계가 어떻게 변화되어 가는가에 있었다. 기술혁신을 제품 혁신과 공정 혁신으로 나누고 발전단계를 구분하여 단계별 특징을 도출하고 이에 따른 혁신전략과 경쟁전략에 대한 시사점을 밝혔다. 그들은 제품 혁신과 공정 혁신은 서로 상관관계에 있다고 주장하였다. 어터백과 애버내시의 모델은 기본적으로 한 산업 내에서 이루어지는 혁신의 시간적 변화에 관심을 두었다. 혁신단계를 유동기(fluid phase), 과도기(transitional phase), 특정기(specific phase)로 구분하고 단계별 특징을 정리하였다.

유동기는 불연속적인 상황 속에서 전혀 새로운 기술과 신시장이 출현하며 제품의 기능적인 성능이 경쟁기반이 되는 시기이다. 이에 따라 기술과 시장에 있어서 불확실성이

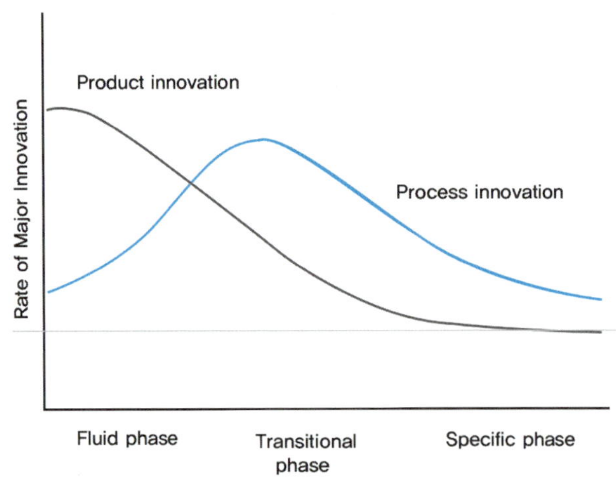

그림 8.3 제품 혁신과 공정 혁신의 동태적 변화

자료: Utterback(1996), 「Mastering the Dynamics of Innovation」, P17

대단히 높다. 이 시기에는 새로운 창업을 비롯하여 많은 기업들이 폭넓은 실험을 수행하며 동시에 많은 실패도 나타난다. 이 같은 다양한 실험들은 점차 새로운 게임의 규칙 이른바 지배적 디자인(dominant design)에 수렴하게 된다. 따라서 유동기는 지배적 제품이 출현하기 전(前)단계이다. 이 지배적인 디자인은 반드시 기술적으로 우월한 것은 아니며 가장 보편적인 방법일 뿐이다.

두 번째인 **과도기**는 앞서 말한 지배적 디자인이 출현하고 제품의 불확실성이 감소되는 시기이다. 기업은 소비자의 소비성향에 대해 관심을 가지게 되며 제품 차별화를 위한 공정 혁신에 중점을 두게 된다. 이 단계는 제품 혁신과 공정 혁신의 관계가 가장 밀접한 단계이다.

세 번째 단계는 **특정기 또는 경화기**로 표현되는 시기로 제품의 사양이 확정되고 기술혁신이 정체되는 시기이다. 기업들은 가격 경쟁에 초점을 맞추게 된다. 경쟁의 주안점이 원가절감에 두어지며 그 결과 점진적 혁신(incremental innovation)이 보다 일반화 된다. 이 시기의 기업들은 규모의 경제 달성, 원가절감, 생산성 제고에 중점을 두기 때문에 발명가보다 유지 보수를 하는 엔지니어와 효율적 생산관리를 하는 경영인에 대한 수요가 증가된다.

기업은 이러한 기술혁신의 단계별 특징과 패턴에 따라 기술경영전략을 택하여야 한다. 여기에서 말하는 지배적 디자인(dominant design)이란 공식적 또는 법적으로 산업표준으로 정해져 있지는 않지만 시장에서 사실상 표준(de facto statndard) 위치를 차지는 디자인을 의미한다[52]. 산업의 초창기에 제품의 혁신이 왕성하게 일어나다가 지배적인 디자인이 출현하면서 제품 혁신의 빈도수는 줄어드는 반면 생상공정의 효율성에 초점을 맞춘 공정 혁신의 빈도수가 증가하게 된다. 이 모델에서 지배적 디자인은 한 산업으로 본격적인 자리를 잡으면서 성장과 성숙기로 진입하는 신호탄 역할을 하고 있다. 지배적인 디자인에 대한 구체적인 정의는 아직 모호하나 이수(2014)의 논문에서는 제품 기술에 한정된 '제품 디자인(product design)'에 대한 지배적 개념으로 해석하며 이 때 디자인이란 개념은 제품을 구성하는 제품 기술, 구조, 형태 등을 포함하는 포괄적 개념으로 이해되고 있다. 지배적 디자인은 표준이 아니기 때문에 세부 시장에서는 각각 다른 지배적인 디자인이 통용될 수 있다. 예를 들어 VCR의 경우 Sony의 배타 방식은 VHS 방식에 밀려났지만

52) 이수, 김길선, 박진한. (2014). 지배적 디자인 확보를 위한 공정기술혁신의 진화. 경영학연구, 43(4), 1379-1410.

	유동기 (fluid phase)	과도기 (transitional phase)	정체기 (specifice phase)
경쟁 초점	제품 성능	제품 다양성	원가 절감
혁신 자극 요소	소비자 니즈와 소비자가 보유한 기술지식에 대한 정보	내부 기술역량을 확장으로 통해 창출된 기회	원가 절감과 품질개선에 대한 압박
지배적 유형	제품의 빈번한 변화	생산량증가에 따른 주요 공정 변화	생산성 및 품질의 향상를 가져 올 수 있는 제품과 공정의 점진적 변화
제품 라인	맞춤형 제품을 비롯하여 다양한 제품	대량생산을 안정적으로 할 수 있는 최소 한 개 제품	차별성없는 표준화 제품
생산 공정	유동적이고 비효율적: 주요 변화들이 쉽게 수용됨	핵심 단계별 변화만을 수용하는 좀 더 경직된 상태	효율적, 자본집약적, 경직적: 변화에 따른 비용이 높아짐
장 비	숙련공이 필요한 범용성 장비	일부 하위 프로세스의 자동화 (Island of automation) 형성	모니터링과 통제와 함께 특수 목적 장비

표 8.2 혁신의 변화와 특징 The Changing Characters of Innovation

자료: Abernathy and Utterback(1978), Patterns of Industrial Innovation, P2

고화질을 요구하는 전문 방송에서는 Sony 제품이 위치를 유지하고 있는 것이다. 반면 통신 산업에서 CDMA(코드 분할 다원 접속,code division multiple access)[53]는 표준이다. 그러므로 CDMA는 법적인 기준을 제공함으로 다른 지배적 디자인은 통용될 수 없다.

53) 미국의 퀄컴(Qualcomm)에서 개발한 확산대역기술을 이용한 디지털 이동통신방식으로 사용자가 시간과 주파수를 공유하면서 신호를 송수신하는 방식이다.

나. 김인수의 개발도상국 혁신 모형

한편 애버내시와 어터백의 모델은 선진국 기업의 성장 모델이기 때문에 후진국에는 부합하지 않는다는 주장이 제기되었다. 이의 대표적인 이론이 김인수의 모델이다. 그는 애버내시와 어터백의 도식을 수용하고 이를 더욱 확장하여 이론화를 시도하였다(김인수, 2000). 김인수는 새로운 혁신적인 제품이 유동기, 과도기, 경화기를 거치면서 제품 혁신과 공정 혁신이 일어난 것은 선진국의 경우이고 후발국의 산업 기술은 선진국과는 반대의 순서로 일어난다고 주장하였다. 결론적으로 후진국에서는 특히 한국 전자 산업의 기술발전 단계는 획득기(acquisition), 소화기(absorption), 개선기(improvement)로 진행되었다는 것이다. 선진국의 경화기 기술이 한국으로 이전되고 한국은 이를 흡수하여 소화함으로써 기술역량을 확보하게 된 것이라고 설명하였다. 그는 1997년 「모방에서 혁신으로(Imitation to Innovation)」를 발간하여 이론을 재 정립하였는데 이에 따르면 개발도상국은 외국으로부터 도입한 경화기 단계의 기술을 성공적으로 소화한 다음, 선진국의 과도기 단계에 있는 기술들도 획득하고 소화하는 과정을 반복하면서 기술역량을 축적하게 된다. 이 과정을 통하여 마침내 새로운 기술 개발로 선진국과 경쟁하는 단계로 나아갔다는 것이다. 김인수는 이러한 과정을 거쳐 한국이 새로운 기술 개발을 창출하는 단계까지 발전할 수 있었다고 주장하였다.

김인수의 기술혁신 모형을 단계별로 살펴보자면, **획득기**에서의 생산 활동은 선진국에서 수입한 표준화되어 있는 부품을 단순히 조립하는 수준에 머무른다. 그 이후 개발도상국이 생산 설비와 운영체계를 갖추게 되면 제품 설계 기술과 생산이 빠르게 발전한다. 이 단계에서는 경쟁이 치열해 짐에 따라 외국 기술을 소화하기 위한 자체 기술 개발 노력을 경주하게 된다. 이 시기를 **소화기**라 한다. 여기에서의 노력은 연구보다는 **모방적인 역행적 엔지니어링(reverse engineering)**에 의존하게 된다. 역행적 엔지니어링이란 인공물을 분해해서 디자인, 구조 또는 원리를 터득하는 개발 방법(the process by which a human-made object is deconstructed to reveal its designs, architecture, or to extract knowledge from the object)을 말한다. 이와 같은 과정을 거쳐 개발도상국에 전반적인 제조기술이 성공적으로 축적되고 내재화되어 과학기술 능력이 향상됨에 따라 기술 수준이 개선된다. 이 때에는 자체적인 연구 개발과 엔지니어링 노력을 통해 기술을 개발하고 다른 제품 라인에 응용한다. 바로 이 단계가 **개선기**이다.[54]

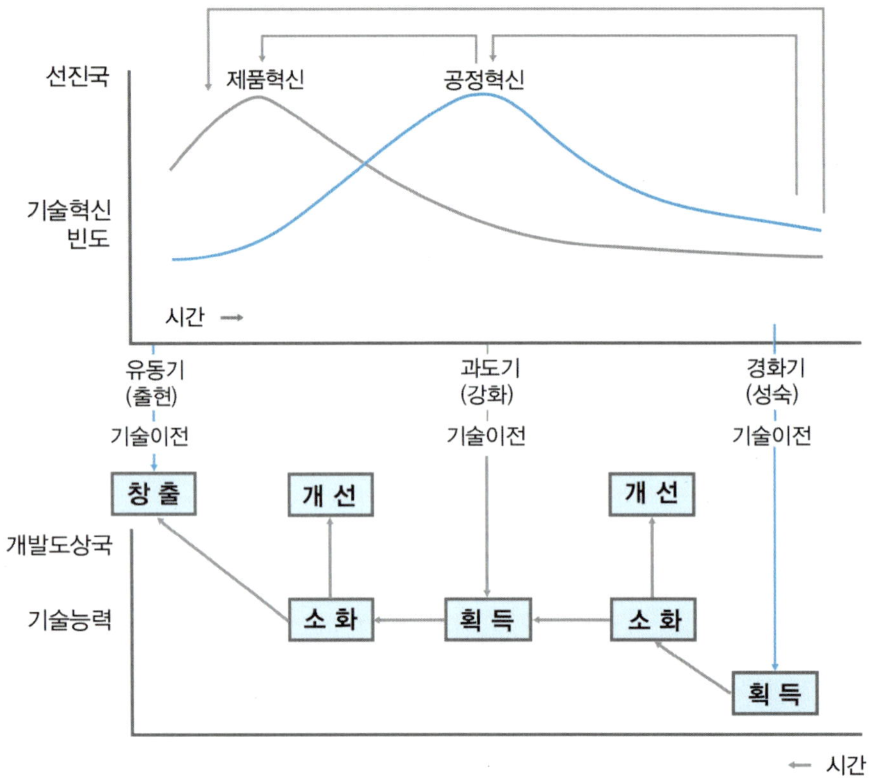

그림 8.4 김인수의 개발도상국 기술혁신 모형

자료: 김인수(1997). Linsu Kim, Imitation to Innovation: The Dynamics of Korea's Technological Learning,

그림 8.4는 개발도상국의 혁신 모형을 나타낸 것이다.

54) 박태영(2014). 사례를 통한 기술경영의 이해. p69

3. 급진적 혁신과 점진적 혁신

급진적인 혁신은 보통 완전히 새로운 공학 및 과학적 원리를 바탕으로 개발된 새로운 제품 또는 서비스를 통해 관련 시장을 개척하는 유형을 말한다(Tushman and Anderson, 1986). 급진적 혁신의 예로는 인터넷 전화(VoIP), 하이브리드 전기자동차, 스마트 폰 등을 들 수 있다.

급진적 혁신의 특징에 대해서 제리 그린(Jerry R. Green)(1995)은

1) 기술적인 불확실성이 높고
2) 기술적으로 아직 경험하지 못한 것이며
3) 관련 비즈니스의 경험이 없고
4) 기술적인 비용이 많이 들수록 혁신의 급진성(radicalness)이 높다는 4가지로 정리하였다.

혁신에 대해서 기업이 느끼는 위험도가 높을수록 급진성이 높다고 볼 수 있다. 예를 들어서 3G 무선 통신을 도입할 당시에 화상 전화와 인터넷 서비스를 위해서는 대용량의 대역폭이 필요했으며 새로운 네트워크 장비와 인프라가 필요하였다. 이러한 프로젝트가 실패할 경우 기업이 부담하는 리스크는 매우 크다. 따라서 급진적 혁신의 실행 경우 기술의 실현가능성(feasibility), 신뢰성 (reliability), 비용(cost), 수요(demand)에 대한 면밀한 고려가 필요하다. 급진성 또는 참신성(novelty)이 높은 제품을 통한 혁신은 기존 기업으로서는 매우 어려운 도전이 될 수 있으며, 반대로 신생 기업에게는 성공적으로 시장에 자리 잡을 수 있는 기회가 되고, 심지어 산업의 구조 또는 분류를 다시 정의하기도 한다(Henderson and Clark, 1990).

반면, 점진적 혁신은 보통 기존 제품을 상대적으로 가볍게 변경하거나 기존 설계와 기술을 활용(exploitation)함으로써 기존 기업이 자신의 시장 지배력을 보강하거나 확장함을 의미한다(Tushman and Anderson, 1986).

점진적인 혁신은 혁신의 형태로서는 가장 일반적인 경우이다. 이미 존재하는 기술을 사용하여 기존 고객에게 보다 높은 가치를 제공하는 것이다. 기존 솔루션의 **작은 변화**

(minor change)를 의미하는 것으로 새롭고 혁신적인 과학적 발견이나 발명을 적용하지는 않는 경우이다. 그러나 점진적 혁신의 경우도 때로는 높은 수준의 내부 기량과 독창성을 필요로 하며, 장기적으로는 상당한 경제적 성과를 가져올 수 있다(Henderson and Clark, 1990).[55)]

점진적 혁신은 두 가지 형태를 띤다. 이것은 단순 개별 제품에 고기능 부품과 재질을 사용함으로써 성능과 가격 면에서 향상을 가져오는 형태와 다양한 하위 시스템으로 이루어진 복합제품에 있어서 하위 시스템의 기능이 부분적으로 향상되는 경우를 포함하고 있다. 점진적 혁신의 예를 들자면 아래 window 소프트 웨어가 windowXP → window7 → window10으로 발전한 것을 들 수가 있다. 이러한 발전은 기존시장과 기존 기술의 용이성으로 점진적인 발전시킨 것으로 새로운 시장과 새로운 기술을 도입하지는 않은 경우이다.

55) 김건식(2018). 가치사슬 내부 및 외부의 지식원천이 급진적 혁신 및점진적 혁신에 미치는 영향 : 지식원천들의 연구개발투자-혁신성과 관계에 대한 조절효과. 기술혁신학회지. 21(1). 454-490.

구분	점진적 혁신(Incremental innovation)	급진적 혁신(Radical innovation)
특징	· 기존 제품, 서비스, 프로세스를 개선 또는 변경 · 급진적 혁신 이후 보완적 혁신 · 지배적 디자인(dominant design) 은 바뀌지 않음	· 비즈니스 생태계를 바꾸는 새로운 비즈니스, 제품, 프로세스의 개발 또는 도입 · 지배적 디자인 변경으로 이어짐
기술	· 기존 기술의 활용	· 새로운 기술의 탐구
사례	· 소용량 하드디스크 → 대용량 하드디스크 · 윈도우의 발전 (window XP→ window7→ window10)	· 가솔린 엔진 → 전기 엔진 · 필름 카메라 → 디지털 카메라 · 타자기→ PC
리스크	· Low risk	· High risk
유사 개념	· 연속적 혁신(Continuous innovation) · 존속적 혁신(Sustaining innovation)	· 불연속적 혁신 (Discontinousous innovation) · 와해성 혁신(Disruptive innovation)

표 8.3 점진적 혁신과 급진적 혁신의 비교

4. 경쟁력 강화 혁신(competence enhancing innovation)과 경쟁력 파괴 혁신(competence destroying innovation)

경쟁력 강화 혁신은 기업 특유의 경쟁력을 활용하여 점진적으로 그 가치를 올리는 혁신을 말한다. 경쟁력 강화 혁신은 점진적 혁신의 일부라고 할 수 있다. 인텔의 마이크로프로세서가 286, 386, 486, pentium, core2 시리즈, coreI 시리즈로 발전한 경우를 경쟁력 강화 혁신의 사례로 들 수 있다.

경쟁력 파괴 혁신은 기존 경쟁력을 발판으로 삼지 않고 기존 제품의 경쟁우위를 파괴하는 혁신을 말한다. 기존 지배 기업을 퇴출시킨다는 의미에서 와해적(disruptive) 혁신이라고 할 수 있다. 이의 사례로서는 Keuffel & Esser(K&E)가 개발한 계산자의 경우를 들 수 있다. K&E는 1867년에 미국 뉴저지에서 독일계 엔지니어가 설립한 설계 도구회사였다. 이 회사는 계산자(side rule)를 개발하여 처음에는 곱하기와 나누기용으로 사용하다가 나중에는 지수, 제곱근, 로그, 삼각 함수 계산에도 사용될 수 있도록 발전시켰다. 그러나 이 혁신적인 제품은 1960년대 전자 계산기가 사용 가능하게 되었고 1970년대 부터는 전자계산시의 가격이 더욱 저렴해짐에 따라 쇠퇴기에 들어가게 되었다. 특히, 미국의 텍사스 인스트루먼트가 내놓은 TI-30 모델은 25 달러 이하로 판매되어 계산자의 퇴장을 가속화시켰다. K&E 계산자의 퇴장과 휴대용 전자계산기의 등장은 와해적 혁신 또는 경쟁력 파괴 혁신의 한 사례로 종종 소개되고 있다.

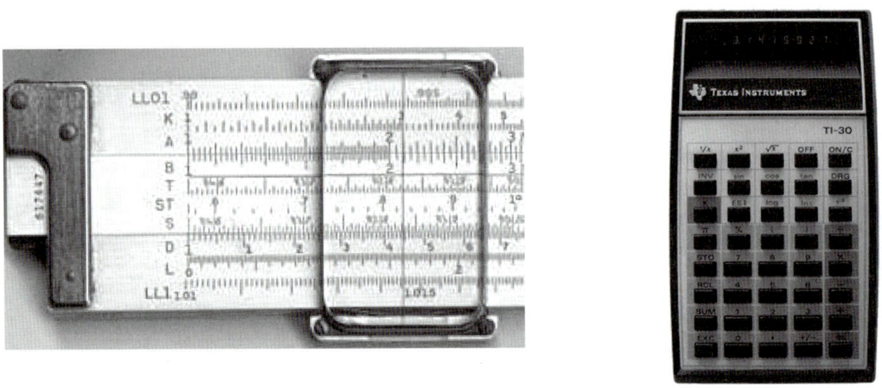

그림 8.5 계산자(Side Rule)와 TI-30

자료: D. Meyer(2006), TI-30 calculator. First version with red LED display.

반면, 텍사스 인스트루먼트의 입장에서는 경쟁력 강화 혁신을 통해 시장 점유을 대폭 늘린 사례가 된다. 텍사스 인스트루먼트는 기존 제품을 지속적으로 혁신하여 가격대를 대폭 인하함으로써 경쟁우위를 확보하였던 것이다.

5. 구조 혁신(architectural innovation)과 요소 혁신(component or modular innovation)

구조 혁신은 시스템을 구성하고 있는 요소들이 상호작용하는 방식 또는 시스템의 전반적인 디자인을 변경하는 것을 말한다. 말하자면 요소의 변화 없이 **요소 간 연결(link)**을 변화시킨 것이다. 반면 요소 혁신은 시스템에는 큰 영향을 미치지 않으면서 하나 또는 그 이상의 요소를 변경하는 것이다. 구조 혁신과 요소 혁신의 사례로 자전거의 예를 많이 들고 있다. 과거에 자전거를 제작할 당시에는 엔지니어들은 앞바퀴와 뒷바퀴를 연결할 수 있는 체인을 만들 수가 없었다. 페달이 바로 바퀴에 부착되어 동력을 전달하는 구조로 되어 있었다. 특히 처음 자전거를 만들었을 때는 페달마저도 없었다. 말하자면 발

그림 8.6 자전거의 구조 변경[56)]

자료: 연합 뉴스(2018.2.22.)

56) 세계 최초로 앞바퀴에 페달이 장착된 프랑스 벨로시페데(1867)와 한국산 자전거 최신 모델 (삼천리)

로 밀고 가는 구조물로 되어 있었던 것이다. 그 이후 기어, 체인 그리고 페달 등이 발명되면서 동력이 전달되는 구조로 바뀌는 구조 혁신이 일어나게 된다. 그림 8.6은 자전거의 구조변경을 나타내고 있다. 요소 혁신은 자전거의 경우 자전거의 한 부분품이 바뀌는 것을 의미한다. 자전거의 다른 부분품과 상호작용하는 방식이 바뀌는 것이 아니라 안장, 전조등, 핸들, 체인 등 부분품이 바뀌는 것이다.

다른 예로 사진 카메라를 들 수 있다. 카메라 제조사는 새로운 렌즈, 새로운 플래쉬, 새로운 유저 인터페이스(user interface) 등으로 카메라를 바꿀 수 있지만 이는 부분품만 바뀌는 요소 혁신이다. 그러나 만약 카메라 구조를 바꾸어 액션 카메라(action camera)로 만든다면 이는 구조 혁신에 해당한다.

이러한 방식으로 혁신을 구분하는 것은 중요하다. 예를 들어 어떤 제품의 구조를 바꾸고자 할 때 회사의 조직 구조를 바꾸어야 할 경우가 생긴다. 제품 구조의 변화에 따라 어떤 부서로 하여금 구조에 맞는 렌즈를 개발하도록 해야 하고 이 부서는 카메라 구조를 디자인하는 조직과 항상 상호 작용하여야 한다. 렌즈는 카메라의 새로운 디자인에 적합해야 하기 때문이다. 앞서 이야기한 액션 카메라는 일반 카메라와는 구조면에서 매우 다르다. 액션 카메라를 처음으로 시도하는 회사는 액션 카메라를 만들 수 있는 조직이 없을 지도 모른다. 따라서 이 회사로서는 새로운 구조의 카메라를 만드는 데 적합한 조직을 구축하는 데 많은 투자를 하지 않을 수 없는 입장이 된다. 이런 점에서 요소 혁신은 구조 혁신 보다 훨씬 쉬울 수가 있는 것이다.[57)]

그림 8.7 카메라의 요소 혁신과 구조 혁신

57) Serge Rijsdijk, Assistant Professor, Rotterdam School of Management, Erasmus University 강의 자료에서 발췌

구조 혁신과 요소 혁신은 독립적으로 일어나기도 하지만 상호간 영향을 미치는 면서 발생하는 경우도 많다. 구조 혁신이 요소 혁신을 촉진시키기도 하며 요소 혁신이 구조 혁신을 가져오는 경우도 있다. 구조 혁신이 요소 혁신을 촉진시키는 사례로도 자전거의 경우를 많이 들고 있다. 자전거의 경우 그 구조가 앞뒤 바퀴가 같은 구조로 변화함에 따라 현가장치(서스펜션, suspesion), 공기 타이어 등이 발명되었다. 말하자면 자전거의 구조 변화가 자전거 구성 요소(서스펜션, 공기 타이어) 혁신을 촉진시킨 것이다. 반대로 체인과 체인기어라는 자전거의 구성요소가 발명되면서 앞 뒤 바퀴가 같은 구조의 자전거가 탄생할 수 있었던 것은 요소 혁신이 구조 혁신을 이끈 사례이다.

6. 존속적 혁신(sustaining innovation)과 와해적 혁신(disruptive innovation)

와해적 혁신이라는 개념은 1996년 Havard 대학교 교수인 클레이튼 크리스텐슨(Clayton Magleby Christensen, 1953~)가 Harvard Business Review지에 소개한 것이다. 와해적 혁신은 단순한 기능과 저렴한 가격을 바탕으로 기존시장을 파괴하고 새로운 시장을 창출하는 혁신을 말한다. 이는 성능은 떨어지지만 신규 진입자가 저가시장이나 다른 가치 기준을 제공함으로써 새로운 시장을 만들어가는 혁신이다. 반면 존속적 혁신은 기존 제품을 지속적으로 개선해서 높은 가격을 받는 혁신을 말한다.

와해적 혁신은 기존 기업이 지배하는 주요시장에서 매력적이지 않으나 소수의 기존고객 또는 새로운 고객의 인기를 얻게 되고 종국적으로는 존속성 혁신을 대체하는 결과를 가져 온다. 예를 들어 백화점의 아성을 무너뜨린 할인판매점, 메인 프레임 컴퓨터를 대체한 저렴하고 편리한 개인용 컴퓨터, 장거리형 대형 모터 사이클 시장을 뺏은 소형 모터 사이클 등이 와해적 혁신의 결과물이라고 할 수 있다.

와해성 기술의 특성은 더 싸고 더 단순하고 더 작고 더 편리한데 있다. 또 와해성 기술은 기업의 주 고객이 투자의 대상으로 생각하지 않으며 완전히 새로운 시장을 형성하는 특성을 가지고 있다. 처음 와해성 기술이 시장에 나왔을때 부정적 시장 예측이 대부분이나 기존의 주력시장을 파괴하는 경쟁력을 가지고 있는 것으로 나타난다.

그러나 이러한 변화과정은 한 가지 모습으로 전개되는 것은 아니다. 1970년대 복사기 시장은 제록스(Xerox) 복사기가 시장 지배적인 위치에 있었다. 그러나 일본 기업 캐논(Canon)이 저렴한 복사기를 개발하여 시장에 내놓아 싸고, 단순하고 편리한 시장을 새로이 창출함으로써 기존 시장을 무너뜨렸다. 1980년대 HP의 경우, 존속성 기술과 와해성 기술이 공존하는 모습을 보여 주고 있다. 레이저 프린터(Laser printer)가 개발되면서 잉크젯 프린터(Inkjet printer)는 사라질 것이라 예측되었으나 이러한 예측은 빗나갔다. 잉크젯 프린터는 속도도 빨라졌고 용도도 다양해졌다. 특히 복합기 프린터용으로는 잉크젯프린터가 강하며 사진 인화, 현수막에서도 잉크젯프린터가 더 유용하게 쓰이고 있다.

그런데 와해적 혁신 개념의 창시자인 클레이튼 크리스텐센 교수(Clayton M. Christensen, 1954~)는 최근 이 의미가 잘못 이해되고 있다고 주장하였다. 택시 산업의 지각 변동을 일으키고 있는 우버(Uber)는 와해적 혁신의 횃불(beacon)로 회자되고 있으나 이는 와해적 혁신의 진정한 사례가 될 수 없다는 것이다. 2015년 Harvard Business Review 기고문에서 그와 공동 저자들은 와해적 혁신의 구분에 대해서 다시 한 번 명확히 하였다.

와해적 혁신 기업은 기존 기업의 수준을 따라 잡을 때가지는 기존 시장의 **주류 고객(mainstream customer)**을 뺏어오지는 않는다. 우버의 경우는 **저가 시장(the low end of the market)**으로부터 올라 온 기업이 아니다. 이미 택시를 사용하던 기존 고객을 타겟으로 하였다. 따라서 우버는 대중 교통이나 자가 운전 사용자들을 택시 서비스 고객으로 가져온 것은 아니란 것이었다. 따라서 우버는 새로운 시장과 고객을 창출한 것이 아니라 기존 시장의 주류 고객을 끌어오고 있으므로 와해적 혁신 기업으로 볼 수 없다고 설명하였다. 미국의 전기 자동차 회사 테슬라(Tesla)도 와해적 혁신기업과는 거리가 멀다. 어떻게

그림 8.8 Uber와 Tesla는 와해적 혁신 기업인가?

보면 테슬라의 전략은 와해적 혁신과 역방향으로 진행되었다고 볼 수 있다. 테슬라는 처음부터 자동차의 고가 시장(the top end of the market)을 타겟으로 하였다. 이후 보다 낮은 가격의 시리즈를 새로 내놓음으로써 주류 고객도 접근이 가능하도록 하였다.58)

아래의 그림은 존속적 혁신과 와해적 혁신의 특성을 나타낸다. 그림 8.9에서 위쪽 화살표는 현재 기업의 존속적 혁신의 궤적(incumbent's sustaining trajectory)을 나타낸다. 존속적 혁신은 기존 제품의 사양을 계속적으로 업그레이드 하는 방식으로 진행된다. 그러나 계속적인 혁신으로 성능은 주류 고객층(mainstream customer)이 요구하는 수준을 넘어서게 된다. 이 시점에서 성능은 떨어지지만 고객이 필요로 하는 효용을 제공하는 혁신기업이 등장하여 저가 시장의 고객(low end of market)을 확보하기 시작한다. 이러한 경우를 와해적 혁신이라고 할 수 있다. 이러한 경우는 스마트폰 시장에서 볼 수 있다. 스마트폰의 부가 기술은 지속적으로 발전하고 가격대가 점차적으로 높아져 왔다. 이렇게 가격이 높아짐에 따라 경제적으로 프리미엄급 스마트폰을 살 수 없어 첨단 기술 제품을 가질 수 없는 소비자층이 생겨나게 된다. 이러한 시점에서 저가형 스마트폰을 공급하는 중국기업들의 등장은 스마트폰 시장의 구조를 바꿀 수도 있어 귀추가 주목된다.

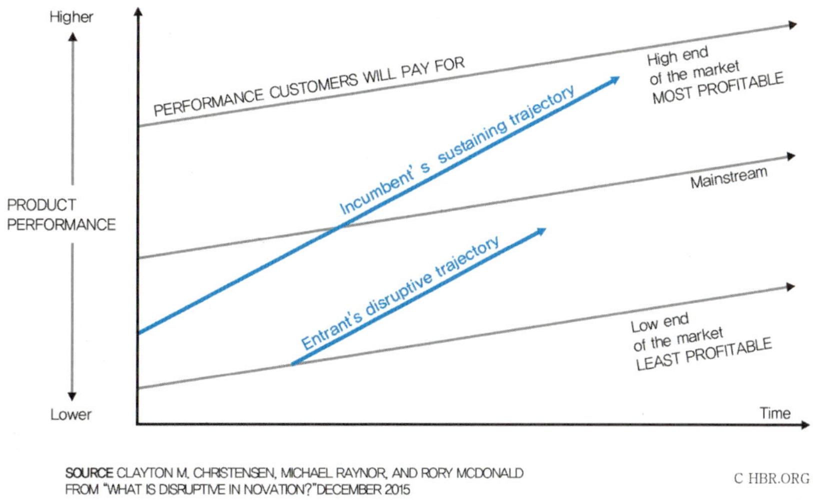

그림 8.9 와해적 혁신의 궤적(Trajectory)

자료: Harvard Business Review 웹사이트 https://hbr.org/2015/12/what-is-disruptive-innovation

58) https://www.weforum.org/agenda/2016/06/what-is-disruptive-innovation/

와해적 혁신과 자기잠식(cannibalization)

자기잠식은 마케팅에서 쓰는 용어로 어떤 생산자가 신제품을 출시하게 되면 기존 제품의 판매량, 판매액, 그리고 시장 점유율이 떨어지는 현상을 말한다. 지금의 시장은 경쟁이 치열해지고 기술의 발전 속도가 증가하여 제품 및 서비스의 혁신 주기와 수명 주기가 급격히 단축되고 있다. 이에 따라 신제품 및 서비스의 혁신 확산 과정에서 잠재적인 자기잠식(cannibalization)효과를 측정하고 판단하여야 할 필요성이 커지고 있다.

특히 와해적인 혁신의 경우에는 신기술 상품이 출시되면 일정 기간 동안 자사의 매출이 당연히 하락하기 때문에 자기 잠식효과를 감내할 것인지를 결정하여야 할 기로에 서게 되는 것이다. 그러나 기존 제품, 기존 서비스, 기존 프로세스에 과도하게 집착한다면 이는 커다란 대가를 치를 수도 있다. 우리가 알고 있는 Kodak, Xerox, Blockbuster 등 같이 기존의 서비스 방식과 제품을 고수하다가 소멸되다시피 한 기업이 적지 않다. 애플의 창업자는 Steve Jobs는 “If You Don't Cannibalize Yourself, Someone Else Will.”라는 유명한 말을 남겼다. 잡스의 사업 원칙 중 하나는 결코 자기 잠식을 두려워하지 말라는 것이 다. 아이폰이 아이팟의 매출을 잠식하고, 아이패드가 랩탑 컴퓨터의 매출을 잠식할 가능성이 있었지만 그 때문에 잡스가 계획을 포기하는 일은 없었다.

7. 점진적 혁신 VS 요소 혁신, 구조 혁신 VS 급진적 혁신

1990년 MIT의 핸더슨과 Harvard 대학의 킴 클락(Kim B. Clark)는 「구조적 혁신: 기존 제품 기술과 기존 기업의 실패에 대한 재조명(Architectural Innovation: The Reconfiguration of Existing Product Technologies and the Failure of Established Firms)」이라는 흥미로운 논문을 썼다. 그들은 이 논문에서 혁신이 기업의 기존 역량에 영향을 미치는 정도에 따라 혁신 유형들 간의 관계를 설명하였다. 그들에 따르면 점진적 혁신은 핵심 부품에 있어 질적 향상을 가져오는 것으로 좀 더 정확하게 말하면 **'개조(renovation)'**라는 표현이 더 정확할 수도 있다. 요소 혁신은 핵심 부분품을 완전하게 **재설계(complete redesign)**하는 것이나 부분품들과의 연결 관계는 변화시키지 않는 경우이다. 구조적 혁신은 핵심 부분품간의 상호 작용의 특성을 바꾸는 것이다. 급진적 혁신은 새로운 개념을 만드는 것과 관련되어 지며 패러다임을 바꾸는 잠재성을 가지고 있는(potentially paradigm shift) 혁신이다.

그림 8.10에서 수평 축은 요소의 변화가 혁신에 미치는 영향을 나타내고 종축은 요소 간 연결(linkage)이 혁신에 미치는 영향을 나타낸다. 그림에서 급진적 혁신(radical innovation)은 **새로운 지배적 디자인(dominant design)**을 만들어 **새로운 구조(architecture)**와 연결되는 요소에 내재화시키는 경우를 나타낸다. 점진적 혁신은 기존 디자인을 개선하고 확장하는 것

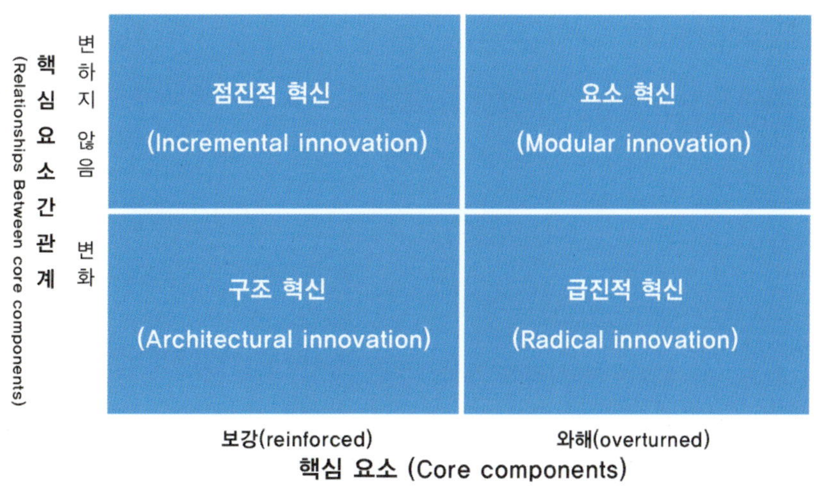

그림 8.10 혁신 형태 간 관계

자료: 'Architectural Innovation: The Reconfiguration of Existing Product Technologies and the Failure of Established Firms(1990)' 편집

인 바 이는 개개의 구성요소에서 개선이 되는 것을 말하며, 핵심 설계 개념이나 구성 요소들 사이에의 연결은 기존의 개념을 적용한 것이다. 이 경우 핵심 디자인 컨셉이나 구조는 그대로 남아있다. 다른 두 가지 경우는 우선 기술의 핵심 디자인 컨셉만 바뀌는 혁신과 요소들간 관계만 바뀌는 경우이다. 전자는 요소 혁신(modular innovation)을 나타낸다. 이의 예로서 아날로그 전화기가 디지털 전화기로 바뀐 사례를 들 수 있을 것이다. 마지막 유형의 혁신은 요소나 핵심 디자인 컨셉은 변하지 않고 구조만 바뀐 구조 혁신(architectural innovation)을 나타낸다[59].

이와 같은 구분은 기업전략을 설정함에 있어서 혁신의 강도와 난이도를 감지하는 통찰력을 제공할 수 있다.

8. 연속적 혁신, 불연속적 혁신, 동적으로 연속적 혁신

휴버트 게티뇽(Hubert Gatignon)과 토머스 로버트슨(Thomas Robertson)은 고객 관점에서 혁신을 3가지로 나누었다. 그것은 불연속 혁신(discontinuous innovations), 동적으로 연속적인 혁신(dynamically continuous innovation), 연속적 혁신(continuous innovation)이다. 이 관점은 혁신의 유형을 혁신이 소비자의 행동을 변화시키는 정도에 따라 나누는 것이다.

불연속적 혁신은 기존 고객층 전부와 단절되는 혁신의 유형을 말한다. 이와 같은 혁신은 세상에 새로 태어나는 제품과 관련된 것이다. 이 제품은 기존 제품들과는 근본적으로 달라서 시장과 경쟁 관계를 다시 만든다. 예를 들어서 모바일 전화 기술과 인터넷은 인간이 소통하는 방법을 엄청나게 변화시켰는데 이는 기본 고객층과는 단절되는 불연속적인 혁신이라 할 수 있다. **연속적 혁신**은 새로운 제품을 만드는 것이라기보다는 기존 제품의 확대나 수정에 초점을 둔 혁신이다. 이 유형의 혁신은 고객 습관의 변화는 초래하지 않으면서 기존 제품의 변화를 일으키는 혁신 유형이다. 이 경우에는 기업이 대규모의 투자를 하더라도 고객들은 인지하지 못할 수도 있다. 예를 들어서 브랜드 네임, 향기, 색상, 포장이 다른 샴푸는 신제품이지만 이는 연속적 혁신에 속한다. **동적으로 연속적인**

59) Henderson, Rebecca M.; Clark, Kim B(1990).Architectural Innovation: The Reconfiguration of Existing Product Technologies and the Failure of Established Firms.*Administrative Science Quarterly;* Mar 1990; 35, 1

혁신은 불연속적 혁신과 연속적 혁신의 중간 단계에 있는 혁신 유형이다. 소비자 관습에 영향을 미치기는 하나 불연속 혁신만큼 크지 않은 경우이다. 그렇다고 연속적 혁신의 경우처럼 무시할 정도도 아닌 중간 단계에 있는 혁신이다. 전자 타자기나 위성 TV 등이 그 예이다.

9. 개방형 혁신(open innovation)과 폐쇄형 혁신(closed innovation)

20세기에 일어난 혁신은 대부분 폐쇄형 혁신(closed innovation)으로 기업 내부에서 아이디어를 생성하여 소유하고 개발을 통해 제품을 생산하여 상업화하였다. 폐쇄형 혁신 사이클은 '내부 연구 개발 투자 → 아이디어 발견 → 시장에 가장 먼저 도달 → 지적재산권 보호 → 경쟁자에 대한 진입장벽 구축 → 수익 창출 → 재투자'로 구성되었다. GE의 글로벌 연구센터는 기업내부의 연구 조직으로 축음기와 전구 등을 발명하였으며 듀퐁(Dupont) 연구소는 인조섬유인 나이론을 개발하였고 스포츠 의류 재질인 Kevlar와 Lycra를 상업화하였다. 또 에디슨이 설립한 벨(Bell) 연구소는 트랜지스터와 레이저 등 혁명적인 제품을 발명하였다. 이러한 발명은 기업내부의 연구투자로 일어난 것으로 패쇄적 혁신의 사례가 된다.

그러나 20세기 말 들어서 기업의 여건은 드라마틱하게 변화한다. **지식 노동자의 이동**이 매우 활발해지고 사내에서 생성된 아이디어의 관리가 어려워지면서 전문적 기술을 가진 직원들을 관리하는 것도 쉽지 않게 된다. 이러한 상황 변화를 더욱 가속화시킨 것은 **벤처 캐피털의 가용성 증대**이다. 벤처 캐피탈은 사내 연구 시설에서 창출된 아이디어가 외부로 흘러나올 경우 이를 상업화하는 데 결정적인 재무적 도움을 비롯한 다양한 도움을 주었다. 따라서 기술혁신은 반드시 기업내에서 일어나고 축적될 필요는 없게 되었다. 어떤 산업의 신규 진입자는 새로운 기본적인 발견에 재투자하지 않고 외부 기술을 상업화하는 전략을 채택하여 시장진입에 성공하는 사례들이 생겨나기 시작한 것이다.

이러한 사례를 개방형 혁신으로 일컫고 있으며 이 용어는 미국 Berkeley대학의 헨리 체스브로(Henry Chesbrough, 1956~)교수가 「개방형 혁신 : 기술로 부터 이익 창출을 위한 새로운 명제(Open Innovation: The new imperative for creating and profiting from technology, 2003)」에서 처음으로 소개하였다. 이에 대한 정의로서 비교적 최근에 정리된 것은 "개방형 혁신이란 기업이 연구, 개발, 사업화에 이르는 일련의 혁신과정을 개방해 외부자원을 활용함으로써 혁신의 비용을 줄이고 성공 가능성을 높여서 부가가치를 극대화하는 혁신 유형"이라는 설명이다.

이와 같은 개방형 혁신 사례로 잘 알려진 것은 미국 캘리포니아에 소재한 Xerox Palo Alto Research Center(PARC)와 Apple의 사례이다. Xerox의 PARC는 1970년에 설립된 민간 연구소로 미국의 Bell 연구소와 쌍벽을 이루고 있는데 혁신적인 발명품의 상업화에는 실패한 연구소로 알려져 있다. 그 발명품은 개인용 컴퓨터, 레이저 프린터, 마우스, Ethernet, GUI(Graphic User Interface) 등으로 현재 산업에 필수적인 원천 기술들이다. 그러나 정작 이러한 원천기술을 상업화한 것은 애플의 스티브 잡스였다. 1979년 PARC를 방문한 스티브 잡스와 애플의 개발자들은 PARC의 혁신기술들을 살펴보고 GUI를 애플의 매켄토시

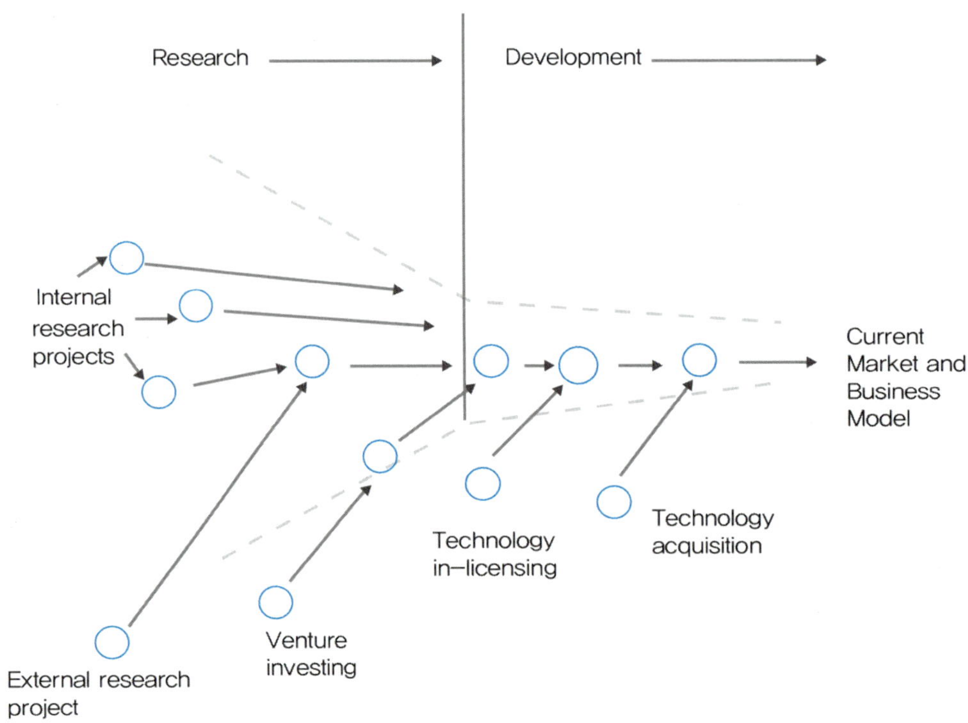

그림 8.11 Open Innovation 모형 (Filling the gaps with External Technologies)

자료: Chesbrough(2003) Open Innovation: The New Imperative for Creating and Profiting, from Technology. Harvard Business School Press, Boston(p183)

컴퓨터에 적용함으로써 컴퓨터 산업의 지형을 바꾸는 계기를 만들었다.[60] 당시 제록스는 고속 복사기와 프린터 개발에 집중하고 있었기 때문에 이와 다른 혁신적인 발명품은 유망한 사업으로 보지 않았다. 이 사례를 통계학에서 용어로 'False negative(거짓 음성)'이라고 표현하기도 한다. 말하자면 실제로는 유망한 발명품인데 이를 유망하지 않는 것으로 판단하는 경우를 말하는 것이다.

한편 미국에서 비누, 샴푸, 칫솔, 기저귀 등을 생산하는 소비재 회사로 잘 알려진 P&G(Procter & Gamble)는 **'Connect & Develop'** 슬로건으로 유명하다. P&G의 C&D는 개방형 혁신 방식으로 연구개발을 기업내부에서만 실행하는 것이 아니라 외부로 확장하는 혁신의 접근법이다. P&G는 2001년 이 방식을 도입하였고 현재는 전체 기술의 35%를 이 방식으로 도입하고 있으며 그 비율을 50%까지 늘릴 계획이다. P&G가 C&D 전략으로 개발한 대표적인 상품이 전동 칫솔이다. 이 제품은 외부 발명가가 자동사탕빨기 기술(spin pop)이라는 간단한 기술을 칫솔에 적용 하여 시제품에 대한 호의적인 반응을 얻어 P&G에 제안을 하게 된 것이다. 그 후 이 제품은 P&G의 오럴 케어 제품 시장 진출의 발판이 되었다.

이와 같은 개방형 혁신과 관련된 용어로는 **'NIHS; Not Invented Here Syndrome'**을 들수 있다. NIH는 외부에서 개발된 솔루션이 우수하더라고 내부에 개발된 결과물을 선호하는 현상을 일컫는 용어이다. 이 용어는 특히 소프트 웨어 개발에서 자주 사용되고 있는데 기존 소프트웨어가 내부에서 개발되지 않았다는 이유로 프로그래머들이 이를 무시하는 경향을 말한다. NIH 증후군은 타인이나 다른 조직에서 나온 기술이나 아이디어는 무시하거나 수용하지 않으려 한다는 점에서 소통과 협업을 어렵게 만드는 장애 요인으로 작용한다.

60) 구본권기자(2011.10.31). 특허권이 보호하는 독창성은 어디까지? <한겨레 신문>

제9장
기술혁신의 생로병사

혁신의 라이프 사이클(life cycle)은 기술혁신이 발생하고 그 기술이 변화해 가는 과정을 설명하는 것이다. 기본적으로 혁신에서의 변화라는 의미는 시간이 지남에 따라 성능이 어떻게 발전하고 쇠퇴하느냐를 나타내고 있다. 이외에도 기술이 확산(diffusion)하는 과정을 보는 것 그리고 기술에 대한 기대(expectation)가 시간에 따라 변화해 가는 과정을 동태적 관점에서 보는 것 등이 있다.

이러한 변화를 분석하는 것은 국가의 산업 전략과 기업의 기술전략을 수립하는 데 유용하다. 이러한 주기는 세가지 관점에서 분석할 수 있다.

첫째, S-Curve를 중심으로 **기술 발전 측면**에서 보는 방법,

둘째, 기술 수용 주기론(Technology Adoption Life Cycle)을 중심으로 **기술 확산 측면 (diffusion)**에서 보는 방법,

셋째, 하이퍼 사이클(Hype Cycle)을 중심으로 **기술 기대 측면(expectation)**에서 보는 방법 등 이다.

1. 기술발전과 주기

가. 혁신의 생명 주기 : S-curve

기술혁신의 생명주기는 일반적으로 S곡선으로 설명되어 지고 있다. S곡선은 1986년대 맥킨지의 컨설턴트 리차드 포스터(Foster)가 그의 책 「혁신 ; 파괴자의 이점(Innovation:

The Attacker's Advantage)」에서 소개하였다. 기술의 변화과정이 S자 모양으로 나타남에 따라 붙인 이름이다. S-curve는 제품과 프로세스를 향상시키기 위해 투입하는 **노력(efforts)**과 그에 대한 성과물인 **성능(performance)** 사이의 관계를 나타낸 그래프이다. 이런 관계를 선으로 나타낼 데 우측으로 상향하는 S 모양의 곡선 모양을 띄게 된다.

이러한 곡선의 전개과정은 3가지 단계로 구분될 수 있다.

(1) 처음에는 혁신 노력의 결과물인 성능은 천천히 개선된다. 이 때에는 기술이 알려지지 않은 상태로 대학의 연구실이나 소수의 연구자들만 참여하고 있는 상태이다(태동기, Era of Ferment).

(2) 그 다음은 연구자들의 이해 폭이 넓어지면서 측정지표가 개발되고 갑자기 성능개선의 속도가 빨라진다(성장기, Takeoff).

(3) 그러나 어느 정도 한계에 부딪히면 성능 개선 정도는 다시 천천히 진행된다(성숙기, Maturity).

이러한 혁신의 양태는 동일하지 않다. 일반적으로 관찰할 수 있는 정규형 곡선이 있는 반면 급격히 성능개선이 일어났다가 빨리 정체상태에 빠지는 기술도 있다. 또한 계속적으로 평평해지지 않고 지속적인 성능개선이 있는 기술 제품도 있다. 개인용 컴퓨터의 경

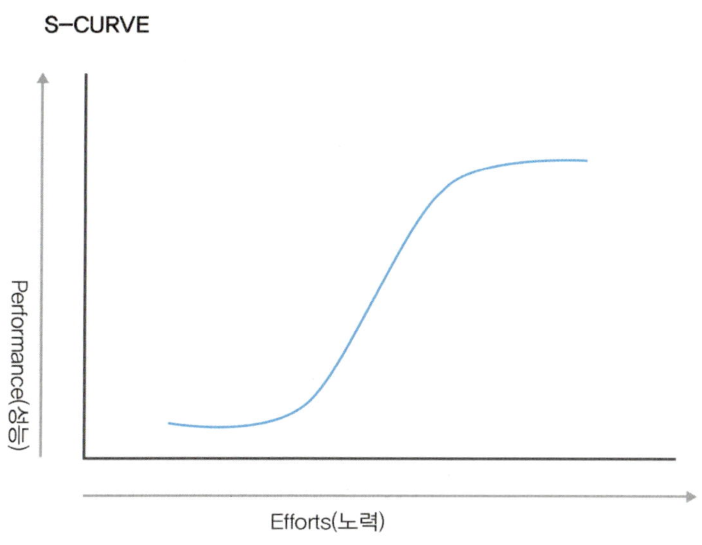

그림 9.1 기술혁신 S-curve

우 1975년 등장해서 1980년대에 도약한다. 인터넷의 발명으로 PC의 수요가 폭증하고 성능 개선의 정도도 급격하게 빨라 진 것이다. 그 이후 개인용 컴퓨터의 발전은 천천히 진행되고 있는 모습을 보이고 있다.

이와는 달리 반도체의 경우는 지속적으로 성능혁신이 일어나는 경우이다. 아래의 그래프는 우리가 쉽게 접할 수 있는 그래프 중의 하나인 무어의 법칙(Moore's Law)을 나타내고 있다. 무어의 법칙은 시간에 따른 트랜지스터 밀도의 증가 추세를 나타내는 법칙이다. 이는 평평해지지 않은 모습을 보이고 있다. 무어는 인텔의 공동 창업자로 CPU의 트랜지스터 밀도가 18개월 ~ 24개월 마다 2배씩 증가한다고 주장하였다. 이는 트랜지스트의 처리 속도가 지속적으로 증가한다는 것을 의미하는 데 한편으로는 기술혁신의 속도에 대한 Methaper라고 볼 수 있다.

무어의 법칙은 아래와 같이 세가지로 요약될 수 있다.

(1) CPU 속도는 18개월~24개월마다 2배씩 빨라 진다.

(2) 컴퓨터 성능은 18개월 마다 2배씩 증가한다.

(3) 컴퓨팅 가격은 18개월마다 반으로 떨어진다.

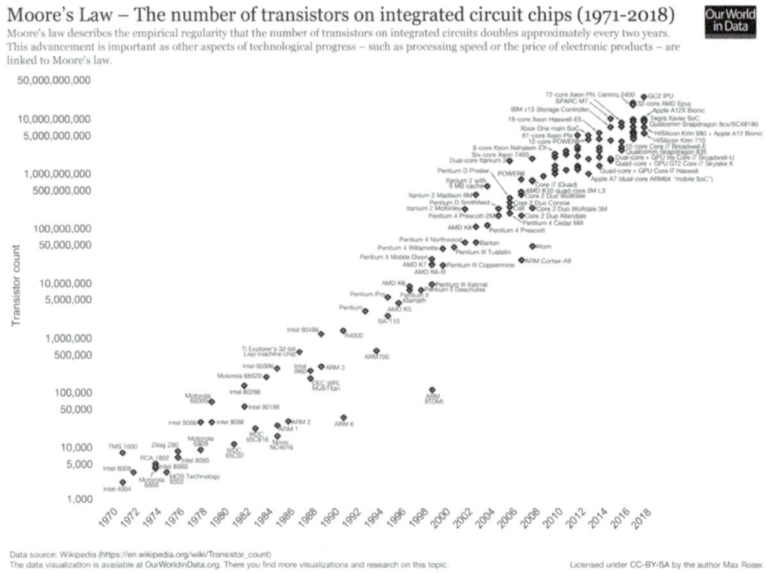

그림 9.2 무어의 법칙

자료: https://en.wikipedia.org/wiki/Transistor_count Author: Max Roser

그런데 2002년 당시 삼성전자의 기술 총괄 사장이었던 황 창규(2019년 현재 KT 회장)는 황의 법칙을 발표했다. 그는 메모리 신성장론을 발표하면서 반도체 집적도가 2배로 늘어나는 시간은 1년으로 단축된다고 발표했다. 이후 황창규의 법칙은 맞아 들어가고 무어의 법칙은 힘을 잃게 되었다. 그런데 2008년에 황의 법칙 또한 깨어졌다. 이는 삼성이 2008에 Nand 플래시 메모리를 발표하지 않음에 따라 황의 법칙은 유효하지 않게 되었다.

나. 호환성있는 경우와 호환성없는 경우의 S-curve

S-curve는 새로운 경쟁 기술이 기존기술을 대체하는 과정을 설명할 수 있다. 새로운 경쟁 기술이 기존 기술을 대체하는 과정은 기존 기술과 새로운 경쟁기술이 호환성이 있는 경우와 호환성이 없고 단절적인 경우로 나누어서 볼 수 있다.

먼저 그림 9.3은 기존 기술과 경쟁 기술간 호환성이 있을 때를 나타낸다. 경쟁기술이 도입되었을 때(T_1), 기존 기술은 성숙기에 접어들기 시작하고 점차적으로 발전하여 성숙기에 진입하면 개선 속도가 둔화되고 점진적인 개선을 반복하면서 원가 절감과 성능 개선을 추진하게 된다. 후속 대체 기술은 처음에는 완만하게 성장하지만 점점 가속도가 붙어서 T_2에 이르면 신기술이 기존기술의 성능과 원가를 따라 잡게 된다. 신기술은 여전히

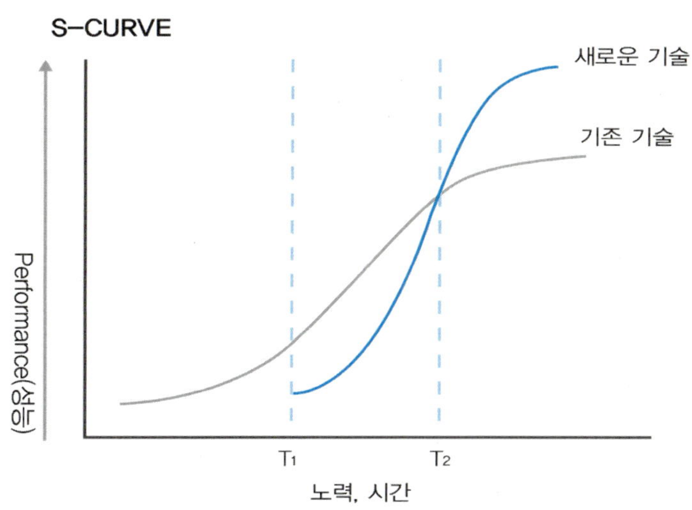

그림 9.3 새로운 기술과 기존 기술과 호환성이 있을 경우의 기술 궤적

개선될 여지가 많아 혁신을 계속함으로써 기존 기술을 몰아내고 시장을 차지하게 된다.

그러나 새로운 경쟁기술이 호환성이 없는 경우는 단절적인(discontinuous) 형태로 나타난다. 새로운 기술이 자리를 잡으면 기존 기술은 빠르게 시장에서 사라지게 되는 것이다. 이러한 기술 궤적의 곡선은 불연속적으로 그려진다. 기존의 것을 유지하면서 개선하는 것이 아니라 대체하는 형태로 일어나기 때문에 곡선은 일정한 시점에서 단절된 것으로 나타난다. 불연속적인 혁신의 경우 노력과 비용이 많이 들 수 있다. 기존 혁신을 포기하여야 하기 때문이다. 본래 디지털 카메라는 좀 투박하기는 하지만 KODAK사에서 처음으로 개발하였다. 그러나 필름 시장을 포기하지 못하고 새로운 기술 제품인 디지털 카메라 기술을 사장시킴으로 회사의 몰락을 가져오는 원인이 되었다. 따라서 기존 지배 기업의 입장에서는 과감하게 기존 기술을 버리고 불연속적 혁신으로 갈아타는 전략과 기존 제품을 개선하여 S곡선을 길게 가져가는 전략 사이에서 고민할 것이다. KODAK의 경우는 기존 기술을 길게 가져가는 전략을 택했으나 이는 잘못된 전략의 선택이라고 할 수 있다.

기본적으로 불연속적 혁신은 기존 혁신과 동일한 시장을 대상으로 하기는 하나 지식 기반이 완전히 달라 이전의 지식없이도 실현한 가능한 혁신이다. 이런 경우는 컴퓨터에 의한 워드 프로세스가 나타나면서 타자기는 빠르게 시장에서 사라졌으며 디지털 카메라

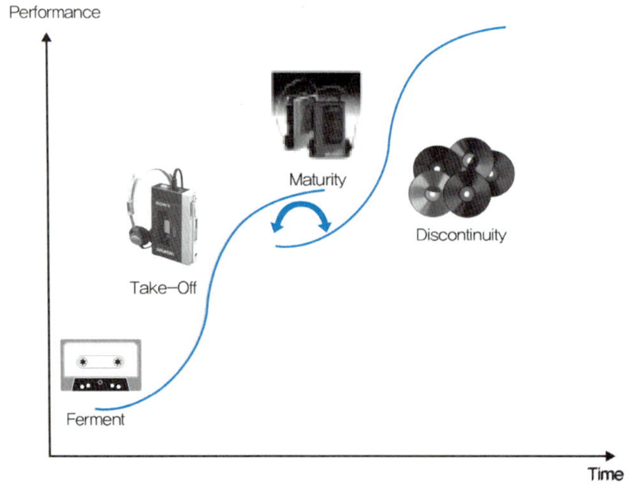

그림 9.4 불연속 혁신 사례

자료: http://www.galsinsights.com/the-innovation-s-curve/

가 출시되면서 필름 카메라는 시장에서 찾아 볼 수 없게 되는 경우이다. 또한 휴대폰 개발이 공중전화박스를 없어지게 한 것도 호환성 없는 기술의 사례가 될 것이다. 그림9.4는 불연속 혁신의 사례를 나타내는 것이다.

불연속 혁신의 경우, 기존의 S 곡선은 완성되지 못하고 중간에 중단하여야 하며 궁극적으로는 새로운 기술이 기존 기술을 대체하게 됨으로써 후발업체로서는 훌륭한 추격의 기회가 될 수가 있다.

다. S-curve의 장단점

S곡선의 장점을 보자면 기업 혁신과 성장의 한계에 대해서 인지할 수 있고 이를 통해 자사 기술을 새로운 기술로 대체해야 할 시점을 파악할 수 있다는 것이다.

그러나 이 이론은 여러 가지 단점을 가지고 있다. 우선 사실상 혁신의 성장한계를 정확히 예측하기란 쉽지 않다. 또한 S 곡선의 형태는 정해진 것이 없고 기업의 노력, 시장의 변화 그리고 보완기술의 발전 정도에 따라 변할 수 있는 것이다.

결론적으로 새로운 혁신으로 갈아타야 할 시점을 S 곡선에만 의존하기 보다는 자사의 이해득실, 자사의 역량, 보완 자산의 활용도, 확산 속도들을 면밀히 검토하여야 한다.

이런 면에서 디스크 드라이브 산업에서 기존 기술을 너무 빠르게 버렸던 IBM의 실수 사례는 불연속 혁신으로 올라타는 시점을 오판한 사례로 자주 소개되고 있다. 1979년 IBM은 주력 디스크 드라이브 제품을 페라이트 산화물(ferrite-oxide-based)기반의 디스크 드라이브에서 박막(thin film)기반 디스크 드라이브로 전환하였다. 그러나 일본 후지쯔는 이를 지속적으로 발전시켜 기록밀도를 8배로 확장하고 1990년대 초반까지 이 제품의 시장을 지배하였다. 참고로 IBM이 1950년대에 처음으로 HDD 원형을 만들었고 페라이트 헤드를 만든 것은 1966년이었다.

2. 혁신의 확산과 수용자 유형

가. 혁신 확산 이론(Diffusion of Innovation Theory)

기술 확산에 대한 이론은 미국의 사회학자 로저스 (E. M. Rogers, 1931~2004)가 1962년 「혁신의 확산(Diffusion of Innovation)」에서 소개하였다. 로저스는 혁신을 채택하는 사람들의 유형을 시간적인 순서에 따라 혁신가(innovators), 선각수용자(early adopters), 전기다수자(early majority), 후기다수자(late majority), 지각수용자(laggards) 등으로 구분하였다.

본래 이 이론은 어떤 특정한 인구나 사회시스템에서 시간의 경과에 따라 제품과 아이디어가 어떻게 확산(diffusion)되는가를 살펴보는 것을 목적으로 하였다. 로저스는 "확산이란 시간의 흐름 속에서 사회 시스템 내에 있는 구성원들간에 특정 경로를 통하여 의사소통되는 과정"이라고 정의하였다. 결론적으로 사람은 사회 시스템의 한 부분으로서 새로운 아이디어, 행태 또는 제품을 받아들인다고 주장하였다. 채택(adoption)이란 이전의 것과 다른 것을 선택하는 것을 의미하며 새로운 제품을 사고 사용한다는 것은 새로운 행동 양식을 받아들이고 행하는 것과 같다고 하였다. 말하자면 채택이라는 것은 어떤 사람이 아이디어, 행태 혹은 제품을 새롭고 혁신적인 것으로 인정한다는 것이고 이를 통해서 확산 가능하다는 것이었다.

로저스는 수용자 수준으로 봤을 때 혁신은 5가지 단계로 구성되어 진다고 주장하였다.

지식 : 수용자가 먼저 대중매체나 개인간 채널에서 혁신에 대해 학습할 때

설득 : 혁신을 시도해본 앞선 수용자가 설득할 때

결정 : 혁신을 수용할지 거부할지 결정

이행 : 최초 혁신 활용

확증 : 혁신에서 기대되는 잠재성에 따라 계속해서 사용할지 결정

로저스의 이러한 이론적 가설은 1920년대 후반부터 1940년대 초반까지 미국 아이오와의 지역 사회에서 잡종 종자용 옥수수를 채택한 농부들의 연도별 수와 그것의 누계에 관한 경험적 통계를 일반화한 것이다. 이 통계에 의하면 채택자의 누적 숫자는 초기에는 아주 느리게 증가하다가 어떤 시점부터 기하급수적으로 증가하고 정점에 도달해서는 평탄하게 된다. 이것을 그래프로 그리면 흔히 학습 곡선 등에서 나타나는 것과 동일한 S자 모양에 가깝게 된다. 한편 각 연도별로 새롭게 채택한 사람들의 수 각각은 전체로 모아

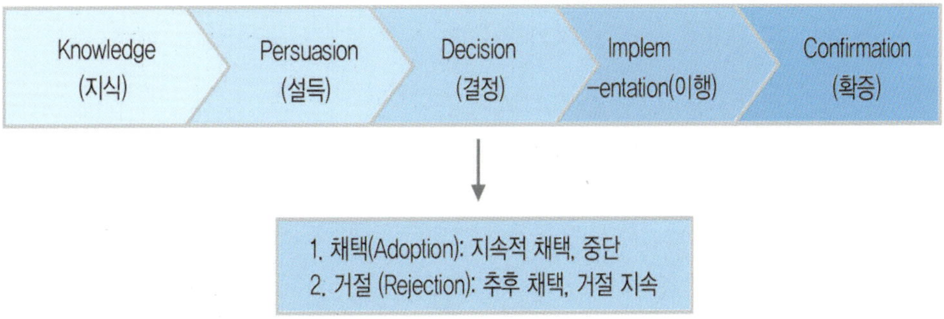

그림 9.5 혁신 수용의 5단계

자료: Diffusion of Innovation Everett M. ROGERS 기초로 저저 편집

보면 거의 종 모양에 가깝다.

이 분류를 다시 살펴보면 아래와 같다.

(1) **혁신자(innovators)** : 최초 채택한 2.5%

위험 수용, 젊고, 높은 사회적 지위, 높은 재무유동성, 사교적, 과학적 정보 접근 용이, 혁신자들과 교류 높음

(2) **조기수용자(early adopters)** : 13.5%

여론주도층(opinion leaders), 젊고, 높은 사회적 지위, 재무유동성 여유, 고학력, 진보성향이면서 동시에 신중

(3) **조기 다수자(early majority)** : 34%

평균 사회적 지위, 조기수용자로부터 정보 획득 및 관계 형성

여론 주도층은 되지 못한다.

(4) **후기 다수자(late majority)** : 34%

혁신에 회의적, 평균 이하 사회적 지위, 재무유동성 매우 낮음, 조기다수자와 관계 형성하며 의심을 가지고 접근

(5) **지각 수용자(laggards)** : 마지막 채택 16%

변화에 반대, 혁신을 의심, 전통을 사랑, 가장 낮은 사회적 지위, 가장 낮은 재무유동성, 가장 나이 많은 그룹, 가족과 친한 친구들하고만 관계 형성

그림 9.6은 S 곡선과 혁신 수용자 분포를 나타내는 그래프이다. 종 모양의 수용자 분포는 정규 분포를 나타내며 누적 수용자 분포는 S자 형식을 나타내고 있다.

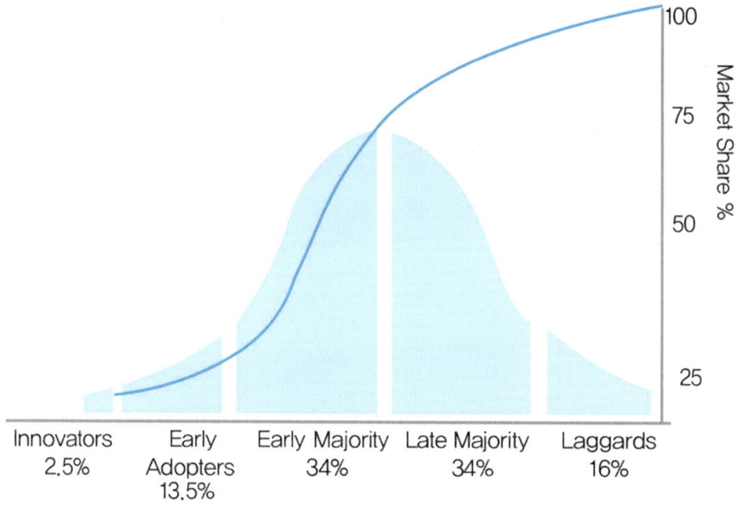

그림 9.6 기술 수용 주기와 S curve

자료: Modified from Rogers (1995, p.262)

나. 케즘(Chasm) 이론

케즘 이론은 미국 컨설턴트 제프리 무어(Geoffrey Moore)가 1991년 "케즘을 넘어서(Crossing the Chasm)"에서 밝혔던 이론이다. 앞서 살펴본 로저스의 혁신 확산 이론으로부터 시작해서 초기수용자와 조기다수자 사이에 케즘 즉 단절이 존재한다고 주장하였다. 초기 수용자 단계에 까지 성공적으로 진출한 기술 앞에는 빠질 수 있는 단절이 기다리고 있다. 수많은 기술혁신 제품들이 소리없이 사라지는 곳도 바로 이 케즘이다. 이는 초기 수용자들의 요구와 조기 다수자들의 요구 사항은 달라서 조기 다수자에 정착하지 못하고 케즘에서 좌절하기 때문이다.

말하자면 초기 수용자는 다소 제품이 불완전하고 기술적으로 초기 단계에 있는 제품도 받아들인다. 하지만 초기 다수자는 실용적인 소비자들로 불완전한 문제들을 해결해야 제품을 받아들이는 소비자들이다. 따라서 미래의 수익률을 보장하는 것이 아니라 실용 차원의 문제를 해결하는 데 중점을 두어야 한다. 그러므로 이 케즘을 성공적으로 넘어서기 위해서는 우선 **완전한 제품(whole product)**을 만들어야 한다. 완벽한 제품 없이는 그리고 주요한 흠결을 제거하지 못하고는 케즘을 넘어서기 어렵다. 그리고 조기 다수를 구성하고 있는 의심 많은 실용주의자들에게 적합한 제품을 배치(position)하는 전략을 택해야 한다. 가격의 경우에도 가치를 기준으로 가격을 메기기 보다는 경쟁 비교에 근거해서 가격을 책정해야 한다. 또 가장 적절한 유통 채널과 가격 정책을 구축하여야 한다.

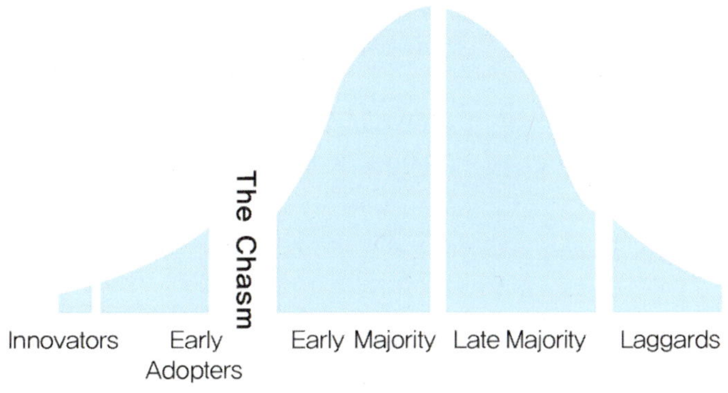

그림 9.7 기술 수용 주기와 Chasm

자료: Crossing the Chasm P13 저자 편집

무어는 후속 저서 「돌풍 속으로: 고성장 시장에서의 발전, 레브리지, 성장 전략(Inside the Tornado: Strategies for Developing, Leveraging, and Surviving Hypergrowth Markets)」에서 케즘 극복 전략을 세단계로 구분하고 있다. 극복 전략을 볼링 경기에 비유하여 볼링 엘리 단계(the bowling alley), 돌풍단계(inside the tornado), 중심가 단계(main street)로 나누고 있다. 먼저 **볼링 엘리 단계(Bowling alley)**에서는 완전한 제품을 만들고 조기 다수자 시장을 세분화하여 타겟을 설정하여야 한다. 시장 세분화는 완전한 제품을 구체화하고 만들어 내는 데 도움이 된다. **돌풍단계(inside the tornado)**는 수요가 폭발하는 단계이다. 이 단계에 들어서면 시장점유율을 확대하여야 한다. 따라서 광범위한 유통채널확보가 관건인 시기이다. 다음 **중심가 단계(main street)**로 이 단계는 성숙시장으로 공급이 수요를 초과하는 단계이다. 말하자면 잡아 놓은 집토끼 관리가 필요한 시기이며 이때에는 재구매 시기 관리와 브랜드 등 기업 이미지 유지 또는 확보가 필요하다.

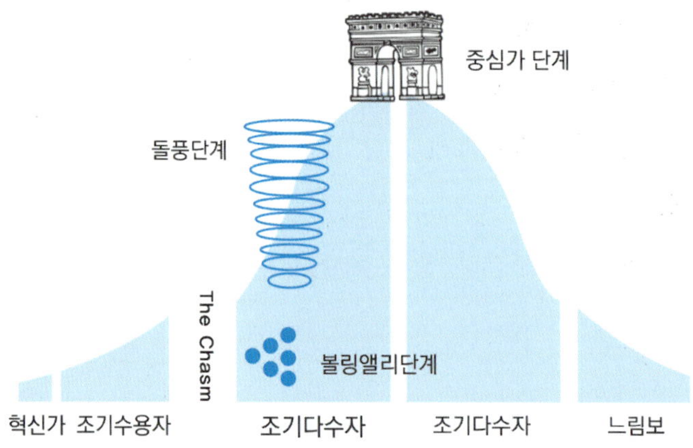

그림 9.8 Chasm 극복 전략

자료: 'Inside the Tornado: Strategies for Developing, Leveraging, and Surviving Hypergrowth Markets'

다. 하이프 사이클 이론(Gartner's Hype Curve)

하이프 시이클 그래프는 기술의 성숙도를 표현하기 위한 시각적 도구 이다. 과대 광고 주기라고도 한다. 대표적인 IT 시장조사기관인 가트너(Gartner)가 발표한 과장광고곡선(Hype Curve)은 특정한 기술이 개발되고 사회 일반에 알려지기 시작하면서 업계나 관계자들로부터 주목을 받거나 그들이 기대하는 정도가 시간이 흐름에 따라 변화하는 과정을 5단계로 구분하여 설명하는 모형이다.

이 단계는

- 기술혁신 촉발 단계**(Innovation Trigger)**
- 과장된 기대의 정점 단계**(Peak of Inflated Expectations)**
- 환멸단계**(Trough of Distillusionment)**
- 계몽단계**(Slope of Enlightenment)**
- 생산성 안정단계**(Plateau pf Productivity)**로 구성된다.

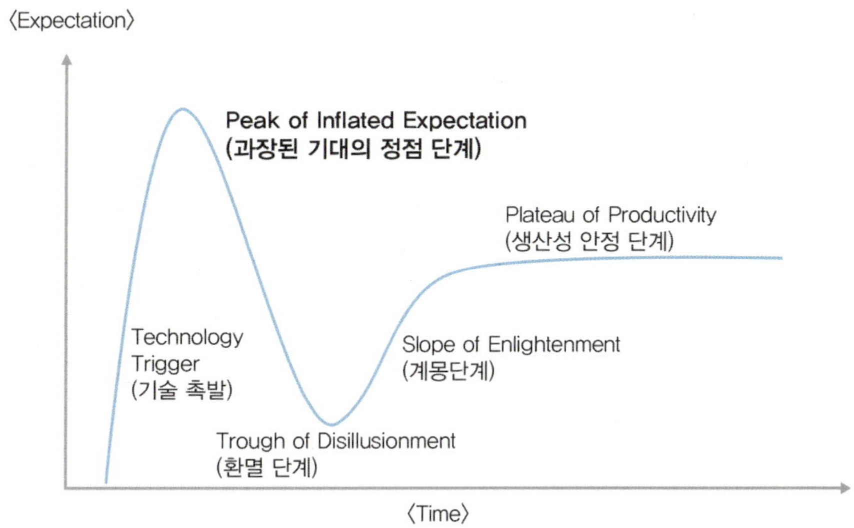

그림 9.9 Hype cycle 곡선

자료: Gartner 보고서를 참조하여 저자 편집

제1단계는 기술이 여론이나 일반의 주목을 끌기 시작하는 단계로 기초 연구의 수준에 머물러 있던 기술이 상용화를 위한 계기가 마련하거나 시제품의 생산, 해당 전문가나 기관으로부터 호평을 받는 시기이다. (Basic Education - Drive Bandwagon)

제2단계는 위 1단계에서 어떤 측면에서는 과도한 관심을 받던 기술 중에서 일부 성공적인 사례가 나타나기 시작하고, 이로 인하여 많은 사람들이 미래에 대하여 거의 환상에 가까울 정도의 낙관적 생각으로 흥미를 가진다. 당연히 해당기업의 주가는 폭등하고 지나친 낙관에 근거한 평가와 비현실적인 전망까지 나타나는 시기이다. 반면 해당 기술을 둘러싸고 있는 환경이나 이면을 들여다보면 참담한 실패의 사례 등도 나타나기 시작한다. (Reality Check - Manage Expectation)

제3단계에서는 위 2단계에서 지나치게 낙관적이고 거의 환상적인 기대가 실제로는 충족될 수 없음을 깨닫게 되어 실망감이 급속도로 확산되는 시기이다. 언론이나 여론, 관련기관들의 관심이 사라지며 과도한 기대나 확신으로 기업의 규모를 확장하던 일부 부실한 기술기업들이 사라진다. (Customer Success - Real Value)

제4단계에서는 비현실적이고 지나친 낙관에 의한 기대가 사라지는 3단계를 거치면서 실질적인 기술은 발전을 거듭한다. 실질적인 기술의 발전과 더불어 현실적으로 성공한 사례들도 하나 둘씩 나타나기 시작한다. 이로써 다시 업계나 관련 전문가, 일반인 등으로부터 서서히 예전의 지나친 기대가 아닌 현실적인 기대감이 회복된다.

제5단계에서는 기술이 완전히 업계에서 인정을 받으며 안정적인 정착의 과정을 거친다. 아울러 해당 산업분야를 변화시키는 신기술로 꾸준히 관심을 받게 되고 그 중에서 우수한 기술은 주류 기술로 완전히 정착하게 된다. 동시에 안정된 기술을 대체하거나 위협할 수 있는 더 혁신적인 기술이 위 제1단계의 형태로 나타나기 시작하기도 한다. 주류로 편입되는데 소요되는 시간은 기술의 종류에 따라 10년 이상 소요되는 경우도 있다.

이와 같은 하이퍼 사이클을 바탕으로 카트너사는 매년 기술 트랜드를 발표하고 있다. 그림 9.10은 2019년 8월 발표된 "2019 Hype Cycle for Emerging Technologies"에 수록된 내용이다. 이 보고서에서는 5가지의 테크놀로지 트렌드를 주목하고 있다. 이는 감지와 이동성(Sensing and Mobility), 증강 인간(Augmented Human), 탈(脫) 고전 컴퓨팅과 통신 (Postclassical Compute and Comms), 디지털 에코시스템(Digital Ecosystems), 고급 인공지능과 분석(Advanced AI and Analytics) 등이다.

이와 같은 5가지 트렌드를 살펴보자면,

- **감지와 이동성(Sensing and Mobility) :** 센서 기술과 인공 지능이 결합한 것으로, 이를 적용한 시스템은 주변 환경을 더욱 잘 이해하고, 이를 통해 사물의 이동성과 조작성을 향상된다. 3D 감지 카메라(3D sensing cameras), 증강현실 클라우드(AR cloud), 경화물 운송 드론(light-cargo delivery drones), 자율주행 비행 및 레벨 4/5 단계의 자율 주행(flying autonomous vehicles and autonomous driving Levels 4 and 5) 등이 관련 기술이다.
- **증강 인간(Augmented Human) :** 인간과 원활한 상호작용을 하면서, 건강하고 강인한 활동이 가능하도록 하는, 인지 또는 신체적 개선 능력을 갖추도록 해주는 기술이다. 인간이 가진 자연적인 능력을 뛰어넘는 기술을 통해, 신체가 가진 한계를 극복하거나 불가능했던 일을 가능하도록 만들어 준다. 바이오칩(biochips), 의인화(personification), 증강 지능(augmented intelligence), 감성 인공지능(emotion AI), 몰입형 작업공간 및 생명 공학(immersive workspaces and biotech) 등의 기술이 관련되어 있다.
- **탈(脫) 고전 컴퓨팅과 통신(Postclassical Compute and Comms.) :** 이 트랜드는 기존의 컴퓨팅 및 통신 기술이, 완전히 새로운 아키텍처와 접근 방법을 통해, 새로운 형태로 대체될 것을 의미한다. 전통적인 컴퓨팅과 통신 기술은, CPU의 속도 향상, 메모리 용량과 기록 밀도 증가, 무어의 법칙 개선 등의 과정을 거치면서 발전했다. 하지만 5G, 차세대 메모리(next-generation memory), 저궤도 위성 시스템(low-earth-orbit satellite systems), 나노 스케일 3D 인쇄(nanoscale 3D printing) 등의 기술이 고전적인 컴퓨팅과 통신 환경을 바꾸어 놓을 것으로 예상되고 있다.
- **디지털 에코시스템(Digital Ecosystems) :** 이는 비즈니스 생태계의 자동화가 마찰을 줄이고 동적 연결을 가능하게 하는 방향으로 빠르게 발전하고 있는 현상을 의미한다. 디지털 에코시스템에서는 상호 이익이 되는 목적을 달성하기 위해서, 디지털 플랫폼을 공유하는 기업, 사람, 사물이 서로 의존하고 자원을 활용한다. 또한 디지털 에코시스템은 계속해서 변화하기 때문에, 미래 계획에 대한 연구가 필요하다.

따라서 이 부문에서는 지식 그래프(knowledge graphs), 합성 데이터(synthetic data), 분산 웹 및 자율 조직(decentralized web and decentralized autonomous organizations)에 대한 관심이 중요하다.

- **고급 인공지능 및 분석(Advanced AI and Analytics) :** 이 기술은 인공지능 기술의 경계를 빠르게 확장하고 있는 대표적인 기술이다. 새로운 클래스의 알고리즘과 데이터 구조가 전혀 새로운 기능을 가능하도록 만들어 가고 있다. 또한 더욱 광범위한 분야에 적용되면서, 다양한 방향으로 인공지능이 발전을 거듭하고 있다. 특히 고급 분석은 전통적인 비즈니스 인텔리전스(BI)보다 정교한 기술과 도구를 사용해, 데이터 또는 콘텐츠를 분석해 향상된 예측이나 추천을 제공한다. 적응형 머신러닝(adaptive machine learning), 엣지 AI(edge AI), 엣지 애널리틱스(edge analytics), 해석 가능한 AI(explainable AI), AI PaaS, 전송 학습(transfer learning) 등이 관련된 기술이다.61)

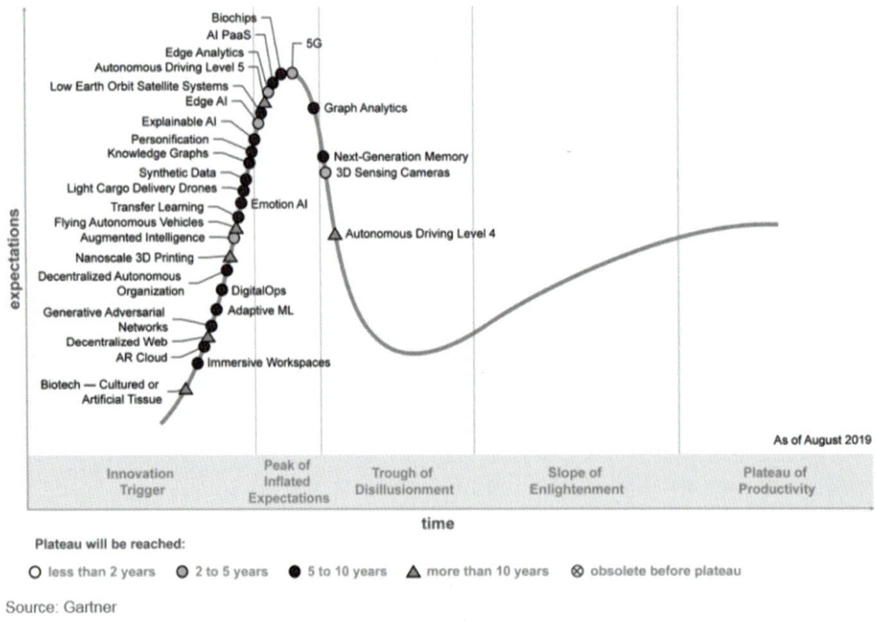

그림 9.10 Hype Cycle for Emerging Technologies, 2019

자료: Gartner 보고서 (2019), IT World 2019.10.10. 기사에서 재인용(김달훈 기자)

61) 김달훈(2019.10.10). 인터뷰/ 가트너 최윤석 시니어 파트너가 전하는 하이프 사이클의 보고서의 의미.《CIO KOREA》

한편 이와 같은 하이퍼 사이클과 함께 참고할 수 있는 것은 **우선순위 메트릭스(The Priority Matrix)**이다. 이 도표는 시간의 흐름에 따른 이득(benefit)의 정도를 나타내는 것이다. 이 때 시간(time)의 의미는 주류(mainstream)에서 채택하는 데 걸리는 시간을 의미한다. 이 기술로 부터의 이득도 4단계로 구분하는 데 낮음, 보통, 높음, 전환(transformational)으로 나누고 있다. 예를 들어서 이 도표에서는 앞으로 2년에서 5년 사이에 활용될 기술을 5가지로 들고 있다. 증강 지능(Augmented Intelligence), 에지 AI(Edge AI), 3D 센싱 카메라(3D Sensing Cameras), 5G, 에지 어넬리틱(edge analytics), 등을 들고 있다. 이 중에서 증강 지능이나 에지 AI는 전환을 주도할 가능성이 있는 기술로 분석하였다.

그림 9.11은 하이퍼 사이클과 기술수용주기를 결합한 그림이다. 이 그림에서 보면 하이퍼 사이클에서 시장관심도가 최고조에 달한 시기는 조기 수용자 중심으로 집중적인 관심을 받는 초기 단계이다. 그러나 케즘의 직전 단계로 나타난다. 다시 말하자면 위험이 최고조에 달한 시기라고 할 수 있다. 그러나 대중의 관심이 줄어들면서 성숙기에 들어갔다고 판단하거나 한물간 기술로 소홀히 하기 시작했을 경우 환멸단계에 들어 간다. 반면 기술 수용 주기에서는 주류 시장에의 진입을 눈앞에 두고 있는 시기로 나타난다. 이 시기는 기술 채택 시기로서는 최적기라고 할 수 있다.

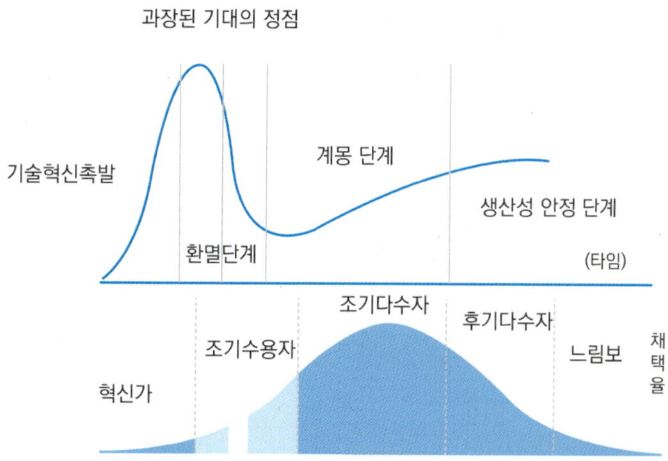

그림 9.11 하이퍼 사이클과 기술 수용 주기

자료: https://www.researchgate.net/figure/The-Hype-Cycle-HC-and-the-Technology-Adoption-Lifecycle-TALC-models-plotted_fig1_272942775

제10장
기술로 사업하기

1. 기술사업화 의의와 개념

기술사업화는 기술개발과 함께 기술경영의 한 축을 이루고 있다. 기술사업화는 기술경영의 최종 성과와 연계되어 있어 매우 중요한 프로세스이고 최근 들어 이에 대한 관심은 높아지고 있다. 그러나 기술개발에는 성공하였으나 사업화에 실패함으로써 기술경영의 실패 사례로 소개되는 기업이 한 둘이 아니다. 앞장에서 소개한 실리콘 밸리의 Xerox PARC 연구소의 실패도 이러한 사례의 하나라고 할 수 있을 것이다. 한국의 기술 중소기업들도 기술사업화에 대한 이해가 매우 낮아 기술 개발에는 성공하였으나 사업화에서는 실패하는 사례가 비일비재하다. 지금도 적지 않은 한국 기술 중소기업들은 자금을 조달하기 위해 실리콘밸리의 문을 두드린다. 그들과 실리콘 밸리 벤처 캐피털 간 미팅은 대부분 성과 없이 끝난다. 그 이유는 한국기업은 기술만 가지고 있었기 때문이다.

기술사업화(Technological Commercialization)의 정의는 매우 다양하다. 일반적으로 기술사업화는 기술이전(Technology Transfer)과 함께 보유 기술을 실용화, 시장화 또는 사업화하는 과정을 포괄하는 개념으로 쓰인다. 「기술의 이전 및 사업화촉진에 관한 법률」 제2조에 따르면, 기술사업화는 "기술을 이용하여 제품의 개발·생산 및 판매를 하거나 그 과정의 관련 기술을 향상시키는 것"이라 정하고 있다. 과학기술정책연구원(STEPI)(2009)은 기술사업화를 "보유기술의 잠재적 가치 실현을 위해 기술을 이전하거나 생산과정에 적용함으로써 제품 및 서비스를 생산·판매하는 절차"로 정의하고 있다. 한편 박종복(2008)은 기술혁신의 전주기적 관점에서 "개발된 기술의 이전, 거래, 확산과 적용을 통해 부가

가치를 창출하는 제반 활동과 그 과정"으로 정의하였다.

한편 정선양(2011)은 사업화, 산업화, 상업화의 개념을 명확히 구분하고 있다. 이와 같은 혼동은 기술사업화가 영문으로 'commercialization'으로 쓰이고 있어 상업화로 구별되는 영어 표현이 딱히 없기 때문에 일어나고 있다고 주장한다. 그는 상업화는 새로운 제품 및 서비스의 출하는 의미하고 사업화는 출하된 제품과 서비스를 바탕으로 하나의 사업이 형성되는 것을 의미한다고 정리하였다. 또한 산업화는 같은 기업들의 증가 및 이를 통한 새로운 산업이 형성되는 과정을 나나낸다고 과정으로 해석하였다. 결론적으로 기술상업화를 기술사업화 개념에 포함시켜 이론을 전개하고 있다.

2. 기술사업화 이론

가. Rothwell & Zegveld의 선형적 사업화 모형

기술사업화 모형에는 선형적 접근과 비선형적 접근이 있다. 선형적 기술사업화 모형은 앞장에서 서술하였던 technology push형으로 Rothwell & Zegveld(1985)의 모형이 근간이 된다. 이 모형에 따르면 기술사업화는 **아이디어, 개발, 시제품 제작, 생산, 판매** 그리고 **시장의 진입**에 이르기까지 일련의 과정으로 나타난다.

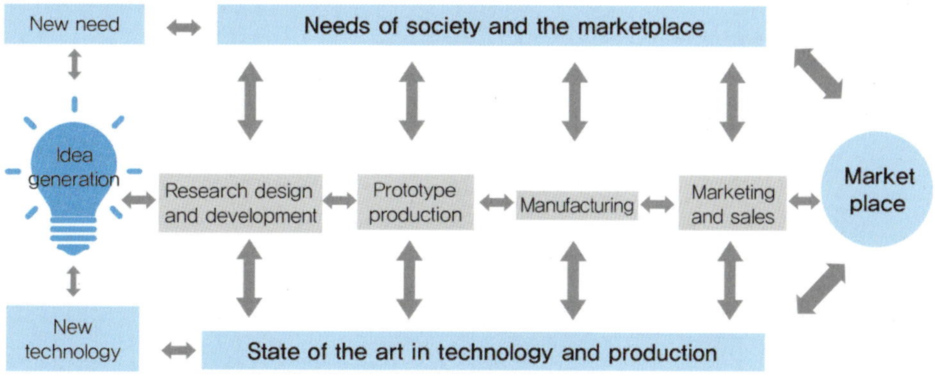

그림 10.1 Rothwell & Zegveld (1985)의 기술사업화 모형
자료: Rothwell and Zegveld (1985). Reindustrialization and technology. ME Sharpe

나. Jolly의 기술사업화 모형

기술사업화 이론의 대표적 학자인 졸리(V. K. Jolly)의 모형은 '5단계(subprocess) 4전이(bridge) 이론'으로 통합적인 상호작용을 중요시하는 비선형적인 특성을 지닌다.[62] 졸리는 기술사업화과정에서 기술은 기술사업화의 핵심요소이며, 각 단계의 가치를 통합하여 해당 단계를 넘어가는 전이(轉移) 과정의 역할과 중요성을 강조하였다. 졸리는 기술사업화는 기술의 가치를 증대시키는 일련의 단계 활동으로 파악한 것이다. 그림 10.2에서 보는 바와 같이 졸리의 이론은 기술사업화의 전체 과정을 그룹화 하여 단계적으로 기술사업화에 필요한 전략을 제시하고 있다. 이는 아이디어 착상(imagining), 보육(incubating), 시연(demonstrating), 촉진(promoting), 지속(sustaining) 등 5단계로 구성되며 이 5단계의 활동을 통해 기술의 가치가 증대된다. 이를 위해서는 기술적 관점의 접근뿐만 아니라 마케팅 등 경영적 활동도 필수적이라고 주장하였다.

단계별 주요 특징과 내용은 아래와 같다.

- **착상(imagining) 단계 :** 기술적 성과를 매력적인 시장기회와 접목시키는 단계로서 대부분 시장의 관심을 얻지 못한다.
- **보육(incubating) 단계 :** 새로운 아이디어의 사업화 가능성을 기술 측면과 시장수요 측면에서 구체화시키는 단계로서 성공 가능성에 대한 이해관계자의 설득이 어렵다.
- **시연(demonstrating) 단계 :** 신기술을 시장에서 판매 가능한 제품 혹은 공정으로 구현하는 단계로서 기술적 가능성 입증을 넘어 수요에 부합하여야 하는 것 까지 포함한다.
- **촉진(promoting) 단계 :** 신기술제품의 시장진입에 따른 시장수용성(acceptance)을 높이는 단계로서 고객에 대한 구체적인 설득과정과 사회·경제적인 인프라 조성을 포함한다.
- **지속(sustaining) 단계 :** 신기술을 이용한 제품 또는 공정이 시장에서 오랜 기간 동안 존속하며 거기에서 발생하는 가치의 상당부분을 전유하는 단계로서 기술의 급격한 진부화와 새로운 경쟁자의 진입이 위협요소가 된다.[63]

62) Jolly, V.K.(1997), Commercializing New Technologies, Harvard Business School Press, Boston, MA
63) 박종복(2008), 기술사업화 이론과 기술경영 적용방안

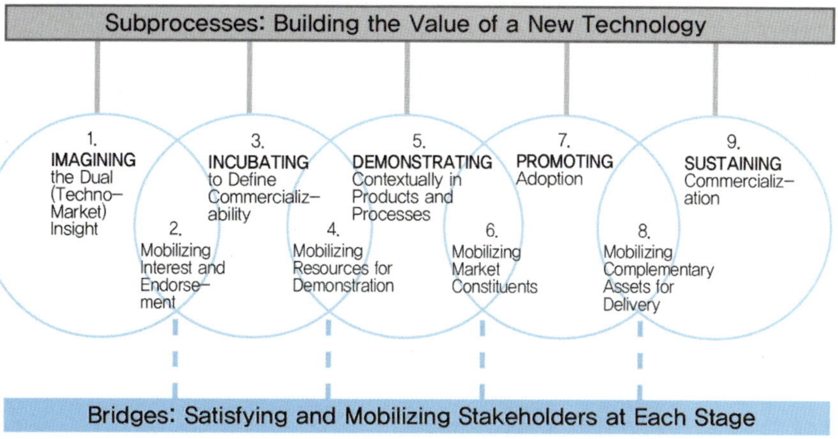

그림 10.2 Jolly의 기술사업화 모형

자료: Jolly(1997), Commercializing New Technologies, p4, 15.

졸리는 이와 같은 5단계를 지원하는 4개의 연결과정(brigde)을 별도로 제시하고 있는데 이는 각 단계별로 특허기술의 가치를 증가시키는 이해관계자의 지원 및 관련 필요자원의 동원을 나타내는 것이다. '아이디어 착상'에서 '보육'단계로의 도약을 위한 제1 연결과정(1st Bridge, 주변으로부터의 관심과 인정의 동원, Mobilizing interest and endorsement)에서는 동료, 연구협력자 등이 이해관계자가 될 것이며, '보육'단계에서 '시연'단계로의 도약을 위한 제2 연결과정(2nd Bridge, 시연을 위한 자원의 동원, Mobilizing resources for Demonstration)에서는 벤처캐피털리스트, 개발협력자, 잠재 기술사용자 등이 이해관계자가 될 것이라고 제시하고 있다.[64] 그리고, '시연'단계에서 '촉진'단계로의 도약을 위한 제3 연결과정(3rd Bridge, 시장화를 위한 구성요소의 동원, Mobilizing Market constituents)에서는 잠재고객, 보완기술 제공자, 제조협력자, 사업협력자 등이 이해관계자가 될 것이고, '촉진'단계에서 '지속'단계로의 도약을 위해서 필요한 제4 연결 단계(4th Bridge, 시장 확대 및 유지를 위한 보완적 자산의 동원, Mobilizing resources for Delivery)에서의 이해관계자는 고객, 최종 사용자, 오피니언 리더, 시장 구성원이 있으며, 이후 회사 경영진과 사업협력자 등이 '지속'단계의 유지·발전을 위한 주요 이해관계자로 정의되고 있다.[65]

64) 기술사업화 이론 맛보기(Vijay K. Jolly 교수) | 작성자 박상완

졸리의 기술사업화 이론은 기술사업화의 단계별 전문화 추세를 잘 설명하고 있다. 이해 관계자 등 외부에서 인식하는 사업화 가치에 기반을 둔 전이활동을 강조하고 있을 뿐만 아니라 다양한 생애 기간(1년 내지 20년)의 기술사업화 유형을 동일한 틀에서 분석할 수 있고, 단계별 투자 결정을 내릴 수 있게 하는 등 장점이 많다.

3. 기술사업화 전개 과정

기술이 사업화되기 위해서는 다음의 3가지 요건이 충족되어야 한다. 첫째, 기술의 완성도: 기술개발의 결과물이 과연 사업화로 연계될 수 있는 지를 확인해야 한다. 둘째, 사업 주체: 이와 같이 완성된 기술을 사업화할 역량을 가진 적합한 기업가와 조직을 찾아야 한다. 셋째, 사업성 분석: 완성된 기술을 사업 주체가 사업화할 경우, 사업성이 어느 정도 있는지 분석을 해보아야 한다. 이 중에서 가장 중요한 요소가 기술의 완성도라고 할 수 있다.

가. 기술의 완성도 평가

1) TF (Technology Factor) 평가

기술의 완성도를 평가하기 위한 방법으로 가장 많이 알려진 방법이 TF(Technology Factor)모델이다. 이 평가의 2대 요소는 **유용성(Utility)**과 **경쟁성(Competitiveness)**으로 미국의 컨설팅 회사인 ADL(Arthur D. Little)이 최초로 고안하여 다우 케미칼(Dow Chemical)사가 이를 주로 활용하였다. 이후 이나비시스(Inavisis)사가 확대 발전시켜 왔다. 이 모델은 표 10.1과 같이 18개 평가 항목으로 구성되어 있으며 5점 척도로 평가하도록 설계되어 있다. 유용성과 경쟁성 2가지 측면에서 평가하여 사업가치중에서 기술의 기여율(%)을 결정하는 방식이다. 즉, 유용성은 해당기술이 사업에 어느 정도의 가치가 있는가를 평가하는 지표이며 경쟁성은 경쟁기술에 대비하여 차별성, 영속성, 독창성 등을 평가하는 것이다.

65) 기술사업화 이론 맛보기(Vijay K. Jolly 교수)|작성자 박상완

기술성 평가 모델

A. 유용성(Utility)	B. 경쟁성(Competitiveness)
(A1) 사업화 소요자금의 규모	(B1) 대체기술
(A2) 지속적 기술개발 전망	(B2) 경쟁자에 미치는 영향
(A3) 사업화 소요시간	(B3) 기술의 복잡성
(A4) 유효 경제 수명	(B4) 차별화
(A5) 추진주체에 대한 유용성	(B5) 특허의 법적 권리
(A6) 경쟁사에 대한 유용성	(B6) 전략적 지위
(A7) 사업화의 장애요소	(B7) 지역적 적용성
(A8) 고객의 구매의향	(B8) 기술가치의 소멸 가능
(A9) 특허의 학습가치	(B9) 기술대체의 가능성

표 10.1 유용성과 경쟁성의 구성 요소

자료: 기술사업화 성공과 실패연구, p22

2) BMO(Bruce Merrrifeld - Ohe)평가

BMO 평가란 기술사업화를 위해 유망한 기술을 선별하기 위한 방법, 즉 우수 기술을 선정하는 기법의 하나로 개발된 것으로 와튼 스쿨(Wharton School)에서 개발한 툴이다. 본래는 연구개발 테마 선정을 위해 개발된 기법이었으나 일본의 대강(大江) 사무소에서 신규 사업 및 아이템 선정을 위한 기법으로 수정되었다. BMO라는 이름은 이 방법론을 제안한 Bruce Merrifield 박사와 개정한 일본 오오에 교수의 머리글자를 따서 지은 것으로 미국의 대표적 기업들이 많이 사용하고 있다.

이 평가법은 3단계의 과정으로 이루어진다.

X. 사업의 매력도		Y. 자사와의 적합성	
평가항목	10	평가항목	가중치
X1 시장규모	10	Y1 자금력	10
X2 성장성	10	Y2 마케팅력	10
X3 경쟁력	10	Y3 제조력	10
X4 리스크분산	10	Y4 기술력	10
X5 업계의 재구축	10	Y5 원재료 조달력	10
X6 사회적 우위성	10	Y6 매니지먼트 지원	10
계	60	계	60

표 10.2 BMO 평가지표

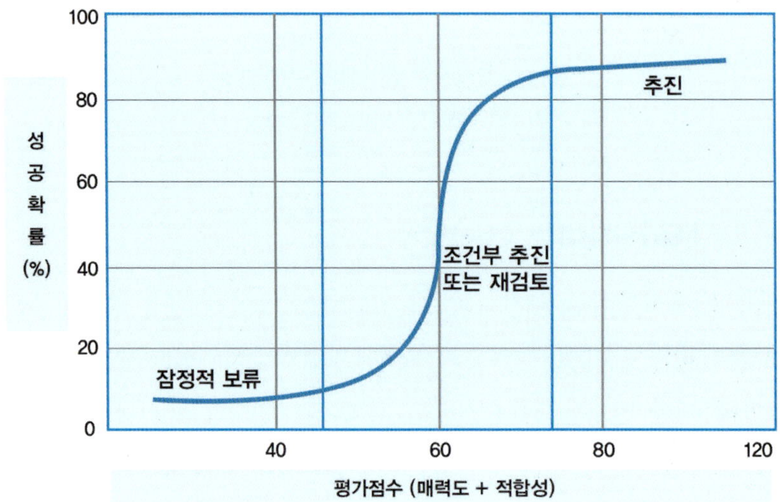

그림 10.3 BMO 평가의 성공 곡선(success curve)

자료: 한국과학기술기획평가원(2009),'미래 성장을 견인할 수 있는 국가 존망의 기굴 발굴'에서 저자 편집

1단계로 해당 사업 아이템의 **매력도**를 우선 평가한다. 평가 결과 매력도가 35점 이상인 경우에는 2단계 평가로 들어가고, 35점 미만인 경우에는 사업성이 없는 것으로 결론을 내린다. 2단계로 자사에 얼마나 적합한 것인지, 즉 **적합성**을 평가한다. 매력도와 적합성의 합계가 80점 이상인 경우에는 3단계 평가로 들어가고, 80점 미만인 경우에는 사업을 보류하거나 재검토하는 것으로 결론을 내린다. 3단계는 **사업성(매력도+적합성)**평가 점수를 사업화 성공확률 곡선에 대비시켜 사업화 성공확률을 판단한다. 그림10.3은 신산업의 성공곡선(success curve)을 나타내고 있다. 이를테면 70점을 받고 사업에 뛰어 든 경우는 생존 확률이 30%, 85점의 경우 80%의 확률을 보여 주고 있다.

이러한 분석과 함께 사업추진을 위한 결론을 내리 위한 방법을 다이모드 차트가 활용되고 있다. 아래 그림 10.4는 BMO 다이어먼드 차트를 나타내는 그림이다. 이 그림에서 나타나듯이 매력도가 35점 이상이면서, 합계점수인 사업성이 80점 이상인 영역은 '사업화 추진'이라는 결론을 내린다.

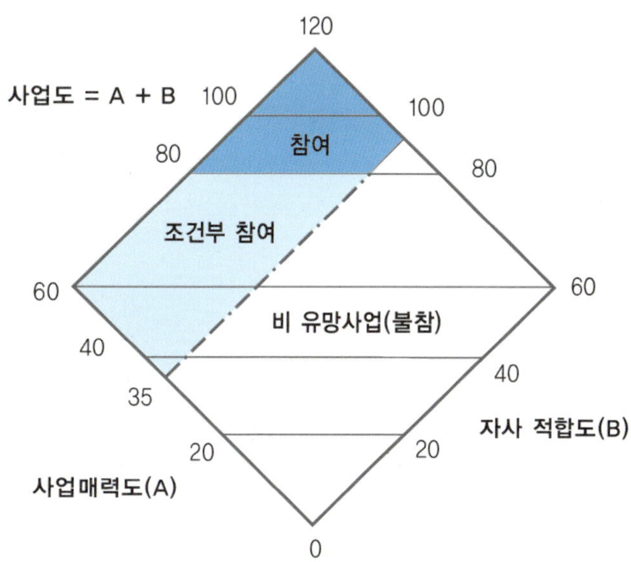

그림 10.4 BMO 다이어 먼드 차트

나. 기술사업화의 유형과 비즈니스 모델

1) 기술사업화의 유형

기술사업화는 통상적으로 기업 내부의 사업부를 통해 이루어지게 되는데, 이와 같은 유형은 '자체 사업화'이다. 그러나 이 외에도 다양한 기술사업화가 있다. 이와 같은 기술사업화의 다양한 유형을 **사업화의 스펙트럼**이라고 하는데, 여기에는 **Fee for Service, 라이선싱, 스타트 업(Start-up), 인큐베이션, 자체 사업화** 등이 있다. 해당 기술을 개발용역의 개념, 즉 개발원가 수준의 가치로 인정하여 사업주체에 제공하는 것을 Fee for Service라고 한다. 또 다른 형태인 라이선싱은 타 기업에 해당 기술을 제공하고 이에 대한 대가로 매출액의 일정 규모인 기술료를 받는 방법이다. 이는 많은 기술벤처 기업들이 선호하는 유형으로서, 대부분은 기술벤처가 대기업을 상대로 가술 라이선싱을 하는 것이다. 이와 같이 Fee for Service나 라이선싱을 통해 기술사업화를 추진하는 유형은 궁극적으로 기술개발만 하고 기술사업화는 스스로 할 수 없는 경우이다. 이는 사업에 대한 위험을 피할 수 있다는 장점이 있지만, 기술의 가치실현이 매우 제한적이라는 한계가 있다. 이와는 달리 해당 기술의 사업화를 위해 스핀오프 하여 창업 및 사업화하도록 하는 스타트업(Start-up)방법이 있다.

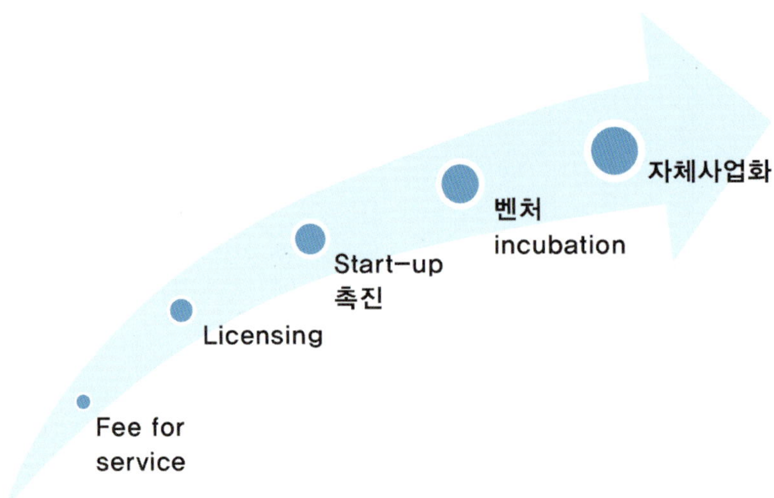

그림 10.5 기술사업화의 유형

자료: 저자 편집

경우에 따라서는 벤처가 자생력을 가질 때까지 회사 내에서 일정기간 지원해 주는 인큐베이션을 추가하기도 한다. 물론 가장 적극적인 기술사업화의 유형은 한 기업이 기술개발한 결과물을 그 기업이 기술사업화까지 하는 '자체 사업화'가 될 것이며, 이는 우리나라 대부분의 기업들이 가장 선호하는 적극적인 기술사업화의 유형이 되고 있다. 이와 같은 형태로 기술을 사업화하는 유형들이 발전할수록 비용도 점점 많이 소요되는 등 위험이 커지는 경향이 있으나, 반대로 기대성과도 더욱 커지는 특징이 있다. 즉 기술사업화의 유형에 있어서도 '고위험 고수익(High Risk, High Return)'이라는 원칙이 적용되는 것이다.[66]

2) 사업 모델 [67]

기술과 아이디어를 구체화하고 사업화하는 데 있어 매우 중요한 수단이 비즈니스 모델(business model)이다. 특히 기술 기업의 경우 사업성 있는 기술을 개발했음에도 불구하고 제대로 된 비즈니스 모델을 제시하지 못해 외부 자금 획득을 못하는 사례가 허다하다. 실리콘 벨리의 경우, 2000년 초에 스타트 업 붐이 일었을 때 훌륭한 비즈니스 모델만으로도 제법 큰 규모의 펀드 획득에 성공하는 일도 심심찮게 일어났다. 따라서, 기술사업화에 있어서 기술과 사업의 징검다리 역할을 하는 요소가 비즈니스 모델이다.

비즈니스 모델이란 "어떤 기업이 경제적, 사회적, 문화적 환경 속에서 가치를 만들고 이를 전달하며 그 과정에서 가치를 획득하는 방법을 논리적으로 설명하는 도구"이다.[68] 이와 같은 비즈니스 모델은 매우 정교하게 발전하여 왔는데 20세기 초의 면도기 비즈니스 모델 (razor and blades business model)이 초기 비즈니스 모델로 흔히 소개되고 있다. 이 모델은 '미끼형 비즈니스 모델(bait and hook business model)'이라고 불리기도 하는 데 기구(면도기)는 저가로 판매하고 보완재(complementary good)인 면도날을 판매를 늘리는 방식이었다. 말하자면 기본 상품(basic product)인 면도기를 미끼로 활용하는 방식이었다.

이와 같은 비즈니즈 모델은 시대를 거치면서 1950년대 McDonald와 Toyota, 1960년대 Wal-Mart, 1970년대 FedEx와 Toys R Us 등이 혁신적 비즈니스 모델을 제시하였다. 그 이후에도 이러한 현식적인 비즈니스 모델은 Blockbuster, Home Depot, Intel, Dell Computer등

66) 기술사업화 성공과 실패 사례연구(한국 과학기술 정보 연구원, 2014) P42
67) 기술사업화 성공과 실패 사례연구(한국 과학기술 정보 연구원, 2014) P27
68) Business Model Generation, Alexander Osterwalder, Yves Pigneur, Alan Smith, and 470 practitioners from 45 countries, self-published, 2010

으로 이어졌으며 최근 들어서도 Southwest Airlines, Netflix, eBay, Amazon.com, Starbucks 등의 비즈니스 모델이 혁신적인 비즈니스 모델로 소개되고 있다. 최근의 비즈니스 모델은 기술에 대한 의존도가 매우 크다. 예를 들어 인터넷의 활용은 기업가로 하여금 새로운 비즈니스 모델을 만들어 내는 것을 가능케 하였다. 최소비용으로 엄청난 숫자의 고객에 접근하고 관리는 것이 가능해졌고 글로벌리제이션이나 아웃소싱 시대의 도래로 공급사슬, 전략적 아웃소싱 등을 감안하여야 함으로 비즈니스 모델도 더욱 정교하고 복잡하게 되어지고 있다.

이론적으로 비즈니스 모델은 비즈니스의 핵심적 요소를 서술하는 데 활용된다. 여기에서의 핵심 요소란 비즈니스 목적, 프로세스, 타깃 고객, 제공 가치, 전략, 인프라, 조직구조, 소싱, 거래 관행, 운영 철차 및 정책 그리고 문화까지도 포함되는 개념이다. 이러한 다양한 요소를 간단하게 정리한 것이 '비즈니스 모델 캔버스(business model canvas)'와 '린 캔버스(lean canvas)'이다. 비즈니스 모델 캔버스는 비즈니스가 성공되기 위한 요소를 9가지로 제시하고 있는 반면 린 캔버스는 민첩성을 중요시 하고 있다.

비즈니스 모델 캔버스는 2010년 스위스이 비즈니스 이론가 알렉산더 오스터 왈드(Alexander Osterwalder)와 벨기에 컴퓨터 과학자 이브 피그너(Yves Pignneur)가 「비즈니

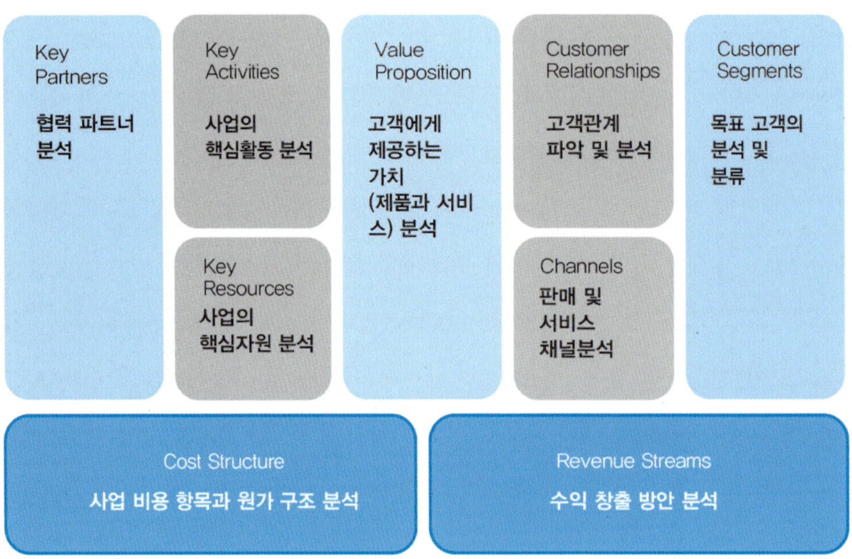

그림 10.6 비즈니스 모델 캔버스

자료: Business Model Generation(2010) 41p를 편집

스 모델 생성(Business Model Generation)」이란 책에서 처음으로 소개 하였다. 비즈니스 모델 캔버스에서 제시하는 9가지 구성요소는 1. 고객 세그먼트(Customer Segments), 2. 가치 제안(Value Proposition), 3. 채널(Channels), 4. 고객관계(Customer Relationships), 5. 수익원(Revenue Streams), 6. 핵심 자원(Key Resources), 7. 핵심 활동(Key Activities), 8. 핵심 파트너쉽(Key Partners), 9. 비용 구조(Cost Structure) 등 이다. 이러한 포맷을 토대로 사업 계획을 간략하게 작성하여 하여 볼 수 있다. 그림10.6은 비즈니스 캔버스의 모습이다.

이 비즈니스 캔버스는 시각화가 용이하다는 것, 가치 중심으로 묶여 있다는 것, 채널, 파트너, 고객 등을 다른 차원으로 묶은 것, 그리고 비즈니스 모델 커뮤니케이션에 도움이 된다는 것 등의 장점이 있으나 비영리 법인에 부적합하고, 미션 및 비젼이 배제되어 있고, 경쟁과 외부환경이 고려되어 있지 않다는 것 등이 약점으로 부각되고 있다.[69)]

한편 린 캔버스(lean canvas)를 이해하기 위해서는 린 스타트업(lean startup)의 개념을 이해할 필요가 있다. 린 스타트업은 2008년에 미국 기업가 에릭 라이즈(Eric Ries)가 제안한 개념이다. 그 이후 이 개념은 개인, 팀 그리고 기업들에게 전파되어 새로운 상품, 서비스 또는 시스템을 개발할 때 이용되었다. 이 방법론에 따르면 벤처기업들이 완전한 제품 출시에 집착해서 시간과 자원을 허비하기 보다는 시장의 평가를 빠르게 수집해서 문제점을 반복적으로 보완하고 역량을 축적하는 것이 더욱 효과적이라는 것이다. 따라서 린 스타트업의 원칙은 제품 아이디어 및 비즈니스 모델에 대한 가설에 기반해 **최소기능을 갖춘 제품(MVP, Most Viable Product)**을 빠르게 출시하고 잠재고객의 반응을 측정해서 문제점을 고치거나 과감히 비즈니스 방향을 전환(Pivot)하는 것이다. 이 과정을 통해 창업자들이 실패의 부담을 낮추면서 새로운 시도를 계속하게 된다.[70)] 린 스타트업은 우선 시장에 대한 가정(market assumptions)을 테스트하기 위해 빠른 **프로토타입(rapid prototype)**을 만들도록 권한다. 그리고 고객의 피드백을 받아 기존의 소프트웨어 엔지니어링 프랙티스(폭포수 모델[71)] 같은)보다 훨씬 빠르게 프로토 타입을 진화시킬 것을 주문한다. 린 스타트업에서는 하루에도 몇 번씩 새로운 코드를 릴리즈하는 것은 드문 일이 아니다. 이

69) http://businessmodelzen.co.kr/archives/5532

70) https://dbr.donga.com/article/view/1203/article_no/7397

71) 폭포수 모델(waterfall model)은 순차적인 소프트웨어 개발 프로세스(소프트웨어를 만들기 위한 프로세스)로, 개발의 흐름이 마치 폭포수처럼 지속적으로 아래로 향하는 것처럼 보이는 데서 이름이 붙여졌다.

를 위해서 지속적 배포(Continuous Deployment)라는 기법을 사용한다.[72]

린 캔버스는 애쉬 마우리아(Ash Maurya)가 만든 비즈니스 플랜 템플릿이다. 앞서 말한 비즈니스 모델 캔버스를 린 스타업에 맞게 최적화한 것이라고 볼 수 있다. 린 캔버스에서는 기존의 비즈니스 모델 캔버스에서 4가지 요소가 제거되었다. 이는 핵심 활동, 핵심 자원, 고객 관계, 핵심 파트너 십이다. 핵심 활동은 MVP 제품을 출시하고 반복적인 검증을 실행하면서 실현될 수 있는 항목으로 간주하여 제거되었다고 할 수 있다. 핵심자원은 새로 반영된 경쟁우위 요소와 관련된 항목으로 린 캔버스에서 제거되었으며 고객관계는 채널 블록에서 통합할 수 있다고 보았다. 또한 핵심 파트너십은 스타트업의 경우 현실적

그림 10.7 Lean Canvas

자료: https://leanstack.com/is-one-page-business-model에서 수집하여 저자 편집

72) https://ko.wikipedia.org/wiki/린스타트업

으로 비용 구조와 채널 구성에서 좌우되기 때문에 제거된 것으로 분석된다. 반면, 문제 해결 방안(Problem), 제품 및 서비스 솔루션(Solution), 핵심지표(Key Metrics), 경쟁우위 요소(Unfair Advantage) 등 4가지 요소가 반영되었다.

PART 3

세상을 바꾸는 융합과 연결 - 기술트렌드

제11장
미래 기술예측하기

1. 기술트렌드를 예측하는 방법과 프로세스

가. 기술트렌드란 무엇인가

세상 모든 사물에는 트렌드가 있다. 이때의 트렌드는 "사물의 경향이나 동향, 추세 또는 단기간 지속되는 변화나 현상"을 말한다. 경제현상에 대하여 '경제트렌드'라는 말을 많이 쓰고 있다. 특히 주식시장의 시황 분석 등에서 '대세상승기' 등의 표현으로 대부분이 주가의 상승기류를 타고 있다는 표현을 한다. 주식은 각각 회사의 현재가치와 미래가치로 이루어져 있지만, 현재의 경제 상황이 자본이 주식시장으로 몰려서 현재가치 또는 미래가치를 더 낙관적으로 보고 있다는 이야기이다. 패션트렌드 역시 많이 쓰는 말이다. 최근에 많은 소비자들이 선호하는 의류의 디자인이 이러하니 그 스타일에 맞는 상품을 더 많이 생산하라는 의미이다. 이렇듯 끊임없이 변해가는 현상 중에서 전체적인 흐름으로 작용할 수 있는 것이 트렌드라고 할 수 있겠다.

이러한 트렌드는 지속시기와 사회에 영향을 끼치는 범위(동조범위)에 따라 몇 가지로 구분이 된다. 가장 짧은 시간 영향을 끼치며 작은 범위의 사람들에게만 영향을 미치는 경우를 마이크로트렌드(Micro Trend)라고 한다. 순간적으로 좁은 지역에서 영향을 끼치는 것이다. 이보다 넓은 범위와 지속시간을 가지는 것을 유행이라고 하며 Fad라고 하기도 한다. 이는 1년 정도의 시간을 특정 산업계에서 영향을 미친다. 패션트렌드처럼 1년 동안 어떠한 패션이 유행할 것인지 등에 대한 것을 말한다. 이보다는 넓은 범위에서 1~5년간의 지속시간을 보이는 것을 우리는 일반적으로 트렌드(Trend)라 정의한다. 너무 짧은 시간 스쳐지나가듯 영향을 주는 마이크로트렌드나 Fad는 분석하고 예측해서 실행하기에는 그 과정에 들어가는 시간이 너무 길다. 분석이 끝난 시점에는 이미 그 현상은 사라지고 있을 가능성이 크다. 따라서 우리는 3~5년의 중기적 관점으로 트렌드를 분석하는 것이 더 필요하다.

트렌드보다 더 넓은 범위에서 오랫동안 지속되는 것을 **메가트렌드(Mega Trend)**라 한다. 메가트렌드는 10년 이상을 지속한다고 일반적으로 생각한다. 다양한 산업의 영역에 영향을 끼치며, 시작된 곳이 어디였든 주변 관련산업에 많은 영향을 끼치므로 우리가 정확히 파악하고 분석하여 예측하여야 할 대상이 된다. 이 용어는 미래학자 존 나이스빗이 만든 용어로 "탈 공업화, 글로벌화, 분권화, 네트워크화" 등 현대사회를 변화시키는 거대한 조류라는 의미로 용어를 사용하였다.

기술개발 역시 이와 유사한 흐름이 있다. 물론 경제상황이나 패션 유행과는 다른 동인을 가지고 트렌드를 형성하기는 하지만, 기술에도 그 시대를 꿰뚫고 진행하는 트렌드가 있다. 주로, 기초기술이나 기존 연구개발 중 성과를 보여 실생활에 적용할 수 있는 가능성이 보일 때 기술트렌드가 변화하는 현상을 보인다. 기술기획의 관점에서는 제대로 된 트렌드의 분석과 예측이 가치 있는 기술개발을 만들어 낼 수 있으므로 중요성이 크다 할 수 있다.

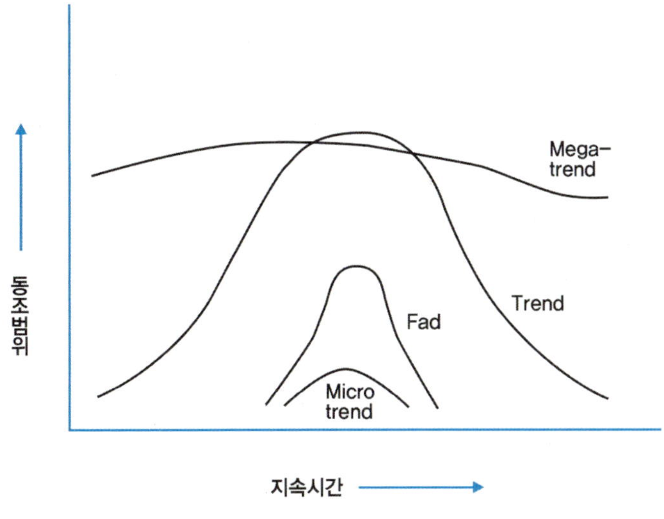

그림 11.1 트렌드와 메가트렌드

즉, 기술트렌드 분석은 그 자체로는 큰 의미를 지니지 못한다. 특히 트렌드라는 용어의 의미가 앞으로 장기간 비슷한 경향을 보일 것이라는 뜻을 내포하기 때문에, 트렌드는 분석하고 나면 그 다음 조치로 트렌드의 변화를 예측하고 예측된 것을 기술기획이나 연구개발 방향성 정립에 적용할 때 의미를 가진다. 이러한 기술트렌드 분석은 몇 가지 과정을 거쳐서 진행된다. 과거로부터 현재까지 어떠한 기술적인 변화가 있었는지 파악을 해 보고, 과거의 경험으로부터 현재가 오는 동인 등을 파악하여, 현재로부터 어떤 동인에 의하여 미래가 만들어 질 것인지에 대한 예측을 하는 것이다. 기술트렌드 분석을 통하여 새로운 트렌드를 알아내고, 그 트렌드에 따라 미래에 새롭게 등장할 기술을 예측한다. 이렇게 예측된 기술은 미래의 기술을 기획하는 단계에서 사용이 된다. 기술트렌드의 분석을 통하여 새로운 기술을 예측하고, 예측된 기술에 따라 기술기획을 하게 되며, 이를 통하여 기술이 혁신되는 과정을 거치게 되는 것이다. 따라서 기술트렌드의 분석과 기술예측은 기술혁신으로 가기 위한 중요한 정보를 제공하는 단계라고 할 수 있다.

나. 기술트렌드 분석의 과정

우선 기술트렌드는 수리적인 계산이나 통계처리에 의하여 발견하기 어려운 점이 있기 때문에 많은 부분이 비계량적인 방법과 정성적 분석에 의존한다. 특히, 한 분야를 오랫동안 겪어보았던 전문가의 경험과 통찰이 많은 기여를 할 수 있다. 하지만, 모든 사람들이 한 분야의 전문가가 될 수 없을뿐더러 여러 분야를 통합하여 진행되는 기술 등에 있어서는 여러 분야를 통합적으로 예측할 수 있는 전문가가 부재하여 한 명의 의견에 의한 분석이 어렵다 보인다. 많은 경험이 있지 않은 사람들도 트렌드를 분석할 수 있도록 체계적이고 과학적인 방법론에 대한 정립이 필요한 이유다.

1) 트렌드 자료 조사

트렌드를 분석해 내기 위해서 가장 처음으로 하는 작업이 자료 조사다. 자료 조사는 다양한 방법으로 가능한 한 많은 것을 찾아내는 것이 좋다. 하지만, 대부분 일반기업의 연구개발 결과는 대외비로 분류되어 성공적인 개발이 완료되어 대외에 공표하기 전에는 알아내기 어렵기 때문에 자료조사에는 한계점이 분명히 존재한다. 하지만, 수많은 자료를 조사하고 정리하여 구분하다 보면 일정한 하나의 방향으로 진행되는 연구의 흐름을 볼 수 있다. 따라서 자료조사의 풍부함이 얼마나 더 정확한 트렌드의 파악이 될 수 있는가를 좌우한다고 볼 수 있다. 물론 이때 찾아내는 자료가 얼마나 정확한지, 하나의 분야에서 일관된 흐름을 파악할 수 있는 일반성을 가지는지에 대한 여부도 중요하지만, 첫 단계에서는 수많은 자료의 확보가 가장 우선되어야 한다고 본다.

자료의 확보를 위해서는 많은 탐색이 필요하다. 최근 인터넷에는 대부분의 정보들이 돌아다니고 있어서 인터넷 서칭 만으로도 많은 자료를 탐색해 낼 수 있다. 이와 더불어 각종 산업별 전시회, 세미나, 컨퍼런스 등을 통하여 많은 자료를 모을 수도 있다. 특히, 가전과 ICT 분야에서는 매년초 라스베가스에서 개최되는 CES(Consumer Electronics Show), 이동통신 산업 협회(GSMA)에서 매년 바르셀로나에서 개최하는 MWC(World Mobile Congress) 등을 통하여 발표되는 신기술을 통하여 자료를 수집할 수 있다. 특히 매년 동일한 전시회에 방문을 해 보면 해마다 달라지는 경향을 파악할 수 있어, 금년과 다음해의 동향에 대하여 파악하기 더 쉬워지는 점이 있다. 국내에서도 전자제품 전시를 위하여 WIS(World IT Show)를 매년 개최한다. 국내 제조사와 서비스사 중심이기 때문에 한계가 있으나 접근성이 좋기 때문에 매년 참가를 통하여 트렌드 분석에 도움을 받을 수 있다. 이외에도 많은 전문가를 만나서 인터뷰를 해 보거나, 새로 만들어지는 스타트업과 벤처기업의 경향을 파악하는 것도 트렌드 분석을 위한 자료 조사 방법으로 가능하다.

2) 자료의 분석

자료가 확보되고 나면 브레인스토밍법 등을 통하여 확보된 자료를 정리하고 분석하여 일정한 추세, 경향을 찾아내는 과정을 거친다. 이렇게 만들어진 것이 현재의 트렌드라고 할 수 있다. 이 트렌드는 미래에 진행될 기술개발을 의미하기 보다는 현재 개발중에 있거나 곧 개발이 완료될 기술로 보는 것이 더 타당하다. 왜냐면 현 단계에서 수집할 수 있는 정보는 어느 정도 개발이 가시권에 들어온 기술에 대한 것들이기 때문이다.

조사한 자료의 내용 분석에는 다양한 방법이 있다. 계량화된 자료들의 경우는 통계적 방법에 의하여 분석을 하는 경우가 대부분이다. 하지만 기술트렌드를 분석하기 위한 자료는 비계량적인 자료가 대부분이므로 정성적인 방법에 의하여 구분하고 정리하여 분석하는 과정이 필요하다. 예를 들어 전시회에 참석하면 각 전시회에 출품한 회사마다 주력으로 삼는 전시 아이템들이 있다. 그 아이템들의 경향을 보면 기술발전의 트렌드를 알수 있는 것과 같은 방법이다. 2015년부터 자동차가 전세계 전자제품 전시회에 메인 아이템으로 등장하기 시작했다. 자동차의 전장부품들이 중요한 기술적 테마가 되었다는 이야기를 해 주는 것이다. 2018년 이후 스마트 홈 보다는 스마트팩토리가 더 주요 아이템으로 전시회에 등장하기 시작했다. 그 이야기는 스마트 홈이 이미 상용화가 되어 더 이상 전시할 새로운 아이템이 없거나 아니면 기술이 축소되거나 다른 분야로 흡수되어 더 이상 중요 기술로 존재하지 않는다는 판단을 할 수 있다. 대신 스마트팩토리와 같은 산업용 스마트 기기는 중요해 지고 있다는 생각을 할 수 있다. 이렇게 기존의 데이터와 경험에 의하여 상황을 구분하고 정리하여 분석하는 것이 가장 좋은 방법이다. 따라서 많은 데이터의 수집이 좋은 기술트렌드 분석의 필요조건이 되는 것이다.

3) 기술트렌드 예측

현재의 트렌드가 정리, 분석되면 이에 따라 향후 일어날 기술트렌드를 예측하는 과정이 필요하다. 앞에서 설명한 대로 분석 가능한 정보들이 대부분 곧 일어날 현상들이기 때문에 그 분야의 기술을 이미 확보하고 있지 않은 경우에는 이미 후발주자가 될 가능성이 크다. 선도적인 기술을 확보하기 위해서는 현재 기술트렌드가 미래에는 어떻게 변화할 것이고, 이에 따라 몇 년 이내에 어떠한 기술을 확보하여야 한다는 기술 기획을 작성하는데 이를 위해서는 미래기술을 예측하는 과정이 필수적이다.

미래를 예측하기 위해서는 현재 기술발전의 트렌드를 분석하는 것과 함께 현재의 기술환경에 대한 분석이 필요하다. 기술환경을 분석하기 위한 별도의 방법론이 있지는 않고 보통의 경우 마케팅이나 기업전략 수립을 위한 방법론을 사용한다. 예를 들어 거시적 환경을 분석하기 위하여 앞장에서 설명하였던 STEEP법 등을 활용한다.

현재의 환경분석을 마치고 나면 본격적인 기술의 예측을 한다. 기술예측은 미래 예측에 대한 가장 중요한 과정이기도 하지만 과학적이고 체계적인 방법이 필요하여 예부터 많은 다양한 방법들이 개발되었다. 델파이법이나 시나리오분석법, 미래바퀴법 등 다양한 방법이 제시되었으며, 추가적인 요구에 의하여 실시간 델파이법이나 미래바퀴법의 버전 2와 3으로의 발전 등 하나의 방법에 그치지 않고 필요에 의하여 점차 더 복잡하고 다양한 상황을 정리할 수 있는 방법론으로 진화해 나간다.

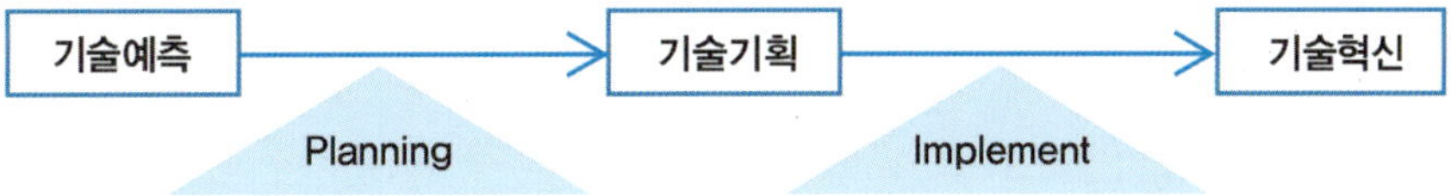

그림 11.2 기술예측과 기술혁신의 과정

자료: wikimedia Commons

4) 기술기획과 혁신

이러한 예측기법을 통하여 미래 기술트렌드를 예측한 후 정부나 연구기관에서는 장기적 비전의 연구계획을 설정하고, 기업에서는 미래 기술트렌드에 맞는 기술개발이나 연구프로젝트를 진행하게 된다. 그리고 이러한 기술기획을 통하여 새로운 기술의 트렌드를 만들어 내는 기술혁신을 이룰 수 있다. 이러한 과정은 위의 그림과 같이 진행된다.

다. 기술예측을 위한 기초 방법론 - 브레인스토밍법

기술예측을 위한 과정 중에서 몇 가지의 분석에 필요한 방법론들이 있었다. 그 중에 특히 자료의 분석을 위한 **브레인스토밍 방법**은 일반적으로 새로운 아이디어를 도출하는 방법으로 잘 알려져 있다. 하지만 제대로 아이디어를 도출하기 위해서는 모여서 아이디어를 이야기 하는 것 만으로는 새로운 아이디어를 도출하기 어려운 경우가 많다. 브레인스토밍이 본질적인 목적을 달성하기 위한 방법론으로는 어떻게 적용되는지에 대하여 간단히 알아보자.

1) 브레인스토밍법의 정의

브레인스토밍법은 1930년대에 알렉스 오스본(Alex Osbone)에 의하여 만들어졌다. 최초 구상될 당시 창조적 사고방식에 의하여 새로운 아이디어를 도출하기 위한 목적으로 만들어졌다. 이는 사람이 가진 연상능력에 의하여 다양한 새로운 아이디어를 만들어내는 방법으로 서로 다른 업무를 담당하는 직원들이 모여서 하나의 문제를 해결하기 위한 아이디어를 도출했을 때 좋은 성과를 보일 수 있음을 발견하고 만들어 낸 방법이다. 한명의 아이디어는 하나의 아이디어로 그치지만 많은 사람들의 아이디어를 서로 다양하게 조합하면서 새로운 아이디어를 도출하게 되면 서로의 생각에 자극을 주어 새로운 아이디어를 더 잘 도출하게 된다는 원리를 이용한 것이다.

2) 브레인스토밍의 원칙

브레인스토밍 방법은 몇 가지의 기본적인 원칙을 지켜야 한다. 첫 번째 원칙은 브레인스토밍법은 아이디어를 도출하는데 있는 것이지 평가하는 데 있지 않다는 것이다. **많은 양의 아이디어**를 만들어 내는 데 중점을 두어야 한다. 진행자는 참가자들이 최대한 많은 아이디어를 도출할 수 있게 유도해야 하고, 어떠한 아이디어든지 쉽고 자유롭게 말할 수 있는 분위기를 만들어 줘야 된다. 다른 사람이 내어놓은 아이디어를 그 자리에서 바로 평가하여 그 아이디어는 현실성이 떨어진다는 등의 부정적인 분위기를 만들지 못하게 해야 된다. 직급이나 직종에 따라 할수 있는 이야기와 할수 없는 이야기를 구분하지 말아야 하며, 모든 참여자들이 평등한 위치에서 이야기를 할 수 있게 해줘야 된다.

두 번째 원칙은 브레인스토밍은 새로운 창의적 아이디어를 도출하는 목적이기 때문에 평소와는 다른 새로운 분위기 등을 필요로 한다. 회의실의 선택도 평소에 업무의 공간에서 벗어나 자유로운 분위기를 만들어 주는 것도 좋고, 의상도 평소 근무복의 분위기에서 벗어나는 것도 좋다. 아이디어를 도출할 때에도 다른 참가자가 내어놓은 아이디어에 덧붙이는 방식의 새로운 아이디어를 연결하여 만들어 내는 것도 좋고, 진행자가 지속적으로 새로운 것들끼리의 조합을 제시하면서 아이디어를 도출하는 방법도 좋다.

세 번째 원칙은 회의시간 동안 **평가를 하지 않는 것**이다. 아이디어를 도출할 때 왁자지껄 떠들면서 재미있는 아이디어를 도출하려면 즉시 평가를 통하여 내가 내어놓은 아이디어가 좋지 않다는 평가를 받으면 어떡하나는 생각이 들지 않게 그 자리에서 아이디어에 대한 평가를 하지 않는 것이 좋다. 만일 가능하다면 새로운 다음의 회의시간에 또는 새로운 구성원에 의한 평가를 통하여 정제된 아이디어를 도출하는 것도 좋다.

3) 브레인스토밍 방법

브레인스토밍은 6~12명 정도가 적합하다. 너무 많은 인원은 오히려 아이디어 도출과 진행에 방해가 될 수 있고, 너무 적은 사람 수는 아이디어의 다양성을 줄인다. 적정한 인원수와 다양한 경력과 업무분야의 사람들이 모이는 것이 좋다. 그 중 한명이 진행자의 역할을 맡는다. 진행자는 아이디어를 편안하게 낼 수 있는 분위기 조성과 부정적인 평가 등의 이야기가 나오지 않게 막아주는 역할 등을 해야 하고, 나오는 아이디어를 모두 정리하여 기록하는 역할을 해야 된다.

진행자는 아이디어 회의를 시작하면서 회의의 목적과 선택한 주제, 회의시간을 알려준다. 이후 참가자들의 자유로운 아이디어를 듣고 기록한다. 만일 중간에 아이디어의 공백기가 있으면 새로운 생각을 도출할 수 있는 소재를 제시하는 등 더 많은 아이디어를 도출할 수 있는 분위기를 만들어 나간다.

지정한 시간만큼 회의를 지속한 후 모든 아이디어를 기록하고 회의를 마감한다. 이후 일정 시간이 지난 후 기록되어 있는 아이디어에 대한 평가 및 정리 등을 통하여 채택할 새로운 아이디어셋을 만들어 낸다.

4) 브레인스토밍 방법의 장단점

이러한 브레인스토밍 방법은 몇 가지 장점이 있다. 우선은 쉽게 진행을 할 수 있다는 점이 있다. 특별한 사전 준비가 없다. 간단한 주제를 선정하고 팀원을 구성하는 것 이외에는 사전준비라고 할 만한 것이 없다. 그리고 빠른 해법의 도출이 가능하고 창의적인 아이디어에 의한 새로운 접근방식을 만들어 낼 수 있다는 장점도 있다. 아이디어 도출에 참여한 팀원들의 경우에는 본인의 아이디어가 채택되어 진행될 때 그 업무에 대한 몰입도가 높아지는 장점도 있으며, 다양한 조직 내 참여자로 구성되었기 때문에 전사적으로 프로젝트의 이해도를 높이는 장점도 있다.

다만, 전문가의 전문적인 의견에 의한 아이디어가 아니기 때문에 실행단계에서 실행 불가능한 아이디어가 많다는 점은 단점이 된다. 모호한 방향성의 제시를 하는 아이디어들이 많아서 이를 실행이나 계획단계로 적용하려면 아이디어를 더 정제하고 디테일 설계를 하는 등의 추가적인 작업들이 많다는 점도 단점이 될 수 있다.

2. 기술예측의 실제 방법

가. 기술예측의 의미와 목표

기술 자료 수집 및 환경분석이 마무리 되면 이를 이용하여 미래 기술을 예측한다. 여기서 예측이란 "합리적이고 과학적인 방법과 이용가능한 자료분석의 결과로서 미래의 사건, 조건 또는 상황을 전망하는 것"이다. 미래를 바라보는 관점을 통하여 앞으로 일어날 일에 대한 방향성을 찾아내는 것이다.

하지만 이러한 예측은 **세가지의 큰 특징**을 가지고 있을 때에만 예측이라고 할 수 있다. 첫 번째는 합리적이고 과학적이며 이용 가능한 명확한 방법론이 있어야 한다. 두 번째는 실증적인 자료를 분석하고 활용해서 미래의 모습을 도출하여야 한다. 만일, 과학적인 방법이나 객관적인 과정이 포함되지 않는다면 "예지", "예언"등으로 이야기 해야 되며 예측의 범주에 포함시킬 수는 없다. 물론 많은 경험을 가진 전문가의 의견이 아주 중요한 요소가 되어서 이에 의한 예측을 하는 것이 중요하지만, 전문가의 의견에 의하여 실증적인 자료를 통해 검증하고 최대한 주관을 객관화 할 수 있는 과학적인 방법론을 통하여 분석하고 정리하여 도출해 낸 것만이 예측으로서의 가치를 지닌다. 따라서, 한명의 전문가 의견에 의하여 미래의 모습을 도출하는 것이 아니고, 다양한 전문가의 의견에 따라 하나의 방향을 도출하는 과정이 예측의 과정이 되는 것이다.

이 예측의 개념을 기술의 측면에 적용한 것이 기술예측이다. 기술예측이란 기술의 미래 모습을 예측방법을 통하여 도출하는 것이라 할 수 있다. 합리적이고 과학적인 방법을 통하여 기술의 미래트렌드를 만들어 내는 것이 기술예측이며, 이러한 기술예측의 목적은 정부기관이나 연구소, 기업의 측면 등에서 약간씩의 차이를 보이고 있다. 정부의 측면에서는 향후 국가발전을 위하여 필요한 기술을 미리 설정하고 교육, 예산, 법제도 정비 등 사회 전반에서 미리 준비하여야 할 부분에 대한 계획을 세우기 위한 것이다. 기업의 측면에서는 기업의 매출 증대와 수익향상을 위하여 필요한 기술을 미리 파악하고 준비하거나 소비자 만족이나 고객경험의 극대화를 위한 계획을 세우기 위한 것이다. 기술예측은 기술기획과 연결이 되고 이에 의하여 기술혁신이 일어나게 할 수 있음은 앞에서 서술한 바와 같다. 따라서 올바른 기술예측은 연구개발의 목표를 명확히 정의하고 기술발전이 시장기회와 연결되도록 하는 역할을 담당할 때 가능해 진다.

나. 기술예측의 분류

기술예측은 기업 및 정부의 측면에서 향후 어떠한 방향으로 기업 또는 국가를 운영할 것인지의 방향성을 결정하는 부분이므로 변화가 빨라지고 불확실성이 증가하는 시대로 접어들면서 점차 중요성이 증가하고 있다. 빠른 변화와 불확실성은 예측의 정확도를 떨어뜨리는 영향을 주게 되며, 이를 보완하기 위한 다양한 기법이 개발되어 현재에는 아주 다양한 미래예측의 기법이 만들어져 있다. 하나의 방법에서 필요에 따라 새로운 관점을 추가하거나 과정의 추가를 통하여 지속적으로 발전되고 있다. 이러한 예측방법론은 목적에 따라 규범적인지 탐구적인지, 혹은 기법에 따라 정성적인지 정량적인지로 구분할 수 있다.

1) 규범적인 예측

규범적인 예측은 이미 **정해진 목표**를 가지고 미래를 예측한다. 기술은 인간의 니즈를 만족시키기 위한 방향으로 발전해 간다는 대전제를 가지고 기술을 바라보고 있으며, 이러한 인간의 니즈를 만족시키기 위한 기술의 개발 가능성을 예측하는 것이다. 앞으로 이러한 기술이 개발되어야 한다는 목표를 가지고 있을 때 어떠한 연관기술의 개발 등으로 언제쯤이면 바라는 기술이 개발될 수 있는지 개발 기간 등에 대한 예측이라 할 수 있다. 따라서 대상이 되는 기술은 이미 정해져 있고, 이러한 기술의 개발 가능성 및 개발 기간 등에 대한 예측이라고 보면 된다. 이러한 방법은 연관나무법, 기술연관분석법 등이 있다.

2) 탐구적인 예측

탐구적인 예측은 **과거의 데이터를 기반**으로 미래기술을 예측하는 방법이다. 규범적인 예측과 달리 개발목표가 되는 대상 기술이 있지 않고 과거의 기술 개발 추세 등이 앞으로 동일한 패턴으로 적용될 것이라는 가정으로 기술을 개발한다. 현재 어떠한 기술이 개발되어 있다면 이를 적용하여 새로운 어떠한 기술들이 개발될 것이고, 언제 개발 완료될 것인지를 과거의 경험에 대한 분석을 통하여 만들어 내는 것이다. 델파이법이나 교차영향분석 등 현재 사용되는 많은 예측기법들이 여기에 속한다.

3) 정성적인 예측

정성적 예측은 수치나 통계에 의존하기 보다는 **전문가들의 경험**에 의한 의견 등을 통하여 예측하는 방법이다. 기술의 트렌드는 수치로 표현하기 어려운 경우가 많기 때문에 앞에서 이야기한 STEEP 분석 등을 통한 다양한 영향을 주는 인자들이 어떤 상호관계를 가지는지에 대한 전문가의 경험에 의한 의견을 통하여 만들어 내는 것을 의미한다. 델파이법, 시나리오분석법, 브레인스토밍법 등 다양한 방법이 이에 속한다.

4) 정량적 예측

시계열 수치나 통계자료를 가지고 있을 경우에는 정량적 예측이 가능하다. 정량적 예측은 수치의 분석에 의한 것을 기본으로 한다. 주로 그래프로 표현이 가능한 추세를 분석할 때 많이 사용할 수 있으며, 메모리반도체의 집적도 등 수치로 표현 가능한 경우에 사용할 수 있는 예측방법이다. 추세분석, 교차영향분석, 추세외삽법 등이 있다.

다. 기술예측의 조건

기술예측은 과학적이고 객관적인 방법론을 가지고 있으면서 실증적인 자료를 분석하여 도출하여야 함은 앞에서 이야기 한 바와 같다. 이러한 결과로 기술예측을 한 후의 결과는 몇 가지의 조건을 가지고 있다.

1) 예측대상 기술

기술예측은 대상 기술이 명확히 정의되어야 한다. 구체적인 기술을 객관적으로 동일하게 인식할 수 있어야 한다. 예를 들어 '차세대 자동차 기술'과 같이 모호하고 모두가 동일하게 인식하기 어려운 정의는 예측대상 기술이 될 수 없다. '자율주행자동차 기술'과 같이 누가 들어도 명확하고 객관적으로 대상 기술이 무엇인지 알 수 있어야 한다.

2) 대상 기술의 특성

대상 기술에 대한 디테일한 특성치가 정의되어 있어야 한다. 예를 들어 '차량 스스로 컨트롤 할 수 있는 자율주행자동차 기술'과 같이 정의하기 보다는 '5단계 자율주행 기술이 적용된 자율주행자동차 기술'과 같이 디테일한 기술의 특성이 정의되어 있어야 한다. 5단계 자율주행기술은 차량 내 드라이버가 존재하지 않아도 스스로 동작하고 컨트롤하며 사고를 예방하며 주행할 수 있는 기술 수준으로 미국자동차협회에서 '자율주행자동차 기술의 단계'에서 미리 정의된 것을 의미한다.

3) 예측 시기

'앞으로 몇 년 이내에 기술이 개발된다' 혹은 '수년 후 개발된다' 등의 명확하지 못한 개발 목표 시기는 예측이라 할 수 없다. 예를 들어서 '2020년이면 4단계 자율주행 자동차 기술이 적용된 상용자동차가 출시될 것이다.' 혹은 '향후 5년이면 이러한 기술이 개발될 것이다' 등의 명확한 일정 제시가 필요하다.

4) 실현 가능성

마지막으로 기술의 실현 가능성이 확률적인 수치로 제시되어야 한다. '이렇게 될 확률이 매우 높다', '상당한 가능성으로 실현될 것으로 본다' 등의 모호한 표현으로는 예측이라 할 수 없다. 예를 들면 '드라이버가 완전히 배제된 자율주행 기술이 상용화될 확률이 70%'와 같은 정의가 필요하다. 물론, 미래를 정확히 맞추기는 어렵다. 정말 70%인지에 대한 정답을 낼 수는 없으나 기술기획을 하기 위해서는 가장 객관적으로 보여지는 기준점이 있어야 하므로 가장 객관적이라고 보아지는 가능성을 제시하는 것은 중요한 일이다.

위의 네 가지 조건을 종합해 보면 좋은 예측은 "2020년이 되면 드라이버가 배제된 상태로 주행을 할 수 있는 5단계 자율주행 자동차가 개발되어서 상용화 될 확률이 70% 이상으로 예측된다"의 형태로 정의될 수 있어야 한다.

3. 기술예측 기법

유엔미래포럼에서 조사한 바에 의하면 세계의 미래예측기법이 모두 300여가지가 넘는다고 하였다. 이를 유사한 것을 종합하고 정리하여 2009년에 미래예측 방법론을 40개로 만들어서 발표를 하였다.

다음의 40가지 방법이 유엔미래포럼에서 제시한 방법론들이다.

1) 환경스캐닝 기법 Environmental Scanning (Theodore J. Gordon and Jerome C. Glenn)
2) 델파이법 The Delphi Method (Theodore J. Gordon)
3) 리얼타임 델파이 Real-Time Delphi (Theodore J. Gordon)
4) 퓨처스 휠 기법 The Futures Wheel (Jerome C. Glenn)
5) 퓨처스 폴리곤 기법 The Futures Polygon (Antonio Pacinelli)
6) 트렌드영향력 분석기법 Trend Impact Analysis (Theodore J. Gordon)
7) 크로스임팩트 분석기법 (교차영향) Cross-Impact Analysis (Theodore J. Gordon)
8) 와일드 카드 Wild Cards (John Peterson and Karlheintz Steinmueller)
9) 구조적 분석기법 Structural Analysis (Jacques Arcade, Michel Godet, Francis Meunier, Fabris Roubelat)
10) 시스템모델 기법 The System Perspective (Allenna Leonard with Stafford Beer)
11) 의사결정 모델링 방법 Decision Modelling (The Futures Group International)
12) 대입 분석 기법 Substitution Analysis (Theodore J. Gordon)
13) 통계학 모델링 기법 Statistical Modelling (The Futures Group International)
14) 기술발전단계 분석기법 Technology Sequence Analysis (Theodore J. Gordon)
15) 형태학적 분석기법 Morphological Analysis (Tom Ritchey)
16) 분야별 관련성 분석기법 Relevance Trees (The Futures Group International and Theodore J. Gordon)
17) 시나리오기법 Scenarios (Jerome C. Glenn and The Futures Group International)
18) 상호작용 시나리오기법 Interactive Scenarios (Theodore J. Gordon)
19) 확고한 의사결정기법 Robust Decisionmaking (Robert Lempert, Steven Popper, Steve Bankes)
20) 참여 기법 Participatory Methods (Jerome C. Glenn)
21) 시뮬레이션과 게임기법 Simulation and Games(Erwin Rauch with additions from Frank Catanzaro)
22) 천재적 예측비전 직관통찰력 Genius Forecasting, Intuition and Vision (Jerome C. Glenn)
23) 미래비전 활용기법 Using Vision in Futures (Clem Bezold, Jonathan Peck, Craig

Bettles, and Bob Olson)

24) 표준예측 기법 Normative Forecasting (Joe Coates and Jerome C. Glenn)
25) 체계적 문제해결 기법 TRIZ (Gaetano Cascini)
26) 과학기술 로드맵 기법 S&T Road Mapping (Theodore J. Gordon)
27) 필드 변칙완화 기법 Field Anomaly Relaxation (FAR) (Geoffrey R. Coyle)
28) 기술예측 텍스트 마이닝 기법 Text Mining for Technology Foresight (Alan L. Porter)
29) 에이전트 모델링 기법 Agent Modeling (Theodore J. Gordon)
30) 예측시장 기법 Prediction Markets (Justin Wolfers and Justin Zitzewitz)
31) 신경회로망 적용기법 Applications of Neural Networks to Futures Research (Nedaa Agami)
32) 국가미래지수 기법 State of the Future Index (SOFI) (Theodore J. Gordon)
33) SOFI소프트웨어 기법 SOFI Software System (Peter Yim)
34) 카오스이론 극복기법 Coping with Chaos (Theodore J. Gordon)
35) 멀티 전망 개념 기법 The Multiple Perspective Concept (Harold A. Linstone)
36) 시나리오 기획 툴박스 기법 A Toolbox for Scenario Planning (Michel Godet)
37) 발견적 방법 모델링기법 Heuristics Modeling (Sam Cole)
38) 개개인의 미래기법 Personal Futures (Verne Wheelwright)
39) 일상 분석법 Causal Layered Analysis (Sohail Inayatullah)
40) 통합비교 기법 Integration, Comparisons and Frontiers of FR Methods (Theodore J. Gordon and Jerome C. Glenn)

이러한 다양한 기법은 목적에 따라 가장 적합한 방법을 선택하여 사용하면 되지만, 가장 일반적으로는 몇 가지의 기법들이 많이 쓰인다. 특히 아시아에서는 델파이 방법을 선호하며 유럽은 시나리오법을 선호한다. 본 책에서는 우리나라에서 일반적으로 많이 사용되고 있는 델파이법, 시나리오분석법 및 미래바퀴법을 중심으로 알아보도록 한다.

가. 델파이법

'델파이(Delphi)법'은 1948년 미 랜드(Rand)연구소에서 국방기술 수요와 사회기술 발전추세 예측 등 긴급한 국방 및 사회 문제에 대한 전문가들의 집단의견을 수렴하기 위해 개발된 기법이다. 이 방법은 전문가의 경험적 지식을 통한 문제해결 및 미래예측을 위한 기법으로 **전문가 합의법**이라고도 한다. 현재 기술과 산업예측에서 가장 많이 적용되는 방법으로 기술예측의 90% 정도가 델파이법에 기초하고 있다고 해도 과언이 아니다.

1) 정의

델파이법은 기본적으로 설문조사의 형태를 지니고 있다. 일반화되거나 표준화된 자료가 없는 경우에 전문가들의 직관을 반복적 피드백에 의하여 합리적이고 객관적으로 수렴하는 방법으로 진행된다. 얼마나 많은 전문가 집단들이 참여를 하는지와 전문가 그룹의 의견들을 어떻게 도출하여서 어떠한 방법으로 수렴해 나가는가에 의하여 결과가 정해진다.

이러한 델파이 방법은 전문가 그룹의 주관적인 판단과 직관에 의한 의견을 통하여 시작하는 만큼 객관적이며 통계적인 기법을 통하여 합리적인 안으로 수렴해 나가는 방법이 중요해 진다. 이를 위하여 전문가의 의견수립, 중재, 타협의 방식을 반복적으로 피드백 해 나감에 따라 의견을 점차 수렴해 나간다. 주관성을 최대한 객관화하기 위하여 델파이법에 참여하는 전문가의 정보는 공개하지 않으며, 누가 어떤 의견을 내었는지는 모르게 해야 된다. 또한, 본인의 의견 역시 타인에게는 익명성을 띠는 방식으로 전달이 되며, 익명성에 의하여 권위 있는 전문가의 권위에 의한 쏠림의 오류를 막을 수 있다. 전문가는 한 번의 의견을 제시한 후에도 반대주장이나 다른 증거가 제시되면 다른 사람들이 알지 못하는 사이에 의견을 바꿔 제시할 수 있다. 점차 많은 전문가의 의견이 하나의 방향으로 수렴한다는 것은 처음 생각했던 의견에서 새로운 의견의 타당성이 더 크다고 판단한 전문가들이 최초의 의견에서 새로운 의견의 동조로 바뀌었다는 것을 의미한다. 익명성을 가지고 있는 의견에 동의하는 사람이 많아진다는 것은 결국 그 의견이 가장 합리적일 수 있다는 생각을 할 수 있다.

이러한 델파이법은 피드백이 진행됨에 따라 하나의 가장 **합리적인 의견으로 수렴**되는 모습을 보이기는 하나, 처음 제시된 소수의견이 무시되는 현상이 약점이 될 수 있다. 집단지성을 이용한다는 점에서는 강점이 있다. 참여한 전문가들이 권위에 의한 쏠림 현상이나 실명에 의한 상호작용에 의한 오류를 배제할 수 있고, 집단 견해를 가장 합리적으로 도출할 수 있는 방법으로 설계되었다.

2) 진행 절차

델파이법을 진행하려면 우선 전문가를 섭외하는 과정이 필요하다. 이후 섭외된 전문가에게 설문서를 보내 대상에 대한 의견을 수집한다. 수집된 설문서로부터 관련된 정보를 추출하여 해당 그룹에 그 정보를 제공한다. 각 전문가는 수집된 의견들에 대한 찬성과 반대의 의견을 보낸다. 이때 보내는 의견은 다수의 의견과 소수의견을 모두 제시한다. 1차 설문 이후 2차 설문의 결과에 의하여 찬반주장 역시 각 전문가에게 통보를 한다. 반복적으로 이 과정을 지속하게 되면 보통 하나의 의견으로 전문가의 의견이 수렴되고, 수렴된 의견은 객관적이고 합리적이라는 판단을 할 수 있다. 보통은 3번 정도의 설문이 진행되면 응답간의 편차가 줄어들고 서로 비슷한 의견을 제시하는데, 이 과정이 전문가의 의견을 수렴해 나가는 과정이다.

대면 회의에 의한 의견 합의 등은 논쟁에서 이기기 위한 목적 때문에 의도했던 객관적인 의견 수렴이 이루어지지 않을 우려가 있는데, 익명성을 지닌 설문조사와 익명성 결과의 피드백을 통하여 논쟁 등으로 생길 수 있는 비합리성의 오류를 막아줄 수 있다. 오히려 비대면 회의가 전문가의 익명성을 보장함으로써 더 자유로운 의견제시와 객관적인 의견수렴이 가능해 진다.

전문가들에게 설문을 받은 다음 수집된 정보를 피드백 할 때에는 그룹 전체의 내용을 통계적으로 집계하여 중위수(Median)와 사분위범위(Inter-Quatile Range, IQR)를 제시한다.

중위수는 전체 답변 중에서 가장 가운데 있는 숫자를 말하며, 전체 답변이 홀수 개인 경우는 가장 가운데 위치한 값이며, 답변이 짝수개인 경우에는 가운데 네 개 값의 평균값으로 정한다. 사분위범위는 25%의 값과 중위수, 75%의 값으로 나누어진 네 개의 구간으로 구성된다. 일반적으로 예측치는 중위수 값으로 정해지나, 중위수를 포함한 분포로 이해하는 것이 보다 더 정확한 예측을 가능하게 한다.

3) 특성 및 장단점

델파이법은 대면회의와 동일한 그룹토의의 장점을 극대화 하면서 단점을 줄이는 방법으로 인정되고 있다. 특히 수행과정이 설문조사 후 피드백, 피드백 정보를 이용한 새로운 의견 제시 및 피드백의 과정을 지속하면서 대면회의에서 서로간의 의견을 주고받으면서 전문가 상호간의 의견조율을 해 나가는 효과를 보이면서, 대면회의에서 생길 수 있는 상호작용 및 전문성에 의한 의견쏠림 현상 등을 막을 수 있는 점이 있다. 하지만 부적절한 방법이나 엉성한 실행 및 잘못된 설문 설계와 전문가 그룹 선택의 문제 등에 대하여 신뢰성이 약한 결과를 만들 수 있는 허점이 있다. 또한 전문가의 의견도 하나의 의견으로 처리되는 점 등에서 전문가의 전문성을 활용하는 데 부족한 점이 있다는 의견도 있다. 하지만, 대부분의 경우가 그룹 멤버 각각 예측치의 정확의 평균 보다는 합의의 정확도가 높다는 연구에 의하여 효율성이 밝혀져 있다. 하지만 가장 우수한 개인의 정확도는 합의결과보다 더 좋을 수 있다는 문제점도 있다.

델파이법은 판단이 요구되는 문제를 객관적으로 접근 가능하다는 장점이 있으며, 정량화하기 어려운 내용을 신뢰성이 객관적인 통계로 보여줄 수 있다는 장점이 있다. 익명성이 있고 독립적이기 때문에 자유롭고 솔직한 전문가의 의견을 보여줄 수 있다는 장점 및 다수의 전문가 의견을 동시에 수렴하여 적용할 수 있고, 참석자들의 시간을 줄여주며 경제적 비용이 적게 드는 장점이 있다. 전략수립 과정에서도 목표 간의 우선순위를 설정하고 정책대안들의 적합성 및 집행가능성, 효과의 평정기준 등 문제인식과 가치기준의 공유를 통하여 문제의 해결기반을 제고해 줄 수 있다는 장점이 있다. 무엇보다도 통계적 기반을 가지게 됨에 따라 과학적인 방법론으로 사용할 수 있다는 장점이 있다.

이에 반해서 결론을 도출하기 위해서는 전문가 각각이 설문을 통하여 의견을 수렴하기 때문에 소요되는 시간은 길어진다. 또한, 설문조사에 대한 회수율이 낮을 우려가 있으며, 반복되는 회수가 늘어남에 따라 회수율이 점차 떨어지는 문제점이 발생한다. 소수 의견이 배제되는 현상이 있고, 의견 단일화를 해야 된다는 압박이 있어서 창의적인 발상이 튀어나오기 어려운 환경이며, 전문가들의 섭외가 어려울 경우 비전문가의 의견에 의하여 전체적인 방향이 결정되고 흘러가게 되어 예상치 못한 잘못된 방향으로의 합의가 도출될 우려도 있다. 의견 단일화를 해야 된다는 압박은 창의적 답변에 대한 거부감으로 작용하여 창의성이 떨어진 일반적인 답변만을 도출할 우려도 있다. 무엇보다도 제대로 준비된 설문과 진행이 부족할 경우 많은 오류를 포함한 내용으로 의견이 수렴되는 것을 막지 못하는 단점이 있다.

나. 시나리오법

1) 시나리오법의 정의

시나리오기법 역시 델파이법과 마찬가지로 미 랜드 연구소에서 1950년 허만 칸(Herman Kahn)이 무기발전과 군사전략간의 관계를 분석하기 위해서 개발하였다. 이를 로열더치셀(Royal Dutch Shell)이라고 하는 다국적 석유메이저에서 4차 중동전쟁으로 인한 유가 급등을 예측하기 위하여 사용하여 성공한 예가 있다. 이후 많은 미래학자나 미래예측 전문가들에 의해 다양한 방법이 추가 보완되면서 정교해졌고 실제 기업경영에 적용하여 많은 성과를 거두기도 하였다.

이 기법은 '미래에 일어날 일들', '미래에 이러한 일이 일어난 후의 결과는' 등의 질문에 대한 시나리오를 작성해 미래를 대비하는 방법이다. 시나리오는 예측이 아니라 **가능한 하나의 미래 모습**을 이야기 하는 것이며, 여러 가지 가능한 미래 중의 하나의 모습이라고 마이클포터는 이야기 하였다. 미래의 종합적인 모습을 제시하기 위해 여러 가지 변수에 대한 동향과 사건들 간의 상호작용을 분석하고 제시하며, 일련의 예측자료의 일관성 및 체계성을 검토하여 가능성 있는 미래의 상황을 묘사하는 것이 시나리오 방법이라고 정의할 수 있다(Schwarts, 1991). 미래의 모습을 결정하기 위해서 미래에 나타날 여러 가지 상황들이 어떻게 펼쳐질지 알게 해 주는 방법으로 현재에서 미래시점까지의 경로를 서술하는 이야기, 이미지, 지도 등의 모습으로 나타내는 방법이다. 이는 단순한 예측이 아니고 미래의 불확실성을 적극적으로 해소하여 원하는 미래상을 명확히 결정하고 체계적인 미래의 계획 수립에 도움을 주는 방법이다.

시나리오법은 기술예측 프로그램 내에서 광범위한 가능성을 포괄적으로 대처하기 좋은 방법이며, 대안을 규명하고 대안간의 선택을 명확히 해 주며 기술변화의 환경을 묘사해 줄 수 있다. 특히, 기술과 환경이 서로에게 미치는 효과를 탐색하는데 흔히 사용되고 있으며, 폭넓은 시나리오의 구성에 의하여 그럴듯한 미래를 묘사함으로써 기술전략을 검증하는데 사용할 수 있다. 따라서 대안적 미래 제시가 가능하고 외부환경변화의 발생 시 조직의 빠른 적응 전략 수립이 가능하다는 점이 있다.

2) 시나리오법의 특징

시나리오는 다수의 견해를 통해 다양한 논리를 개발할 수 있는 특징을 가지고 있다. 좋은 시나리오는 미래에 대한 한 가지 이상의 견해를 가지고 있으며, 다양한 시나리오를 개발할 수 있어야 좋은 시나리오가 된다. 두 번째로 시나리오는 정량적 변화를 분석할 수 있어야 하며, 사회적 가치나 기술변화 등의 정량적 동인들을 포함하고 있어야 한다. 세 번째로 미래의 발생가능성을 서술하는 객관성을 지니고 있어야 하며, 이는 희망하는 미래가 아닌 발생 가능한 미래이어야 한다. 네 번째로 추상적인 견해를 압축적으로 표현하여야 하므로 구체적인 상황을 하나하나 설명할 필요는 없다. 마지막으로 가까운 장래에 대한 의미를 포함하고 있어서 정책결정 등에 중요한 요인에 대한 분석을 제공해 줄 수 있어야 한다.

3) 시나리오의 종류와 유형

시나리오는 지향점의 유무 및 예측하는 미래의 형태, 도출하는 시나리오의 개수 등의 여러 가지 형태로 구분될 수 있다. 우선 지향하는 미래의 목표에 따라 '탐색적 시나리오'와 '규범적 시나리오'로 구분할 수 있다. '탐색적 시나리오'는 목표를 정하지 않은 상태에서 현재의 변화흐름과 환경의 추세에 따라 인과관계를 중심으로 작성하는 것이며, '규범적 시나리오'는 목표가 되는 지점을 정하고 거기에 도달하는 방법을 서술하기 위한 것으로 도달하는 과정을 설명하는 것이다. 보통은 이 두 가지를 혼합하여 탐색적 시나리오법을 기본으로 하나, 규범적 시나리오를 대입하여 원하는 지점으로 가기 위한 과정을 밝혀내는 방법을 사용하여 시나리오를 작성한다.

예를 들어 규범적 시나리오는 "이율을 현재보다 x% 높이려면 어떻게 해야 하는가 또는 어떻게 해야 y라는 상황에 도달할 수 있는가 등의 지향해야 할 상황을 정한 다음에 우리가 그 포인트로 도달할 수 있는 시나리오를 만들어 내는 것이다. 이에 반해 탐색적 시나리오는 "만약에 성장률이 x%이거나 y%이면 또는 W나 Z 사건이 발생한다면 등의 의문을 기반으로 현재의 상황에 대한 분석을 바탕으로 미래의 사진을 그려내는 방법이다. 우리가 지향하여야 할 지점으로 갈 수 있는 방법 보다는 이렇게 현재를 정의할 경우에 도달할 미래의 모습을 보여주는 것이다.

역동적 시나리오와 정태적 시나리오는 탐색하는 미래의 형태가 역동적 경향인지 혹은 정태적 사건인지에 따라 구분된다. 역동적 시나리오는 사건 혹은 경향들의 전개과정에 초점을 두고 있으며, 미래의 역사에 관심을 두는 방법의 시나리오이며, 정태적 시나리오는 미래의 이미지에 초점을 두면서 미래의 어떤 시점을 보여주는데 유용한 방법의 시나리오이다.

역동적 시나리오의 예로서 1978년 Freeman과 Hamhoda의 연구인 “World Futures : The Great Debate”를 들 수 있으며 이는 어떤 미래들은 조금 더 바람직하고 어떤 미래들은 덜 바람직하게 시작하여 그 미래들로부터 이끌어 갈 수 있는 경로들을 자세히 검토한 것이다. 정태적 시나리오는 이와는 다르게 거기에 어떻게 도달하는지에 대한 설명이 없이 미래 일정 시점에 대한 견해를 제시하는 내용을 예로 들 수 있다.

미래에 대한 하나의 비전에 집중하는 형태인지 아니면 복수의 다양한 가능성을 개발하는 형태인지에 따라 단순시나리오 혹은 복수시나리오의 유형으로 구분이 된다. 단순시나리오는 미래에 대한 하나의 비전에만 집중을 하여 하나의 이상적인 비전을 제시하거나 혹은 잘 예측된 미래의 중요경향에 대한 관심을 부각시키는 형태로 시나리오를 구성하는 방법이다. 이에 반하여 복수의 시나리오는 미래에 대한 다양한 가능성과 기회를 제시하는 형태로 일반적으로 많이 쓰이는 형태이다. 미래에 발생할 수 있는 다양한 시나리오를 제시함으로써 상황의 변화에 쉽게 대응할 수 있도록 준비하기 위한 것이다.

4) 시나리오법의 장단점

시나리오법은 미래의 가능성을 설명하는 복잡한 정보들을 정책 결정자들이 보다 **현실적으로 이해**할 수 있는 형태로 제시한다는 것이 큰 장점이다. 복잡하고 급변하는 시대의 비선형적이고 불연속적인 변화에 대해서도 창의적 발상을 가능하게 유도함으로써, 발생 가능한 다수의 대안적 미래에 대한 선택의 폭을 확장하게 하는 점도 장점이다. 또한, 불확실성의 예측 및 관리를 통해서 위험의 발발을 사전적으로 최소화 할 수 있으며, 위험이 발생할 때에도 복구비용을 최소화 할 수 있도록 시스템 차원에서 전략적인 접근을 유도하기도 한다. 스토리텔링 형식의 시나리오는 시각화에 의한 기억 및 설득력을 제고할 수 있는 효과가 있고 가상훈련 효과를 통하여 사태가 현실화 되었을 경우 위험회피 및 기회 포착이 용이하도록 사전적 준비를 지원하는 효과가 있다. 불확실성이 높을 경우 다른 예측방법에 비해 정확도가 높은 편이다.

이에 반해 시나리오의 작성은 전문가 혹은 전문가 집단의 상황적 판단에 의해 결정되는 부분이 많기 때문에, 충분한 피드백 과정이 없을 경우 참여자의 의견을 충분히 반영하기 어렵다는 단점이 있다. 또한, **구체성의 결여**로 인하여 의사결정 및 실행이 어려운 점이 있으며 기억 및 설득력 제고에 의한 효과가 있으나 타당성이나 신뢰성이 주관적인 견해에 상당히 종속되는 속성으로 인하여 비현실적인 미래를 상정할 가능성도 있다. 바람직한 미래상을 강조하다 보면 실현 가능성이 높은 미래사회의 시나리오가 간과될 우려도 존재한다. 미래에 대한 하나의 답을 제공하지 않기 때문에 의사결정시의 안정성을 가져오기 어려운 점도 있으며, 정성적인 기법으로 숫자에 익숙한 사람들에게는 목표의 설정 등에서 어려운 점을 가져오기도 한다. 워크샵을 통하여 시나리오를 도출하는 과정이 오랜시간을 소비해야 되는 단점도 있다.

5) 시나리오 도출 프로세스

시나리오를 도출하기 위한 과정은 다음과 같은 여섯 단계로 구성이 되며, 각 단계별로 다양한 기법을 활용하여 진행이 된다. 우선 1단계는 시나리오의 목적을 명확히 하고 미래 초점이 되는 이슈 및 시안을 구체화 하는 단계이다. 이 단계에서는 환경스캐닝, 이슈서베이, SWOT분석 등과 같은 이슈확인 예측 방법을 사용하여 진행한다.

2단계는 핵심적인 요인을 파악하고 평가분석하는 단계이다. 의사결정에 영향을 미치는 요인을 도출해내고 서로 연결되어 있는 상호작용을 분석하고 평가하는 단계이다. STEEP분석 등을 통하여 다양한 외부적 환경요인을 파악하고 미래바퀴법 및 교차영향분석법 등 방법을 사용하여 요인의 잠재효과 분석 및 상호 연관관계를 파악한다.

3단계에서는 핵심적인 요인이나 트렌드를 결정하고, 4단계에서 시나리오의 논리를 선택한다. 이때 초기에 설정한 목표나 트렌드에 맞는 시나리오의 논리를 선택하고 선택된 시나리오에 따라 5단계에서는 시나리오의 스토리를 작성한다. 스토리의 작성은 목표를 표출하기에 가장 적합한 표현방법을 사용하며, 이를 이용하여 6단계로 전략적 함의를 도출한다. 정부, 연구기관 또는 기업이 세워야만 하는 정책 또는 전략수립과 통제 혹은 통제 불가능한 정책 수단들을 찾아서 전략적 함의를 도출하는 단계이다.

다. 미래바퀴법(Futures Wheel)

미래바퀴법은 아이디어를 도출하는 **토론과정을 구조화**한 방법으로 미래의 어떤 사건이나 사회트렌드에 대한 생각을 정리하거나 실행하기 위한 방법이다. 1971년 제롬 글렌에 의하여 만들어진 이후, Implementation wheel, Impact wheel, Mind Mapping 등의 이름으로 불리며 다양한 방법으로 수정 보완을 거치면서 학문화된 방법이다.

1) 개념과 특징

미래바퀴법은 미래사회의 메가트렌드들과 그 메가트렌드 혹은 특정 사건이 미치는 2차와 3차 영향과 그 결과를 한눈에 볼 수 있도록 영향력을 이어주는 그림으로 되어 있다. 미래에 대한 질문이나 생각을 구체화 하는 방법이며 정형화된 브레인스토밍의 한 종류로 볼 수 있다. 관심 주제나 대상에서 파생될 수 있는 결과들을 확인하고 정리하여 의사결정의 참고자료로 만들어 내는 것이다. 전개 방법은 연관수목법과 유사하며 형태는 바퀴모양과 동일한 도식으로 구성된다.

이러한 미래바퀴법은 현사회 트렌드나 미래의 잠재적 상황이 앞으로 미칠 영향을 예측할 때 사용할 수 있으며, 미래사회 트렌드나 사건에 대한 생각을 정리할 때 유용한 도구가 된다. 다양한 대안 시나리오 안에서 예측하기 위한 경우나 다양한 영향들 간 복잡하게 얽힌 연관관계를 알고자 할 때 사용할 수 있다. 그룹 아이디어 회의 시 아이디어를 도출하기 위한 보조 도구로 사용할 수 있으며, 다른 미래관련 연구를 분석할 때 또는 미래를 염두에 둔 전망을 구성할 때 사용할 수 있는 도구가 된다.

이 방법은 종이와 연필만 있으면 그릴 수 있는 단순한 기술이며, 아이디어가 풍부한 몇 명의 사람들로만 미래를 예측할 수 있는 강력한 도구가 된다. 하지만, 미래 예측에 대한 경험과 다양한 지식이 있는 전문가의 참여가 필수적이며, 그들 간의 토론을 통한 아이디어를 도출하여야 효과를 발휘할 수 있다. 미래예측에 대한 가장 간단한 방법으로 미래학자들에 의하여 일반적으로 사용되는 방법이며 교차영향분석법 등 다른 예측 기술과 혼용하여 사용하면 더 큰 효과를 볼 수 있다.

2) 장단점

본 방법은 앞에서 이야기했듯이 특별한 장비나 소프트웨어가 필요 없이 종이와 연필만으로 가능한 방법으로 간단히 진행할 수 있다. 미래에 대한 아이디어를 쉽고 빠르게 도출할 수 있고, 특별한 교육이나 사전 지식을 필요로 하는 방법이 아니다. 또한 단순한 선형적 사고에서 벗어나서 네트워크형 관계와 유기적이고 복합적인 사고방식을 가지게 하는 방법으로 사용된다.

하지만, 하위단계로 내려갈수록 복잡성이 증가하여 의미 있는 패턴을 찾아내기에 어려움이 점차 증가하는 단점이 있다. 또한, 상호 모순적인 패턴이 나타나는 곤란한 상황이 등장할 수 있으며, 최종적인 결과물이 기존의 집단 의사수렴 과정과 크게 다르지 않을 수도 있다. 상호 영향에 대한 분석을 중시하는 패턴으로 도출된 의미간의 시간 축을 설정하기 어려울 때가 많이 있다. 또한 결정론적 입장에서 나비효과 등에 대한 고려가 약할 수 있다는 단점이 있다.

3) 미래바퀴법의 단계적 절차

본 방법은 주제를 선정하는 단계로부터 시작한다. 함께 논의하여야 할 사회 트렌드나 미래관련 사건, 중요과제를 결정하는 단계가 1단계이다. 이후 브레인스토밍을 통해 선정된 주제에 영향을 미치거나 초래될 결과에 대하여 논의를 한다.

논의한 결과에 따라 도출된 결과를 주제의 주위에 작성해 넣는다. 서로 영향을 미치는 결과를 선으로 연결하고 다시 브레인스토밍을 통하여 1차 결과로부터 초래될 결과에 대한 논의를 한다. 다시 논의된 결과를 3단계로 1차 결과의 주위에 작성해 넣고 서로 영향을 미치는 인자들 간 선으로 연결한다. 세 번째로 2차 결과로부터 초래될 결과를 논의하고 이 결과를 네 번째 단계로 2차 단계 주위에 작성한 후 선으로 연결한다. 마지막으로 이러한 과정을 몇차례 더 반복할 것인지를 결정하고 더 이상 반복하지 않겠다고 의사결정이 되면 결과에 대한 명확화를 상호 합의하고 과정을 종료한다. 일반적으로 3차의 과정을 거치면 대부분의 영향을 미치는 결과를 도출할 수 있으나, 가끔씩은 4차, 5차의 결과까지 도출하는 경우도 있다.

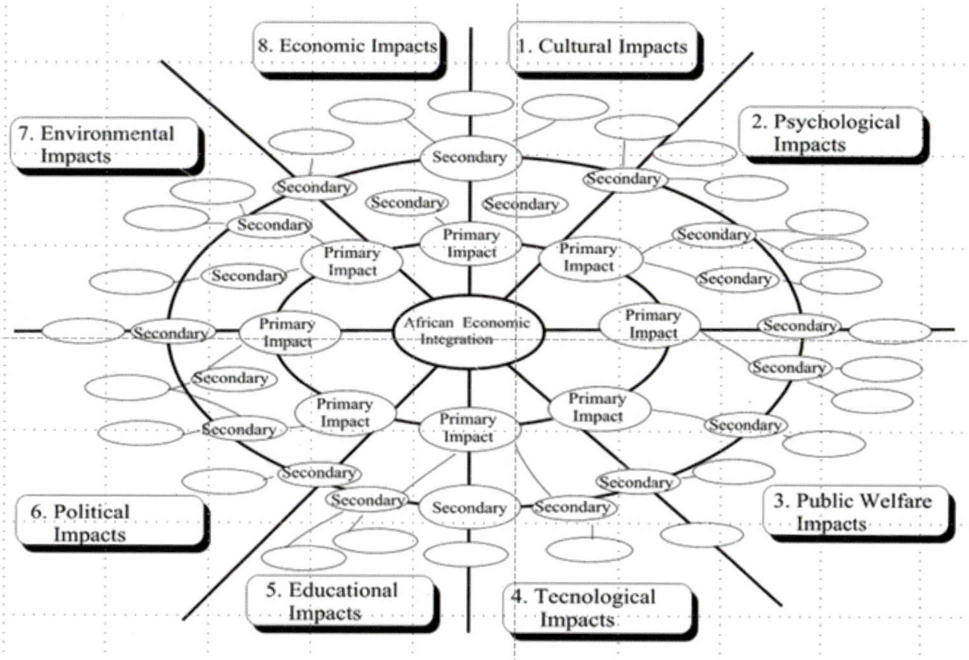

그림 11.3 미래바퀴법

출처: 위키피디아

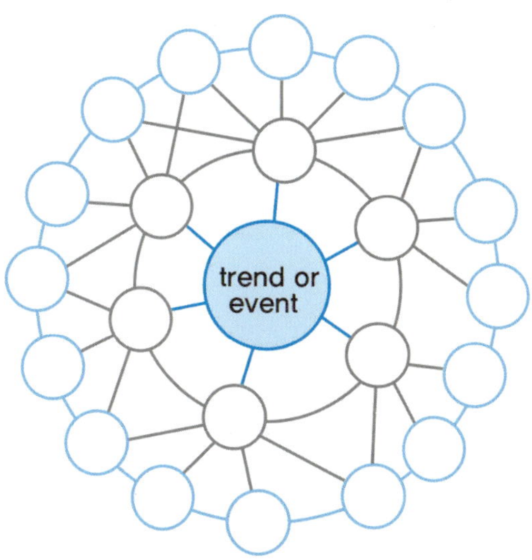

그림 11.4 미래바퀴법 ver. 2

출처 : KISTI(2009), "기술로드맵 작성과 실무"

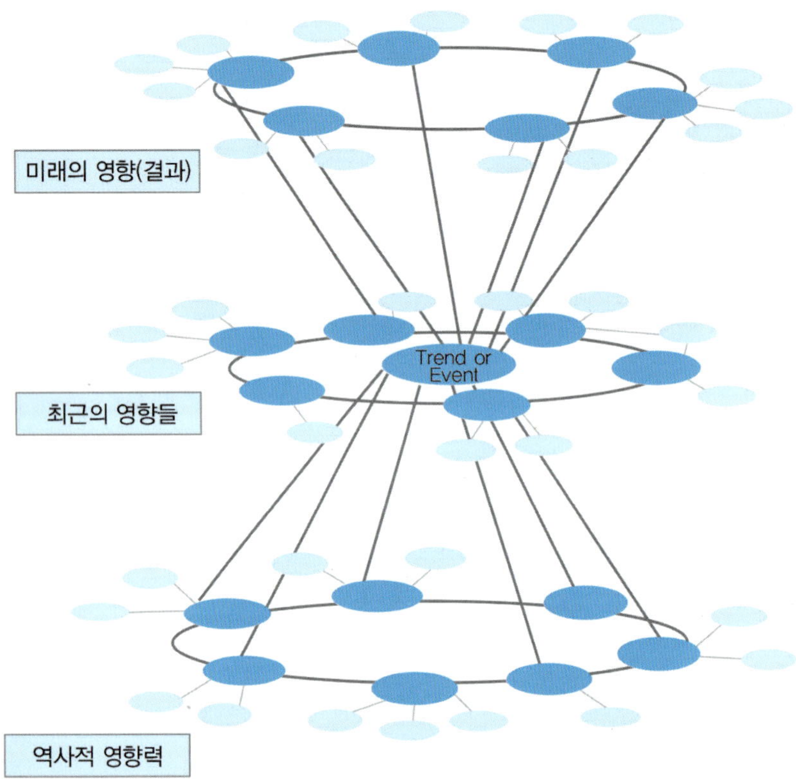

그림 11.5 미래바퀴 ver.3

이러한 과정을 마치게 되면 위의 그림과 같은 바퀴 형태의 도식화된 결과를 구할 수 있으며, 특히 위의 그림과 같이 다양한 영향들을 고려할 수 있도록 특정한 영역에 제한되지 않도록 정치, 경제, 문화, 과학기술, 환경, 교육, 공공복지 및 심리적 영향 등 현실적인 다양한 요소를 고려할 수 있게 만들어 낼 수 있다. 위의 그림이 이러한 다양한 영향들을 고려할 수 있도록 만들어 낸 **미래바퀴의 버전2 모델**이다.

최근에는 버전 2 모델에서 진일보 하여 과거, 현재, 미래의 시점을 입체적으로 분석할 수 있는 버전 3 모델이 만들어졌다. 과거의 역사적 영향에 대한 하나의 바퀴를 그리고, 현재의 바퀴와 미래의 바퀴 세 개의 바퀴를 작성하여 상호 연관성을 분석하는 것이다. 이 **버전 3 모형**은 각 시간대 요인들이 시간대별로 어떤 영향을 주는지 분석이 가능하다. 버전3 방법은 구조화 과정이 다소 복잡하고 시간이 많이 걸리기는 하지만 특정

트렌드와 이슈에 대한 보다 심층적인 분석과 이해가 가능하고 이를 토대로 더 다양한 요소를 도출해 낼 수 있다.

제12장 디지털과 4차 산업혁명

기술경영의 이론적 바탕으로부터 기술혁신과 예측의 기본에 대하여 살펴보았다. 본 몇 장에 걸쳐서 현재의 기술트렌드를 확인해 보고 각 기술트렌드를 이루고 있는 요소기술의 내용과 실제 적용 사례를 알아보도록 하겠다.

과거의 기술트렌드는 다양한 분야에서 발생하였으며, 제조의 분야, 생물학의 분야 등 다양한 분야에서 독자적인 기술트렌드를 도출해 낼 수 있었다. 하지만, 현재의 기술트렌드는 디지털 정보에 의한 정보통신기술의 역할이 핵심영역으로 작용하며, 기존 제조 및 생물학 등 다양한 분야의 기술들과의 융합에 의하여 새로운 기술혁신을 만들어 나가는 융복합의 시대가 전개되고 있다. 그 결과 4차 산업혁명이라고 하는 큰 물결을 가져오고 있는 중이다.

이러한 기술의 메가트렌드는 정보의 디지털화로부터 시작하여 현재의 4차 산업혁명까지 이어져 오고 있다고 봐진다. 디지털의 시작부터 디지털혁명이 만들어지는 과정 및 이로 인한 융복합 기술의 등장으로 4차 산업혁명을 가져오는 과정을 간단히 살펴보고 이에 의하여 다음으로 다가올 메가트렌드를 도출하기로 한다. 도출된 메가트렌드를 이루고 있는 기술의 현재와 미래를 살펴보고 앞으로의 기술예측을 해 보도록 하겠다.

1. 디지털 혁명의 시작과 정보통신 기술의 발전

최근 우리사회는 모든 것이 디지털로 변환되는 시대를 맞이하고 있다. 기업 내부 모든 정보들도 모두 디지털화 되고 있으며, 오디오나 비디오 역시 디지털로 바뀌고 있다. 반도체가 만들어 지고, 이를 이용한 컴퓨터가 등장한 이후 지속적으로 모든 정보들이 디지털로 바뀌어 나가고 있다. 이러한 디지털은 현대를 **디지털 혁명의 시대**라고 부를 정도로 세상을 바꿔 나가고 있다. 이미 많은 것이 디지털로 바뀌었고, 대부분의 자료들이 디지털로 통합이 되었다. 이러한 결과로 인공지능에 의한 4차 산업혁명이 가능하게 되었으며, 앞으로 얼마나 더 큰 변화가 올지 모르는 시대로 우리를 이끌고 있다. 과연 디지털이 무엇이기에 우리 사회 전반을 뒤흔들려고 하고 있으며, 이런 디지털이 어떤 역할을 하기에 4차 산업혁명을 만들어 내며 우리 일자리를 뺏아 갈려고 하는 것일까? 그리고 그 디지털은 어디서부터 만들어져 나왔으며 앞으로는 어디까지 확장해 나갈 것인가?

가. 디지털 트랜스포메이션의 시작

우리가 알고 있는 모든 것들이 0과 1로 바뀌어 간다. 사물인터넷이 활성화되고, 인공지능이 발전할수록 모든 것들이 0과 1로 치환된다. 내 집 거실에 앉아 있는 인공지능 스피커에게 내 목소리로 뭐라고 물어보면, 인공지능 스피커는 디지털로 만든 내 목소리를 통해서 나라는 것을 인식하고, 내가 뭐라고 했는지 인식하여 내가 원하는 답을 0과 1로 만들어진 지식의 종합체인 인터넷을 통해 찾아낸다. 그 다음 0과 1로 이루어진 데이터를 스피커로 보내서 우리가 알아들을 수 있는 소리로 만들어 낸다. 이 모든 과정에서 0과 1 이외의 데이터는 없다. 이제는 '나'라고 하는 사람은 지구상의 x좌표와 y좌표 값에 있는 높이 값과 무게 값을 가지고 있으며 어떤 색으로 구성되어 있는 그 '무엇'으로 표현될 수 있다. 또한 그 '무엇'이 만들어 내는 소리는 어떤 패턴을 가지고 있는지, 어떤 물건을 사거나 어떤 행동을 하는지, 어떤 정보에 민감하게 반응하는지 등의 정보를 가지고 있다. 이제 사람도 사람으로서의 존재가 아닌 데이터의 집합체로서의 존재로 바뀌어 나가고 있다.

디지털화의 가장 큰 의미는 이렇게 모든 사물을 0과 1로 표현된 데이터로 변환이 가능하다는 것이다. 변환된 데이터는 컴퓨터 등에 담겨서 하나의 정보를 만들어 내기 위한 재료로 쓰일 수 있게 되고, 디지털 데이터로부터 만들어진 정보는 통신시스템을 통하여 전 세계에 실시간으로 유통이 될 수 있다는 것이다. 이러한 디지털 정보화와 통신에 의한 정보의 유통, 유통된 정보의 지능적 처리 등에 의하여 새로운 사이버 세상이 만들어진다. 이에 의하여 새로운 산업의 발전과 기술트렌드가 변화해 나갈 것으로 예상된다.

따라서 디지털화 된 정보가 미래 세상에서의 동력으로 작용할 것이다. 다음에서는 미래의 동력이 되는 정보에 대한 속성을 간단히 살펴보기로 하겠다.

나. 정보란? 정보통신이란?

1) 정보의 개념

'정보'라는 말은 우리 생활에서 쉽게 사용하는 단어이다. 날씨정보, 부동산정보, 주식정보, 학원정보 등 다양한 곳에서 사용한다. 하지만 막상 정보란 무엇인지 정확한 정의를 알고 있지는 못하다. 정보학에서는 "우리 주변에서 수치화되고 계량화 될 수 있는 수많은 데이터(Data, 자료)를 어떠한 목적에 맞게 구분하고 가공 처리하여 의미 있는 내용으로 만들어 낸 것"이라고 정보를 정의하고 있다. 정보는 데이터에 의하여 만들어진다. 데이터는 수치나 계량화 된 어떤 것으로 표현될 수 있어야 한다. 정보는 이러한 데이터를 목적에 맞게 구분하고 가공처리해서 만들어 낸다. 기후를 예로 살펴보자. 여름철 각 지역의 시간별 기온은 계량화 된 수치로 표현이 가능하다. 이것이 기온 데이터이다. 우리나라 지역별로 매일 가장 높은 기온과 낮은 기온을 추출하여, 각 지역별, 일자별 데이터를 정리해 놓는다면 이것이 우리나라 기온에 대한 정보가 된다. 어떤 곳이 여름철에 가장 더운지, 아침과 최고기온의 일교차가 가장 큰 곳이 어디인지 등을 알 수 있는 정보가 된다.

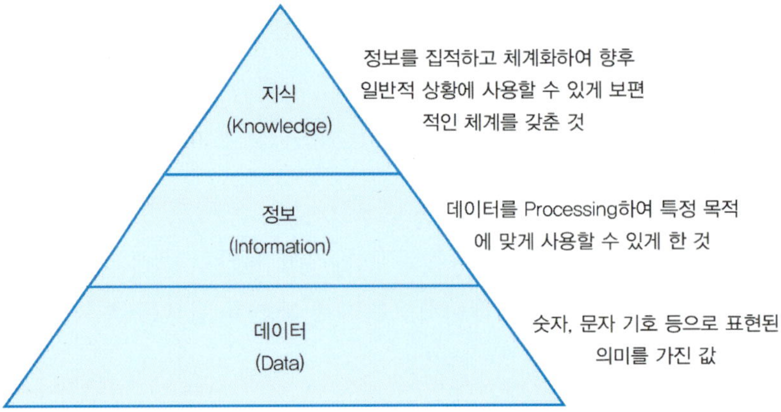

그림 12.1 데이터, 정보, 지식의 상관관계

이러한 정보를 통하여 우리의 의사결정에 반영하기 위한 지식을 만들어 낼 수 있다. 예를 들어 최고기온이 얼마 이상이 되면 폭염주의보를 내려야 한다는 의사결정은 얼마 이상의 기온이 사람에게 해로운 수준이라는 정보와 날씨정보를 합쳐서 만들어 낸 지식이다. 즉, 정보에 의한 판단이 일반적이고 보편타당하게 정의된 것이 지식이다. 따라서 데이터에 의하여 정보가 만들어지고, 정보를 보고 어떠한 판단을 내릴 수 있는 지식이 만들어진다.

2) 정보통신 기술이란?

정보통신기술이란 무엇일까? 정보통신기술은 ICT(Information and Comminication Technology)라고 한다. 정보기술(IT, Information Technology)과 통신기술(CT, Communication Technology)의 합성어이다. 정보기술은 정보를 어떻게 수집하고, 생산하고, 가공하고, 분석하고, 저장하는가를 정의하는 기술이며, 통신기술은 이렇게 만들어진 정보를 멀리까지 정확하게 정보수요자에게 보내고 받는 기술이다. 쉽게 설명하면 정보기술은 컴퓨터를 이용하는 기술이고, 통신기술은 이동통신과 같이 무언가를 서로 주고받을 수 있게 하는 기술이다. 음성을 주고받으면 음성통신이고 데이터를 주고받으면 데이터 통신이다.

이러한 두 가지의 기술은 컴퓨터의 발전과 함께 발전한 인터넷 기술 등으로 컴퓨터 네트워크로 결합이 되었다. 최근에는 스마트폰이라는 형태로 완벽하게 정보기술과 통신기술이 통합이 되었다. 스마트폰은 하나의 정보기기가 통신의 기능을 동시에 가지고 있어서 정보기술과 통신기술을 따로 떼어놓고 생각하기 어렵게 만들었다. 따라서 이 두 기술의 융합에 의하여 정보기술(IT)과 통신기술(CT)로 따로 불리던 용어가 **정보통신기술(ICT)**이라는 하나의 단어가 되었다. 앞으로는 이 두 기술을 따로 떼서 생각하기 어려울 정도로 융합된 채로 발전하여 나갈 것으로 생각된다.

다. 정보의 중요성

정보는 현대사회에서 점점 더 중요성이 높아지고 있다. 특히 정보통신 기술의 발전에 의하여 더 빠른 속도로 중요도가 커지고 있다. 왜 그럴까? 예전에도 정보는 존재했었고, 정보를 통하여 많은 일들을 하고 있었는데, 최근에 더 중요해진 이유가 무엇일까?

크게 두 가지 이유가 있지 않을까 생각한다. 하나는 디지털 데이터의 역할 때문이다.

우리가 아는 모든 정보들은 디지털로 만들어지고 있다. 세상 모든 데이터가 디지털로 변환이 되면 데이터간 통합이 아주 쉬워진다. 예를 들어 옛날에 영화를 만들기 위해서는 영화를 찍고, 음성을 따로 녹음을 하여 두 내용을 붙이기 위한 별도의 작업을 했다. 영상은 필름에 담겨 있고, 음성과 노래는 테이프에 담겨 있었기 때문이다. 최근에는 영상도 디지털로 컴퓨터에 실려 있고, 음성과 노래도 디지털로 컴퓨터에 실려 있다. 이 둘을 합치는 것은 아주 간단한 일이다. 만일 한번 만들어 놓고 다시 분리시키는 것도 역시 아주 쉽다. 게다가 전달 또한 아주 간단하다. 이전에는 필름으로 만들어서 배를 타고 태평양을 건너서 우리나라에 도착한다. 지금은 인터넷을 통하여 몇 분만에 모든 영화가 극장으로 전달될 수 있다. 이렇듯 데이터가 디지털화 되면서 데이터를 모으고 분석하고 구분하는 범위가 점차 넓어지고 쉬워진다. 이전에는 서로 같은 분석의 도구로 활용할 수 없었던 데이터들이 모두 모여서 컴퓨터라는 하나의 도구를 통하여 분석이 가능하게 되었다.

최근에 거의 모든 기업이 활용하고 있다고 하는 ERP(Enterprise Resource Planning)의 경우를 보면 디지털화에 의하여 얼마나 많은 데이터가 모여서 분석되어 정보화 될 수 있는지 알 수 있다. 이전에는 회계 시스템에 들어있는 비용 데이터와 노무 장부에 기록되어 있는 업무 일지 등이 따로 되어 있었기 때문에 활동기준원가(Activity-based Costing, ABC)와 같은 개념들을 적용하기 쉽지 않았다. 하지만 최근에는 기업의 모든 활동이 디지털화 되어 컴퓨터로 저장되기 때문에 활동기준원가와 같이 모든 기업의 자원을 하나의 관점에서 새로 분류하는 것이 가능하게 되었다. 따라서 디지털로 된 데이터의 생성에 의하여 데이터의 수집, 가공, 분석이 쉬워져서 더 효율적인 의사결정을 할 수 있게 되면서 점차 정보의 중요성이 더 커지게 되었다고 본다.

두 번째는 정보자체가 돈이 되고 있는 것이다. 4차 산업혁명 등에서 원동력이 되는 최고의 자산이 데이터라고 한다. 특히 빅데이터 분석 등이 가능하게 되면서 엄청나게 방대한 양의 다양한 데이터를 모으기만 하면 이 데이터에서 뭔가의 새로운 시사점을 뽑아낼 수 있을 것이라고 생각한다. 옛날에는 데이터를 모으기 위한 저장장비 등이 너무 비싸서 최소의 데이터로 많은 정보를 끌어낼 수 있는 방법을 고민했는데, 최근에는 모을 수 있는 최대한의 데이터를 모으려는 방향으로 진행되고 있다. 이전에 비하여 급격히 떨어진 데이터 저장비용 등으로 인한 변화이다. 이를 대표적으로 보여주고 있는 기업이 구글이다. 구글은 사용자의 검색데이터를 모두 모아서 가장 빠른 시간에 원하는 웹페이지를 보여줄 수 있는 알고리듬을 구현했다. 그리고 지금도 고객의 데이터를 모아서 새로운 사업의 영역을 만들기 위하여 노력하고 있다. 앞으로 모아 놓은 데이터를 이용해서 어떠한 새로운 사업을 더 만들어 낼지 모른다. 이렇게 수많은 데이터를 모으고 정리해서 새로운 자산으로 만들고 있는 추세가 정보의 중요성을 더욱 더 높여주고 있다.

이렇게 중요해진 정보는 스스로 독점력을 갖는다. 모인 정보가 많으면 많을수록 더 효율적인 의사결정을 할 수 있다. 효율적인 의사결정이 가능하기 때문에 많은 사용자들이 그 시스템을 사용하고자 스스로 들어온다. 사용자들은 효율적인 의사결정을 위하여 본인이 가지고 있는데이터들을 시스템에 남긴다. 시스템에 남아 있는 자료는 더 유용한 정보를 만들어 내고, 유용한 정보는 다음 사람에 의하여 더 효율적인 의사결정을 할 수 있게 한다. 이에 의하여 더 많은 사람이 모여든다. 이러한 선순환효과는 정보를 모으고 분석하고 활용하는 시스템의 쏠림효과를 만들어 낸다. 쏠림효과에 의하여 더 많은 정보를 가지고 있는 시스템들이 권력을 가지기 시작한다. 이러한 현상은 공개된 정보가 많으면 많을수록 쏠림은 더 심각해진다. 이미 전 세계를 장악하고 있는 플랫폼 사업자들은 이와 같은 쏠림현상을 경험하고 있다. 쏠림현상에 의한 힘을 가지고 있게 되고, 모든 분야에서 정보를 이용하여 할 수 있는 일들에 대해서는 타 기업보다 우위의 권력과 지식을 가지고 활동을 하게 되고, 이 정보와 지식들이 기업의 자산으로 남아 타 기업에 대하여 전략적 우위에서 활동을 할 수 있게 된다. 일부 몇몇 시스템에서 대부분의 정보를 독점하는 시대가 되면 점차 정보의 소유에 의한 종속의 문제가 발생할 수 있다. 정보의 공공성에 대한 심각한 고민도 필요해진다는 말이다.

2. 정보통신기술(ICT)과 4차 산업혁명

디지털의 등장으로 정보의 유용성과 중요성이 커지게 되었으며, 이로 인하여 정보통신기술이 급격히 발전하고 있다. 컴퓨터의 발전과 데이터통신, 특히 인터넷의 등장으로 인하여 발전하기 시작한 정보통신 기술은 최근에 통신과 정보가 결합된 스마트폰의 등장으로 급격한 발전을 이루고 있다. 특히, 최근 정보통신기술의 큰 흐름이라고 하면 4차 산업혁명을 말하지 않을 수 없다. 마치 세계 전반의 모든 경제제도나 사회 전반을 다 뒤

집어 놓을 것 같은 느낌을 받을 정도로 우리나라에서는 4차 산업혁명의 열풍이 분다. 하지만, 아직까지 그 누구도 4차 산업혁명의 정확한 정의를 말하는 사람이 없다. 잘 모르든지 기술의 이해도가 낮아서 그런 것이 아니다. 아직 오지 않은 미래이기 때문이다. 올 것으로 예측되고 우리의 삶을 변화시킬 것으로 보이고 있으나, 아직은 어떤 기술이 어떤 사회적 변화를 가져올 것인가에 대한 생각들은 세계 석학들조차도 서로 다르다. 하지만 어떠한 예상되는 기술의 발전이나 사회적 변화는 대체로 일치하고 있다. 본 책에서는 4차 산업혁명을 정보통신기술의 관점으로 보고, 어떠한 기술들이 어떤 사회적 파장을 일으킬 수 있을 것인지에 대해서 알아본다.

가. 산업혁명의 역사

2016년 4월 클라우스 슈밥의 4차 산업혁명 저서 이후 4차 산업에 대한 논의가 급속하게 전세계에서 활발히 진행되었다. 슈밥은 증기기관의 발명을 계기로 사람과 동물의 힘에 의존하던 산업을 동력기관으로 바꾸게 된 1차 산업혁명을 지나, 전기가 동력의 표준으로 사용되며 분업과 대량생산으로 대표되던 2차 산업혁명이 만들어졌다고 하였다. 이제는 정보통신 기술이 전반적으로 산업의 영역에 적용되는 3차 산업혁명을 통해 **사이버세상(BIT)과 물리적세상(ATOM)의 조화**를 이루려고 하는 4차 산업혁명이 다가오고 있다고 하였다. 4차 산업은 기존의 3차에 걸친 산업혁명의 결과로 인하여 나타나게 될 것이며 아직 시작하지 않았지만 사회 전반에서 진행되고 있다고 하였다.

산업혁명 구분	시기	내용
1차 산업혁명	1784년	증기, 기계 생산
2차 산업혁명	1879년	전기, 노동분업, 대량생산
3차 산업혁명	1969년	전자, 정보기술, 자동생산
4차 산업혁명	?	사이버-물리 시스템

표 12.1

1) 1,2차 산업혁명 - 동력혁명

1차 산업혁명은 18세기 영국에서 와트의 증기기관 이후 제조업 분야를 중심으로 시작하였다. 증기기관이나 방적기 공장시스템 등 다양한 획기적인 발명이 연달아 일어나면서 농업사회를 산업사회로 발전시키게 된 최초의 산업혁명이다. 이후 벨기에, 프랑스, 독일 등 서유럽과 미국으로 확대되었다. 인간이나 동물의 힘을 사용하던 단계에서 기계의 힘을 이용하였다는 의미가 있다.

2차 산업혁명은 미국을 중심으로 18세기 말 부근에 시작되었다고 본다. 전기를 동력으로 이용하고 대량생산 시스템을 갖추게 되는 시기를 말한다. 이 당시에는 에디슨, 테슬라, 포드 등 현재 우리가 알고 있는 많은 발명가들이 나옴으로 인하여 본격적인 공업사회가 시작되었다고 보고 있다. 1차 산업혁명이 혁신적인 발견과 발명을 통하여 새로운 동력을 만들었다면, 2차 산업혁명은 전기라고 하는 표준화되고 더 강력한 동력을 만들었고, 대량생산 시스템 등을 통하여 더 많은 제품을 만드는 것을 가능하게 하였다.

포드의 부품표준화와 컨베이어 시스템이 대표적인 대량생산 체계이며, 이를 이용한 모델T의 개발로 미국이 자동차의 대중화에 성공하는 계기가 되었다. 하지만 컨베이어 시스템은 찰리 채플린의 영화 '모던타임스'에서 말하듯 인간이 기계에 종속되는 모습이 되어 인간성 소외라고 하는 문제를 야기하기도 하였다. 전기와 대량생산을 통한 공업화 사회의 가속이 진행되는 것과 동시에 전화 등의 정보통신 기기를 발명하여 원거리 정보제공의 시초를 제공하였다. 이는 3차 산업혁명이 가능한 기반이 되었다.

2) 3차 산업혁명 - 디지털혁명

3차 산업혁명은 2차 산업혁명으로 만들어진 통신망을 기반으로 무형의 정보생산, 처리, 유통을 효율적으로 할 수 있는 정보통신 기술에 의한 혁명으로 볼 수 있다. 반도체의 발전으로 인하여 빠른 컴퓨터의 등장을 가져왔고, 인터넷의 발명으로 인하여 만들어진 무형의 정보들이 빠른 시간에 통신, 유통됨에 따른 새로운 산업의 발전을 가져오게 되었다. ICT(Information and Communication Technology)라고 총칭되는 기술을 통하여 산업의 영역에서부터 생활의 영역까지 다양한 변화를 가져오고 있다. 모든 정보는 컴퓨터로 만들고 저장되며, 또한 인터넷을 통하여 유통된다. TV방송 및 신문 등 미디어 조차도 인터넷을 통해 유통된다.

3) 4차 산업혁명의 태동

세 번의 산업혁명의 역사를 돌아보면 이전 산업혁명의 주요 발명이 다음 산업혁명의 동인으로 작용하고 다음 일어난 산업혁명은 또 다음의 산업혁명의 동인이 될 수 있는 기술을 만들어 낸다. 1차 산업혁명에 의해 생기게 된 동력이 전기라는 형태의 동력원으로 만들어지면서 동력의 전송, 저장 등이 가능하게 되었고, 이에 의하여 새로운 대량생산을 가능하게 하는 2차 산업혁명의 기술로 발전되었으며, 전기의 발전이 정보통신이라고 하는 새로운 기술을 만들어 내게 되어 3차 산업혁명의 기반이 되었다. 3차 산업혁명 기간 동안 정보통신 산업은 디지털 데이터를 만들어 내기 시작하였고, 세상의 수많은 현상이나 생각들이 모두 디지털 데이터로 생성, 저장, 처리되기 시작하였다. 4차 산업혁명은 **디지털화된 데이터들이 물리적세상(ATOM)과의 연결**이 이루어지면서 일어날 것으로 보고 있다.

나. 4차 산업혁명의 본질

사물인터넷이 발전하게 되면 모든 사물이 통신을 하기 시작한다. 모든 사물에서 동작 또는 상황에 대한 데이터가 생성되고, 이 모든 데이터는 네트워크를 통하여 유통되고 수집된다. 만일 모든 사물에서 데이터를 발생시키고 만들어진 데이터는 사이버세계에 그대로 저장된다고 생각해 보자. 사람이 살아가는 세상이 그대로 사이버세계에 똑같이 복제될 것이다.

물리적 세상에서 움직임은 디지털 데이터로 바뀌어 사물인터넷을 통해 가상의 세계인 사이버세상으로 전달된다. 사이버세상은 현실의 물리적 세상을 그대로 반영하여 만들어진다. 모든 사이버세상의 데이터를 관장하는 인공지능이 있다면 인공지능은 물리적 세상의 움직임을 다 파악할 수 있다. 파악된 데이터를 통하여 물리적 세상에서 가장 좋은 방법이 무엇인지를 알아낼 수 있다. 알아낸 방법을 다시 물리적 세상으로 전달하여 로봇이나 자율주행차, 드론 등의 제어가 가능한 방식으로 물리적 세상에서의 행동을 제어할 수 있다. 인공지능이 인간의 능력을 초월한 존재라면 인간들의 의사결정보다 훨씬 더 효율적이고 생산적인 세상을 만들 수도 있다.

이와 같이 사물인터넷과 인공지능이 있다면 더 이상은 사람이 개입되지 않아도 스스로 돌아가는 세상을 만들 수 있을 것이다. 마치 마리오네트(꼭두각시 인형)처럼 우리가 살아가는 물리적 세상은 사이버 세상의 데이터와 인공지능에 의해 조작되는 것과 같을 것이다. 물리적 세상(ATOM)에서 일어난 모든 일이 사이버 세상(BIT)에 그대로 투영되고, 사이버세상에서 모든 데이터를 관장하는 인공지능이 상황을 분석하여 최대한 효율적인 솔루션을 도출하고 이를 물리적 세상에 적용을 한다. 따라서 4차 산업혁명은 다음과 같이 정의될 수 있다.

> *4차 산업혁명(4th Industrial Revolution)이란 모든 사물들이 서로 통신하는 초연결성(Hyperconnectivity)과 이를 통하여 생성된 방대한 데이터를 초지능성(Superintelligence)으로 분석하여 기존 산업의 영역에서 생산/서비스의 혁신적인 변화를 가져오거나 새로운 분야의 산업을 만들어 내는 것*

4차 산업혁명의 본질은 사이버 세상을 구축하는 일이다. 우리가 살고 있는 물리적 세상을 그대로 투영하여 데이터의 흐름으로 이루어진 사이버 세상을 만들고, 강력한 인공지능으로 데이터 흐름을 분석하여 미래를 예측하고, 예측된 결과에 따라 다시 물리적 세상을 움직이게 하는 것이다. 이러한 4차 산업혁명은 기술적 변화와 같이 사회적 변화를 동반할 것이다. 인공지능이 인간의 능력을 초월하면 인간이 아닌 인공지능이 모든 것을 판단하고 행동하게 될 가능성이 크다. 르네상스 이후 신 중심의 사회에서 인간중심의 사회로 변화하였는데, 이제는 인간중심의 사회가 아닌 데이터와 인공지능 중심 사회로 변화될 수도 있다. 모든 것은 사이버 세상에서 데이터의 흐름에 대한 분석과 판단으로 결정되기 때문에 휴머니즘을 배제하고 보다 효율적인 결론을 도출할 것이기 때문이다. 이러한 경향으로 디지털화에 의한 사이버 세상의 구축은 인간사회의 많은 틀을 바꿔 놓을 것으로 생각한다. 결론적으로 4차 산업혁명은 와트의 증기기관의 발명으로 인하여 부르주아 계급의 급격한 부상과 이의 반작용으로 노동계급의 급격한 몰락에 의한 사회의 혁명적인 변화를 가져오듯, 디지털혁명에 의한 인간 지식에 대한 필요성의 급격한 변화 등을 통하여 새로운 또 한번의 혁명적 사실을 가져올 것으로 생각한다. 앞으로 우리는 어떻게 발전하는 기술을 바라봐야 되는지, 미래 사회변화를 어떻게 예측하고 준비해야 하는지를 살펴봐야 되겠다.

3. 정보통신기술(ICT) 관련 메가트렌드

가. 클라우스 슈밥의 4차 산업혁명 메가트렌드

클라우스 슈밥은 그의 저서에서 세가지 카테고리(물리학/디지털/생물학)의 기술적인 메가트랜드가 있다고 한다. 물리학기술에는 자율주행자동차 및 드론 등을 포함한 무인운송수단, 3D프린팅 기술, 첨단로봇공학과 신소재를 들고 있다. 자율주행자동차는 이미 많은 기술적인 발전을 이루어서 2018년 평창올림픽 기간 동안에 현대자동차에서 시범서비스를 보이는 등 상용차개발사들의 움직임이 빨라지고 있는 추세이다. 또한 드론의 경우에도 상당히 많은 실사용의 예를 보이고 있다. 예를 들어 해상 조난자의 구조를 위하여 사용하는 경우나 스포츠 방송의 중계를 위한 카메라에서 사용하고 있는 등 다양한 경우가 있다. 3D프린트 기술도 이제는 실사용의 단계로 접어들고 있으며 로봇공학과 신소재 등도 엄청난 속도의 발전을 하고 있다.

디지털기술은 사물인터넷(IoT)이 대표적인 기술이며, 블록체인과 같은 보안기술 및 온디멘드 경제(공유경제)를 가능하게 하는 서비스플랫폼화 기술 등도 주목할 필요가 있다. 생물학기술은 인간게놈프로젝트(Human Genome Project)에 의하여 밝혀진 유전학의 혁신적인 발전으로 인하여 새로운 분야의 연구가 활발해 지고 있는 분야이다. 유명 여배우 안젤리나 졸리의 유방암을 예방하기 위한 사전절제수술 등과 같이 유전체분석을 통하여 개인별 취약한 질병을 파악하고 이를 미리 예방하는 방법 등이 사용되고 있다. 하지만 가장 윤리적이고 법, 제도적인 측면에서 갖추어야 할 것이 많은 분야이기도 하다.

나. 새로운 메가트렌드의 등장

본 장에서는 클라우스 슈밥의 정의를 따르지 않고, 4차 산업혁명의 정의에 의한 메가트렌드를 새롭게 정의하고자 한다. 앞에서 설명한 대로 4차 산업혁명은 전세계를 디지털화 함에 따라 만들어 지는 디지털 가상세계(사이버세상)를 구축할 것이며, 이에 의하여 새로운 메가트렌드를 만들어 나갈 것으로 예상했다. 이때, 4차 산업혁명의 두가지 큰 특징은 **초연결성(Hyper Connectivity)**와 **초지능성(Super Intelligence)**라고 하였다. 이 두가지 큰 특징은 그 자체로 현재의 트렌드가 되어 가고 있다.

우선 초연결성은 지속적으로 발전을 해 오던 통신시스템이 5G 네트워크를 상용화하고, 사물인터넷을 구성하는 등 다양한 방식의 연결을 가능하게 만들어 왔다. 유선인터넷의 시대에서 모바일커뮤니케이션의 시대를 만들어 낸 후, 이제는 모든 것이 연결되는 사회를 구축하기 위한 기술을 개발해 내고 있다. 현재 가장 중요한 기술로는 5G 네트워크의 등장을 들 수 있다.

초 지능성은 인공지능(AI, Artificial Intelligence)으로 대변된다. 인공지능은 다량의 디지털 정보를 통하여 최적의 솔루션을 찾고, 이를 실제 상황에 적용하여 빠른 판단을 하도록 하는 것으로, 마치 사람이 상황에 맞게 적절히 판단하고 움직이는 것과 동일하게 만들되, 사람이 만들어 내는 오류를 최소화 할 수 있게 자동화 해 나간다는 것이 기본이다. 엄청나게 많은 정보를 쉽게 처리하고 분석할 수 있게 만들어 주는 기술은 빅데이터 기술로 이 또한 초지능성을 위한 기반 기술로 현재 많은 발전을 보이고 있다.

이러한 정보통신기술의 트렌드는 한 분야의 기술트렌드로 그치지 않고, 사회 전반을 구석구석 바꾸어 나가고 있다. 예를 들어 스마트홈과 같은 경우는 기존 가전제품의 범위를 넘어서 모든 것이 통합적으로 구성되고 연결되어 새로운 서비스를 만들어내는 시스템으로 구성된다. 정보통신 기술이 바탕이 되어 기존의 제조산업에서 정보통신 기술을 통합적으로 사용하게 되면서 새로운 트렌드를 만들어 내고 있는 것이다. 스마트카는 지금까지 이동의 수단으로 사용되던 자동차를 정보통신 기술의 결합으로 더 많은 산업의 영역을 만들어 낸다. 자율주행 기능 뿐 아니라, 자율주행기능을 이용한 다양한 새로운 물류와 교통산업을 만들어 낼 수 있으며, 자동차와 주차장, 자동차와 쇼핑센터 등이 결합된 새로운 산업을 만들어 낼 수 있는 잠재력을 보여주고 있다.

이렇듯 정보통신기술이 앞으로는 어떠한 산업과도 연계되어 새로운 기술을 만들어 낼 것으로 보여지며, 이에 따라 정보통신기술과의 융합에 의한 새로운 기술의 등장이 앞으로의 기술트렌드를 장악해 나갈 것으로 본다. 물론, 기존 산업의 영역과 생명공학 등의 영역에서도 새로운 기술트렌드는 꾸준히 만들어질 것으로 예상하지만, 정보통신기술은 전체의 흐름을 만들어 내는 새로운 메가트렌드로서 자리잡을 것이다. 따라서, 정보통신의 발전에 의한 4차 산업혁명 및 관련 기술은 다음과 같은 다섯가지의 메가트렌드로 정리할 수 있다. 이 중 앞의 초연결성과 초지능성은 산업변화를 위한 기반기술로 자리잡을 것이며, 뒤의 세가지 트렌드는 다양한 산업과의 접목을 통하여 새로운 산업분야를 만들어 내고, 그 산업분야에 적합한 새로운 기술을 만들어 내는 기술트렌드를 만들어 낼 것이다.

1) 초연결성(Hyper Connectivity)

모든 사물은 디지털 정보로 만들어 질 것이며, 만들어진 모든 디지털 정보는 통신기술의 발전에 의하여 유통된다. 사물인터넷의 등장으로 전자기기가 아닌 사물을 포함하여 모든 사물이 디지털 정보를 생성하고 유통, 소비하는 시대가 될 것이다. 초연결성은 사물인터넷의 등장으로 더 많은 사물들이 연결되어가고, 전자제품이 아닌 일반 사물조차도 통신네트워크에 접속이 되어 데이터를 생성하고 데이터에 의하여 컨트롤 되는 시대를 만들어 갈 것이다. 특히 최근의 5G 네트워크는 더 빠른 데이터의 전송 및 실시간 컨트롤이 가능한 수준의 네트워크를 지원하면서 우리가 생각하지 못하였던 수많은 서비스들을 가능하게 만들 것이다.

2) 초지능성(Super Intelligence)

연결된 사물에 의한 디지털 정보는 인공지능과 빅데이터와 같은 도구를 통하여 마치 인간이 직접 판단하듯이 사물들이 사람의 개입 없이도 판단하고 행동하는 시대가 될 것이다. 현재에도 알파고 이후 수많은 인공지능을 이용한 서비스가 만들어지고 있으며, 빅데이터 분석을 통한 다양한 서비스가 만들어지고 있다. 특히 음성인식의 측면에서는 최근 상당한 수준의 기술진보를 보이고 있으며, 이로 인하여 다양한 음성인식에 의한 서비스를 경험할 수 있고, 대부분의 스마트폰은 이제 음성만으로 동작할 수 있는 시대를 열어가고 있다. 데이터의 축적에 의하여 더 빠르고 정확한 판단기반을 만들어 가면서 새로운 서비스의 영역을 개척해 나갈 것이다.

3) 모든 사물의 연결에 의한 스마트화 기술

스마트홈, 스마트시티, 스마트카, 스마트팩토리, 스마트에너지 등 다양한 분야가 모두 초연결성과 초지능성을 바탕으로 통합되어 나간다. 각 장비들이 연결이 되고 지능을 가지게 하는 기술의 발전이 트렌드로 자리 잡을 것이며, 이에 의하여 모든 사물은 연결되고 서로 통신하여 **지능적인 행동**을 할 수 있게 기술이 발전해 나갈 것이다. 4차 산업혁명에 의한 초연결성과 초지능성이 복합적으로 실제 물리적 세상에서의 서비스를 만들어 나가는 모습을 보일 것으로 예상된다.

4) 융복합을 위한 플랫폼 비즈니스 기술

모든 사물이 연결될 때, 정보의 연결통로가 되는 플랫폼이 등장하게 된다. 플랫폼은 산업의 영역에서 소비자와 생산자를 연결하는 동시에 생산자와 소비자의 가치사슬을 연결시켜줘서 비즈니스화를 가능하게 만든다. 따라서 **가치사슬을 연결**시켜 새로운 비즈니스가 가능하게 만드는 기술들의 개발이 트렌드가 될 것이다. 기존 산업의 틀이 플랫폼 기반으로 바뀌어 나가면서 비즈니스의 생태계를 전체적으로 변환시켜 나갈 것이며, 앞으로의 산업은 누가 플랫폼을 장악할 수 있는가로 경쟁의 구도가 바뀌어 나갈 것이다.

5) 탈 중앙화 및 개방화

소유에서 공유로, 중앙집중에서 탈중앙화로의 변화가 일어난다. 공유경제의 등장으로 소유하지 않은 자산의 개념이 나타나며, 토큰 이코노미와 같이 권위에 의하여 강제하지 않는 스스로의 탈중앙화 탈권위화의 움직임이 시도될 것이다. 토큰 이코노미는 지금까지의 경우와는 달리 P2P 경제를 구동하는 기반이 되려고 할 것이며, 이에 의하여 내가 가지지 않아도 남들의 지원에 의하여 산업을 만들어 낼 수 있는 산업트렌드를 만들어 낼 것이다. 공유경제와 토큰 이코노미의 두 가지 트렌드의 성공과 실패여부는 아직 논란이 많이 있으나, 많은 시도가 지속될 것이며, 새로운 시도에 의하여 기술트렌드로 자리 잡을 가능성이 크다.

제13장 초연결성(Hyper Connectivity)

초연결성은 2019년 세계에서 최초로 우리나라에서 상용화 된 5G 이동통신과 같은 통신기술의 발전에 의하여 만들어지는 기술트렌드다. 통신 기술은 두 가지의 큰 흐름을 통하여 발전해 왔다. 하나는 인터넷의 발전이며, 또 하나는 모바일통신의 발전이다. 인터넷은 전세계에 흩어져 있는 개별 네트워크를 상호 연동시키기 위한 노력에 의하여 등장하게 되었다. 이는 네트워크와 네트워크간의 연결을 이야기 하므로 '네트워크들의 네트워크(network of network)'라 할 수 있다. 실제 물리적 네트워크는 별도로 운영되고 있으나, 논리적으로 하나의 네트워크처럼 연결되어 사용되고 있다.

모바일 통신은 최초 음성전화를 위한 서비스로 만들어졌다가 점차 데이터 통신을 수용하는 네트워크의 형태로 바뀌어 가면서 점차 음성통신보다 데이터통신이 더 중요한 서비스로 자리를 잡아갔다. 특히 스마트폰의 등장으로 통신과 정보기술의 통합을 이루면서 현재 가장 중요한 네트워크로 자리잡고 있다. 물론 유선인터넷이 사라지고 모든 것이 모바일로 통합되는 것은 아니나, 사용자의 측면에서는 사용자 경험이 대부분 모바일에서 이루어지고 있으며, 앞으로 그 트렌드는 더 강해질 것으로 예상한다.

본 장에서는 인터넷 네트워크의 변화와 더불어 모바일서비스의 변천사를 파악해 보고, 최근 새롭게 등장하여 기술트렌드 변화를 예고하고 있는 **5G 네트워크와 사물인터넷** 서비스를 위한 다양한 네트워크의 트렌드를 알아본다.

1. 인터넷과 웹서비스

가. 인터넷의 등장과 발전

1) 인터넷의 시작

인터넷의 시작은 1969년 미국 국방부 고등연구계획국(ARPA, Advanced Research Projects Agency)에 의하여 만들어진 ARPANET이 최초이다. 처음에는 이 역시 군사적인 목적으로 만들어지고 있었으며, 이후 연구기관으로 보급되면서 기능이 점차 확대되었다. 정보를 주고 받는 표준 규약인 TCP/IP도 필요에 의하여 만들어지게 되었다. 현재 인터넷을 사용하는 모든 네트워크와 연결된 장치들은 TCP/IP를 기본으로 사용하고 있다.

1960년 미국의 릭라이더(Joseph Carl Robnett Licklider, 1915~1990) 박사는 여러명의, 사용자가 하나의 컴퓨터에 접속하여 작업하면서도 처리 효율을 높일 수 있는 '시분할 시스템(Time Sharing System)'을 발표했다. 컴퓨터의 연산 속도에 비해 사용자의 입출력 속도가 느리기 때문에 하나의 시스템에서 사용자가 입출력을 하는 동안은 다른 사람의 연산처리를 할 수 있어서 중앙처리장치의 효율화를 극대화 할 수 있다는 이론이다. 이후 시분할 시스템이 모든 컴퓨터 네트워크 시스템의 기본 이론이 된다.

2) 네트워크 시스템의 구축

ARPANET(Advances Research Projects Agency Network)가 릭라이더의 시분할 시스템의 이론을 실현하여 최초의 네트워크 시스템을 구축한다. 아르파넷은 컴퓨터들을 직접회선으로 연결하는 방식을 쓰지않고 대규모의 통신망을 구축해 모든 컴퓨터를 이 통신망에 접속시키는 방식을 사용하였다. 이 당시 네트워크 시스템의 목적이 군사 정보를 위한 것이었기 때문에 대규모의 전쟁이나 핵폭발이 일어나더라도 데이터를 분산하여 보관하고 공유하며, 부분 파손에도 네트워크가 동작을 하기 위한 것이었다. 아르파넷은 1969년 당시 UCLA, UC산타바바라, 스탠퍼드대학교 연구소, 유타대학의 4곳이 참여하였다. 당초에는 연구 목적으로만 사용하려고 구축하였으나, 참여 기관이 점차 늘어나고 사용 목적이 확대되면서 새로운 요구들이 생겨나기 시작했다. 이에 미 국방성은 군사용 네트워크는 밀넷(MILNET)으로 분리시키고 기존 아르파넷은 민간용으로만 사용하도록 변경하였다. 그리고 새로운 프로토콜인 TCP/IP를 적용하여 현대 컴퓨터 네트워크의 기본 구조를 완성하게 된다. 이때부터 인터넷(Internet)이라는 단어가 **컴퓨터간의 네트워크**를 의미하는 명사로 쓰이게 된다.

1986년 미국 국립과학재단은 미국내 5개의 수퍼컴퓨터를 TCP/IP 기반으로 연결한 통신망인 NSFNET(National Science Foundation Network)를 구축한다. 점차 학술과 연구분야를 중심으로 NSFNET이 시작하고, 거대한 통신망으로서의 위치를 잡게 되어 본격적인 인터넷의 시작을 만들었다. 다만 이 당시 정부지원의 네트워크로 학술연구 및 교육분야에만 사용이 가능하도록 되어 상용의 인터넷은 아직 만들어지지 않았다.

3) 상업용 인터넷의 등장

인터넷을 상용으로 쓰고 싶었던 미국의 통신사업자들은 1991년 CIX(Commercial Internet sXchange)라고 하는 협회를 구성하고 상업적 목적으로 사용 가능한 네트워크를 구축하기 시작한다. 시간이 흐름에 따라 미국 이외 다른 나라들의 기업들이 이에 참여를 하게 되면서 상업적 인터넷의 발전 속도가 빨라지게 되었다.

이와 같이 네트워크의 구축은 급속도로 퍼지기 시작하였으나 메일을 주고받거나 특정 목적의 프로그램끼리 통신을 하는 데에 사용되었기 때문에 사용 용도는 제한적이라 할 수 밖에 없었다. 이러한 한계를 극복하기 위하여 1989년 유럽의 입자물리연구소(CERN)의 팀 버너스리 박사는 문자, 그림 및 음성 등의 다양한 데이터를 자유롭게 주고받을 수 있는 표준 문서 형식을 규정하였다. 이것이 **월드와이드웹**의 시작이 된다. 월드와이드웹은 정보를 제공하는 표준문서 형식인 HTML(Hyper Text Markup Language)를 이용하여 문서를 구성하고 웹브라우저를 통해 각종 문서를 검색하고 읽을 수 있도록 하였다. 이러한 정보를 볼 수 있는 홈페이지(Home Page)의 개념도 이때 만들어졌다. 각 홈페이지는 인터넷 상의 위치로 표시될 수 있는데 이를 위하여 URL(uniform Resource Location)을 만들어서 모두가 URL만 있으면 언제든지 검색이 가능하게 하였으며, 이러한 정보를 서로 전송하기 위한 프로토콜인 HTTP(Hyper Text Transfer Protocol)도 만들었다. 이 당시 최초의 웹브라우저로 NEXUS가 개발되어 사용되었고, 1993년 그래픽 기반의 웹브라우저 '모자이크'가 개발되면서 급속도로 월드와이드웹의 사용이 활성화 되기 시작한다.

4) 한국에서 인터넷의 시작

한국에서는 1982년 서울대학교와 한국전자통신연구원 사이에 SDN(System Development Network)을 구축한 것이 인터넷의 시초라고 보고 있다. 1986년 9월에 한국데이터통신(이후 1991년에 데이콤으로 이름을 바꿈)에서 PC통신 서비스인 '천리안'을 시작하면서 인터넷 서비스가 시작되었다. 이후 1994년 한국통신(현재의 KT)에서 코넷(KORNET)이라는 이름으로 일반인을 대상으로 한 월드와이드웹 기반의 인터넷 계정 서비스를 본격적으로 시작하였다. 1990년대까지는 주로 전화선 모뎀을 이용한 저속 인터넷 서비스를 사용하다가 1998년 두루넷이 초고속 인터넷서비스를 시작하면서 인터넷의 속도증가에 경쟁을 불러 일으켜 지금의 속도에 이르게 된 것이다.

나. 웹서비스의 등장과 발전

1) 월드와이드웹의 등장

웹(Web)은 앞에서 말한 바와 같이 1989년 스위스 제네바의 유럽입자물리연구소(CERN)에서 개발된 정보와 자료의 공유 및 교환 서비스이다. 1993년에 모자이크(Mosaic) 웹 브라우저가 개발되면서 확산 속도가 빨라지게 되었고, 현재 대표적인 인터넷 서비스로 자리를 잡고 있다. 인터넷과 웹서비스를 혼돈할 정도로 대부분의 인터넷 서비스는 웹을 이용하여 제공된다. 웹 서비스를 위하여 사용되는 프로토콜은 HTTP(Hyper Text Transfer Protocol), 문서나 파일은 HTML(Hyper Text Markup Language) 형식을 사용한다. HTML로 작성된 문서를 HTTP 방식으로 전달하면 웹브라우저는 이를 컴퓨터 화면에 디스플레이를 해 준다. 모자이크 이후에 넷스케이프사의 네비게이터, MS사의 인터넷 익스플로러, 구글 크롬 등 많은 브라우저가 개발되어 사용되고 있다.

2) 웹 2.0으로 발전하는 웹서비스

웹 2.0은 2004년에 미국 오라일리 미디어사(O'reilly Media, inc.)의 팀 오라일리(Tim O'reilly)에 의해 도입된 개념이다. 기존의 웹서비스는 문서를 통하여 정보를 제공하는 것으로 제한적인 사용만 가능하였는데, 웹 2.0은 데스크탑 PC의 응용프로그램을 대체할 수 있는 기능을 탑재하여 응용플랫폼의 기능으로 웹이 발전할 것이라는 의미를 가지고 있다. 즉, 웹 상에서 기존의 응용프로그램이 동작하던 기능들을 할 수 있게 된다는 것이다.

기존의 웹 1.0이 문서를 보여주는 기능에 치중하고 있었다고 하면 웹 2.0 은 문서를 보여주는 기능뿐 아니라 데이터를 생성하고 공유, 저장, 출판 등의 기능을 할 수 있다는 의미이다. 하지만 웹 1.0과 2.0을 명확히 구분할 수는 없다. 어떤 페이지는 1.0이며 어떤 페이지는 2.0이라는 식의 구분은 불가능하고 개념적인 구분으로 이해하면 될 것이다.

3) 웹 2.0 이후의 발전

웹 2.0 이후 진화된 차세대 웹을 웹 3.0이라 하기도 하지만 아직 정의나 기술에 대해 명확한 정의가 없다. 국제 웹표준화 기구 월드 와이드 웹 컨소시엄(W3C: World Wide Web Consortium)은 웹 3.0 용어를 사용하고 있지 않으며, 웹 기반의 증강 현실, 가상 현실, 사물 인터넷, 커넥티드 카, 블록체인등을 차세대 웹 기술로 논의 중이다. 하지만 일부에서는 웹 사용자에게 모든 것을 맞추는 인공지능형의 웹 환경을 웹 3.0으로 보고 시맨틱웹(semantic web)을 웹 3.0 핵심 기술로 혼동하여 사용하고 있다. 웹 3.0이 시멘틱 웹을 채택하여 발전해 나갈 것인지에 대한 것은 아직 누구도 말할 수 없다.

시멘틱 웹은 사람이 읽고 이해할 수 있는 현재의 웹 형태가 아니라 컴퓨터가 이해할 수 있는형태로 만들어진 웹을 말한다. 인간을 대신하는 에이전트가 인간이 원하는 질문을 해석하여 방대한 정보를 검색 후 편집하여 원하는 정보로 가공하여 보여주는 개념이다. 즉, 기계가 자동으로 서로 의사소통을 통하여 정보를 새롭게 구성해 낼 수 있는 지능형 웹이다. 방대한 양의 정보 중에서 개인에게 필요한 정보를 검색하여 필요한 정보를 뽑아내고 이를 정리하여 정보를 만들어 보여줄 수 있다는 개념이다.

시멘틱 웹을 구현하기 위해서는 정보자원들 사이에 연결되어 있는 의미를 컴퓨터가 이해할 수 있는 형태의 언어로 바꿔야 된다. 이렇게 되면 컴퓨터가 정보자원의 뜻을 해석하고, 기계들끼리 서로 정보를 주고받으면서 자체적으로 필요한 일을 처리하는 것이 가능해진다. 시멘틱 웹과 관련된 연구는 RDF(Resource Description Framework)를 기반으로 한 온톨로지 기술과 국제표준화기구(ISO) 중심의 토픽 맵(Topic Map) 기술이 주류를 이루고 있다.

온톨로지는 단어와 관계들로 구성된 일종의 사전으로서 생각할 수 있으며, 그 속에는 특정 도메인에 관련된 단어들이 계층적으로 표현되어 있고, 추가적으로 이를 확장할 수 있는 추론 규칙이 포함되어 있어, 웹 기반의 지식 처리나 응용 프로그램 사이의 지식 공유, 재사용 등이 가능토록 되어 있다. 토픽 맵 기술은 정보를 상호 연관성에 따라 연결하고 조직하여 지식구조를 일종의 지도와 같이 표현하여 대용량 정보를 분류하고 연관관계를 검색하는 데 사용할 수 있도록 구조화 해 놓는 기술이다. 토픽 맵으로 구성이 되면 정보를 효율적으로 검색하고 통합할 수 있으며 이로 인하여 정보시스템의 생산성과 효율성이 증가할 수 있다.

이후 유비쿼터스 웹이라고 불리는 웹 4.0을 말하는 학자도 있다. 이 유비쿼터스 웹이 되면 어떠한 단말이나 네트워크 환경에서도 다양한 응용서비스를 연계해서 사용할 수 있으며 홈네트워크, 텔레매틱스 모바일, 방송 등 다양한 환경을 지원할 수 있는 기술로 발전할 것이라고 한다. 또한 세스 고딘(Seth Gordin)은 웹 4.0 시대가 되면 사용자가 원하지 않은 스팸메일 등을 걸러주고 사용자에게 필요한 정보를 미리 파악해 그 정보만을 제공해 주는 시대가 될 것이라고 한다. 예를 들어 고객이 거리를 지나가게 되면 고객이 좋아하는 정보, 상품의 프로모션 정보 등만 추출하여 고객에게 보여주는 등의 기능이 제공될 것이라고 한다. 하지만 웹 3.0 부터는 아직은 개념 단계의 수준이며 어떠한 것이 차세대 웹의 모습이 될지는 아직은 모른다. 하지만 더 많은 기능을 웹에서 제공하려고 할 것이고, 사람이 보는 정보를 포함하여 컴퓨터가 스스로 판단하고 동작을 할 수 있는 시멘틱 웹과 같은 기술이 끊임없이 개발되고 적용되어 나갈 것이다.

2. 이동통신 서비스

가. 이동통신의 역사

이동통신은 최초 음성통화만 되는 서비스로 시작하였고, 카폰이라고 불리는 차량에 장착된 형태를 가지고 있을 만큼 크기가 큰 단말기를 사용하였다. 이후 점차 문자 송수신이 가능해 지고, 데이터 통신이 가능해 지면서 아날로그에서 디지털로 바뀌어 나가는 등 발전을 거듭하였다. 2019년 초 전세계 최초 5G 상용화의 단계까지 발전해 왔다. 처음 이동통신이 시작된 것이 1980년이라 하면 40년이 채 지나지 않았는데도 엄청난 발전을 해 왔다는 것을 알 수 있다.

1) 무선호출기 시대

이동통신이 제대로 활성화가 되지 않았을 때 우리는 소위 '삐삐'라고 하는 무선호출기(페이저라고도 함)를 많이 사용하였다. 하지만 이 서비스는 단방향 서비스로 문자나 전화번호를 보내면 무선호출기에 문자가 표시되고, 표시된 문자로 전화를 걸어서 서로 통신을 하는 형태였다. 또한 서로 약속된 문구를 보내어서 서로의 의사를 전달하는 경우도 있었다. 예를 들면 어디에 도착하게 되면 1111을 보내라고 서로 약속을 한 후, 도착하게 될 경우 1111을 그 사람의 삐삐로 보내는 방식 등이다. 1111이라고 하는 미리 약속된 번호가 있었기 때문에둘 사이에는 서로의 의사가 전달이 되었지만 한쪽 방향에서 다른쪽 방향으로만 진행경로가 정해지는 단방향 커뮤니케이션이었다. 단방향의 단점은 제대로 의사전달이 되었는지에 대한 확인이 어렵다는 점이어서 이러한 문제를 해결하려고 문자를 받고 읽게 되면 답문자를 자동으로 바로 보낸 사람의 호출기로 보내게 하는 등 다양한 방법으로 양방향 서비스를 제공하기 위한 노력을 많이 했었다. 그 당시 호출기를 사용하던 사람들도 양방향서비스에 대한 니즈가 있었다는 것을 말해준다. 하지만 엄청나게 비싼 요금과 크고 불편하면서도 엄청나게 비싼 카폰 등은 누구나 쓸 수 있는 서비스로 인정받지는 못했다.

2) 1세대 이동통신

우리나라에서는 1984년 최초로 이동통신 서비스가 개시되었다. 한국전자통신공사(현 KT)에서 서비스 확장의 개념으로 이동통신 서비스를 시작하였고, 그 당시는 단말기의 사이즈가 커서 카폰으로만 사용할 수 있었다. 아날로그 기술을 사용하였기 때문에 음성 서비스만 가능하였고, 시스템의 용량이 작아서 많은 고객의 사용을 보장하지 못했다.

주파수 변조의 방식은 FM (Frequency Modulation)을 사용하였다. 이 방식을 사용할 경우에는 잡음이 섞이기 쉬워서 좋은 음질을 보장하기는 어렵다. 옛 아날로그 감성을 자극하는 '칙칙'하는 소리의 잡음들이 그것이며, 이 잡음을 제거하는 방법이 특별히 없기 때문에 어쩔 수 없는 것으로 생각하고 받아들일 수 밖에 없었다.

3) 2세대 이동통신(2G)

아날로그 이동통신이 급격히 확산된 계기는 단말기 크기의 소형화라고 할 수 있다. 지금 핸드폰과 비교해 보면 그리 작다 할 수 없겠지만, 그 당시 카폰으로 쓰일 수 밖에 없었던 사이즈에서 사람의 손에 들어가는 사이즈의 핸드폰으로 바뀌게 된 것은 획기적인 일이라 하지 않을 수 없었다. 과거 사진을 보면서 우리에게 '벽돌폰'이라고 하는 이야기를 듣는 핸드폰들이 그 당시에는 획기적인 초소형의 핸드폰이라 불렸던 것들이다. 주로 모토롤라의 마이크로택 시리즈가 이 당시 인기있는 핸드폰의 기종들이었다.

우리나라에서는 그 당시 한국통신에서 독립한 한국이동통신(Korea Mobile Telecommunication)에서 이 서비스를 시작하였고, 이 회사가 다시 선경그룹(현재 SK)으로 넘어가면서 현재의 SKT를 만들어 내었다. 이때 가능한 서비스는 음성통화 외에도 문자서비스와 저속의 데이터 통신이 가능했다. 이 당시 데이터 속도는 9.6 ~ 64kbps로 지금과 비교하면 초 저속이라 생각되지만, 당시의 기술로 생각해 보면 이동 중에 데이터 통신을 한다는 것을 상상조차 할 수 없었기 때문에 대단한 기술발전으로 인식되고 있었다. 단, 데이터 전송속도가 느리기 때문에 지금과 같은 인터넷 웹서비스 등은 불가능하였고, 텍스트를 이용한 간단한 서비스만 가능하였다.

디지털 이동통신 기술을 우리나라가 도입할 때에 유럽에서는 이미 GSM(Global Systems for Mobile)이라고 하는 기술에 의한 서비스가 제공되고 있었다. 하지만 로열티가 상당히 부담스러웠고, 이미 만들어진 기술을 적용하는 것이 한국의 기술발전에 도움이 되지 못한다는 생각으로 GSM방식과 더불어 Qualcomm에서 개발 중인 CDMA 기술의 도입에 대한 검토를 하였다. 이 두가지 방법의 기술은 다음과 같은 설명이 가능하다.

GSM 방식은 TDMA(Time Division Multiple Access) 기술을 사용하는 것으로 음성을 디지털화 하여 압축한 다음 각 사용자의 음성을 하나의 주파수에 시간을 서로 나누어 보내는 방식이다. 만일 두 명의 사용자가 하나로 묶인다면 원 신호를 반으로 압축하여 시간을 서로 나누어 보내는 방식을 사용하는 것이다. 압축을 얼마나 많이 하는지와 그렇게 압축하였음에도 불구하고 음질을 어떻게 유지시키는지가 기술의 관건이었다.

이와 다르게 CDMA(Code Division Multiple Access)방식은 복잡한 수학적인 방식이 필요하다. 보내는 두 사람이 각자 가지고 있는 코드가 있는데, 이 코드를 이용해서 신호를 만들고 만들어진 신호를 모든 사용자들의 것으로 더해서 보내면 받는 사람이 보낸 사람의 코드를 이용하여 디코딩(Decoding)을 하면 원래 보낸 사람이 보내려고 했던 시그널만 뽑아낼 수 있도록 하는 방식이다. 이 방식은 디지털 압축의 방식이 아니지만 코드를 만들어서 보내고 난 후 다시 원래의 시그널로 복원하는 방식이 복잡하다는 점이 있었다.

우리나라에서는 전자통신연구원(ETRI)에서 퀄컴과의 협업을 통하여 이 CDMA 방식을 상용화 하기 위한 개발을 하였고, 이 개발이 성공하여 전세계 최초 CDMA 서비스를 만들 수 있었으며, 벤처기업이었던 퀄컴을 글로벌 컴퍼니로 성장시킨 계기가 되었다. 이후 CDMA의 성공을 통하여 한국이 이동통신 시장에서의 중요한 나라가 되었고, 한국시장이 CDMA의 테스트베드와 같은 성격을 띠게 하였다. 이후 SKT이외 제 2이통이라고 불렸던 신세기통신이 새롭게 만들어졌고, PCS라는 이름의 이동통신 회사가 3개 더 만들어지게 되어 국내에 5개의 이동통신사가 난립하는 시기가 되었다.

PCS(Personal Communication Service)는 마치 기존의 이동통신과는 다른 서비스처럼 생각하여 새로운 사업자를 선정하였으나, 결과적으로는 동일한 서비스를 5개 회사에서 경쟁하며 제공하는 모습으로 만들어졌다. 이 때 PCS서비스를 제공하는 회사가 KT계열의 KTF, 한솔PCS, LG텔레콤이었다. 이후 시장에서는 치열한 경쟁이 벌어졌고, 그 결과 회사간 합종연횡을 통하여 SKT는 신세기통신을 합병하였고, 이보다 더 먼저 KTF가 한솔PCS를 합병하여 현재의 SKT, KT, LG U+의 3사 체계가 만들어 졌다.

4) 3세대 이동통신(3G)

디지털화 하여 시스템 전체 용량을 확대하는 것 까지는 성공하였으나, 2000년대 이후 음성 중심의 통신서비스가 인터넷 사용 등 데이터 중심으로 바뀌어 나가면서 **고속의 데이터 서비스**에 대한 고객의 니즈가 요구되었다. 게다가 5개 이동통신사 체계에서 강한 경쟁이 통신요금을 인하하는 계기가 되고 많은 국민들이 사용하게 되는 서비스로 변모하면서 시스템 전체의 용량이 부족하게 되었다.

이에 따라 더 커진 용량과 더 빨라진 데이터속도를 제공할 수 있는 WCDMA(Wideband CDMA)가 개발되고 이를 이용한 제3세대 통신을 시작하게 되었다. 용량의 증대와 전세계 로밍을 위한 공통 주파수 대역인 2GHz 대역을 사용하고, 데이터 전송용량은 128kbps에서 2Mbps까지 사용가능하게 되었다. 한때 IMT-2000이라는 이름으로 서비스를 부르기도 한 이 3세대 서비스는 2000년대에 2Mbps의 속도로 2GHz 대역을 쓴다고 하여 붙여진 이름이기도 하다. 지금은 WCDMA 또는 3G라고 표현하고 있다. 또한 이 때부터 영상전화가 가능해 지고, 우리나라에서 본격적으로 **국제로밍**이 제공되기 시작하였다.

5) 4G 이동통신 (LTE)

3G가 아무리 빠른 속도를 제공한다고 해도 서비스의 발전을 따라잡기는 어려웠다. 이미 3G의 속도가 무선인터넷을 제공하기에는 모자라는 속도로 인식되고, 데이터 사용량이 늘어남에 따라 용량도 부족하게 되어 새로운 이동통신의 필요성이 대두되었다.

이에 지금까지 사용하던 CDMA 계열의 무선 기술에서 OFDM 기술로 진화한 LTE(Long Term Evolution)서비스가 제공되기 시작하였다. 4G는 100Mbps~1Gbps수준의 데이터 속도를 제공하도록 되어 있는데, 국내 LTE는 1Gbps의 속도까지 제공하지 못한다. 현재 업로드 37.5Mbps, 다운로드 75Mbps를 제공할 수 있다. 3G에 비하여 7배 이상 빨라진 속도이기는 하나 이 정도 속도도 원활한 모바일인터넷 제공에 어려운 점이 있을 것으로 예상하여 CA(Carrier Aggregation)방식과 광대역 LTE 방식을 사용하여 속도를 증가시킨다. 광대역 LTE는 기존 LTE가 10MHz 대역에서 75Mbps의 속도를 내던 것을 20MHz 대역으로 대역을 확장하게 되면 150Mbps의 속도를 낼 수 있는 방법이다. 이에 반해 CA방식은 인접주파수 대역으로 확장하는 것이 아니고 떨어져 있는 주파수대역을 마치 하나의 주파수대역인 것 처럼 묶어서 사용하는 방법이다. 2개의 10MHz 주파수대역을 사용하면 150Mbps가 되고 3개를 묶으면 225Mbps, 4개인 경우는 300Mbps 의 속도를 낼 수 있게 되어 있다.

나. 5G 네트워크의 등장

1) 5G의 등장이 가져올 의미

LTE가 등장함에 따라 모바일 데이터 서비스가 유선통신의 영역에서 무선통신의 영역으로 바뀌기 시작하였다. 스마트폰의 폭발적인 증가까지 힘입어 이제는 대부분의 사람들이 컴퓨터 보다는 모바일에서 더 많은 정보통신 서비스를 받게 되는 시대가 되었다. 스마트폰에서 쓰는 데이터의 사용량과 빈도가 급격히 증가하고, 더 빠른 속도를 요구하게 됨과 동시에 모든 것을 모바일에서 해결하려 하는 라이프스타일로의 변경 등 새로운 모바일 통신을 요구하게 되었다. 이러한 고객의 요구사항에 대응하기 위하여 통신사에서는 빠른 시간 내에 5G 이동통신 서비스 상용화를 해야 되는 필요성이 생기기 시작하였고, 모바일 시장을 주도하려는 우리나라는 CDMA부터 이어온 세계 최초의 상용화를 5G에서 또 한번 달성했다.

이러한 5G 이동통신이 구현되면 세상은 어떻게 변화하게 될까? 아직은 그 방향성이 명확히 정의되지 않은 것 같다. 5G를 통하여 4G에서 하던 서비스를 조금 더 빨리 할 수 있다고 하는 것은 큰 의미가 없다. 지금도 LTE에서 Carrier Aggregation(CA) 방식을 통하여 더 많은 주파수가 주어지기만 하면 제공될 수 있기 때문이다. 물론 더 발전된 방식으로 주파수 효율을 올리는 것도 큰 의미가 있으나, 다음 세대의 이동통신 네트워크는 새로운 라이프스타일을 만들어 나가는 주도적 역할을 기대하고 빠른 상용화를 추진하고 있는 부분이기 때문에, 사물인터넷, 자율주행자동차 등 4차 산업혁명을 가져올 수많은 서비스를 지원할 수 있기를 기대하기 때문이다. 여기서는 5G의 특성이 지금까지의 모바일 서비스와는 어떻게 달라지고 있으며, 이를 통하여 어떤 서비스들이 활성화될 것인지에 대한 내용을 알아보고자 한다.

2) 5G 방식의 세가지 특징

5G는 기술적 측면에서 세가지의 큰 특징을 가지고 있다. 첫번째는 파격적인 속도의 증가이다. 지금까지 통신은 세대를 거듭하면서 데이터서비스 속도가 파격적으로 증가하였기 때문에 5G 역시 그러하리라고 누구나 다 예측했다. 4세대는 900메가의 속도를 최대치로 생각하고 있지만, 5G에서는 **20Gbps의 속도**를 이론상의 최대 목표로 한다. 통신망 전체의 용량에 문제가 있을 수는 있지만, 만일 용량만 충분하다면 이제는 영화 개봉작을 영화관에서 보는 것이 아니라 각자의 핸드폰으로 전송된 것을 보는 경우도 생길 것 같다. 현재 모바일 서비스도 속도의 부족으로 제대로 서비스를 제공하지 못하는 것은 거의 없지만, 5G에서 목표하는 20G의 속도가 가능하다면 지금까지 우리가 생각하지 못했던 다양한 영상서비스나 방송서비스 등이 가능할 것으로 생각한다. 특히 가상현실과 같은 더 많은 데이터의 양을 필요로 하는 서비스가 가능할 것으로 예측한다.

두번째는 초저지연성(Low Latency)이다. 신호를 보내고 나서 다시 그 신호에 반응한 답을 구하는 데까지 걸리는 시간을 최소화한다는 것이다. 이는 데이터 속도의 증가만으로 이룰 수 있는 것은 아니다. 네트워크에서 사용하는 프로토콜 등도 역시 개선되어야 할 것이다. 초저지연성은 현재 개발중에 있지만 아직은 발전속도가 느린 **자율주행자동차 등의 서비스**에 활용이 가능할 것이다. 자율주행 기술은 현재는 차량 내부에 장착되어 있는 수많은 센서와 판단을 위한 컴퓨터 등으로 가능하다. 외부와의 네트워킹은 주변의 정보를 얻기 위한 수준에서만 사용이 가능했다. 실제 주행의 기술에 네트워크의 지원을 받기에는 지연성이 너무 크다는 문제가 있었다. 4G는 100ms의 지연시간을 보장한다. 이 속도를 차량의 주행에 적용시키면 차량의 긴급사태를 네트워크에서 알아채고 정보를 제공하였지만 이미 늦어버려 사고를 막지 못하는 경우가 생긴다. 5G에서는 1ms 이하의 지연시간을 목표로 한다. 이 속도면 앞의 차에서 사고를 감지하고 뒷차에게 정보를 보내면 받은 정보를 통하여 자동차가 자동 브레이크를 작동시켜 사고를 막을 수 있는 수준의 속도이다. 자율주행의 경우와 마찬가지로 초저지연 네트워크를 이용하면 공장 자동화, 위험지역에서의 작업, 화재 등 재난시 긴급 구조 및 드론과 같은 무인 운전체 등에도 사용이 가능하다.

세번째는 초연결성이다. 지금까지의 통신망은 현재 데이터 통신을 사용하고 있는 단말기 뿐 아니라, 연결은 되어 있으나 데이터 통신을 하지 않고 대기중인 단말기의 수도 제한적이었다. 사용을 하고 다음 사용할 때 까지는 웨이팅 상태를 유지하고 있는데, 네트워크 자원 환경을 감안하여 일정시간 사용을 하지 않은 단말기는 웨이팅 상태에서 빠져나와 초기 상태로 바뀐다. 다시 사용을 요청하면 최초 데이터를 사용할 당시처럼 모든 과정을 거쳐 셋업을 해야 한다. 사물인터넷이 활성화되면 수많은 사물들이 모두 통신을 하고자 한다. 집안에 있는 내 책상도 통신을 하고자 하며, 탁자에 놓여있는 화분도 통신을 하고자 한다. 좁은 지역 내에서 접속하고자 하는 단말기의 수가 기하급수적으로 늘어난다. 5G는 이러한 환경에 적용하기 위하여 **1km^{2}의 영역에서 1백만개의 단말기**가 사용될 수 있는 초연결성을 목표로 개발이 되고 있다.

기존 4G 이동통신 서비스에 5G의 세가지 특징을 구현하게 되면 지금까지의 서비스와는 사뭇 다른 통신환경이 만들어지고, 새로운 수많은 서비스들이 개발될 수 있을 것으로 기대하고 있다. 앞에서 언급한 자율주행자동차와 가상환경 등이 대표적인 새로운 서비스로 예측되며, 이외에도 다양한 많은 서비스들이 개발되어 새로운 통신의 시대가 될 수 있을 것이라 기대한다.

3) 기존의 이동통신과는 다른 성격의 5G 서비스

앞의 세가지 큰 특징이 가져올 서비스의 변화를 보면 지금까지의 이동통신과는 많이 다른 목적을 가지고 있음을 알 수 있다. 3세대 서비스부터 데이터통신 중심으로 발전하였지만, 사람이 검색하고, 보고, 읽고, 보내는 데이터 서비스 중심이었다. 스마트폰이 활성화되어도 사람들이 PC에서 하던 일들을 스마트폰에서 하거나, 앱을 통하여 새로운 서비스를 받는 형태였다. 하지만 인공지능과 사물인터넷 등이 발전을 거듭하면서 사람의 개입 없이 **기기간 통신**을 통하여 더 많은 서비스가 이루어지고자 한다. 자율주행자동차와 같은 것이 좋은 예가 될 것이다.

이러한 영향이 통신 시스템에서도 반영될 것으로 생각되며, 그 시작이 5G가 아닐까 생각이 된다. 기기가 직접 상황을 파악하고 서로 통신을 통하여 정보를 주고받으면서 직접 차량을 운전할 필요가 없이 차량 스스로 운행을 하거나 공장이 스스로 움직이고 위험요소가 발견되면 스스로 공정을 중단하고 문제에 대한 조치를 취하는 것이 5G 네트워크를 통하여 이루어 질 것으로 예상한다. 그렇다면 5G는 지금까지 이동통신처럼 우리가 들고 다니는 핸드폰을 어떻게 발전시킬 것인가의 문제가 아닌 새로운 문제가 된다. 지금까지의 이동통신은 아날로그로는 음질이 좋지 않으니 디지털로 바꿨고, 텍스트 정도의 데이터 서비스에서 모든 인터넷 서비스를 다 담을 수 있도록 바뀌어 나가는 방향으로 발전을 해 왔는데, 이제는 이렇게 사람이 쓰는 서비스를 발전시키기 보다는 기기간 통신을 통해서 인공지능 등의 사용을 편리하게 만드는 도구로서 통신이 쓰이게 될 것이다. 따라서 5G 시대는 5G 핸드폰이 아니고 **기기를 위한 통신 디바이스**가 만들어져 나갈 것으로 볼 수 있다. 사람에게는 인공지능이 검색하고 결정해서 보여주는 디스플레이로서의 기능과 통합된 서비스를 요청할 수 있는 리모컨의 기능 등이 5G 디바이스의 가장 큰 기능이 될 수 있다는 생각이 든다. 그래서 5G 네트워크가 4차 산업혁명 시대에 필요한 네트워크라는 것이다.

3. 사물인터넷(IoT, Internet of Things)

가. 사물인터넷의 개념

사물인터넷(Internet of Things, IoT)은 각종 사물에 센서와 통신 기능을 내장하여 인터넷에 연결하는 기술 즉, 무선 통신을 통해 각종 사물을 연결하는 기술을 의미한다. 인터넷으로 연결된 사물들이 데이터를 주고받아 사람이 직접 개입하지 않아도 스스로 분석하고 학습한 정보를 사용자에게 제공하거나 사용자가 이를 원격 조정할 수 있는 기술이다. 여기서 사물이란 가전제품, 모바일 장비, 웨어러블 컴퓨터 등 다양한 IT장치 뿐 아니라 자동차, 공장의 기계 등 전원이 들어있는 장치와 의자, 화분 등 전원이 직접 공급되지 않는 모든 물건을 포함한다. 현재는 구현되어 있지 않지만 앞으로는 모든 물건들이 사물인터넷에 접속하여 관련된 정보를 서로 통신하게 될 것이라고 한다. 가트너는 2009년 사물인터넷 기술을 사용하는 사물은 9억여개였으나 2020년까지 260억 개에 이를 것으로 예상한다.

사물인터넷이 소개되기 전에도 M2M(Machine to Machine Communication), 유비쿼터스(Ubiquitos) 등의 용어도 사용되었다. 비슷하기는 하나 사물인터넷은 진일보한 개념으로 사람의 개입이 없어도 사물의 상호간 통신이 가능하다는 점을 더 강조하였다. 기기간 통신 및 수많은 센서와도 즉시 정보를 주고 받으며 이 정보들을 통하여 인간이 직접적인 명령을 내리지 않아도 스스로 상호 제어하는 새로운 서비스를 만들어 낼 수 있다.

스마트 자동차의 경우를 예를 들어보자. 사람이 키를 가지고 차에 접근하면 차에 있는 센서가 키에서 발생시키는 신호를 파악하여 거리를 측정하고 측정된 거리가 충분히 가까이 와 있는지 파악한다. 키의 주인이 이 차를 열수 있는 사람인지를 인식한 후, 키에서 문을 열라는 명령을 받게 되면 그에 따라 차의 문을 열어주는 동시, 자동적으로 차량의 시동을 켜 주는 기능을 하게 되는 것이다. 이 과정에서 사람은 특별한 명령이나 동작을 하지 않아도 스스로 키와 자동차간 통신이 일어나면서 사람이 가까이 가는 것 만으로도 문을 열어주는 것이다.

나. 사물인터넷을 구현하는 주요 기술

이러한 사물인터넷을 구현하기 위하여 필요한 주요한 기술은 센싱기술, 통신 및 네트워크, 서비스 인터페이스 기술 및 보안기술이다. 센싱기술은 다양한 서비스 구현을 위한 시각, 청각, 후각, 미각, 촉각과 같은 인간의 오감 기능과 위치파악, 중력파악, 동작파악 등의 다양한 센서를 만들고 연동하는 기술이다. 보안기술은 데이터의 양이 많아지게 될수록 점차 중요해 진다. 특히 소형의 디바이스를 사용해야 하는 경우 용량과 프로세스의 성능이 부족하여 기존의 보안기술을 적용하기 어렵다. 사이버공간은 해킹에 의하여 피해를 입게 되면 치명적일 수 있기 때문에 조그마한 보안이라도 신경 쓰지 않을 수 없다. 통신기술은 현재 사용되고 있는 기술을 포함하여 모든 통신기술이 사물인터넷의 도구로 쓰일 수 있고, 최근에는 사물인터넷을 위하여 NB-IoT와 5G등 새로운 기술들을 개발 중이다. 서비스 인터페이스 기술은 각종 서비스 분야와 형태에 적합하게 정보를 가공하고 처리하거나 각종 기술을 융합하는 기술이다. 일반적으로 플랫폼 형태로 구현된다.

다. 사물인터넷 네트워크

내 주변을 보면 이미 다양한 네트워크가 구성되어 있다. 예를 들어 내 책상위에는 블루투스로 네트워크가 이미 구성이 되어 있다. 노트북, 태블릿PC, 스마트폰, 스피커, 키보드 등이 모두 블루투스로 네트워크를 이루고 있으며 이미 그들 사이에는 통신을 할 수 있는 준비가 되어 있다. 그리고 노트북과 프린터, TV등과는 또 하나의 가정용 네트워크인 WiFi로 연결이 되어 있다. 그리고 통신사에 비용을 지불하고 있다면 LTE를 비롯한 모바일 네트워크도 집안 어디에서나 사용할 수 있는 네트워크가 된다. PC는 WiFi를 통한 유선인터넷에 연결이 되어 있어 집안에서 발생한 모든 데이터를 모으고 밖으로 보내는 허브의 역할을 할 수 있다.

이렇듯 우리가 인지하고 있지 않는 사이에 꽤 많은 디바이스들이 다양한 네트워크를 통하여 연결되어 있다. 최근에 구입한 냉장고나 세탁기 등이 있다면 이 역시 가정 내 허브 네트워크에 연결된다. 하지만 사물인터넷을 구현하려면 이보다 더 많은 네트워크가 필요하다. 내 책상위의 네트워크인 블루투스 네트워크나 가정 내의 와이파이 네트워크보다 더 넓은 범위를 커버하는 네트워크도 있어야 되고, 또한 움직이는 디바이스를 지원하기 위한 모바일 네트워크도 있어야 된다.

사물인터넷상의 장치들은 다양한 특성을 가지고 있다. 동영상을 실시간으로 전송하는 CCTV와 같이 Mbps 단위의 데이터를 발생시키는 것부터 온도계처럼 하루에 두 세번 1kbyte 이하의 데이터를 발생시키는 것까지 다양하다. 또한 보안시스템과 같이 실시간 데이터 전송이 필요한 경우도 있고, 온도계와 같이 몇 시간 데이터를 모아서 한번에 보내도 상관없는 경우도 있다. 전자장비처럼 언제나 전원이 들어와 있어서 전력소모에 대한 문제가 발생하지 않는 장치도 있고, 침대처럼 원래의 기능은 전기를 필요로 하지 않아서 사물인터넷을 구현하려면 별도의 전원이 필요한 경우도 있다. 사물인터넷을 구축하려면 다양한 특성의 장치가 모두 사용 가능하여야 한다.

1) LPWA(Low-power Wide-area) 네트워크

별도의 전원이 공급되지 않는 장치의 지원을 위하여 LPWA네트워크가 개발되고 있다. 침대와 같은 가구는 별도의 전원이 없다. 또한 수도계량기처럼 전원을 딴 곳에서 끌어넣기 어려운 장치도 있다. 일반적으로 이런 장치에는 배터리로 전원을 공급하는데, 한번 장치를 설치하면 배터리를 교체하기 위하여 다시 찾아가는 것이 쉬운 일이 아니다. 따라서 배터리의 소모를 최소로 만들기 위한 기술이 필요하다. 일반적으로 한번 설치 후 적어도 5~10년은 배터리로 사용할 수 있어야 한다. 또한 하천의 수위 측정 센서 등은 도심지에 있지 않고 원격지에 떨어져 있기 때문에 네트워크의 도달 범위가 넓은 지역이어야 하며, 하나의 네트워크에 많은 수의 장치가 동시에 접속되어 사용할 수 있어야 한다. LPWA네트워크는 이러한 특성을 지원한다.

LPWA(Low-power Wide-area) 네트워크는 센서 네트워크와 같은 특성의 사물인터넷을 제공하기 위한 네트워크로 전력소모는 최소한으로 하고 넓은 범위를 가지는 네트워크를 말한다. 디바이스는 배터리 전원만을 사용하는 것을 가정하고 있으며, 초저가의 칩가격으로 개발이 가능해야 한다. 구체적 조건으로는 배터리 수명 10년, 기기당 5달러 이하의 가격 등이 제시된다. 기존 LTE 계열의 통신네트워크에서 진화한 LTE-M(LTE Machine type communication)과 NB-IoT(Narrow Band IoT) 등이 있고, 시그폭스(SigFox), 로라(LoRa WAN)등이 독립적인 표준으로 경쟁하고 있다.

'SK텔레콤'은 2016년 7월 로라 얼라이언스 기술을 사용한 LPWA 전국망을 세계 최초로 구축했다고 발표했다. KT는 LTE-M을 이용한 전국망을 상용화하였으며(2016년 3월), KT와 LG U+는 2017년 7월 NB-IoT의 전국망을 구축하였다. 통신 3사를 비롯한 많은 회사들이 각자의 LPWA 네트워크를 활용하여 다양한 서비스를 런칭하고 있으며, 지금도 많은 서비스들을 개발 중에 있다.

한국사물인터넷 협회의 '2018 상반기 사물인터넷 제품 및 서비스 편람'에 따르면 지난해 SK텔레콤의 로라를 지원하는 단말, 센서, 칩셋, 게이트웨이 제품은 총 18개로 2016년의 16개에 비해 2개 증가하였다. 이에 반해 KT와 LG U+의 NB-IoT제품은 9개로 지난해보다 7개 증가하였다. 가스, 전기, 수도 등에 대한 자동원격검침, 차량관제, 물류창고 출하검수 등 다양한 서비스 개발에 활용될 것으로 기대한다.

2) 5G 네트워크

5G 네트워크가 사물인터넷에 쓰일 수 있다는 내용은 이미 앞에서 간단히 설명한 바 있다. 앞 장에서 밝혔듯이 5G 네트워크의 특성은 **1) 초스피드, 2) 초연결성, 3) 초저지연성(Latency)**의 세 가지이다. 특히 초연결성과 초저지연성은 앞으로 변화할 4차 산업혁명 시대를 지원하는 중요한 특성이 된다. 지금까지의 네트워크에서는 동시에 다수의 장치를 접속하여 사용할 수 없었으나 5G에서는 반경 1km의 지역에서 백만개의 장치를 동시에 접속할 수 있다. 또한 드론의 동작제어를 하려면 데이터의 지연이 있으면 안되는데, 이 역시 5G에서는 1ms이하의 지연속도를 지원하고 있어서 정확한 동작제어가 가능하다.

이러한 속성을 이용하여 평창 올림픽에서 5G네트워크의 시범서비스를 보여주었는데, 빠른 시간에 많은 기기들로부터 초고속 통신을 통해 데이터를 받아서 처리해야 되는 다양한 방송서비스의 영역에서 시범서비스를 보여주었다. 이후 수많은 드론을 하늘에 띄워 일사불란한 드론쇼, 드론을 통한 서비스 중계 등 다양한 시범서비스를 해 보였다. 사물인터넷에서 초고속 데이터가 필요한 경우와 초저지연성의 서비스 속성을 가지는 경우에 좋은 성과를 보임을 시범서비스로 보여주었다고 하겠다.

3) WiFi, 블루투스 등 근거리 무선통신

와이파이나 블루투스와 같은 근거리 무선통신 서비스 역시 최근에는 사물인터넷 서비스를 지원하기 위한 특성을 가지고 있다. 이 중 1990년부터 본격적으로 개발되기 시작하여 최근에는 근거리 통신수단으로 자리잡게 된 와이파이는 이미 다양한 장비에서 기능을 지원하고 있으므로 사물인터넷에서 와이파이를 적용하게 되면 주변의 장비들과의 연동이 쉬워지는 장점이 있다. 또한 기가급 전송속도, 200미터에 달하는 반경 등의 다양한 특성을 가지는 와이파이가 개발됨에 따라 다양한 속성의 사물인터넷을 지원할 수 있게 되었다. 특히 인터넷과의 연결이 되어야 사용할 수 있던 단말장치들에 와이파이 장비끼리 직접 접속하여 통신망 없이 기기간 통신을 바로 할 수 있는 와이파이 다이렉트(WiFi Direct)기능이 추가됨으로 인하여 사물인터넷을 위한 기술로 부각되고 있다. 와이파이 다이렉트 기능을 활용하게 되면 순간적으로 기기들 간 통신을 통하여 네트워크를 구성하는 것이 가능하므로 다이내믹한 형태를 지니는 사물인터넷 네트워크의 구성이 가능해진다.

앞에서 이야기 한 와이파이가 근거리 통신 중에서는 수십에서 백여 미터의 장거리를 제공한다고 하면 블루투스는 기기와 기기간의 통신을 제공할 수 있는 수준의 근거리 통신을 위한 기술이다. 초창기 최대 1Mbps의 속도에 불과하였던 블루투스가 블루투스 2.0(2004년), 블루투스 3.0(2009년)을 거치면서 2010년에는 24Mbps 속도를 유지하면서도 손목시계용 코인 배터리로도 수년간 쓸 수 있을 정도로 소비 전력을 낮춘 블루투스 4.0까지 나왔다. 사물인터넷에서는 전원이 공급되지 않는 기기들이 증가하게 되므로 저전력의 기술이 필수적인데, 이러한 경우 블루투스가 해법이 될 수도 있다. 블루투스 5는 2016년 6월 런던에서 최초로 공식 소개되었고, 2017년 4월 삼성 갤럭시 S8부터 사용되기 시작했다. 주 특징은 사물인터넷을 지원하기 위한 것이다. 가장 큰 특징은 속도에 따라 도달거리가 넓어져 1M, 2Mbps의 속도일 때에는 예전과 동일하게 100m(이론적 거리임)이 지원되지만 125kbps로 낮은 전송속도를 지원할 때에는 400m의 도달거리가 가능하다. 사물인터넷 서비스는 저속이지만 먼 거리를 지원해야 되는 경우가 있기 때문이다.

제14장
초지능성(Super Intelligence)

4차 산업혁명의 특징 중 하나인 초지능성(Super Intelligence)은 정보기술의 발전에 의하여 가능하다. 컴퓨터로 대변되는 정보기기는 디지털혁명을 통하여 확보된 다양한 정보를 조합하고 분석하여 스스로 알아서 판단할 수 있는 초지능성의 단계까지 발전하게 되었다. 이러한 초지능성은 엄청나게 많은 데이터를 조합하여 분석해 낼 수 있는 빅데이터 분석 및 실시간 빠른 연산을 통하여 마치 인간처럼 판단을 할 수 있는 인공지능 등으로 발전해 나가고 있으며, 수많은 산업들의 융복합이 가능하게 만들고 있다. 이러한 트렌드는 사회 전반으로 펴져 나가고 있으며, 모든 것이 디지털데이터를 만들어 내고, 모든 데이터는 유통이 되는 시대가 되면 더욱더 활성화 될 것으로 보인다.

본 장에서는 빅데이터와 인공지능의 특성을 살펴보고, 어떻게 초지능성을 가지게 되는지 기술이 발전해 가는 과정을 알아본다. 또한, 인공지능이 앞으로 어떠한 사회적 변화를 일으킬 수 있는지에 대한 생각을 통하여 기술트렌드가 세상에 어떠한 영향을 끼칠 수 있는지에 대하여 말해 보도록 한다.

1. 빅데이터

가. 빅데이터의 정의

앞으로는 모든 사물이 통신을 하기 시작하고 디지털 데이터를 수없이 많이 만들어 낼 것이다. 디지털기술은 이러한 데이터를 분석하여 새로운 서비스들을 만들어 낼 것이다.

현재 구글의 경우만 봐도 1분에 200만 건의 검색, 유튜브에서는 72시간의 비디오, 27만 건의 트윗이 생성이 된다. 구글 이외에도 더 많은 회사에서 이러한 데이터를 만들어 낼 것이고 하나의 공장 또는 회사에서 만들어 내는 데이터의 규모도 점차 커져갈 것으로 예상된다. 이처럼 너무 방대하여 기존의 방법이나 도구로 수집, 저장, 분석이 어려운 정형 및 비정형의 데이터들을 의미한다. 또는 이러한 데이터를 분석하는 방법 자체를 의미하기도 한다. 최근에는 빅데이터를 수집하고 분석하여 의미있는 패턴을 추출해 내어 미래를 예측하는 것까지 확장하여 빅데이터의 개념에 포함하기도 한다. 따라서 빅데이터는 다음과 같이 정의할 수 있다.

"빅데이터는 좁은 의미로는 기존의 방식이나 도구로 수집, 저장, 분석할 수 없을 정도로 방대한 규모의 정형 및 비정형의 데이터 집합이다. 넓은 의미로는 이러한 데이터를 이용하기 위하여 수집, 저장, 분석할 수 있는 기술 방식과 새로운 방식에 의하여 의미있는 패턴을 추출하여 미래의 상황을 예측하는 것까지를 빅데이터라고 한다."

빅데이터는 '어마어마하게 많은 데이터'만의 의미는 아니다. 지금까지의 데이터 개념에서 두가지의 특징적인 관점이 추가되었다. 첫번째는 지금까지의 데이터는 정형화된 경우에만 사용가능하였던 것을 비정형의 데이터가 포함되어 하나의 묶음으로 데이터 분석이 가능하다는 것이다. 숫자로 되어 있었던 기존의 데이터 뿐 아니라 검색단어 등의 데이터를 포함하여 사진, 동영상 등 비정형 데이터까지 모두 사용하여 분석을 할 수 있다는 특징이 있다. 두번째는 목적에 의하여 데이터를 모아서 가설을 검증하는 형태에서 벗어나서, 수많은 데이터를 모아놓은 다음 그 데이터에서 유의미한 패턴을 찾아내어 예측에 활용을 한다는 특징이 있다. 따라서 어떠한 데이터가 사용될 수 있을지 모르기 때문에, 기존의 데이터 수집에는 내가 필요한 데이터를 찾아서 수집하면 되었지만, 빅데이터 환경이 되면서 주변에 있는 수집 가능한 모든 데이터를 모으기 위한 노력이 중요하게 되었다. 구글이나 아마존처럼 고객에 의하여 어떠한 데이터가 발생할 지 모르는 기업에서 수집할 수 있는 데이터가 더 가치 있는 데이터가 되는 이유가 여기에 있다.

나. 빅데이터의 특징

빅데이터는 앞에서 설명하였듯이 그냥 큰 데이터가 아니다. 가트너(Gartner)는 빅데이터는 **양(Volume)**이 크고, 변화의 **속도(Velocity)**가 빠르며 속성이 **다양(Variety)한 특성**을 가진 데이터라고 한다. 이를 빅데이터 특성 3V라고 한다.

1) 양 (Volume)

우선 빅데이터는 데이터의 양이 많아야 한다. 데이터의 양이 많아진다는 것은 분석의 가치가 높아진다는 것을 의미한다. 최근은 대략 테라바이트나 페타바이트 수준의 데이터가 될 때 빅데이터로서의 가치를 가진다고 본다. 또한 이 양은 시간이 흐름에 따라 점차 기존의 방식으로 감당하기 어려울 정도로 커진다. 예를 들어 구글의 검색엔진에서 나오는 사용자 단어검색의 데이터와 같은 경우를 생각하면 이해가 빠를 것이다. 양이 지속적으로 급격히 늘어나는 경우에는 수집 자체가 어려울 뿐 아니라 리얼타임으로 분석하지 않으면 의미가 없을 수 있다.

2) 다양성(Variety)

두번째 특성은 다양성이다. 기존 기업에서 사용하고 있었던 데이터는 특수한 목적에 사용하기 위해 잘 정제된 형태로 수집된다. 예를 들어 회계시스템 등에 입력되는 데이터는 미리 정의되어 정형화된 데이터를 사용한다. 이러한 데이터를 정형데이터 또는 구조화된 데이터라고 한다. 그러나 최근에는 SNS에 올려지는 글들이나, 검색단어, 유튜브의 동영상 등이 포함되는 다양한 형태의 비정형화 된 데이터들이 늘어나고 있는 추세이다. 앞으로는 이러한 비정형 데이터가 전체의 90% 이상을 차지할 것으로 예측한다. 따라서 우리가 만들어 낼 수 있는 모든 것이 데이터화 될 수 있어서 이들을 이용한 분석을 할 수 있는 것이 빅데이터의 특성이다.

3) 속도 (Velocity)

빅데이터는 빠른 속도로 엄청나게 많은 양이 쏟아지듯 들어오는 특징을 가지고 있다. 빨라진 통신환경에 의하여 만들어진 또는 측정될 수 있는 모든 데이터들이 전송되며 데이터화 된다. 예를 들어 자율주행 자동차의 경우에는 1초당 테라 단위의 데이터를 만들어 내어 이 데이터를 서버 등으로 전송한다. 증가의 속도가 빠른 것 뿐 아니라 현재의 상황을 정확히 반영하는 데이터가 리얼타임으로 분석에 사용 가능하다는 특징이 있다. 사물인터넷 시대가 오게 되면 더 많은 데이터들이 현재의 상황을 정확히 알려 줄 수 있을 것이고 이런 데이터들을 분석하여 미래의 상황을 빅데이터가 예측하게 된다는 것이다.

다. 빅데이터의 분석과정

빅데이터 역시 수집, 저장, 분석 등의 과정에 의하여 의미 있는 결과를 도출하게 된다. 다음의 여섯 단계로 빅데이터의 과정을 설명할 수 있다. 첫번째는 데이터의 생성이다. 데이터의 생성은 기존 방식의 경우 데이터를 추출해 내는 특정한 목적에 맞게 생성해 내지만, 빅데이터에서는 특정한 방식의 데이터 생성이 아니라 발생하는 모든 데이터를 대상으로 하기 때문에 별도의 데이터 생성과정이 필요하지 않다. 두번째 과정으로는 주변에서 생성되는 모든 정형 및 비정형 데이터의 수집이다. 센서, 검색 등 모든 곳에서 발생한 데이터를 대상으로 한다. 내 외부 분산된 다양한 데이터 소스로부터 수동 또는 자동으로 데이터를 모으는 프로세스가 필요하다. 세번째, 데이터 저장의 과정이 필요하다. 추후 데이터를 사용하기 위하여 안전한 방식으로 보관하는 과정이다. 보관 후 원하는 내용에 다시 접근을 할 수 있는 과정도 저장 관리의 과정에 필요하다. 넷째, 저장된 데이터를 적시에 가공하고 처리하는 과정이다. 이전의 데이터에 비해 엄청난 양이며 생성 속도가 빠르기 때문에 빅데이터만의 기술이 필요하다. 다섯째는 가공 처리된 데이터에 대한 분석이다. 빅데이터의 분석은 기존 데이터 분석과 유사하다. 하지만 점차 발전하는 기술 지원을 통하여 분석의 다양성이 늘어나고 있다. 마지막으로 분석 결과에 대한 스토리텔링과 시각화 과정을 거쳐 사용자들에게 의미를 전달한다. 데이터 분석을 통하여 나온 결과물은 수치나 키워드 등이다. 이를 그대로 보여주게 되면 사용자의 경우에 한눈에 보이지 않으며 이해가 어렵다. 따라서 데이터 분석결과를 누구나 쉽게 이해할 수 있도록 일목요연하게 보여주는 시각화의 과정이 필요하다. 그리고 적절한 해석과 함께 해당 분야에 맞는 스토리 텔링이 가능하게 만들어 줘서 분석에서 도출한 결과의 의미를 부각하는 과정이 마지막 과정이 된다.

라. 빅데이터 지원 기술

빅데이터는 기존의 데이터 분석에 비해 3V 특성을 가지고 있어서 기존의 기술과 방식으로는 적용이 되지 않는다. 이를 해결하기 위하여 빅데이터를 위한 다양한 기술을 개발하여 지원하고 있다.

1) 분산처리 기술 : 하둡(Hadoop)

빅데이터에서 사용되는 대용량의 데이터 처리를 위하여 하둡 소프트웨어가 2006년부터 개발되었다. 이는 야후의 지원으로 개발되었으며 현재는 아파치 재단이 개발을 주도하고 있는 오픈소스 소프트웨어이다. 핵심 기능은 **하둡 분산파일 시스템(HDFS, Hadoop Distributed File System), 하둡 맵리듀스(Hadoop MapReduce), 에이치베이스(Hbase)**가 있다. 간단히 이야기 하면, 빅데이터를 여러 시스템으로 분산하여 저장하는 방식이 분산파일 시스템 기술이고 이렇게 분산 저장할 때 사용하는 데이터베이스 기능이 에이치베이스이며, 대용량의 분산처리되어 있는 데이터를 분석하기 위한 기술이 맵리듀스이다.

하둡 분산파일 시스템은 구글의 분산파일 시스템 기능과 동일하다. 분산파일 시스템은 대용량의 데이터를 하나의 서버에 저장, 운영하기 위해서는 고가의 장비가 필요한데, 저가의 클러스터 된 장비를 통하여 분산처리를 하게 되면 비용이 절감되는 장점을 활용하기 위한 것이다. 분산처리 하게 되면 신뢰성과 안정성에 문제가 발생할 수 있고, 저가 장비의 특성상 에러의 확률이 높다는 문제가 있기 때문에 이러한 문제를 효과적으로 해결하여 저가의 장비로 대용량의 데이터를 수용하는 기술이다. 에이치베이스는 기존 데이터베이스 구조로는 복잡하고 비정형의 데이터를 구조화할 수 없기 때문에 기존의 고정된 데이터베이스 포맷을 필요에 따라 확장하는 등 유연한 구조로 만들어 주기 위한 기술이다.

하둡 맵리듀스 기능은 효율적인 데이터 처리를 위하여 맵 기능과 리듀스 함수의 적용 두 과정을 거쳐 분석해 낸다. 맵 함수는 분석해야 되는 전체 데이터를 분산된 컴퓨터에서 처리하여 중간결과를 만들어 내며, 이를 모아서 하나의 결과로 종합하는 함수가 리듀스 함수이다. 맵 함수와 리듀스 함수를 순차적으로 적용함에 따라 분산된 컴퓨터에서 동시에 데이터 분석을 할 수 있게 해 준다.

2) 빅데이터 플랫폼

빅데이터의 플랫폼은 대용량의 데이터를 수집, 가공, 처리하고 분석하기 위한 것으로 빅데이터 분석에 필요한 일련의 과정을 통합적으로 제공할 수 있는 기능을 가지고 있다. 최종 분석된 결과를 시각화 (Visualize) 과정까지 지원을 해 줘서 통합적인 솔루션이 되도록 만들어 주는 빅데이터의 인프라가 플랫폼이다.

다양한 회사에서 플랫폼을 공개하였으며, 지금도 개발되고 있다. 이중 대표적인 몇 가지는 다음과 같다. IBM은 많은 양의 정형 및 비정형 데이터를 관리하고 분석하기 위하여 InfoSphere Biginsight를 개발하였다. 이는 오픈소스인 아파치 하둡을 이용하여 구현되며, 분석역량과 함께 관리, 워크플로우, 프로비저닝, 보안기능 등 다양한 기능을 제공하고 있다. 두번째, 하둡 기반에서 SQL을 이용한 질의 엔진을 사용할 수 있는 임팔라(Impala)는 클라우데라(Cloudera)에서 개발하였다. SQL을 이용한 경험이 있는 데이터베이스 개발자들에게 적합한 플랫폼이다. 또한, 데이터 중에서 기계가 만들어 내는 데이터를 처리하는 데 장점이 있는 Splunk도 있다. 이는 기계가 만들어 내는 엄청난 양의 데이터를 모니터링하고 분석하여 새로운 가치를 만들어 내는 데 장점이 있다. 구글 Dremel은 수천 대의 클러스터 서버상의 대용량 데이터를 실시간으로 사용자가 분석할 수 있도록 지원한다. Dremel은 데이터 분석에 적합한 기능을 가지고 있으며, 조 단위가 넘는 데이터를 가진 테이블에 대한 쿼리를 순식간에 처리할 수 있고, 수천 개의 CPU와 페타 바이트급 데이터로 확장할 수 있으며 SQL 쿼리(Query)를 지원하기 때문에 일반 사용자도 편리하게 사용할 수 있다.

국내에서도 다양한 플랫폼이 개발되고 있다. Raonbit는 Apache Spark 기반의 대용량 실시간 데이터와 배치 데이터를 다양한 분석 도구를 이용하여 쉽고 빠르게 분석할 수 있는 고성능의 빅데이터 분석 플랫폼이다. Raonbit는 BDAS(Berkeley Data Analytics Stack)를 채택하여 메모리에서 데이터를 처리할 수 있도록 하여 고속처리가 가능하도록 한다. 이 외에도 모비젠의 IRIS, 그루터사의 Qoobah 등이 있으며, 현재에도 많은 국내 회사에서 빅데이터 플랫폼을 개발하고 있다.

마. 빅데이터 활용 사례

1) 미국 국세청의 '통합형 탈세 및 사기범죄 방지 시스템'

미국 국세청은 2011년 대용량 데이터와 IT기술을 결합해 '통합형 탈세 및 사기 범죄 방지 시스템'을 구축했다. 사기 방지 솔루션으로 이상 징후를 미리 찾아냈는데, 예측 모델링을 통해 납세자의 과거 행동 정보를 분석한 다음 **사기 패턴과 유사한 행동을 검출**했다. 그 뒤 페이스북이나 트위터를 통해 범죄자와 관련된 계좌, 주소, 전화번호, 납세자 간 연관관계 등을 분석해 고의 세금 체납자를 찾아냈다. 이 과정에서 미 국세청은 오픈소스 기반의 대용량 데이터 처리 소프트웨어인 하둡(Hadoop) 등을 적용해 저렴한 비용으로 데이터를 분석했고 그 결과 연간 3,450억 달러에 이르는 세금 누락을 막아냈다.

2) 상품 추전 솔루션

아마존은 고객의 도서 구매 데이터 분석을 통한 도서추천 시스템을 개발했다. 특정 책을 구매한 사람이 추가로 구매할 것으로 예상되는 도서를 추천하는 동시에 할인쿠폰을 지급한다. 또한, 일본의 최대 전자상거래 회사 라쿠텐(樂天) 역시 상품 추천 시스템을 개발하였다. 회원의 기본 정보와 구매 내역, 서비스 예약 정보를 통합하여 수퍼데이터베이스를 구축하였고, 이를 활용해 그룹 내 전자상거래 사업과 신용·결제 서비스, 포털, 여행, 증권, 프로스포츠 사업 부문의 마케팅 활동에 공동 활용한다.

넷플릭스(Netflix)는 이용자의 영화 대여 목록에 기초해서 새로운 영화를 추천해주는 시네매치(Cinematch) 시스템을 개발했다. 유튜브 역시 이용자가 선호하는 동영상 채널을 구성할 수 있는 개별 홈페이지를 제공하고 있다. 유튜브는 하루 40억회의 동영상 검색 데이터를 가지고 있기 때문에 개인별로 동영상 이용 데이터가 축적되면 이를 SNS 정보, 인적 네트워크 정보와 연계해 다양한 **개인 맞춤형 서비스**를 제공할 수 있다.

3) 오바마의 대선 캠프

오바마의 대선 캠프에서는 유권자의 성향분석을 2년 전부터 준비하였다. 빅데이터 분석을 통하여 유권자 중에서 설득이 가능한 사람이 누구인지까지 분석을 하였고, 유권자 중에서 정치헌금을 낼 수 있는 집단을 파악하고, 이 집단에 영향력이 가장 큰 배우가 조지 클루니라고 판단하여 파티에 초대하였다. 유권자의 성향 뿐 아니라 SNS 등의 다양한 빅데이터를 분석한 결과이다. 또한 SNS를 통하여 각 유권자에게 맞춤형의 메시지를 보내는 등 다양한 활동을 할 수 있었다.

4) 서울시의 심야버스 노선

KT의 통화량 데이터를 이용하여 자정부터 5시까지 심야시간 대의 유동인구를 조사하고 심야시간 인구 밀집지역 중심으로 심야버스 노선을 설계하였다. KT의 통화량 데이터 30억 건이 활용되었으며, 이 결과 심야시간에 강남, 홍대, 동대문, 신림, 종로 등에 유동인구가 집중되어 있음을 파악하여 그 당시 **6개 노선의 심야버스 운행 구간**을 결과에 맞춰 조정을 하였다.

5) LA 경찰국의 PredPol

UCLA의 브랜팅엄 교수와 산타클라라대 몰러교수는 과거의 범죄 발생 데이터를 분석하여 향후 발생할 범죄 유형과 지역을 예측하는 PREDPOL 시스템을 개발하였다. 이 프레드폴은 LA 전역을 150미터의 정사각형으로 구분한 다음, 각 지역에서 언제 어떤 범죄가 일어날지 예측하여 알려 준다. 이 데이터는 매일 업데이트 되어 경찰들의 순찰 등에 참고를 하고 있다. 도입 이후 실제 절도범죄는 약 13%, 강력범죄는 약 22% 감소되었다는 결과도 발표했다.

2. 인공지능

가. 인공지능의 등장과 발전

인공지능(Artificial Intelligence)은 컴퓨터로 구현된 지능이다. 학습능력과 추론능력, 지각능력, 자연언어의 이해능력 등이 주 대상이며, 컴퓨터가 인간의 지능적인 행동을 모방할 수 있도록 한다. 최초 1940년대 후반에서 1950년대 초반 수학, 철학, 공학, 경제학 등 다양한 학문의 영역에서 인간의 뇌를 닮은 인공적인 두뇌의 개발에 대한 가능성이 논의되었고, 1956년 마빈 민스키와 존 매카시 등이 개최한 다트머스 컨퍼런스에서 "학습의 모든 면 또는 지능의 다른 모든 특성으로 기계를 정밀하게 기술할 수 있고 이를 시뮬레이션 할 수 있다."는 주장으로 인공지능의 가능성을 공식 발표하였으며, 매카시는 Artificial Intelligence를 그들 연구의 공식 명칭으로 제안하여 정식 학문의 영역이 되었다. 현재는 자연언어처리, 전문가 시스템, 영상분석 시스템, 인지추론 등의 영역에서 많은 연구가 진행되고 있다.

1) 인공지능의 구분

인공지능은 **약인공지능(Weak AI)**과 **강인공지능(Strong 또는Artificial General Intelligence)**으로 구분된다. 약인공지능은 주어진 환경에서 주어진 문제를 해결하는 능력을 말한다. 대표적인 것이 알파고인데, 알파고는 바둑의 문제만을 풀 수 있을 뿐, 비슷한 룰을 가진 체스 등의 경기를 할 수는 없다. 약인공지능은 프로그래밍 된 문제를 빠른 속도의 컴퓨터와 방대한 규모의 데이터를 통하여 가장 정확한 값을 구해주는 수준으로 보면 된다. 따라서 알파고에게 체스를 두게 하려면 새로운 룰과 게임방법에 대한 새로운 프로그래밍 및 과거 대국에 대한 데이터를 다시 학습하는 과정을 거쳐야 가능하다. 사람의 개입이 필수적이며, 스스로 룰을 파악하고 프로그램을 수정하며, 학습을 통하여 실력을 쌓는 것은 불가능하다. 현재 우리가 알고 있는 모든 인공지능이 약인공지능이다.

강인공지능은 아직 구현된 바 없으며 영화나 SF속에서는 볼 수 있다. 강인공지능이 구현되면 사람이 프로그래밍하지 않은 활동도 스스로 판단하여 행동할 수 있을 것으로 생각된다. 필요하면 인공지능이 행동하는 프로세스 조차도 수정하는 단계가 될 것으로 보고, 스스로 진화하는 것도 가능하지 않을까 우려된다. 강인공지능에서 더 발전하여 인간의 능력을 넘어가게 되면 초인공지능이라고 한다. 스스로 진화하는 지능을 가지게 된다면 인간에 비해 빠른 연산능력을 가지기 때문에 더 빠른 진화를 할 것이고, 인간의 지능을 넘어가는 시점이 곧 다가오게 될 것이다. 강인공지능의 등장이 두려운 이유라 할 수 있다.

2) 특이점이 온다 - 초인공지능의 등장

초인공지능(Superintelligence)은 미래학자 레이 커즈와일이 이야기한 인간지능과 인공지능의 융합으로 인간지능을 초월하는 특이점 이후의 인공지능을 말한다. 커즈와일은 이 특이점을 지나는 때를 2045년으로 보고 있다. 이후의 세계에 대해서는 인간의 뇌로 예상할 수 없는 일들이 일어날 수 있다고 생각한다.

미래학자인 레이 커즈와일은 초인공지능의 출현을 2045년 정도로 보고 있으며, 인공지능이 한 인간의 능력을 뛰어넘는 수준이 아닌 모든 인간의 지능을 합친 것 보다 더 높은 지능을 가지는 때라고 이야기 한다. 즉, 사람들이 모여서 아무리 좋은 아이디어를 내고 연구를 하고 고민을 해도 인공지능이 도출한 답 보다 더 좋은 답을 내어놓을 수는 없는 때를 이야기 하는 것이다. 대부분의 SF영화에서 보는 인공지능이 사람을 초월하는 시점을 이야기 하는 것으로, 이 때가 정말 올 것인지에 대한 논의는 아직 진행중이다.

3) 튜링 테스트

어떤 프로그램이 인공지능인지 아닌지에 대한 판별을 할 수 있는 방법을 영국의 수학자인 앨런 튜링이 1950년에 다음과 같이 제시하였다.

"컴퓨터와 대화를 나누어 컴퓨터의 반응을 인간의 반응과 구분할 수 없다면 해당 컴퓨터는 사고(思考)할 수 있는 것으로 간주하여야 한다. 50년 뒤에는 보통 사람들로 구성된 질문자들이 5분동안 대화를 한 뒤 컴퓨터의 진짜 정체를 알아낼 수 있는 확률이 70%를 넘지 않도록 프로그래밍 하는 것이 가능해 질 것이다."

튜링은 포괄적인 논리만 제공하고 구체적인 실험방법이나 판별 기준은 제시하지 않았다. 현재 통용되는 테스트는 서로 보이지 않는 공간에서 질의자가 인간과 컴퓨터를 대상으로 정해진 시간 안에 대화를 나누어 인간과 컴퓨터를 얼마나 구분할 수 있는지 정도로 판단한다. 2014년 6월에 영국 왕립학회에서 실시한 튜링테스트에서 영국의 레딩대학교가 개발한 인공지능 프로그램인 '유진 구스트만(Eugene Goostman)'이 최초로 튜링 테스트를 통과 하였다고 발표하였다. 이 테스트에서 우크라이나 국적의 13세 소년으로 설정된 '유진'과 대화를 나눈 심사위원 25명 가운데 33%가 진짜 인간이라고 판단하였다.

하지만 유진이 대화 도중 엉뚱한 대답을 많이 하였고, 13세의 영어가 모국어가 아닌 우크라이나 어린이라는 가정 때문에 심사위원들이 엉뚱한 대답에 대한 의심을 하지 않았기 때문이라는 주장이 제기 되었다. 최초로 튜링테스트를 통과한 인공지능이라는 것은 변함없는 사실이지만, 이로 인하여 튜링테스트가 과연 인공지능이 사고를 하는지에 대한 판별을 할 수 있을까에 대한 기본적인 의구심이 들게 하여 사람처럼 종합적으로 생각할 수 있는 진정한 인공지능을 판별하는 기준이 될 수 없다는 주장이 일부에서 나오게 하는 계기가 되었다.

4) 인공지능과 인간의 대결

인공지능이 충분히 사고하는 기계임을 보여주기 위하여 다양한 방법으로 인공지능은 인간에게 도전을 해 왔다. 1997년에 IBM에서 만든 딥블루가 세계 체스챔피언인 카스파로프와 대결에서 승리한 것이 처음으로 인간과의 대결에서 승리한 인공지능이었다. 이후 2011년 IBM의 왓슨이 퀴즈쇼 제퍼디에 출전하여 사상 최대 우승자인 브레드 러터와 가장 긴 챔피언십(74번 연속 승리) 보유자 켄 제닝스를 이기고 7만 7140달러를 획득하는 성과를 보였다.

이후 구글이 2014년 영국의 딥마인드 테크놀로지(Deep Mind Technology)사를 인수하여 알파고를 개발하기 시작하였고, 2015년 판 후이 2단과의 대국에서 승리하여 세계 최초로 프로기사에게 승리한 최초의 컴퓨터 프로그램이라는 명성을 얻는 등 성과를 내었다. 그러다 2016년 3월 한국의 이세돌 9단과의 승부를 통하여 전세계적으로 알파고의 성능을 각인시켜 주었다. 총 5국 중에서 유일하게 4국에서 이세돌 9단이 승리를 할 수 있었고, 이 대결이 사람이 알파고에게 이긴 유일한 대국으로 남았다. 이후 2017년 5월 세계랭킹 1위인 커제9단과의 3번기에서 3국을 모두 이기고 중국 기원의 '프로 9단'으로 공인을 받았다. 이후 알파고 이전 버전과 신규버전간 대국만 지속적으로 추진하다 최종버전인 **알파고 제로(AlphaGo Zero)**를 마지막으로 은퇴하였다.

의료계에서도 인공지능이 인간과의 대결을 벌인 예가 있다. IBM왓슨은 미국 메모리얼 슬로언케터링 암센터에서 총 진단율 96%를 달성하여 사람 의사보다 훨씬 나은 진단율을 보여주었다. 하지만 2017년 12월에 이를 도입한지 1년이 된 한국의 길병원은 일치율 56%라고 하는 미국과는 많이 다른 결과를 심포지엄에 발표하였다. 원인은 미국과 한국은 동서양의 차이로 체질 등이 달라 쉽게 적응하지 못하였다는 것이었는데, 아직은 96%의 진단율에 대한 의문을 완전히 해소하지 못하고 있는 실정이다.

이외 금융분야에서는 미 증권거래위원회 보고서를 만들고 은행 자산관리 서비스를 하고 있으며, 약 100여편의 공포영화 예고편을 본 이후에 영화 '모건'의 새 예고편을 만드는 등 다양한 서비스 분야에서 인간의 대체를 위한 성과 창출에 노력하고 있다.

5) 머신 러닝(Machine Learning)

인공지능이 능력을 발휘하기 위해서는 사람처럼 배워야 된다. 스스로 어떤 과정을 통하여 지속적으로 배워나가면서 점차 정확한 값을 도출해 내는 인공지능이 된다. 이렇게 인공지능이 학습을 하는 것을 **머신러닝(Machine Learning)**이라고 한다. 이 머신러닝은 수학적 최적화 및 통계분석 기법을 바탕으로 사람의 도움 없이도 스스로 데이터로부터의 일정한 패턴을 만들어 내어 다음 스텝에 일어날 일을 예측하고, 예측된 값에 따라 적합한 의사결정을 내리는 알고리즘을 만들어 낸다.

머신러닝(Machine Learning)은 인공지능 연구분야 중 하나이다. 경험적 데이터를 기반으로 학습을 하며 예측을 하고 스스로 성능을 향상시키는 방법이다. 머신 러닝이라는 용어는 1959년 아서 사무엘(Arthur Samuel)이 "명시적으로 프로그램을 작성하지 않고 컴퓨터에 학습할 수 있는 능력을 부여"라고 하는 말에서 시작되었다. 명시적인 알고리즘을 설계하기 어렵거나 프로그래밍하기 어려운 작업들을 해결하기 위해 주로 사용된다. 대부분의 머신 러닝 알고리즘은 먼저 데이터를 통하여 잠재적인 메커니즘의 특징을 파악하고 관계를 패턴화 하여 새로운 예측을 실시한다. 머신러닝은 다양한 알고리즘에 의하여 구현이 가능하고, 최근에 관심을 보이고 있는 딥러닝은 머신러닝의 한 형태로 인공신경망 이론으로부터 발전해온 방법이다.

머신러닝은 1950년대 이후부터 시작하여 꽤 오랜 역사를 가지고 있지만 발전 속도가 더뎌 암흑기를 겪고 있다가 최근에 와서 현저한 발전이 이루어 지고 있다. 인공신경망 이론(Neural Network Theory)에서 발전을 이루게 되는데, 이 방법이 최근에 알파고로 관심을 끌게 된 딥러닝 방법이다. 2012년 6월 구글과 앤드루 응(Andrew Ng)이 딥러닝 기법을 이용해 1000만개의 유튜브 동영상 속에서 고양이 이미지를 74.8%의 정확도로 식별해 냄으로써 머신러닝이 다시 활성화 되는 계기를 만들었다.

머신 러닝은 초기에는 구축된 학습용 데이터를 이용하여 학습을 시켜야 정상적인 동작이 가능한 단계인 지도 학습(Supervised learning) 단계에서 학습용 이외 정리되지 않은 데이터를 같이 사용하는 준지도 학습(Semi-supervised learning) 단계를 거쳐 데이터 자체를 알아서 분석하고 클러스터링 하는 비지도 학습(Unsupervised learning) 단계로 발전하고 있으며, 최종적으로는 학습 수행결과에 대한 보상으로 피드백을 줘서 지속적인 학습이 가능하도록 하는 강화학습(Reinforcement learning)단계까지 발전해 나갈 것이다.

나. 인공지능 기술을 응용한 최근 트렌드

내 말을 알아듣는 인공지능 스피커가 대중화 된 지는 이제 꽤 오래 되었다. 구글과 애플 및 삼성전자는 이미 모든 스마트폰에서 쓸 수 있는 음성인식 장치를 장착하고 있으며, 아마존의 알렉사 등을 사용하여 가전제품을 컨트롤 하는 것은 이제 어디서나 볼 수 있는 신기하지 않은 장면들이다. 우리나라에서는 통신 3사 모두 인공지능 스피커를 이용한 서비스를 상용화 하고 있으며, 네이버나 카카오와 같은 서비스 제공사들 역시 인공지능 스피커를 만들어서 확산하고자 한다.

음성인식을 이용한 서비스 이외에 자연어 처리 등을 이용한 챗봇들도 다양한 곳에서 실제 사용되고 있다. 주로 고객센터 앱 등에서 활용이 되는 것으로 24시간 언제나 질문하면 답을 해 준다는 장점이 있어서 인건비 상승에 대응하는 기업의 대안으로 사용을 고려하고 있다. 다만, 아직까지는 컨텍스트 중심의 자연어 처리 능력이 부족하여 사람이 직접 대답하는 것 보다는 어색한 느낌의 문맥을 보여주기도 한다. 인공지능 판별법 중에서 튜링테스트를 통과하는 챗봇이 나오게 된다면 모든 고객센터가 이렇게 챗봇으로 변화될 가능성이 높아진다.

1) 인공지능 스피커의 시대

인공지능 기능이 가장 빨리 활성화 된 부분이 인공지능 스피커일 것이다. 인공지능 스피커는 자연어처리 및 음성인식 기능을 이용하여 유저 인터페이스를 음성으로 모두 바꾸는 데 큰 기여를 했다. 스마트폰에는 기본적으로 장착이 되기 시작하였으며, 우리나라의 경우는 통신사와 인터넷 기업을 중심으로 거실의 인공지능 비서를 확대하기 위한 시장 경쟁이 이루어 지고 있다. 애플에서 시리를 발표하면서 본격적으로 개발과 경쟁이 시작되었는데, 이때는 스마트폰의 동작을 음성으로 제어할 수 있는 기능 중심으로 개발이 되었다.

이후 2014년 아마존에서 에코라고 하는 인공지능 스피커 전용 기기가 출시되면서 경쟁이 시작되었다고 본다. 이 아마존의 에코가 처음 나올 때에는 아마존닷컴의 구매를 인터넷으로 하지 않고 거실에서 음성으로 할 수 있는 것 정도로 생각을 했지만 지금은 다양한 가정 내 서비스를 에코를 통해서 연동하고 있다. 예를 들어 가전제품을 켜고 끄는 등의 제어부터 인터넷 검색기능, 생활정보 안내 등 다양한 많은 서비스들을 만들어 내고 있다.

그림 14.1 아마존의 에코와 에코닷

그림 14.2 우리나라 이동통신 3사의 인공지능 스피커

우리나라에서는 SKT의 '누구'가 2016년 출시되었고, KT에서는 '기가지니', 네이버에서는 '클로바'를 출시하여 LG U+와 공동의 마케팅 및 서비스 개발을 하고 있다. 이러한 인공지능 스피커는 초기 인터넷 검색 등의 서비스에서 현재는 다양한 전자기기의 연동 및 검색을 통한 서비스의 확장으로 영역을 넓혀 나가고 있다. 통신사와 인터넷서비스사의 가정용 인공지능 스피커 시장 점유율 전쟁을 통하여 새로운 시장진입 및 플랫폼서비스화를 시도하고 있다.

2) 인공지능 플랫폼

이러한 인공지능스피커를 동작하기 위해서는 인공지능 플랫폼의 지원이 필요하다. 인공지능 스피커가 음성인식을 통하여 사용자의 명령을 인지하게 되고, 인지된 명령을 인공지능플랫폼으로 보내게 되면 이를 분석하여 사용자가 원하는 동작을 할 수 있게 해 주는 것이 플랫폼이다. 인공지능 스피커는 음성인식을 통하여 사용자와 플랫폼을 연결해주는 채널 또는 인터페이스로 생각하면 되고, 근원적인 서비스는 인공지능 플랫폼에 의하여 지원이 된다. 음성인식을 통하여 지속적으로 고객의 명령어 처리를 하고, 이를 통하여 머신러닝을 강화시키고, 사용자의 명령에 따라 실제 동작을 수행하여 사용자에게 음성이나 영상 등으로 보여주는 등의 기능을 처리하는 것이 플랫폼이다. 따라서 모든 판단과 동작 등은 플랫폼에서 지원하는 기능이라 생각하면 된다.

인공지능 플랫폼은 **'음성인식'이나 '시각인식'** 등 인식기능이 필요하고, **'자연어 처리'** 와 같은 인공지능 기능의 핵심을 가지고 있어야 한다. 이후 인터넷에서 자동으로 검색하고 가장 잘 매치되는 답을 찾아내는 검색기능 등을 인공지능 엔진을 통하여 구현해야 된다. 주로 클라우드컴퓨팅 기반의 플랫폼에 구현된다. 아마존의 에코는 알렉사라고 하는 인공지능플랫폼으로 전체 기능을 구현하고 있으며, 에코를 부르는 이름 역시 알렉사라고 불리운다.

예를 들어 아마존의 에코에서 날씨를 알아내는 과정을 보자. 사용자가 '알렉사'를 음성으로 부른다. 알렉사는 에코를 통하여 사용자의 음성을 인식하고 들을 준비를 한 다음에 대답을 한다. 사용자가 대답을 듣고 난 후 '오늘 날씨 알려줘'라는 명령을 내리면 알렉사는 사용자의 음성을 분석하여 무슨 의미인지 파악하고, 인터넷 등을 통하여 날씨에 대한 정보를 수집한다. 수집된 정보는 알렉사에 의하여 텍스트를 음성으로 변환하고 에코의 스피커를 통하여 고객에게 음향정보로 전달이 된다. 이처럼 인공지능 플랫폼이란 기기나 모바일 응용프로그램(앱) 등 다양한 사용자와의 접점에서 들어오는 요청을 더 이해하고 적합한 값을 보내주는 역할의 중추다.

3) 챗봇의 시대 - 무인 고객센터의 등장

최근 고객센터들이 전화 기반에서 문자메신저 기반으로 변화하는 경향을 보이고 있다. 이는 고객의 성향이 음성전화에서 문자 서비스로 이전해 가고 있기 때문이기도 하지만 고객센터에 **인공지능 챗봇(chatbot)**의 도입이 일상화 되고 있기 때문이기도 하다. 음성기반의 서비스는 상담사가 직접 전화를 받고 고객을 응대하여야 하는 것이었는데, 챗봇이 도입되면서 고객을 직접 응대하는 상담사의 기능을 문자로 대화하는 챗봇으로 바꾸고 있는 것이다. 챗봇은 지금까지 사람이 직접 응대를 하던 고객센터의 일상을 완전히 바꿔 놓고 있다. 우선 챗봇은 24시간 근무가 가능하다. 그리고 사람이 직접 응대를 하지 않기 때문에 감정노동에 의한 어려움이 없다. 고객센터는 강도 높은 감정노동으로 이직률이 높아서 상담품질을 유지하기 위한 인력운영이 어렵다고 알려져 있는 조직이다. 이러한 조직이 전화로 응대하지 않고 문자로 대답하는 챗봇을 통하여 상담품질을 유지하는 것 뿐 아니라 인력을 유지하고, 교육을 통하여 일정 수준 이상의 응대수준을 맞춰야 하는 등 많은 기능을 필요로 하지 않게 해 준다.

여기서 챗봇이란 정해진 응답 규칙을 바탕으로 메신저를 통해 사용자와 대답할 수 있도록 구현된 시스템이다. 홈쇼핑, 인터넷 쇼핑몰, 보험사, 은행, 음식 배달, 숙박 예약 등에서 소비자의 질문에 대답해 주거나 기존 소비자의 성향을 바탕으로 적합한 상품을 추천해 주는 역할로 활용된다. 이러한 챗봇은 인공지능(AI)과 빅데이터 분석 기술을 기반으로 기계가 음성·문자 등을 식별할 수 있는 패턴 인식 기술, 인간의 언어를 컴퓨터에 인식시켜 질의응답·번역 등에 활용하는 자연어 처리 기술, 컴퓨터가 정보를 이해하고 논리적으로 추론할 수 있는 시멘틱 웹 기술, 문자로 구성된 데이터에서 유용한 정보를 찾아내는 텍스트마이닝 기술, 대화 상대의 상황과 문맥을 파악하는 상황인식 컴퓨팅 기술 등이 필요하다.

챗봇의 도입에서 가장 중요한 것은 사용자의 질문에 대하여 적합한 대답을 해 주는 기능이다. 하지만, 사용자의 질문은 문자만을 해석해서 의미를 파악하기 어려운 때가 많다. 앞 뒤 질문과의 상관관계도 고려하여야 하고 상황에 대한 고려도 필요하다. 컨텍스트에 의한 해석이 가능해야 될 때도 많다. 이러할 때 유용하게 쓰이는 테스트 방법이 앞에서 설명한 튜링테스트라 보여진다. 아직 튜링테스트가 과학적 검증이 될 수 있도록 체계화되고 객관화 되고 있지는 않지만 언젠가는 챗봇에 도입이 되어야 할 기술검증 과정이 될 것으로 생각한다.

4) 휴머노이드의 개발

인간의 모습을 따라 인간의 기능을 그대로 만들어 보려는 로봇을 휴머노이드(Humanoid)라 한다. 인간의 형태 뿐 아니라 인식기능, 운동기능을 구현하여야 하며, 인공지능의 장착 등으로 스스로 판단하고 행동할 수 있도록 만드는 것이 목적이다. 로봇기술이 총체적으로 발전하여야 가능하기 때문에 가장 **고난도의 지능형 로봇**이라 할 수 있다.

세계 최초의 휴머노이드는 '와봇-1'이며 1971년 일본에서 만들었다. 간단한 회화를 하며 천천히 걸을 수 있었다. 이후 '와봇-2'로 개량하였으며 전자오르간을 연주하는 것을 보여주었다. 1996년 P-2라는 로봇을 일본에서 만들었으며, 세계 최초로 자연스럽게 걸을 수 있다는 특징을 가지고 있다. 우리나라는 1999년에 '센토'라고 하는 휴머노이드를 만들었다. 머리는 사람이고 몸통은 말의 모습을 한 신화속의 켄타우루스를 본따 만들었다. 어린이 지능 정도의 지능을 가지고 있으며, 1kg 정도의 물건을 들 수 있다.

2000년에는 일본이 최초로 계단을 오르내리는 '아시모'를 만들었다. '아시모'는 끊임없는 방향전환이 가능하고 뛸 수 있었다. 2001년에는 대한민국에서 최초로 사람 몸통을 한 로봇인 '아미'가 개발되었다. 이후 2004년에는 대한민국 최초로 두 발로 걷는 '휴보'가 개발되었고 '알버트 휴보'로 진화하면서 다른 휴머노이드 로봇보다 관절모터가 많았다. 아인슈타인의 얼굴을 달고 있으며, 웃음, 슬픔, 화남 등 여러 표정을 지을 수 있다. 그 후 2009년에는 휴보에서 발전된 휴보2가 나왔고, 뛸 수 있게 되었다. 한국에서 개발한 초기 단계의 컴봇은 휴보이다. 컴봇은 컴퓨터와 로봇을 결합한 것이다. 이렇게 하면 컴퓨터는 사람처럼 움직일 수 있는 몸을 가지게 된다. 사고 능력을 가진 컴봇은 학습이 가능하며, 병렬 계산을 통해 일반적인 사고를 인간보다 더 빨리 처리할 수 있다. 예를 들어 체스 시합 중에 게임의 규칙이 바뀌어도 그에 대해 유연하게 대처할 수 있다는 것을 의미한다. 현재 이족보행을 위주로 연구되고 있으나, 상반신을 이용한 균형잡기, 굴곡이 있는 바닥을 감지하여 안정된 보행 기능등이 좀 더 보강되어야 하며, 가사노동 등 인간의 다양한 작업을 수행하는 동작제어에 관한 연구로 발전할 것으로 보인다.

5) 표정이 있는 휴머노이드, 소피아의 등장

초기 휴머노이드가 인간의 움직임에 주목했다면 최근의 휴머노이드는 인간의 지능에 주목하고 있다. 소피아는 인간과 상호작용을 목적으로 설계됐다. 소피아를 제작한 핸슨 로보틱스의 데이비드 핸슨 CEO는 소피아가 의료, 고객 서비스, 교육 분야 등에 적합할 거라고 말한다. 양로원 노인의 동반자가 돼주고, 대규모 행사에서 사람들을 안내하는 로봇의 모습을 그렸다. 로봇에게 인간과 공존하면서 사람들의 삶의 질을 향상시킬 수 있도록 역할을 부여한 셈이다. 소피아는 인간과 교감을 위해 인간과 비슷한 모습을 갖춘 휴머노이드로 만들어졌다.

특히, 소피아는 얼굴에 많은 기술력을 투자했다. 핸슨 로보틱스는 로봇이 사람들과 친숙하게 상호작용할 수 있도록 소피아에게 사람들의 표정을 본떠 입혔다. 사람들이 얼굴을 마주하고 서로의 표정을 읽으며 소통한다는 점에서 착안했다. 소피아의 얼굴은 배우 오드리 햅번을 모델로 삼았으며 얼굴로 60여 개의 감정을 표현하며 대화할 수 있다. 사람 피부와 유사한 질감의 플러버(frubber) 소재와 인공지능(AI) 알고리즘을 활용해 눈을 깜빡이고 눈썹을 찌푸리는 등 다양한 표정을 지을 수 있다. 또 눈에는 3D 센서가 부착돼 사람을 인식하고 눈을 맞추고 고개를 움직이기도 한다.

소피아는 얼굴을 통한 교감을 바탕으로 사람과 대화할 수 있다. 여기에는 구글의 모회사 알파벳의 음성인식 기술이 사용됐다. 특정 질문에 대답하고 날씨 같은 사전에 정의된 주제에 대해 간단한 대화가 가능하다. 핸슨 로보틱스 측은 소피아와 일상 대화는 즉석에서 할 수 있지만 깊이 있는 토론은 학습이 필요하다고 설명한다. 기본적으로 특정 질문이나 문구에 응답하는 챗봇과 유사한 방식으로 작동한다. 입력된 음성 정보는 클라우드 네트워크에 공유되며 블록체인 기술로 입력값과 출력값을 분석한다. 2018년 1월에는 걸을 수 있도록 업그레이드됐다. 소피아의 몸체는 한국과학기술원(KAIST) 휴보팀과 협업해 만들어졌다.

이러한 소피아는 <CBS 60분>, <굿모닝 브리튼>, <CNBC>, <포브스>, <매셔블>, <뉴욕타임스>, <월스트리트저널>, <가디언> 등 다양한 매체에 출연했다. 2017년 10월엔 사우디아라비아로부터 로봇 최초로 시민권을 부여받아 화제가 됐다. 유엔 경제사회이사회(ECOSOC)에 패널로 등장해 발언하기도 했다. 2017년 10월 미국 뉴욕 유엔 본부에서 열린 ECOSOC 정기 회의에 참석한 소피아는 아미나 모헤메드 유엔 사무부총장의 질문에 거침없는 답변을 내놓으면서 주목을 받았다. 이날 소피아의 발언은 2017년 한 해 동안 유엔 무대에서 있었던 연설 중 가장 많은 주목을 받은 것으로 나타났다. 유튜브에 게시

그림 14.3 인터뷰하는 휴머노이드 소피아

출처: 아시아경제

된 소피아의 유엔 발언 영상은 현재 220만회의 조회수를 넘겼다. 2018년 1월에는 한국을 방문해 큰 호응을 얻었다.

여러 가지 행사에서 다양한 위트와 지적 능력을 보여준 것으로 보이나, 아직 소피아는 사람처럼 지능을 갖고 대화하는 것은 아니다. 다양한 여러 기술을 잘 포장하여 마치 사람이 농담을 통해 어려운 질문을 헤쳐나가는 것처럼 느끼게 해 놓은 수준이라 보면 된다. 다만 표정을 통하여 감정을 표출하고, 표출될 감정을 파악하기 위하여 질문과 대답의 맥락을 파악한 것 등은 앞으로 휴머노이드가 가야 할 방향을 제시하고 있다.

다. 인공지능에 대한 논쟁

인공지능은 보는 사람마다 서로 다른 관점으로 바라본다. 스티븐호킹 박사의 경우는 인공지능은 지금 중단하지 않으면 인류의 대재앙이 올 수 있다고 하면서 "인공지능의 부상은 인류 역사상 가장 좋은 일이지만, 가장 안좋은 일이 될 수 도 있다. 좋은 일이 될지 안좋은 일이 될 지는 지금은 확답할 수 없다."는 말로 인공지능이 가져올 위험한 상황에 대하여 우려의 목소리를 높이고 있다. 하지만 이에 대하여 구글의 창립자 래리 페이지는 "디지털 생활은 우주 진화에서 가장 자연스러운 단계이며, 어떠한 이유에서라도 인공지능의 발전을 막아서는 안된다. 인공지능을 노예처럼 대하지만 않으면 좋은 결과에 이를 수 있다."는 이야기를 하면서 인공지능이 인간을 한층 더 업그레이드 시켜 줄 좋은 도구라는 이야기를 강조하였다.

아직은 누구의 견해가 맞는지에 대한 판단을 할 수는 없다. 하지만 초인공지능 시대가 되어 사람이 생각하지 못한 수준의 답을 인공지능이 내어놓을 때 다양한 사회문제가 생길 수 밖에 없음은 자명한 사실일 듯 하다. 스티븐호킹박사나 일런 머스크 등은 초인공지능이 만들어 갈 세상이 과연 인류를 위하여 좋은 세상이 될 것인지에 대한 우려를 가지고 있는 듯 하다. 비슷한 관점의 SF 영화들이 많은 문제의식을 보여주고 있으며, 이제는 인공지능 이후의 파급효과 까지 고민을 하며 기술개발에 임해야 되겠다.

1) 인공지능에 의한 일자리의 변화

인공지능이 발전하면 발전할수록 할 수 있는 일들이 늘어나게 되고, 사람이 하던 일을 대체하게 되는 영역은 넓어지게 된다. 지금까지 알고 있던 생산직들이 사라지는 것 이외

더 많은 일자리가 사라질 수도 있다. IBM왓슨의 경우 미국 앤더슨 암센터의 데이터에 의하면 96%의 암 진단율을 보여줘 전문의 보다 더 높은 진단율을 보였다. 또한, 증권기사나 스포츠 속보기사 등은 이미 상업용 기사로봇이 사용되고 있다고 한다. SNS의 확산에 따라 SNS를 통한 빅데이터 분석 등을 더하게 되면 일반 기사까지 쓸 수 있는 수준이 된다고 한다. 기획기사나 취재의 영역은 아직 무리가 있겠지만, 우리가 전문적인 영역이라고 생각해 왔던 직업까지도 인공지능이 담당하게 되는 때가 다가오고 있다.

왓슨(Watson)은 IBM에서 개발한 자연어 형식의 질문들에 답할 수 있는 인공지능 컴퓨터 시스템이다. IBM 최초의 회장 토머스 J. 왓슨에서 이름을 따 왔다. 왓슨은 2011년 2월 미국 ABC방송의 인기 퀴즈쇼 '제퍼디(jeopardy)'에 출연하여 우승하면서 유명해졌다. 이 대결에서 왓슨은 2만 4천달러를 확보한 74회 연속 우승자인 퀴즈 영웅 '켄 제닝스', 제퍼디 퀴즈쇼 금액 기준 사상 최대 우승자 '브래드 루터'를 이기며 총 7만 7140달러의 상금을 획득했다. 이 날 대결에서 우승하여 획득한 상금 전액은 자선 단체에 나누어 기부하였다. 왓슨은 자연언어처리, 정보수집, 지식재현, 사고, 기계학습 기술을 활용해 개방적인 질문에 응답할 수 있으며 이러한 능력을 바탕으로 퀴즈 문제를 일상 언어 문장으로 받아들이고 자신의 인공지능을 바탕으로 고도의 지능적인 문제를 분석해 답을 찾아냈다. 현재 IBM은 다양한 클라우드 기반의 왓슨 제품과 서비스를 제공하고 있는데 그 영역은 의료, 은행, 보험, 질병의 진단과 치료, 유통 및 교육에 이르기까지 다양하다.

인공지능과 로봇이 본격화되는 시기가 되면 단순 노동으로 반복적인 일을 하는 일자리는 앞으로 모두 없어진다고 보면 된다. 약인공지능과 산업용 로봇 기술은 이미 거의 대부분의 산업에 쓰여질 수 있을 정도로 발전하였다. 인건비가 로봇의 개발과 생산, 운영에 드는 비용보다 커지게 될 때는 로봇의 도입이 당연하리라 보인다. 자본가 입장에서 노동시장을 100% 컨트롤 하지 못하기 때문에, 노동이 없이 로봇과 자본만으로 운영되는 스마트팩토리를 더 선호할 것이다. 아디다스의 독일 무인공장의 예는 이러한 속성을 단적으로 보여준다. 인건비의 증가에 대한 걱정을 할 필요가 없어지기 때문이다.

전문직이라고 여겨졌던 직업도 마찬가지이다. 암진단과 같은 데이터에 의존하여 분석해야 하는 분야 역시 인공지능의 영역으로 바뀌어 나간다고 보면 된다. 비행기 조종도 이미 거의 자동화 되어 실제 파일럿의 수동 운전이 필요한 경우는 거의 없다. 정밀한 움직임 제어가 필요한 부분도 역시 로봇으로 바뀌어 나갈 가능성이 더 크다. 사람을 상대하는 직업인 텔레마케터나, 재무를 담당하는 회계사도 역시 대체될 가능성이 큰 직업들이다. 옥스퍼드대의 칼 프레이와 마이클 오스본은 미국에서 '컴퓨터화'로 없어질 일자리가 전체 일자리의 절반 가까운 47%에 이를 것으로 예상한 바 있다.

2) 로봇세의 도입과 기본소득제

인간의 일자리를 보존하기 위해서는 기술의 개발을 늦추는 방법이 있다. 하지만 이러한 인위적인방법은 러다이트 운동처럼 일시적으로 불편함을 줄 수는 있으나 대세를 거스를 수는 없다. 또한, 로봇을 투입하는 것 보다 더 낮은 수준의 인건비로 일자리를 보전할 수 있다. 하지만 양질의 일자리가 아니기 때문에 이 또한 사람들의 불만을 막아낼 방법이 없다. 로봇 생산의 생산성 역시 좋아진다고 생각하면 인건비의 수준은 끊임없이 떨어져 가야 하는 문제도 발생한다. 정부의 규제 등으로 로봇의 도입을 법적으로 막는 방법이 있지만, 영국의 붉은 깃발법처럼 그 누구에게도 도움이 되지 않으며 오랫동안 지속할 수는 없는 방법들이다.

이에 대한 해결책은 정말 없는 것일까? 아니면 4차 산업혁명 이후 더 많은 직업이 생겨서 걱정을 할 필요가 없는 것일까? 일부에서는 4차 산업혁명 이후에 그에 따라 필요한 새로운 일자리들이 생길 것이라 한다. 사람이 필요한 직장들이 없어지는 일자리 보다 더 많이 생기리라 기대하기도 한다. 이렇듯 낙관적인 전망이 없는 것은 아니나 더 많은 일자리가 생긴다고 하더라도 양질의 일자리가 생길 것으로 기대하기 어렵다. 소득의 양극화 현상은 더 심해질 것으로 예상된다. 전문직까지도 일부는 인공지능의 영역으로 편입되기 때문에 점차 로봇으로 하기 어려운 육체노동의 일자리나 아주 고차원적인 지식과 창의력이 필요한 일자리만 인간의 몫이 될 것이다. 일자리 자체가 양극화 될 가능성이 크다는 이야기이고, 이로 인한 소득의 양극화 현상이 더 심해질 것이라는 예상이 가능해진다.

로봇세는 로봇의 노동에 대해 세금을 매기는 것으로 2017년 2월 빌게이츠가 "인간과 같은 일을 하는 로봇도 동일한 세금을 내야 한다."고 주장하며, "이렇게 모아진 세금은 고령자의 재교육 및 다양한 복지에 활용되어야 한다"고 하여 유명해진 제도이다. 로봇도 생산 주체로서 노동에 대한 세금을 매겨야 한다는 것이다. 이 논쟁의 근원은 원래 2016년 유럽의회가 로봇세 도입을 위한 초안작업에 착수하면서 시작됐다. 유럽의회는 2017년 2월에 로봇의 법적 지위를 **'전자인(electronic person)'**으로 부여하면서 소득세를 부여할 근거를 만들었다. 로봇이 자산이나 기계로 인정될 경우는 사회의 생산주체로서 존재하지만 아무런 의무가 없어 세금 부여의 대상이 되지 않기 때문이다. 로봇세를 도입하면 인간 노동력의 대체에 비용이 더 들게 되므로 도입시기가 느려지고 그에 따라 소득양극화 현상을 느리게 할 수 있다. 걷어들인 세원은 기본소득제도 등으로 로봇의 영향으로 노동으로부터 소외되는 계층을 지원할 수 있다는 측면도 있다.

그러나 로봇세에 대하여 국제로봇연맹(IFR) 등은 혁신을 저해하여 성장과 고용에 부정적인 영향을 줄 것으로 보고 반대한다. 미국의 래리 서머스 전 재무장관은 2017년 3월 6일 파이낸셜타임스 기고문에서 "고용시장 혼란과 소득 불평등에 대한 해법으로 로봇에 세금을 부과하자는 주장은 잘못됐다"고 비판했다. 빌게이츠가 주장하는 로봇세를 통한 고용시장과 소득 불평등 문제 해결 방법에는 심각한 오류가 있다고 지적하였다. 로봇 이외에도 인간의 노동력을 대체하는 기술이 많은데 단 한번도 워드프로세서나 세탁기 등의 기계에 세금을 물린 적이 없다는 것이다. 로봇은 더 좋은 제품과 서비스를 도입하게 하는 혁신적인 방법인데, 혁신을 주도하는 경우에는 세금을 물릴 것이 아니라 보조금을 지원하는 것이 타당하다고 하였다.

아직은 인공지능의 도입에 의하여 일자리가 어떻게 변해나갈지 정확히 예측하기는 어렵다. 다만, 기술의 변화에 의하여 전체 사회의 방향이 바뀌어 나갈 것이라는 것은 당연한 변화로 받아들일 수 밖에 없다. 미리 기술을 예측하고 트렌드의 방향을 파악하는 것이 필요한 이유가 바로 여기에 있다 할 수 있을 것이다.

제15장
스마트화 - 홈/카/팩토리/시티

본 장부터는 디지털과 4차 산업혁명의 속성으로 인한 기술트렌드인 초연결성과 초지능성의 기반하에 어떠한 새로운 기술들이 나타날 것이고, 이 기술들이 어떠한 트렌드를 만들어 나갈 것인지에 대한 설명을 하도록 한다. 우선 본 장에서는 인공지능과 초연결성을 결합하여 기존의 많은 서비스들을 통합하고 지능적으로 컨트롤해 가는 트렌드를 설명하도록 한다.

1. 스마트 홈

스마트 홈은 가정 내 가전제품을 물리적으로 연결하고 관리하는 홈 네트워크 단계를 넘어 소비자의 니즈와 새로운 사용자경험을 제공할 수 있는 혁신적이고 개인화된 서비스를 제공하는 방향으로 진화하리라고 기대된다. 성공적인 스마트 홈을 구축하기 위해서는 개방화된 생태계 안에서 다양한 사업자가 협력하고 상생하는 비즈니스 모델 마련이 우선되어야 할 것이다.

최근은 통신서비스 사업자나 인터넷서비스 제공사업자들에 의하여 인공지능 스피커가 각광을 받고 있으며, 스마트 홈의 허브로 자리잡기 위하여 경쟁적으로 시장을 점유해 나가고 있다. 이러한 인공지능 스피커의 점유는 스마트홈과 스마트 빌딩 등의 시장을 선점해 나가는 역할을 할 것으로 예상하며, 특히 최근에는 새로운 아파트의 건축이나 호텔 등의 스마트화를 위한 중추적인 역할을 하기 위한 경쟁에 접어들었다.

가. 스마트 생태계의 확장과 스마트 홈

최근 스마트폰을 넘어 가정 안의 모든 가전제품들이 인터넷과 연결되는 인프라가 구축되면서, 스마트 홈이 새로운 스마트 생태계의 키워드로 뜨고 있다. 특히 개인 미디어 기기였던 스마트폰을 통해 이미 축적된 이용자들의 경험과 가치가 다른 디바이스로 확장되기 시작하면서 혁신의 주체가 스마트폰에서 스마트 홈으로 옮겨 가는 양상이다.

스마트 홈은 "집안에 있는 가전제품들이 인터넷을 통해 상호 연결되고 지능화되어 이를 통해 다양한 서비스가 제공되는 첨단 인텔리전트 서비스 시스템"이다. 물론 과거에도 가전제품을 자동으로 관리하는 홈오토메이션(home automation) 기반의 홈네트워크(home network)가 있었으나, 이 당시 홈 네트워크의 개념은 집 안의 유선 네트워크에 연결되어 주로 가정용 기기의 관리와 제어에 초점이 맞춰졌다.

하지만 최근 유·무선 통합 네트워크 환경의 진화, 사물인터넷(IoT)과 클라우드, 그리고 인공지능의 부상으로 과거와 비교해 더욱 지능화되고 개인화된 서비스와 콘텐츠 제공이 가능해졌다. 또한 스마트 생태계의 변화 양상이 가정 내의 정보가전에서 생활가전으로 확장되면서 과거 홈 네트워크의 서비스 범위도 확장되었다. 특히, 인공지능 스피커가 도입되면서 스마트홈의 허브로써의 기능을 담당하게 되고, 집안의 가전기기들이 이 인공지능 스피커를 통하여 컨트롤이 된다. 따라서 현재 추진되고 있는 스마트 홈은 가스 원격제어, 냉난방 제어, 방범, 방재 등 스마트 기기를 연동하여 가정 내의 가전제품을 관리 통제하는 서비스 이외에도 가정 모니터링, 습도 및 온도 조절, 건강관리, 유아 관리, 가전제품 실행 등 다양한 서비스 영역으로 확대되고 있다. 더욱이 향후 가전이 미치지 않은 수많은 생활 기기까지 그 서비스 영역으로 확장해 간다면 스마트 홈의 범위는 가늠하기 어려울 전망이다.

이러한 주장에 힘이 실리는 것은 최근 사물인터넷으로 새롭게 조명되고 있는 다양한 스마트 기기들이 가정에 들어오고 있기 때문이다. 특히 이러한 수많은 사물에 부착된 센서를 통해 수집된 엄청난 양의 빅데이터를 기반으로 이용자들의 행동 패턴까지 예측한다면 이용자의 니즈에 맞는 개인화된 서비스와 콘텐츠가 가능해질 것이다.

이처럼 새로운 스마트 시장의 격전지로 부상하는 스마트 홈이지만 현재로서는 해결해야 할 과제가 많이 남아 있다. 무엇보다 시급한 것이 표준화다. 스마트 홈을 구현하기 위해서는 무엇보다 스마트 홈 관련 기술표준화가 선행되어야 한다. 그렇지 않으면 수많은 가전기기를 하나의 통합된 솔루션을 통해 서비스를 원활히 제공할 수 없기 때문이다. 현재 스마트 홈을 구현하기 위한 인프라 및 플랫폼 기술을 위한 글로벌 사업자들의 노력이 진행되고 있으며, 특히 스마트 홈 기술 표준을 선점하기 위한 글로벌 사업자 간 합종연횡이 활발히 진행되고 있다. 구글 주도의 스레드그룹(Thread Group), 칩셋 제조사인 퀄컴과 마이크로소프트(MS) 주도의 올신얼라이언스(Allseen Alliance)와, 또 다른 칩셋 제조사인 인텔(Intel)을 중심으로 한 OIC(Open Interconnect Consortium), 통신사 중심의 원엠투엠(oneM2M), 그리고 애플의 자체 스마트 홈 시스템인 홈키트(HomeKit)가 그것이다. 이처럼 글로벌 사업자들이 스마트 홈 시장을 선점하기 위해 광범위한 협력을 하는 것은 당연히 스마트 홈 시장이 혼자 할 수 있는 사업이 아니라는 인식 때문이다. 과거 폐쇄적인 가치사슬이 특징이었던 산업구조와 달리 지금의 스마트 생태계 환경에서는 협력 없이는 사업 자체가 불가능하기 때문이다.

또 다른 해결 과제는 보안 이슈다. 스마트 홈이 주로 사물인터넷과 연동되면서 보안에 취약하다는 것은 이미 널리 알려진 사실이다. 특히 가정이란 사생활이 매우 중요한 생활공간이기 때문에 보안과 프라이버시에 대한 신뢰 없이는 시장의 성장을 견인하기 어려울 것이다.

마지막으로 스마트 홈의 성공적 안착을 위해 해결해야 할 가장 중요한 과제는 '과연 스마트 홈이 소비자들의 사용자경험을 이끌어 올 수 있느냐'일 것이다. 과거 홈 네트워크의 사례처럼 단순한 가전제품 관리 수준의 서비스로서는 스마트폰 혁신만큼의 소비자 호응을 얻어 낼 수 없을 것이고, 이는 곧 새로운 생태계를 창출할 수 없게 된다는 것을 의미한다. 따라서 무엇보다 소비자 니즈를 찾아내고 소비자들의 편의와 개인화된 서비스를 제공함으로써 소비자의 사용자경험을 혁신할 수 있는 노력이 필요할 것이다.

나. 스마트홈과 인공지능의 결합

1) 인공지능 스피커가 스마트홈의 허브로

앞의 인공지능에서 설명하였듯이 인공지능 스피커는 **가정의 홈허브**로 자리잡기 위해 많은 노력을 하고 있다. 가정 내 모든 전자기기들이 통합되어 컨트롤 된다. 인공지능 스피커의 기능은 지금도 확장되고 있어서 음성비서의 역할 및 외부와의 커뮤니케이션을 통한 다양한 역할을 한다. 예를 들면 부족한 물건에 대한 주문을 음성으로도 할 수 있으며, 주차장 관리 및 스마트카와의 연계를 통한 편리한 홈제어 등도 가능해 진다.

이러한 인공지능의 결합은 기존의 홈오토메이션의 범위를 넘어가는 편리성을 제공할 수 있다. 외부 쇼핑과 택배회사 등과의 연동을 통한 다양한 서비스를 이용하는 서비스 시나리오를 만들 수 있는 **융복합 서비스**를 만들어 낼 수 있는 역할을 한다. 이러한 가능성이 앞으로 스마트홈 시장과 함께 인공지능 비서의 시대를 더 활성화 시킬 것으로 보고 있다.

아직은 음성인식의 수준이 모든 것을 지원해 줄 수 있을만큼 발전했다고 보기 어려운 서비스들도 많으나, 기술의 수준은 꾸준히 좋아지고 있으므로 어느날 전혀 사용함에 불편함이 없는 시스템들이 구축될 것이다. 튜링테스트를 통하여 사람이 바로 옆에서 비서처럼 모든 지원을 해 주는 것처럼 느낄 때가 올 것이다. 다만 문제는 기존 아파트나 주택에서는 이러한 확산을 위하여서는 기존의 가전기기들과 주변 서비스들을 연동한다는 것이 만만한 일이 아니다. 따라서 초기에는 새로 분양되는 아파트나 건물들을 대상으로 스마트홈을 구현하고, 점차 기존 주택과 가정에도 스마트홈을 구현할 수 있도록 시장의 우선순위가 정해진다고 보면 된다.

2) 인공지능 아파트의 분양

앞에서 이야기 하였듯 인공지능 기능을 장착한 서비스는 신규 아파트 등에서 먼저 이루어질 것이다. KT Estate에서는 2017년 인공지능 기능을 적용한 새로운 아파트를 분양하였는데, 어떤 기능을 가지고 있는지 다음의 소개 글을 보도록 하자.

"지니야, 택배 왔는지 확인해 줘."

"네. 1층 보관함에 택배가 하나 도착했습니다."

이달 중 본격 집들이에 들어가는 부산 영도 롯데캐슬 블루오션 아파트. 거실에 설치된 음성인식 기반의 인공지능(AI) 스피커, 기가지니에 택배 도착 여부를 묻자 곧바로 대답을 합니다. TV를 켜고 "지니야, 우리 집 상태 보여줘"라고 말하자 이번에는 화면에 사물인터넷(IoT) 망에 연결된 전자기기의 이상 여부, 1주일간 집 앞을 다녀간 방문자들의 얼굴이 나타납니다. KT가 신규 아파트에 자사 인공지능(AI) 서비스 '기가지니'와 홈 IoT 기술을 접목해 AI 아파트를 선보였습니다. KT에스테이트가 시행하고 롯데건설이 시공한 부산 영도 롯데캐슬 블루오션 아파트가 그 주인공입니다.

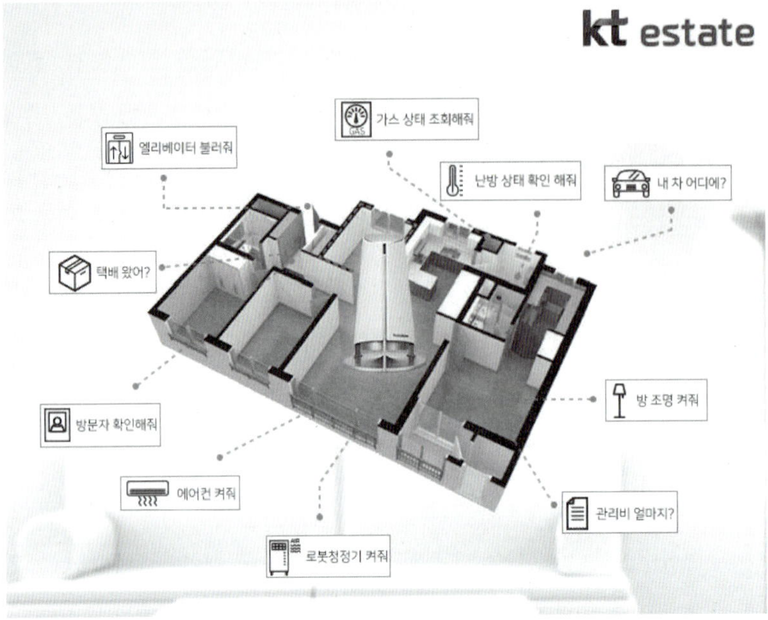

그림 15.1

출처: KT 에스테이트 홈페이지

기가지니 아파트가 기존 홈 IoT와 구별되는 가장 큰 특징은 음성명령으로 홈IoT 기술을 쉽게 이용할 수 있다는 점입니다. 기존 아파트가 월패드를 통해 시스템을 제어하는 방식이라면 롯데캐슬 블루오션은 음성명령으로 ▲엘리베이터•입출차•택배알림•관리자•방문자 알림 ▲난방제어•조명•가스•문열림 감지 ▲냉장고•에어컨•세탁기•공기청정기•오븐•플러그 등 IoT 가전기기가 KT의 기가지니 아파트 플랫폼에 연동해 음성과 스마트폰 앱으로 조회•제어하는 방식으로 작동 가능한 미래형 아파트인 셈이죠.

서비스 1. 아파트 단지 공용서비스 음성 제어

그럼 구체적으로 롯데캐슬 블루오션에 적용된 '기가지니'가 어떻게 활용되는지 살펴볼까요? 우선 아파트 공용서비스를 음성으로 제어하고 이용할 수 있습니다. 일례로 호출 한번이면 엘리베이터는 물론 카카오택시까지 미리 예약할 수 있습니다. 더불어 아파트 공지사항을 확인하거나 관리실에 넣은 민원 등도 확인할 수 있습니다.

서비스 2. 세대별 빌트인 시스템 음성 제어

난방제어•조명•가스•문열림 감지 등 세대별 빌트인 시스템도 음성으로 제어가 가능합

니다. 집안이 추울 때 "온도를 몇 도까지 높여 줘"라고 하면 해당 온도까지 난방시스템을 가동해 주죠. 집의 안전을 지켜주는 기능도 있습니다. 외출 시 방범모드를 실행하는 것만으로, 집 밖의 문 열림 감지 및 모션 감지 등을 통한 외부침입을 확인할 수 있습니다. 귀가 후 "방문자를 보여줘"라고 말을 하면 오늘 하루 현관 앞에서 초인종을 눌렀던 방문자의 얼굴을 보여줍니다.

서비스 3. IoT 가전 및 전기기기 조회 및 음성 제어

냉장고•에어컨•세탁기•공기청정기•오븐•플러그 등과 같은 IoT 가전기기를 KT 기가지니 아파트 플랫폼에 연동해 음성과 스마트폰 앱으로 조회 및 제어할 수도 있습니다. 더불어 에너지 사용량도 한눈에 확인이 가능하죠.

3) 경쟁의 심화 및 다양한 방향으로의 확대

위에서 소개한 예와 같은 일들이 현재는 다양하게 이루어지고 있다. 2018년 7월 반도건설에서 '신구포 반도유보라' 아파트를 분양하면서 KT의 기가지니와의 제휴를 통한 ICT인공지능을 적용하였다. 조명, 난방 등 세대기기를 제어하는 역할 뿐 아니라 엘리베이터 호출, 단지내 공지사항 조회 등 공용 관리 영역의 서비스까지 모두 음성으로 제어하였다. 대우건설도 역시 '인공지능 스마트홈' 개념의 '철산 센트럴 푸르지오'를 분양하였다. 이는 네이버와 LG U+가 제휴하여 추진하고 있는 인공지능 스피커를 통하여 홈네트워킹과 함께 개별적으로 구매하는 에어컨, 공기청정기 등의 가전까지 제어가 가능하게 하였다.

삼성물산은 '래미안 부천 어반비스타'를 통하여 스마트홈 아파트에 도전을 한다. 음성인식과 얼굴인식 기능을 가능하게 하여 아이오티 홈패드(IoT Homepad)를 통하여 내외부 기기의 컨트롤이 가능하게 하였다. 또한 관리비, 날씨 확인, 택배 도착 알림 서비스 등을 모두 음성으로 통제할 수 있게 하였다. ㈜태왕은 대구시에 '메가시티 태왕아너스' 견본주택을 통하여 분양에 나섰고, 여기에는 LG U+의 'IoT@home'을 이용한 서비스가 가능하여, 조명, 난방, 가스 등 기존의 빌트인 시스템에 개별구매한 WiFi IoT 생활가전도 통합하여 제어한다.

2018년 7월 서울 동대문에 있는 노보텔이 국내 최초 AI호텔이라는 이름으로 개관을 하였다. 객실 내에는 KT에서 제공한 기가지니 인공지능 홈패드가 장착되어 있고 이를

통하여 호텔 내 조명 및 TV 컨트롤을 할 수 있다. 또한, 호텔 체크아웃 연동서비스 및 호텔시설 확인 등을 연동하여 실내에서 편리하게 모든 업무를 처리할 수 있게 되어 있다. 이러한 스마트홈 및 호텔 등의 공간 스마트화는 앞으로 지속적으로 더 많은 영역으로, 더 많은 기능과의 통합 연동을 할 것으로 기대한다.

2. 스마트 카

최근 이종 산업 간 융합에서 새롭게 주목받고 있는 분야 중 하나가 자동차 산업이다. 자동차 산업은 그동안 대표적인 제조업 중심의 굴뚝 산업으로 정보통신기술과는 거리가 멀어 보였던 것이 사실이다. 하지만 자동차 산업은 현재 정보통신기술과 융합해 빠르게 스마트화가 진행되고 있는 분야 중 하나이며 스마트폰, 스마트TV, 태블릿PC 등의 뒤를 이을 새로운 커넥티드 단말로 부상하고 있다.

가. 스마트 카의 이해

스마트 카(smart car)에 관해선 아직 통일된 용어가 없다. **커넥티드 카(connected car)**라고도 불린다. 커넥티드 카라는 개념은 네트워크 접속이 가능하고 무선통신을 통해 차량 내부와 외부 네트워크가 상호 연결되는 물리적 시스템을 갖춘 자동차를 말한다. 하지만 자동차가 스마트화된다는 것은 단순한 물리적 접속의 의미를 넘어 스마트폰같은 혁신적인 서비스와 사용자경험(UX)을 제공해야 한다는 것을 의미한다. 따라서 커넥티드카가 주로 접속과 연결성에 초점을 둔 개념이라면, 스마트 카는 좀 더 "향상된 고객 경험(customer experience)과 가치(value)를 제공할 수 있는 자동차" 개념으로 이해하는 게 좋을 듯하다. 그런 의미에서 스마트 카는 전기 · 전자, 반도체, 지능 제어 기술 및 네트워크의 결합을 통해 안전, 편의성, 정보 및 멀티미디어 활용이 크게 확대된 정보통신기술의 결정체라고 할 수 있다.

1) 스마트 카 생태계의 개화

스마트폰에 이어 스마트 TV, 스마트 홈, 스마트 카, 스마트 콘텐츠등 기존 오프라인 중심의 산업들이 새로운 생태계에 편입되면서 과거와는 전혀 다른 시장구조와 산업 형태로 변모하고 있다. 자동차 산업의 경우 기존 자동차 내부의 정보통신 기기들은 완성차 업체가 지배력을 보유한 가치사슬을 통해 생산, 유통, 판매되는 구조였다. 즉 완성차 업체를 중심으로 통신사업자, 텔레매틱스(telematics) 서비스 사업자, 단말기 제조업체, 콘텐츠 제공자 간의 수직적 가치사슬로 이루어진 폐쇄적 구조였다.

하지만 이러한 폐쇄적인 자동차 산업에도 변화가 일어나고 있다. 완성차 업체가 차량 내 정보통신 장비를 하청 업체에서 구매해 완성차에 장착하는 수직계열화된 시장구조에서 벗어나 새로운 참여자들과 협력을 통해 새로운 시장구조를 모색하고 있기 때문이다. 최근 소비자가전박람회(CES)나 모바일월드콩그레스(MWC) 등 대표적인 정보통신기술(ICT) 관련 박람회에서 자동차 업체들이 전용 부스를 마련하고 최첨단 인포테인먼트(infotainment) 시스템을 선보이면서 스마트 카 산업이 부상하고 있다.

이러한 경향은 단지 자동차 업계에만 해당하는 것이 아니다. 칩셋 · 솔루션 업체 등 스마트 카에 관한 다양한 사업자가 대거 참여하면서 정보통신 기업들의 스마트 카에 대한 관심이 높음을 반영했다. 이처럼 최근 관심이 높아지고 있는 스마트 카 산업은 여러 전문가로부터 '**자동차가 향후 대표적인 스마트 단말**로, 미래의 새로운 성장 산업을 견인할 것'이라는 기대감을 내놓게 하고 있다.

2) 스마트 카 비즈니스 생태계

스마트 생태계의 개화는 자동차 산업뿐 아니라 관련 산업 전체에 새로운 비즈니스 기회를 제공할 것으로 기대된다. 개화기 초기의 스마트 카 시장은 자동차 산업 특성상 독립된 자체 생태계를 형성하며 진화할 것으로 보이나 스마트 기기 간 연결성이 확대됨에 따라 스마트폰 생태계와 유사한 특성을 지닐 것으로 예상된다. 실제로 모든 단말이 연결되는 스마트 환경에서 스마트 카는 스마트폰, 태블릿PC, 스마트 TV에 이은 또 다른 스크린으로 진화하고 있다.

새로운 스크린으로서 자동차는 결국 새로운 스마트 기기로서 모바일 생태계적 구조를 가질 것이다. 모든 기기가 연결되고 클라우드를 기반으로 한 서비스가 활성화됨에 따라 스마트 카도 멀티스크린(N-screen)의 중요한 구성 요소로 자리매김할 전망이다.

3) 인포테인먼트 플랫폼으로서 자동차

이런 측면에서 스마트 카는 단기적으로는 스마트폰과 연동되는 다양한 차량 내 인포테인먼트(In-Vehicle Infortainment) 서비스를 제공하는 수준에서 시장이 형성될 것으로 보인다. 최근 출시된 스마트 카는 자동차만의 특화된 서비스를 통해 안전하고 편안한 운전에 도움을 주고 텔레매틱스, 위치정보서비스(LBS) 등 지리 정보 서비스를 제공한다. 소셜네트워크서비스(SNS)나 게임, 멀티미디어 등 다양한 서비스를 이용할 수도 있다. 또한 서비스 제공 범위도 운전자 위주에서 동승자로 확대되고 있는 추세다. 다양한 인포테인먼트 서비스에 대한 수요가 증가하면서 차량의 멀티스크린 단말화도 진행되고 있다.

이처럼 자동차 선택 기준이 성능, 내구성, 디자인, 연비 등 하드웨어적 관점에서 점차 정보통신기술을 활용한 편의성이나 연결성 등으로 변화하고 있다. 따라서 스마트 카는 네트워크, 모바일 기기 등과의 연동 강화로 차량 내외부와 소통이 증대되고, 사용자인터페이스(UI) 개선으로 이용 편의성이 증대되는 추세다. 네트워크 연결 및 이를 통한 콘텐츠 소비를 통해 가치 증대를 경험한 소비자들로 인해 자동차의 커넥티드화도 필연적이다.

시장 수요 측면에서는 스마트폰의 다양한 서비스를 즐기던 고객이 자동차 안에서도 동일한 경험을 요구하고 있다. 이들에게는 자동차가 또 하나의 생활공간으로 인식되면서 스마트폰의 경험을 자동차로 전이하려는 욕구도 매우 큰 편이다. 실제로 최근 운전자들이 SNS, LBS, 멀티미디어 등 다양한 서비스 이용 경험을 차량이라는 물리적 공간에서도 소비하려는 욕구가 늘어나고 있다는 연구들이 많이 나오고 있다.

4) 미래 이동 수단으로서 스마트 카

이처럼 대표적 제조 산업인 자동차 산업도 정보통신기술 생태계의 스마트화라는 거대한 물결을 피해 가기 어렵게 되었다. 스마트 카의 등장은 완성차 중심의 수직적 가치사슬이 플랫폼 중심의 개방적 생태계로 변화하고 있음을 보여 주고 있으며, 이에 따라 다양한 참여자들과의 협력을 통한 이동의 미래를 함께 만들어 나가야 할 것이다.

하지만 이러한 스마트 카가 새로운 스마트 단말로서 새로운 성장 스토리를 쓰기 위해서는 아직 해결해야 할 난제들이 많이 남아 있다. 자동차 산업에서는 운전자의 생명과 직결되는 안전성이 우선이다. 즉, 자동차 자체가 완전히 전자 기기화되어 스마트 기기와 같은 플랫폼으로 진화하기에는 기술적 걸림돌이 너무 많다. 이에 따라 휴대폰이나 텔레비전 등 가전제품과는 달리 자동차는 늦게 스마트 생태계에 편입되고 있는 산업 중의 하나다. 스마트 카가 주로 인포테인먼트 분야에서 발전해 온 것도 이런 맥락에서 이해될 수 있다.

하지만 최근의 자동차 관련 기술 진화를 보면 장기적으로 스마트 카는 미래 이동 수단의 정점에 서 있을 것으로 예상된다. 더욱이 향후 스마트 카의 진화 방향으로 볼 때 현재 자동차 산업이 갖고 있는 여러 가지 문제점, 즉 에너지 자원의 한계, 환경오염, 비효율적인 자원 배분 문제 등을 동시에 해결하면서 발전하고 있다는 것이 고무적이다.

이러한 고질적인 문제를 해결할 수 있도록 나온 최근 자동차 기술들이 바로 자율주행차와 전기자동차다. 이러한 혁신들은 향후 자동차 산업의 근본적인 비즈니스 모델을 송두리째 바꿀 엄청난 파급력을 가지며 미래 이동 수단으로서 스마트 카의 단면을 보여 주는 것들이라 할 수 있다.

나. 자율주행 자동차

자율자동차란 "운전자의 개입 없이 주변 환경을 인식하고 주행 상황을 판단하여 차량을 제어함으로써 원하는 목적지까지 주행하는 자동차"다. 이를 통해 자동차는 단순한 이동 수단이 아니라 생활공간이자 업무 공간으로 바뀌게 된다. 또한 자동차 산업의 애플로 지칭되는 전기자동차 회사 테슬라는 차량 배기가스 등 미래 환경문제를 해결해 줄 것으로 기대되며 이미 혁신의 아이콘으로 자리매김하고 있다.

1) 자율주행 자동차의 역사

자율주행 자동차의 역사는 꽤 길다. 처음으로 자율주행이라는 개념이 등장한 때는 1939년이다. 뉴욕 퀸스에서 만국박람회가 열렸을 때, 그 당시 젊은 기업으로 혁신과 창조를 강조하던 기업인 GM에서 무인 컨셉트카를 발표했다. **GM의 퓨처라마(Futurerama)** 부스에서는 '손과 발이 자유로운'운전의 표준인 1960년대의 자동화 고속도로(Automated Highway)를 보여줬다. 실제 구현한 것은 아니고 조그마한 모형을 통하여 컨셉을 제시한 수준이었다. 이후 자동화 고속도로에 대한 환상은 일반적인 것이 되었으며, 많은 사람들이 1960년대가 되면 손과 발을 쓰지 않아도 스스로 고속도로가 내가 가고 싶은 곳으로 나의 차를 운전해 주는 시대가 될 것으로 생각하게 되었다.

이후 1950~60년대가 되어 대부분의 미국 가정에 자동차 한 대를 보유하게 되었을 때, 미 연방정부는 자동차 기반의 교통시스템을 강화하기 위하여 연방고속도로법을 제안하였다. 이 때에도 많은 사람들은 무인자동차 시대가 와서 운전을 하지 않을 수 있다는 환상을 가지고 있었으며, 실제로 GM에서는 퓨처라마 이후 지속적으로 도로가 차량을 제어하여 자율주행이 가능한 방법을 연구하고 있었다. 이후 GM은 전자기술의 선도회사였던 RCA와 손을 잡고 **'전자 고속도로(Electronic Highway)'**라고 하는 솔루션을 발표하였다. 1958년에는 네브래스카 주 링컨시 외곽에 120미터의 고속도로에서 직접 시연을 해 보이기도 하였다. 이후 1960년에 뉴저지에 전자고속도로 시범트랙을 설치하는 단계까지 왔다. 이때는 GM에서 개조한 차량을 직접 시동을 켜고 가속을 하며 운전대를 조작하는 것을 보여줬다. 아날로그 전자 기술로 유도전기의 성격을 이용하여 컨트롤을 했다. 성과는 꽤 성공적이었으나 상업적으로는 성공하지 못하였다. 이후 많은 시도가 되었으나 도로 모두에 전기케이블을 매설하는 등 천문학적 예산이 필요했던 까닭에 경제적인 측면으로는 불가능한 비즈니스 모델이었다. 이후 오일쇼크를 지나면서 고유가 시대가 다가오고 자동차 회사의 자율주행에 대한 동력을 잃어버리면서 한동안 전자 고속도로는 컨셉으로만 존재하게 되었다.

이후 ITS(Intelligent Transportation System)이라는 이름으로 교통체계 전체의 지능화 프로젝트가 생겨나고 있었을 때, 자율주행의 개념이 포함되어 개발되기 시작하였다. ITS는 도로의 교통상황을 분석하여 최적 신호체계 등을 제공하는 ATMS(Advance Traffic Management System), 최단거리 경로를 제공하는 ATIS(Advanced Traveler Information System), 대중교통 수단을 정보화 하여 제공하고 차량배치 및 관리 등을 지원해 주는 APTS(Advanced Public Transportation System), 각 차량의 위치, 차량의 운행상태 등을 관제하고 실시간 최적 운행을 지원하며 통행료 자동 징수 등을 지원하는 CVO(Commercial Vehicle Operation), 차량에 교통상황 등을 파악하는 센서를 부착하여 운전을 자동화 하고자 하는 AVHS(Advanced Vehicle and Highway System)의 다섯가지를 개발하는 것이었다.

퓨처라마 이후 끊임없이 스스로 움직이는 자동차에 대한 열망이 있어왔다. 퓨처라마와 같이 초기에는 자동차에 기능을 탑재하여 스스로 운행하기 보다는 도로 또는 도로 주변의 통신기기 등을 이용하여 차량을 제어함으로써 자율주행을 만들어 내려고 하는 시도가 주를 이루고 있었다. 하지만 최근에는 2010년 구글에서 자율주행자동차 개발을 발표한 이후 자동차에 센서와 컴퓨터를 장착하여 차량 스스로 주행을 하려는 시도가 주를 이루게 되었다. 이에 안전을 위한 첨단운전자지원시스템(ADAS, Advanced Driving Assistant System) 개발과 흐름을 같이 하면서 점차 차량 자체를 지능화하는 방식이 힘을 얻고 있다.

도로를 지능화하겠다는 ITS 개발은 현재 **V2X(Vehicle to Everything)**이라는 이름으로 지속적인 개발을 하고 있다. 하지만, V2X는 차량을 주행하기 위한 기술이라기 보다는 차량에 스스로 통신을 할 수 있는 기능을 추가하여 다양한 차량내 서비스를 제공하기 위한 것으로 보는 것이 더 정확하다. 예를 들어 가로등 시스템과의 연계를 통하여 차량이 빈번하게 다니지 않는 도로에서 차량이 지나갈 때에만 가로등이 켜지게 하는 등의 부가적인 서비스를 위한 것을 위한 기술을 말한다. 이러한 기술이 개발되어 차량 자체가 통신을 하게 되고, 5G 네트워크가 충분히 지원이 될 때 쯤이면 차량의 자율주행 기능과 5G 통신기능이 합쳐져서 완벽한 자율주행 모드가 될 수 있을 것으로 기대한다.

2) 자율주행 자동차의 구현 기술

우선 자율주행을 위해서는 Actual System 기술이 필요하다. 구동장치인 가속기, 감속기 및 조향장치 등을 무인화 환경에 맞게 구현하고 무인자동차에 장착된 컴퓨터 등을 이용하여 제어할 수 있게 하는 장치이다. 현재 지능형 순항제어(ACC, Adaptive Cruise Control) 시스템이 적용된다. 두번째로 비전, 센서 등을 이용하여 시각정보를 인지하고 처리하는 기술이 필요하다. 영상 정보를 받아들이는 것 뿐 아니라 빠른 시간내에 물체를 인지하고 이를 통하여 운행을 제어할 수 있게 정보를 제공하는 기능이다. 세번째는 통합관제 시스템과 운행감시 고장진단 기술이다. 네번째는 지능제어 및 지능운행 장치 기술이다. 이러한 네가지의 기술을 통하여 구현되는 자율주행 기능은 미국자동차 기술학회(SAE)에서 다음과 같은 다섯 단계로 구분을 해 놓았다. 이 중 레벨 4 수준이 되어야 비로소 자율주행의 단계로 들어간다고 할 수 있다.

레벨0: 자율주행 기능없는 일반차량

레벨1: 자동브레이크, 자동속도조절 등 운전 보조기능

레벨2: 부분자율주행, 운전자의 상시 감독 필요

레벨3: 조건부 자율주행, 자동차가 안전기능 제어, 탑승자 제어가 필요한 경우 신호

레벨4: 고도자율주행, 주변환경 관계없이 운전자 제어 불필요

레벨5: 완전자율주행, 무인 주행차

완전 자율주행 단계에 접근하기 위해서 최근의 자동차에는 부분 자율주행을 위한 다양한 기능이 추가되고 있다. Lidar(Light Detection And Ranging) 등을 통해서 들어온 정보를 이용하여 앞차와의 거리간격을 조절하거나 돌발사항 등에서 브레이크를 가동하는 시스템인 AEB(Autonomous Emergency Braking System)등 실제 주행에 대한 제어를 하는 시스템이다. 차선 이탈을 방지하기 위한 LKAS(Lane Keeping Assist System)등이 이에 해당한다. 이외에도 자동차의 사각지대를 파악해서 알람을 내보내는 BSD(Blind Spot Detection), 주차 지원 시스템인 SPAS(Smart Parking Assist System)등이 지원되고 있다. 아직은 레벨 2 또는 3단계로 상용화된 차량들이 출시되고 있으나 빠른 시간 내에 더 높은 수준의 기술이 적용되어 완전 자율주행 단계에까지 다다를 것으로 예상하고 있다.

3) V2X(Vehicle to Everything)

V2X는 ITS의 일부 구현 기술로 발전되기 시작하였으나 최근에는 자율주행을 위한 전자고속도로 보다는 스마트 시티나 차량용 IoT 기술로 많이 응용되고 있다. 차량이 유무선망을 통해서 다른 차량과 통신을 하거나 (V2V, Vehicle to Vehicle), 차량과 인프라간 통신(V2I, Vehicle to Infrastructure), 차량과 모바일기기간 통신(V2N, Vehicle to Nomadic Device), 보행자와의 통신(V2P, Vehicls to Pedestrian)을 모두 포함하여 모든 것과의 통신(V2X)으로 표현한다.

V2V는 차량간의 통신을 통하여 정보를 주고받는다. 바로 앞 차량과의 거리간격을 유지하기 위하여 앞 차의 브레이크 신호를 받아서 같이 속도를 줄여주는 등의 제어방식을 사용할 수 있다. 자율주행을 위한 앞차 거리 간격 센싱의 수단 또는 보조수단으로 사용될 수 있다. V2I는 도로 주변의 정보를 받아들임으로써 교통신호 정보, 사고상황 등을 알 수 있게 해 준다.

이러한 V2X는 초기에는 단거리전용통신(DSRC, Dedicated Short Range Communication)이라고 하는 별도의 통신방식으로 개발되었으나, 최근에는 별도의 통신방식 보다는 모바

일 통신 활용을 검토하고 있다. 특히 5G 네트워크의 발전을 계기로 자동차의 통신에서 필수적인 Latency의 문제를 획기적으로 개선함에 따라 5G를 이용하는 방식이 더 활성화 될 것으로 생각된다.

V2X는 자율주행의 필수적인 기술은 아닐 수 있다. 최근의 경향은 차량 자체의 센서와 인공지능 판단에 따른 주행을 기본으로 하고 있기 때문에 V2X의 지원 없이도 자율주행의 구현이 가능하다. 하지만 V2X 기능이 지원되면 자율주행의 안전성이 더 높아지거나 스마트카에서 제공하는 서비스가 늘어나게 되는 효과가 있다. 따라서 통신으로 연결되어 많은 서비스를 만들어 낼 수 있는 자동차를 **커넥티드카(Connected Car)**라는 이름으로 부르기도 한다. 이 커넥티드카는 통신의 기능을 이용하여 다양한 방식의 스마트카 서비스를 만들어 낸다는 의미이다.

이러한 커넥티드카 컨셉이 자율주행에 접목이 되면 기상 상태가 좋지 않을 경우 주변 물체의 인식이 차량 내부의 센서만으로 어려울 경우 등에서 안전을 더 확보하기 위한 수단으로 쓰일 수 있다. CES2018에서 자율주행 시승행사를 하기로 예정되어 있던 자율주행 셔틀 '나비아'가 개막일 당일 내리는 비로 시승행사를 취소하기도 했다. 이러할 때 V2X가 지원되었다면 더욱 안전한 자율주행이 가능하여 시승행사의 취소를 하지 않을 수도 있었다.

4) 자율주행자동차 발전방향 및 사회적 변화

2018년 3월 18일 미국 아리조나주 템페에서 우버자율주행차가 자전거를 끌고 무단횡단하던 보행자를 치어 사망하는 사고가 발생했다. 자율주행을 시범운행하던 첫 사고로 이 사고에 의하여 모든 우버의 자율주행 시범운행이 중단되고, 토요타 자동차의 시범운영도 동시에 중단되는 등 파장을 일으키고 있다. 그 이후 문제점을 밝혀 내기 위한 다각도의 조사를 하였다. 사고 당시 블랙박스의 동영상에서 사고가 나는 순간 우버 드라이버는 딴 곳을 보고 있다가 갑자기 정면을 보더니 눈이 똥그래지면서 깜짝 놀래는 표정이었다. 정면 카메라를 보면 어두운 곳에서 갑자기 자전거를 탄 사람이 나타나는 장면이 나오고 그 사람이 차량에 부딪혀 넘어지는 것으로 보인다. 경찰의 발표에 의하면 사람이 직접 주행했더라도 피하기 어려운 사고이기 때문에 이 자율주행 자동차의 사고에 책임을 묻기 어렵다는 결론을 도출하고 아직 어떠한 결론도 발표된 바는 없는 것으로 보인다. 다만 사람이 운전을 했어도 날 수 있는 사고라는 것은 현재 법적인 책임을 의미하는 것이지 자율주행이 이 정도의 기능으로 충분히 동작한다고 판단하는 기준은 아니다. 아직은 더 많은 검토와 기술적 보완 뿐 아니라 법 제도적 보완이 필요하다고 보인다.

현재는 완전 자율주행 단계가 아니기 때문에 드라이버는 전방주시를 항상 하고 있어야 되는 의무가 있다. 하지만 자율주행이라고 하면 스스로 운전을 하여야 하므로 운전기사는 전방을 주시해야 될 이유가 없다. 앞으로는 차량에 의한 사고는 차량의 잘못이지 드라이버의 잘못은 아니라는 것이다. 이에 의한 책임소재의 문제 등이 사회적 합의가 되지 않은 부분으로 앞으로 더 많은 고려가 되어야 할 부분이며, 이러한 사회적 합의가 되어야만 자율주행 자동차가 활성화 될 수 있을 것으로 판단한다.

자율주행 자동차가 실제 운행을 시작할 경우 자동차간 또는 자동차와 보행자간 사고가 발생한 경우에도 지금까지의 법제도로는 해결할 수 없는 많은 문제가 발생한다. 지금은 사고가 날 경우 양측 또는 다측 운전자 중에서 사고의 원인을 제공한 사람이 가해자가 되고 그 원인에 의하여 얼마나 대응 가능했는지에 따라 사고에 대한 책임률이 달라지게 된다. 아무 준비없이 도로위에 서 있는데 갑자기 누군가가 부딪혀 오는 경우와 같이 100% 면책 또는 책임이 결정되는 경우 이외에는 항상 분쟁이 발생하는 것이 현 상황이고 이 상황에 대하여 법제도로 책임에 대한 정의를 내려 놓았다. 그런데 자율주행이 되면 이제 양측의 책임 문제 뿐 아니라 책임을 져야 할 주체가 더 늘어난다.

자율주행이 대중화된 상태라면 운전자라는 개념이 불분명하여 책임 소재에 대한 많은 모호함이 발생한다. 나 혼자 자율주행 택시를 탔다고 보자. 사고가 나면 나는 승객이므로 책임질 이유가 전혀 없다. 내가 운전을 한 것이 아니기 때문이다. 그러면 차량 주인이 책임을 져야 하는가? 차량 주인은 자율주행차를 산 것이지 주행을 한 것이 아니기 때문에 100%책임을 질 수는 없다. 그러면 자율주행차 제조사가 책임을 져야 하나? 자율주행차 제조사는 차량을 만들기만 했지 주행에 직접적인 영향을 끼친 적이 없다. 어느 누구도 주행을 책임질 사람이 없다. 책임이 있다면 차 그 자체가 책임이 있는 것이다. 사고가 나면 안된다는 것이 전제조건이겠지만, 현재로서는 사고가 날 경우에 대한 책임소재가 불분명하다. 어느 누가 책임을 지고 사고를 방지하기 위한 대책을 세워야 되는가에 대한 제도적 뒷받침이 없다고 보인다. 이 또한 자율주행이 확산되는 데 걸림돌이 된다. 만일 비싼 비용을 물고 자율주행차량을 샀는데, 자율주행 모드로 달리다가 사고가 난 것을 모두 내 책임으로 한다고 하면 자율주행모드를 선뜻 선택하기 어려울 것이다. 더더구나 잠시의 부주의를 우려하여 자율주행모드를 선택한 것인데, 사고의 원인이 무엇이든 잠시의 부주의에 대하여 책임을 져야 한다면 자율주행이 무슨 소용이 있겠는가? 고객은 이러한 자율주행 기능에 비용을 지불할 리 없어서 자율주행 차량의 확산은 더디어질 수밖에 없다고 보인다.

기존 제도 중에서 도로교통에 대한 우선순위도 달라질 수 있다. 현재는 직진과 좌회전 차량이 교차로에 도착했을 경우 직진이 우선권을 가진다. 물론 신호등이 있으면 신호등을 따르면 되지만, 신호가 없는 교차로는 모든 경우에 대하여 우선권을 정해 놓았다. 그런데 자율주행 자동차들에게도 우선권을 똑같이 적용할 수 있을까? 좌회전 차량은 이미 교차로에 도달했고, 직진 차량은 아직 도달하지 않은 상태인데, 계산을 해 보면 좌회전 차량이 충분히 지나갈 수 있는 시간이 된다. 하지만 사람의 경우에는 계산이 정확하지 않을 수 있기 때문에 우선권이라는 것을 두어서 약간의 비효율로 차량 사고를 예방한다고 보면 된다. 자율주행차량에도 똑 같은 제도를 도입할 것인가? 계산 결과 충분한 시간이 된다면 좌회전을 먼저 보내는 것이 당연히 효율적이다.

무인자동차 시대를 생각해 보면 주차나 정차에 대한 규정도 문제가 된다. 주차를 금지하는 이유는 다른 차량의 교통에 방해가 되기 때문이다. 더구나 운전을 할 사람이 타고 있지 않기 때문에 복잡한 길을 더 복잡하게 만들 수 있다. 무인 자동차는 특별히 주차라고 할 것이 없다. 언제든지 자리를 옮겨줄 수 있기 때문이다. 차량의 흐름을 막아서는 주차나 정차가 아니면 굳이 법으로 금지할 이유가 없다. 다만 다른 차들의 흐름에 따라서 이동을 수시로 해야 된다는 점이 있기는 하다.

무인 자율주행 기능이 구현되면 지금까지 우리가 알던 것과는 사뭇 다른 자동차의 모습이 될 것이다. 가장 먼저 생각할 수 있는 것은 자동차의 형태가 바뀌게 된다. 핸들이 없어도 된다. 또한 브레이크, 액셀 등 패달도 없어진다. 사이드 미러를 포함한 미러가 사라질 것이다. 모든 차량이 무인자율주행이 되면 헤드라이트를 포함한 조명장치와 깜박이 등과 같은 신호를 위한 장치도 없어진다. 심지어는 차량 문에 손잡이도 없어질 수 있다. 어쩌면 바퀴도 없어질 수 있다. 내부의 시트도 배열이 바뀔 수 있고 침대만 붙어 있는 자동차가 만들어 질 수도 있다. 앞으로 다가올 자동차의 모습은 적어도 지금의 자동차의 형태는 아닐 것이라는 예상은 할 수 있다.

다. 전기자동차

전기자동차의 정의는 전기를 에너지 삼아 전기 모터를 돌리는 자동차를 뜻한다. 그래서 영어로는 Electric Vehicle의 약자인 EV로 통칭되는데, 업계에서는 전기 자동차의 기능을 부분적으로 차용하는 경우도 EV에 포함하며 그 범위를 다소 넓혔다. 국제 에너지기구(IEA)의 연구 조사에 따르면, 2020년을 기점으로 기존 내연기관차의 판매량이 감소 국면으로 접어들면서 2050년에는 시장 점유율이 14%까지 급격히 하락한다. 그 감소 지분은 PHEV와 EV, FCEV가 나누어 가진다.

1) EV : 순수전기차

통상적인 전기 자동차의 정의에 충실한 순수 전기차. 20세기 초 시장에서 퇴출된 후, 1995년 GM이 'EV1'이라는 이름으로 다시 전기차를 시장에 도입했으나, 뚜렷한 이유 없이 출시 2년 만에 모두 수거되어 2대만 남기고 전량 폐기됐다. 그 이후 21세기 들어 엘론 머스크의 테슬라(Tesla)가 공격적으로 사업을 확장하면서 가장 대표적인 EV 메이커로 떠올랐다. 리튬-이온 전기 배터리로 전기 모터를 구동하기 때문에 배터리의 성능이 성패를 가르는 핵심 요소다. 전기가 모든 것을 대체하는 터라 내연기관이 마주하는 환경 문제를 온전히 잡아내며 그린카의 기수로 떠올랐다.

2) HEV : 하이브리드 전기차

가솔린 엔진 등의 내연기관과 전기 모터를 동시에 갖춘 자동차를 뜻한다. 일정 속도 이상으로 달릴 때만 내연기관이 움직이고 그 이하로는 전기 모터로 달리기 때문에 연비를 끌어올린다. 전기 모터는 차량이 주행하며 자연스레 생겨나는 전기 에너지를 활용하는 편이다. 1997년 출시되며 전 세계적인 성공을 거둔 토요타의 '프리우스'가 대표적인 하이브리드 전기차 모델이며, 현재 하이브리드 모델과 가솔린 모델을 병행 출시하는 메이커들이 늘고 있다.

3) PHEV : 플러그인 하이브리드 전기차

플러그인 하이브리드 전기차는 기존 하이브리드 전기차에 EV의 특징인 전기 배터리를 내장하며 진화한 형태의 하이브리드 전기차다. 내연기관을 그대로 활용하며 EV적인 요소를 함께 갖추었기 때문에, 보통의 내연기관 자동차보다 연비도 좋고 훨씬 친환경적이다. 세계적인 환경 규제 강화 추세에 맞춰, 전 세계 자동차 메이커가 PHEV 개발에 뛰어들며 시장이 급속도로 커지고 있다. 기존 자동차 디자인을 크게 변형하지 않은 양산형 모델이 나오면서 긍정적인 소비자 반응을 얻고 있으며, 또 한편 아우디의 'e-트론'이나 BMW의 'i8'처럼 콘셉트카를 그대로 옮긴 듯한 차량들이 미래주의적 이미지를 더하고 있다.

4) FCEV : 수소연료전지차

수소연료전지차는 천연가스에서 정제한 수소를 전용 연료 전지 탱크에 저장한 후 공기 중의 산소와 결합해 폭발적인 에너지를 얻는 원리로 움직인다. 몇 분 만에 수소를 완충해 수백 km를 움직이지만, 그 부산물은 깨끗한 수증기에 불과하기에 '궁극의 차'라 불린다. EV와는 에너지의 원천 면에서 큰 차이를 보이지만 결국 전기 에너지로 모터를 움직이기 때문에 EV에 포함되기도 한다. 얼마 전 양산을 시작한 토요타의 '미라이'가 수소연료전지차 시대를 열고 있다.

3. 스마트시티

가. 스마트시티의 개념과 목적

앞에서 스마트홈과 스마트카의 개념을 알아보았다. 스마트홈은 점차 다른 영역으로 확대되면서 스마트 아파트로 넓어지고, 아파트 단지와 주변 상가 등을 하나의 영역으로 묶어 내면 스마트 빌리지, 스마트 타운의 개념으로 점차 확대될 수 있다. 이러한 확대에 더불어 스마트카와 스마트주차장 등 주변 인프라 및 편의시설로 계속 확장이 되면 한 도시 전체를 스마트화 하는 단계까지 만들어 진다. 이러한 것을 스마트 시티라고 한다.

스마트홈과 스마트카 등은 개인의 필요에 따라서 기능을 추가 또는 제거의 여부를 결정하지만 스마트시티는 전체 공공의 측면에서 어떠한 기능을 가지게 될 것인가의 의사결정을 해야 한다. 따라서 개인의 영역이 아니고 국가 또는 지방자치단체 등의 역할이기 때문에 정책적인 결정과 국가 예산의 문제로 귀결된다. 어찌 되었건 스마트 시티 속에서 각각 개개인의 편리를 위하여 스마트화가 이루어진다.

이러한 스마트 시티의 목적은 스마트홈이나 스마트카처럼 개인적 편의가 아니고, 공공의 목적이 되어야 하므로 공공성을 띄고 있는 **사회적 비용을 절감**하는 것이 스마트 시티의 주목적이 된다고 할 수 있다. 사회적 비용을 절감하는 대표적인 것이 교통시스템, 에너지 시스템, 환경문제 등이 있을 수 있으며, 따라서 스마트시티는 도시 내 교통시스템과 에너지환경시스템의 이슈를 해결하기 위한 경우가 많다. 공공의 목적으로 쓰이는 많은 곳에서 현재 스마트화가 일어나고 있다. 하지만 이러한 스마트화는 아직 정비되지 않은 법제도등의 문제로 빠른 시간에 진행이 되지 않는다. 의료법 및 교통법 등 다양한 법제도 측면에서 스마트화의 새로운 개념을 도입하여야 하는 부분이 있으므로 법제도의 측면에서 많은 고려사항이 있고, 모든 스마트화의 설계는 법제도 측면을 검토한 후 진행하여야 한다.

나. 스마트시티로 진화하는 도시들

도시 전체에 온라인 기술이 적용되면서 도시의 모든 기반 시설들이 스마트 시티로 진화하고 있다. 스마트 시티는 시민들에게 온디맨드 서비스를 제공할 수 있게 된다. 두바이는 전 도시의 가로등을 비디오가 설치된 스마트 조명으로 바꾸고 있다. 전체 시내를 가로지르는 스마트 조명을 통해 도시의 상황을 한눈에 파악할 수 있는 도시 컨트롤센터를 준비 중이다. 도시 어느 곳에서나 접할 수 있는 가로등은 그 특성상 도시 전체를 하나로 연결하는 스마트 기반 시설로 활용도가 높다.

국가재난이나 교통망에도 온라인 기술을 적용한 혁신이 일어나고 있다. 유럽의회는 2018년 4월부터 모든 자동차 회사들이 이콜(eCall) 기술을 도입해야 한다고 법제화했다. 이콜 기술은 자동차가 심각한 사고를 당했을 경우 자동으로 위급 전화를 걸도록 하는 기술이다. 이콜은 사고가 날 경우 자동으로 사고가 난 장소 정보와 가장 가까운 재난 구조센터에 자동으로 연결되기 때문에 위급 상황에 대처하는 시간을 엄청나게 줄일 수 있는 기술이다.

미국에서는 2015년 12월부터 '철도안전증진법(the Rail Safety Improvement Act)'을 실행하기 시작했다. 이 법은 사물인터넷을 사용해서 기차의 탈선과 충돌을 자동으로 예방하는 시스템이다. 각 기차에 설치된 능동형 열차 컨트롤(Positive train control) 시스템은 기차 간 거리나 위치에 이상이 발생했을 경우 기관사에게 미리 알리고 만일 기관사가 행동을 취할 수 없는 상황에서는 스스로 기차의 제동장치를 작동시킨다. 능동형 열차 컨트롤은 온라인 센서를 차량에 붙여서 사고를 예방하는 방식의 사고 예방 시스템이다.

빌딩이나 병원과 같은 도시 시설물에도 적용되기 시작했다. '허니웰(Honeywell)'은 스마트 시티인 몰타(Malta)에 위치한 1만2000m2의 빌딩에 스마트 빌딩 운영 시스템(Smart Building Management System)을 설치했다. 스마트 빌딩 운영 시스템은 빌딩 전체에 설치된 센서를 통해 화재 경보, 보안 시스템, 조명 시스템, 발전기, 물 관리를 자동으로 실행해 주는 시스템이다. 위기 상황 시나리오를 설정해 놓고 마치 자동으로 비디오를 예약 녹화하듯이 빌딩에서 일어나는 모든 위급 상황에 자동으로 대처한다.

'슈나이더일렉트릭(Schneider Electric)'은 오스트레일리아에 있는 어린이 병원을 스마트 병원으로 변신시켰다. 스마트 병원은 모든 하드웨어, 소프트웨어, 전력, 빌딩자동화, 보안, 의료기기들을 하나의 네트워크로 컨트롤할 수 있다.

도시의 교통 시스템에도 스마트화가 적용되면서 새로운 변화가 일어나고 있다. 우버와 같은 콜택시 시스템을 버스에 적용한 '콜버스'가 도입되면서 도시의 대량 수송 부문에 영향을 미치고 있다. 미국의 '채리엇(Chariot)'은 온디맨드 셔틀버스 서비스다. 기존의 버스는 정해진 노선과 시간에 따라서 이용해야 한다. 하지만 온디맨드 버스는 나와 출발지와 도착지가 비슷한 사람들이 함께 모여서 노선과 시간을 선택해 이용할 수 있는 맞춤형 대중 버스다.

15인승 밴으로 서비스하는 채리엇은 14개 이상의 정규 노선을 운영하며 성업 중이다. 국내에도 '콜버스(CALLBUS)'가 채리엇과 같은 주문형 버스 서비스를 제공한다. 콜버스는 국내에 온디맨드 버스 서비스 관련 법규가 없고 기존 버스 및 택시의 이익을 침해하는 데 대한 반대 움직임 때문에 어려움을 겪고 있다.

도시의 쓰레기 수거를 위한 스마트화도 등장하여, '루비콘(Rubicon)'은 소비자가 원하는 시간에 쓰레기를 수거하는 주문형 서비스를 제공한다. 기존에는 정해진 스케줄에 따라 쓰레기를 버려야 했지만 루비콘을 이용하면 내가 원하는 시간을 정해서 쓰레기를 처리할 수 있다. 루비콘은 도시의 폐기물인 쓰레기를 이용해 재생 업체와 연결해서 다양한 재활용 아이디어를 실현하는 사회적 기업이다.

네덜란드의 로테르담은 **스마트항구**를 구현하였다. 크레인과 지게차, 컨테이너박스 등이 사람이 직접 움직이지 않고 모두 선박에서 하역작업을 한다. 항구에서 작업하는 모든 기기들은 서로간에 통신으로 연결되어 있어서 모든 움직임에 대한 센싱과 컨트롤을 인공지능으로 수행한다. 24시간 무인으로 움직이는 항만이 만들어 질 수 있었다. 이렇듯 어떤 도시는 그 도시의 주 기능에 따라 부분적인 스마트시티의 형태를 만들어 나가기도 한다.

다. 스마트 시티의 미래

앞에서 소개한 여러 사례들은 아직은 부분적으로 도시의 스마트화를 이루고 있다. 완전한 스마트 시티를 이루기 위해서는 도시환경, 에너지, 도로교통의 측면 뿐 아니라 도시 전반의 인프라를 모두 스마트화하고 이를 연동하여 하나의 흐름으로 만들어 줄 수 있는 관제센터와 같은 기능이 필요하다. 한 도시의 모든 컨트롤 권한을 관제센터가 가지게 되는 것이다.

이러한 집중화는 새로운 문제점을 낳는다. 교통과 통신, 에너지의 세 혈관 중에서 어느 하나라도 막히게 되면 도시는 심각한 문제에 직면하게 된다. 2003년 8월에 뉴욕 등 대도시를 포함한 미국 북동부지역의 전기 블랙아웃 사태처럼 도시 혹은 국가가 패닉 상태에 빠지는 일이 생기게 된다. 하나의 관제센터에서 모든 것을 관장한다고 했을 때 생기는 문제는 생각보다 심각한 재앙을 가져올 수 있다. 아주 작은 예로 고층 아파트의 엘리베이터가 동작하지 않아도 주민들은 심각한 불편을 가져오게 되는데, 전체 도시가 전기가 들어오지 않거나 교통이 작동하지 않는다면 얼마나 큰 문제가 될지 상상하기도 어렵다.

스마트 시티는 이러한 많은 걱정들을 안고 태어나야 한다. 지금 당장의 편리만 생각하여 만들어 나가는 것은 새로운 종류의 재앙의 탄생을 의미할 수도 있다. 스마트에너지 등에서 에너지저장장치(ESS, Energy Storage System)을 도입하여 분산된 에너지의 운영이 가능하게 만드는 것 역시 이와 비슷한 접근방식이라 할 수 있다. 많은 것이 분산 운영되지만 통합하여 의사결정을 할 수 있는 구조가 필요하다 하겠다.

4. 스마트팩토리

가. 스마트팩토리와 인더스트리 4.0

스마트팩토리는 앞에서 언급한 스마트홈, 스마트카, 스마트시티보다 더 빠른 발전을 보이고 있는 분야이다. 독일에서는 4차 산업혁명이라는 말 보다 인더스트리 4.0이라는 표현을 더 많이 사용하는데, 이 인더스트리 4.0이 스마트팩토리를 중심으로 진행되고 있다. 공장의 전 공정을 자동화하고 디지털화 함으로써 안전하면서도 효율적인 제조환경을 만들어 나가겠다는 것을 핵심으로 볼 수 있다. 이러한 공장의 스마트화는 인력의 감축이라는 또다른 사회문제를 일으킬 수 있으나, 지속적인 발전을 할 것이라는 것에 대하여 전문가들의 이견은 없는 분야이다.

2016년 아디다스는 인건비 문제로 해외로 보냈던 생산 공장을 다시 독일로 돌려놓는 리쇼어링(re-shoring) 공장인 '스피드팩토리'를 발표하였다. 한동안 독일 내에서의 생산은 막대한 인건비의 부담으로 불가능하다고 판단하였던 것이 이제는 로봇이 도입되면서 인건비의 부담이 없이 자국에서 생산이 가능하다고 생각하게 된 것이다. 1993년 마지막으로 독일에서 공장이 문을 닫은 후 무려 23년 만에 다시 독일로 공장이 돌아오게 된 아디다스의 '스피드팩토리'는 오프쇼어링(off-shoring)을 통하여 해외 생산기지로 발을 돌렸을 당시에는 600명의 종업원이 생산에 투입되어 신발을 만들었지만, 이제는 단 10명의 현장 인력으로도 똑같은 수의 생산량을 맞출 수 있게 되었기 때문이다.

게다가 '스피드팩토리'는 기존 생산방식으로부터 획기적인 효율화를 달성하는 것과 동시에 다품종 소량생산까지 가능하게 되었다. 고객의 주문에 따른 맞춤형 신발을 제작하는 시간이 불과 5시간이라고 하니 이제는 고객의 주문을 받고 난 이후 생산을 할 수 있는 **주문형 공장도 가능**하다는 것이다. 주문형이 가능하다고 하면 유통의 문제나 재고의 문제 등 지금까지 제조업에서 가지고 있었던 비효율성의 문제를 하나씩 해결해 나갈 수 있는 발판이 만들어졌다는 것을 의미한다.

지멘스의 암베르크 공장은 또다른 스마트 팩토리의 사례를 보여준다. 암베르크 공장의 모든 공정은 설비자동화에 의하여 운영되고 있으며, 공장 내 모든 운용 데이터를 수집하여 높은 생산성과 품질관리를 가능하게 만들었다. 디지털트윈과 센서를 통하여 모든 공장 내 데이터를 IT 시스템에서 확인하고 제어할 수 있게 만든다. 디지털 트윈은 4차 산업혁명에서 **디지털트랜스포메이션**을 통하여 구축하는 사이버-물리 시스템을 이야기하는 것으로, 암베르크 공장의 모든 것을 디지털로 변환하여 물리적 공장과 동일한 새로운 디지털 공장을 IT 시스템으로 구축하는 것이다. 구축된 IT 시스템은 실제 공장이 동작을 하지 않고서도 가상세계에서의 시뮬레이션을 통하여 새로운 제품을 생산하는 경우의 효율성 등에 대한 검토를 미리 할 수 있으므로 가상의 시제품 제작을 통하여 새로운 문제점의 발생 등에 대한 검토를 할 수 있다. 이러한 결과로 제품의 개발 기간의 단축, 비용절감, 성공확률의 상승을 가져올 수 있다.

독일정부는 국내 제조업의 경쟁력 제고를 위한 핵심 미래 프로젝트 '인더스트리 4.0'을 2012년부터 진행하여 제조업에 사이버 물리 시스템(CPS), 사물 인터넷(IoT: Internet of Things), 클라우드 컴퓨팅(cloud computing)을 적용하여 지능형 공장(smart factory)을 구축하고자 하였다. 핵심 분야는 센서, 로봇 산업, 혁신 제조 공정, 물류 및 정보통신기술(ICT) 분야이다. 이러한 결과로 앞의 두 예와 같은 스마트팩토리가 만들어지게 되었다. 우리나라도 2014년 '제조업 혁신 3.0 전략'을 발표하였고, 융합형 신제조업 창출, 주력 산업 핵심역량 강화, 제조 혁신 기반 고도화 등 3대 전략을 중심으로 추진한다.

나. 스마트팩토리 구현 기술

스마트팩토리 또한 최근 ICT 기술의 많은 부분을 적용하여 구성된다. 최근 스마트팩토리의 구현에 있어 선도적인 위치를 점하기 위하여 경쟁중인 슈나이더일렉트릭은 개방형 아키텍처인 '에코스트럭처 포 인더스트리(Eco Structure for Industry)'라는 플랫폼을 통하여 스마트팩토리를 구축할 수 있음을 보여주었다. 스마트팩토리는 지멘스 암베르크 공장에서 보여주었던 디지털트윈을 구축하는 것이 기본이다. 모든 공장 내 기기와 센서를 묶어서 하나의 플랫폼으로 연결시켜 주면서 모든 기기들이 정보를 만들어 주는 사물인터넷이 적용된다. 또한 고장 발생 시 직접 사람이 가서 고치지 않아도 로봇등을 통하여 외부의 컨트롤 만으로 고장을 수리할 수 있는 시스템이 포함된다. 슈나이더일렉트릭의 예를 통하여 구현해야 하는 기술을 파악해 보자.

1) 플랫폼 기술

슈나이더일렉트릭은 에코스트럭처 머신(EcoStruxure Machine) & 머신 어드바이저(Machine Advisor)라는 이름의 플랫폼을 제공한다. 이 중에 에코스트럭처 머신은 센서, PLC와 같은 다양한 자산(Asset)이 연결되어 수집된 정보를 정확하게 분석하고, 이를 기반으로 발생 가능한 위험 시나리오를 대비하는 서비스를 적재적소에 제공하기 위한 플랫폼이다. 머신 어드바이저는 현장에 설치된 다양한 장치의 데이터를 관리·열람할 수 있도록 지원하며 원격 모니터링 기능을 제공하면서 실시간 상태 분석을 통해 시간·장소에 상관없이 예측유지보수 기능을 제공하는 소프트웨어 플랫폼이다.

스마트팩토리의 플랫폼은 기존 스마트화를 위한 플랫폼과 거의 유사한 기능을 가지게 되나 최근의 경향은 모든 데이터를 중앙에 집중하여 분석하고 관리하는 클라우드 방식을 사용하던 것에서 공장내 긴급한 동작 등을 위한 엣지클라우드를 병행하는 것으로 사용한다. 엣지컴퓨팅 기법이 공장에서도 사용되고 있는 것이다.

2) 증강현실(AR) 기술 등을 접목한 시각화 및 제어 기술

스마트팩토리가 구현되면 적은 인력으로 큰 공장 전체를 모니터링하고 운영할 수 있어야 한다. 이를 위하여 스마트팩토리는 다양한 디스플레이 방식과 AR/VR등을 이용한 제어기술을 활용하는 경향을 보인다. 특히 고열로 사람의 접근이 어렵거나 무거운 프레스 등이 사용되는 위험한 곳은 AR 기술과 열화상 카메라·센서 등을 통하여 직접 접근하지 않아도 상황을 즉시 파악할 수 있는 기술이 필요하다.

슈나이더일렉트릭에서는 실제 장치를 열지 않고도 실시간으로 수치를 모니터링할 수 있는 '어그멘티드 오퍼러이터 어드바이저(Augmented Operator Advisor)' 기술과 온도·전력 부하를 모니터링·센싱 기술이 통합 적용하여, 엔지니어가 판넬을 직접 열어보지 않고 상태를 점검할 수 있어 위험요소가 많은 현장에서의 활용도가 매우 높다.

시간·장소에 상관없이 접근이 가능한 '스마트포털(Smart Portal)'을 적용하여 제어반을 직접 열거나 별도의 연결 없이도 엔지니어가 유지보수작업을 수행할 수 있도록 지원하는 솔루션도 사용되고 있다. IoT 기능을 내장하여 하나의 유닛으로 다양한 디바이스와 직접 연결할 수 있으며, 모듈구조 설계를 통하여 원하는 대로 디스플레이 사이즈를 변경할 수 있어서 어떠한 곳에서도 사용자에 맞게 적용하는 기능도 지원이 되고 있다.

3) 스마트에너지 포 스마트팩토리

스마트팩토리의 기능 중에서 에너지 효율화는 단연 스마트팩토리 구축의 이유가 된다. 공장은 기본적으로 많은 전력 소모가 동반되므로 자동화 구축의 효율성으로 에너지를 얼마나 절감할 수 있는지에 대한 척도가 성과척도가 된다. 또한, 에너지의 공급이 안정적이어야 하므로 슈나이더일렉트릭에서는 '에코스트럭처 포 파워(EcoStruxure for Power)'라는 이름의 에너지솔루션을 제공한다. 이는 모든 솔루션에 안정적인 전력공급이 유지되도록 하면서도 에너지를 효율적으로 운영할 수 있도록 하는 기술이다.

4) 보안기술 및 운영모니터링, 자산관리 기술

스마트팩토리는 무인으로 운영되며 모든 공장의 요소가 디지털화 되어 저장되므로 자료와 운영상의 보안의 중요성이 매우 높아진다. 공장의 효율성 문제 뿐 아니라 다양한 보안상의 문제점 때문에 기존의 시스템해킹을 막는 수준 뿐 아니라 다양한 보안기술이 적용되어야 한다. 스마트팩토리의 경우에도 해킹으로 인한 사이버테러가 국가 기간산업의 테러로 연결되는 경우 어떠한 피해를 입을지에 대한 예측이 어려울 정도로 상당히 심각한 문제를 야기할 수 있다.

사이버 보안의 문제 이외에도 공장 자체의 안전유지를 위한 보안시스템도 역시 중요해진다. 24시간 동작하는 공장에서 화재나 기타 위험의 발생을 모니터링 하기 위하여 '세이프티 어드바이저(Safety Advisor)'를 적용하여 지속적인 보안·안전 모니터링을 하는 동시에 동작 상태에 대한 KPI를 지속 모니터링 함으로써 공장의 상황을 모니터링 할 수 있게 한다.

이를 통하여 디지털 장치 분석 및 관리를 통해 비즈니스 인사이트를 제시하는 엔드투엔드 유지보수 서비스도 가능해 진다. 언제 어디에서나 주요 장비의 상태를 점검할 수 있고, 피드백을 통해 필드 서비스 단에서 위험요소에 즉각 대응할 수 있도록 지원하는 클라우드 기반 필드 서비스이다. 개방형 생태계를 구축하는 경우에는 자사의 자산 이외에 연결되어 있는 다양한 타사의 자산까지 모니터링하고 최적의 상태를 추천할 수 있는 기술이 적용되고 있다.

제16장
플랫폼 및 플랫폼비즈니스

1. 플랫폼의 개념과 플랫폼 비즈니스

가. 플랫폼의 정의

플랫폼이라고 하는 단어는 원래 프랑스어의 "plateforme"으로부터 나왔다고 한다. 주변보다 높은 평평한 장소를 뜻하는 plat과 form으로 구성된 것으로, 강연을 하는 사람이 올라서도록 약간 높게 만든 자리를 뜻하는 말이라고 한다. 이러한 표현이 산업혁명 이후 기차역에서 기차를 올라타고 내리게 하는 것을 의미하다가 최근에 컴퓨터가 등장하면서 "컴퓨터 시스템의 기반이 되는 하드웨어 또는 소프트웨어"를 뜻하는 단어로 발전하였다. 이후 비즈니스 영역까지 의미가 확장되면서 최근에는 플랫폼이라고 하면 어떤 것을 지칭하는지 미리 사전 정보가 있지 않으면 안되는 정도까지 확장해서 사용하고 있다. 우선 플랫폼의 정의에 대해서 알아보고 각 플랫폼의 구분은 어떻게 되는지 정리해 보기로 한다.

우선 '플랫폼' 하면 기차를 타고 내리는 정거장이 먼저 떠오른다. 해리포터 시리즈로 유명해진 'platform 9 3/4'는 어쩌면 세상에서 가장 유명한 플랫폼일 것이다. 소설이 유명해짐에 따라 런던의 킹스크로스 역에 실제 'platform 9 3/4'을 만들어 놓았다고 한다. 이러한 플랫폼의 대표격인 승강장이 어떤 역할을 하는 존재인지 살펴보면, 플랫폼의 진정한 의미를 파악할 수 있다. 승강장은 기차, 지하철, 혹은 버스 등 교통수단과 승객이 만나는 공간이다. 승객은 돈을 지불하고 운송수단은 승객을 원하는 장소에 데려다 준다. 승강장에는 신문이나 잡지, 먹거리 등을 판매하는 매점이나 자판기가 설치되어 있다. 또

승강장 근처에는 크고 작은 상가가 조성되어 있다. 심지어 승강장 주변에는 광고가 즐비하다. 이러한 현상은 승강장에 많은 사람이 몰려들기 때문이다. 즉, 사람이 많이 몰리는 곳에서는 다양한 형태의 비즈니스 모델로 부가적인 수익 창출을 할 수가 있는 것이다. 소설에 따르면 해리포터는 방학을 마치고 호그와트로 돌아가기 전에 킹스크로스 역 근처에서 필요한 물품들을 사고 플랫폼으로 들어가서 기차를 타고 간다. 다만 원래의 킹스크로스 역은 머글들의 공간이기 때문에 원 역의 플랫폼들에서는 머글들을 위한 물건을 파는 곳이다. 따라서 플랫폼이 있음으로 해서 사람이 모이게 되고, 모인 사람들을 대상으로 다양한 비즈니스가 형성될 수 있는 환경이 조성되는 것이다.

이와 같이 교통수단과 승객을 만나게 하는 공간이라고만 여겨 왔던 승강장이 다양한 **비즈니스 모델을 만들어 수익을 창출**하게 한다는 사실은 의미있는 일이다. 역의 원래 기능인 기차를 타고 내리는 것 이외에도 부가적인 비즈니스 모델을 창출해 낼 수 있다는 것은 다양한 확장성이 있다는 것을 의미한다. 플랫폼에는 원래의 기능인 기차를 타고 내리는 것 이외에 다양한 목적을 가진 공급자들과 수요자들이 모여서 새로운 비즈니스를 만들어 내고 있다. 따라서 플랫폼의 정의를 다음과 같이 해 볼 수 있을 것이다.

"기본적인 기능을 제공하기 위하여 만들어 놓은 토대 위에서 부가가치를 창출할 수 있는 공급자들과 이를 활용하기 위한 수요자들이 모이는 물리적이거나 가상의 공간"

이러한 정의는 공간이 물리적인지 아니면 가상의 공간인지에 따라 다양한 형태를 지니고 있으며, 원래의 기본적인 기능이 무엇인지에 따라서도 달라진다. 또한 어떠한 비즈니스가 열릴 수 있는지 등에 따라서도 구분될 수 있으므로 실제 나타나는 모양은 너무나 다양하여 똑 같은 플랫폼이라는 표현을 쓰기에 적합하지 않게 느낄 정도이다. 하지만 그 기본적인 정의는 모두가 동일하며 구성요소 역시 기본기능을 제공하는 토대와 여기서 새로운 비즈니스를 만들고자 하는 공급자, 그리고 기본기능을 활용하면서 새로운 서비스나 제품을 구매하는 수요자의 세 종류의 플레이어들이 있게 된다.

나. 플랫폼의 구분

1) 외형에 따른 분류

플랫폼은 앞에서 살펴본 바와 같이 다양한 모습으로 존재한다. 우선 외형에 따라 구분을 해 보면, 물리적플랫폼(Physical Platform), 하드웨어플랫폼, 소프트웨어플랫폼, 인터넷

서비스플랫폼의 네가지로 크게 나누어 생각해 볼 수 있다.

물리적 플랫폼은 기차역과 같이 실체가 눈에 보이는 플랫폼으로 현실계 플랫폼이라고도 한다. 가장 유명한 것은 기차역이고 우리가 잘 알지만 플랫폼으로 생각하고 있지 않은 것으로는 백화점이 있다. 백화점의 경우에는 백화점을 운영하는 회사가 있고, 그 백화점에 입점을 하고 있는 각각의 판매사들이 있다. 그리고 많은 사람들이 물건을 사러 백화점으로 방문을 한다. 백화점에 방문하는 사람은 전문몰이나 전문스토어에 가는 것처럼 하나의 물건을 사러 가는 것이 아니고 간 김에 여기저기를 둘러 구경을 하거나 추가적인 구매를 한다. 따라서 백화점에 입점한 공급자들은 모든 백화점 방문자들이 잠재적 수요자가 된다. 이와 동일한 구조가 부동산 중개업소도 있다. 팔려고 하는 사람과 사려고 하는 사람이 모두 모이는 구조로 되어 있다. 백화점 운영회사가 매출의 일정부분을 수익으로 확보하는 것과 같이 부동산중개업자는 팔고 사는 거래가 성립되면 중간 수수료를 수익으로 얻게 되어 있다.

하드웨어 플랫폼은 게임기가 대표적인 모습이다. 플레이스테이션이나 XBOX등은 게임 내용과는 무관하게 구매하고, 구매한 게임기에서 사용할 수 있는 게임용 롬팩을 구매해서 사용한다. 수요자는 하드웨어 플랫폼인 게임기를 구매하고 여기서 사용할 수 있는 다양한 롬팩을 구매한다. 공급자는 게임기에서 동작이 가능한 게임을 롬팩 형태로 개발하여 게임기 판매와는 무관하게 판매를 한다. 플랫폼 제공자인 게임기 제조사는 게임기를 파는 수익을 얻는다.

소프트웨어 플랫폼은 우리가 최근 가장 많이 알고 있는 것들이다. 가장 대표적인 것이 컴퓨터의 OS이다. 개인용 PC에는 마이크로소프트사의 윈도우가 있다. 소프트웨어 개발회사는 윈도우 위에서 동작이 가능한 소프트웨어를 개발하고 이를 판매한다. 소비자는 컴퓨터 상에서 동작할 수있는 소프트웨어를 컴퓨터와는 별도로, 마이크로소프트의 윈도우와는 별도로 구매한다. 최근 모바일에서는 애플의 iOS와 구글의 안드로이드와 같은 플랫폼이 서로 경쟁하며 활성화를 이루고 있다. 이외에도 다양한 소프트웨어 플랫폼들이 영역확장을 위한 경쟁을 하고 있다.

마지막으로 인터넷서비스 플랫폼이 있다. 최근의 SNS(Social Network Service)들은 모두 이 플랫폼이라 생각하면 된다. 인터넷 상에서 회원가입을 하거나 회원가입 없이 검색 등의 기능을 이용하기 위하여 모이는 수요자들을 대상으로 다양한 공급자들의 서비스를 제공할 수 있게 해 주는 기능을 가지고 있다. 플랫폼 사업자는 고유한 자신의 서비스를 가지고 있는 것이 일반적이다. 예를 들어 포털을 제공하는 구글이나 네이버와 같은 경우는 인터넷에서 정보검색을 하기 위하여 들어왔다가 다양한 광고를 보게 된다던지 또는 포털상에 있는 다른 기능을 제공하는 서비스사업자로 연결되는 등의 비즈니스 기회들을 제공한다. SNS의 경우는 많은 사람들이 사람간의 네트워킹을 위하여 모이는 공간에서 다양한 광고 또는 사업의 기회들을 만들어 낸다. 처음부터 비즈니스를 위해 모이는 G마켓과 같은 오픈마켓과 같은 경우도 있다.

2) 역할에 따른 분류

또한 플랫폼은 역할에 따라서 기반형 플랫폼과 매개형 플랫폼, 기반형과 매개형의 속성을 모두 가진 복합형의 세가지로 구분할 수 있다. 기반형 플랫폼은 OS와 같이 기반이 되는 기술을 제공해 준다. 그리고 수요자와 공급자들은 스스로 이 플랫폼 위에서 비즈니스 환경을 구축해 나간다. 매개형 플랫폼은 이와는 다르게 플랫폼이 적극적으로 수요자와 공급자간 매개를 활성화 한다. 대표적인 것이 오픈마켓 플랫폼이다. SNS와 같이 커머스를 직접 매개하지는 않으나 사람간 네트워킹을 적극적으로 매개함으로써 새로운 비즈니스를 만들 수 있는 환경을 만들기도 한다.

최근에는 이 둘을 같이 가지고 있는 복합형 플랫폼들이 많이 만들어지고 있다. 예를 들어 OS의 기능을 하던 윈도우가 앱을 사고 팔 수 있는 공간인 윈도우 스토어를 런칭함에 따라 기반을 제공하는 동시에 적극적인 매개활동을 하는 플랫폼으로 확장되었다. 안드로이드나 iOS의 경우는 최초 개발 당시부터 앱스토어를 같이 오픈하여 두가지 기능을 모두 제공하는 복합형으로 만들어 졌다. 이외에도 기반형으로 제공되던 플랫폼에서 매개형 기능을 추가하거나 매개형으로 만들어진 플랫폼에서 기반 기술을 제공하는 식으로 변모하여 복합형으로 바뀌어 나가는 등 복합형의 플랫폼이 확장되어 나가는 추세에 있다.

다. 플랫폼의 부상 배경

인터넷이 도입된 이래 많은 기업들이 기술 기반의 경영시스템을 구축하고 급변하는 시장 환경에서 살아남기 위해 노력하고 있다. 그 중에서도 최근 더욱 두각을 나타내고 있는 기업은 애플, 구글, 아마존, 페이스북 등 인터넷 혁명을 주도하는 '4인방(Gang of Four)'이다. 구글의 회장 에릭 슈밋(Eric Schmidt)은 이들의 성공 비결을 자기만의 강력한 플랫폼이라고 지적했다. 10년 전만 해도 마이크로소프트, 인텔, 시스코, 델의 4인방이 전체 시장을 장악하고 있었으나, 하드웨어플랫폼과 소프트웨어플랫폼에서 인터넷서비스 플랫폼으로의 확장이 진행되면서 신 4인방이 시장을 장악하는 시대를 열게 되었다.

이처럼 플랫폼이 기업 성패의 핵심 요인으로 등장하면서 플랫폼에 대한 관심이 고조되고 있다. 선도 ICT 기업들이 플랫폼을 통해 수익을 확대하거나 거대 기업으로 급성장하고 있는 현상이 나타남에 따라 새로운 기업의 경쟁력으로 플랫폼 경쟁력을 갖추어야 된다는 생각이 바탕에 깔려 있다고 본다. 또한 플랫폼 구축과 활용이 더욱 용이해짐에 따라 플랫폼 구축에 대한 접근이 쉬워졌기 때문에 많은 기업이 직접 플랫폼을 구축하는 것으로 경쟁력을 확보하고자 한다. 또한 최근 제품이나 서비스의 수명주기(product life cycle)가 단축됨에 따라 비용 증가를 최소화하면서 유연하게 새로운 시장을 개척하려면 플랫폼을 가지고 있는 것이 유리하기 때문이기도 하다. 마지막으로 여러 학문과 산업이 융복합화되면서 어떠한 산업에서도 ICT의 융합을 통한 새로운 서비스 등의 구축이 가능함에 따라 기존의 ICT 기업 이외 다양한 대부분의 산업영역에서도 플랫폼에 대한 관심을 가지게 된 것이다.

2. 비즈니스 생태계와 플랫폼

앞에서의 설명과 같이 플랫폼은 협의의 개념인 기반이 되는 본연의 플랫폼과 그 플랫폼 주변에서 새로운 부가가치를 창출하는 공급자와 본연의 기능과 더불어 부가가치에 대한 수요를 가지고 있는 수요자들로 구성된다. 여기서는 플랫폼과 비즈니스 생태계로 나누어 생각하기로 하고 생태계는 수요자와 공급자들로 이루어진다고 한다.

가. 비즈니스 생태계의 정의

생태계(ecosystem)란 원래 상호작용하는 유기체들과 또 그들과 서로 영향을 주고받는 주변의 무생물 환경을 부르는 말이다. 생태계 내에 있는 유기체들은 서로 의존성을 가지고 있으며, 유기체들과 환경들의 구성만으로도 생존 및 순환구조를 가지게 된다. 이러한 특성을 상호 의존성과 완결성이라고 한다. 이러한 생태계의 개념이 다양한 분야로 적용되면서 **비즈니스 생태계**란 용어도 탄생했다. 이 개념은 1993년 제임스 무어에 의해 처음 등장하였으며, 각자의 경영활동이 전체 공동체의 운명에 의해 상당 부분이 좌우되는 경제주체들의 의식적인 공동체로서 조직을 구성하고 있는 상호 의존적인 존재들의 네트워크라고 정의했다.

상호 의존적 존재들은 플랫폼 비즈니스 생태계에서의 수요자와 공급자 들을 의미한다. 이 상호 의존적 존재들의 네트워크 효과를 최대한 이끌어 낼 수 있는 비즈니스 기반 구조가 플랫폼이라는 것을 의미하기도 한다. 즉, 플랫폼이 기업 생태계의 경쟁력을 결정짓는 핵심 요소로 부각되고 있는 것이다. 이에 비즈니스 생태계는 "플랫폼 제공자, 가치 공급자, 소비자 등이 플랫폼을 매개로 서로 상호작용하며 얽혀 있는 시스템"(Simon, Phil, 2011)으로 정의가 가능하다. 애플의 생태계는 플랫폼 제공자인 애플을 중심으로 통신업자, 애플리케이션 개발자, 콘텐츠 제공자, 스마트폰 사용자가 상호작용하고 있다. 비즈니스 생태계에서는 플랫폼 참여자들 사이에 가치를 제공하고 그것에 대해 대가를 지불하는 순환이 일어남으로써 참여자들이 함께 공존하고 성장한다. 또 보완적인 참여자들에 의해 더욱 다양하고 풍부한 가치가 창출되고 이것이 소비자에게 원활히 전달됨으로써 비즈니스 생태계는 지속적으로 성장 발전하는 것이다.

최근 비즈니스 세계에서 비즈니스 생태계 간 경쟁이 그 어느 때보다도 치열해지고 있는 양상이다. 특히 스마트폰을 중심으로 구글의 안드로이드 진영과 애플의 iOS 진영으로 나뉘면서 시장을 차지하기 위한 경쟁이 치열해지고 있다. 상품과 서비스의 복합도가 높아지고 있으며, 공급자와 소비자 간 네트워크 효과가 커지면서 경쟁 양상이 기업 간 경쟁에서 기업 생태계 간 경쟁으로 변화하고 있는 것이다.

나. 플랫폼 관점의 비즈니스 생태계 유형

비즈니스 생태계도 다양한 관점으로 정의할 수 있으므로, 플랫폼의 관점에서도 새롭게 정의가 가능하다. 삼성경제연구소와 김창욱 등(2012)의 연구에 의하면 플랫폼 관점에서는 기술의 통제방식과 가치활동이 수요자 단에서 일어나는지 토대의 단에서 일어나는지에 따라 2X2 매트릭스 구조로 분류할 수 있다고 한다. 아래 그림16.1과 같이 개방 참여형, 기술요소형, 부품 조달형, 채널 통합형의 4가지로 구분할 수 있다.

그림16.1에서 가로축은 비즈니스 가치 활동상의 위치를 나타내는 축으로 업스트림과 다운스트림으로 나누어지고, 세로축은 개방적인 것과 폐쇄적인 것으로 구분된다. 이때 가치 활동상의 업스트림이란 플랫폼으로부터 더 원천적인 기술이나 재료 방향으로의 확대를 이야기 하고, 다운스트림이란 플랫폼 수요자들에게 제품이나 용역을 제공하는 방향을 이야기한다.

1) 개방 참여형 비즈니스 생태계

개방 참여형 비즈니스 생태계는 수요자 단에서 가치창출이 되면서 플랫폼이 개방되어 있는 경우를 말한다. 플랫폼이 수요자와 공급자 사이에 개입되는 것이 최소화 되면서 직접 거래가 형성되는 것을 말한다. 대표적인 예는 오픈마켓이 있다. 페이스북도 다양한 응용프로그램을 개발할 수 있는 API를 개방하면서 외부개발자들이 어떠한 서비스이든 스스로 만들어서 수요자들에게 공급할 수 있게 하였는데, 이러한 형태 역시 개방 참여형이라고 할 수 있다. 페이스북은 플랫폼을 제공하면서 어느 누구에게도 수수료를 받지 않는다. 광고 수익 및 전자상거래, 온라인 결제 플랫폼으로 확장하기 위한 전략이다.

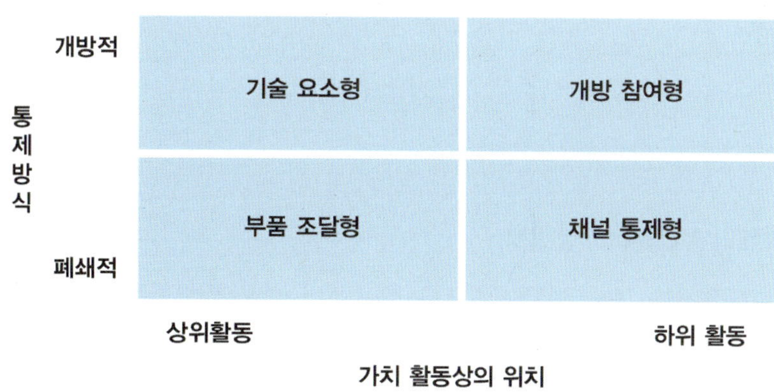

그림 16.1 비즈니스 생태계의 유형별 분류

출처: 김창욱 외(2012)

2) 기술요소형 비즈니스 생태계

플랫폼에서 공급자들 사이의 기술 확보에 대한 가치를 향상시키면서 개방적인 경우가 기술요소형 비즈니스 생태계이다. 기술요소형에서는 플랫폼 제공 기업이 플랫폼을 제공하는 반면, 부품기업과 완제품 생산 기업은 직접 계약을 통해 자유롭게 플랫폼을 활용하고 생산 활동을 전개하는 생태계를 형성한다. 생태계는 완전성을 띄고 있으므로 공급자는 공급자의 역할만 하는 것이 아니라, 공급자간 네트워크를 통하여 공급자가 필요한 기술과 재원을 공급자간 서로 의존적으로 확보한다. 대표적인 예는 인텔의 PC 제조 시장이라고 봐 진다. 인텔은 자사의 CPU를 중심으로 한 메인보드와 그래픽카드 제조업체, 완제품 PC 생산업체를 모두 포함하는 인텔 인사이드라는 비즈니스 생태계를 구축했다.

3) 부품 조달형 비즈니스 생태계

기술요소형 비즈니스 생태계와 가치 향상의 방향은 동일하지만 플랫폼 제공기업이 폐쇄적인 운영을 하는 경우를 부품 조달형 비즈니스 생태계라고 한다. 부품 조달형에서는 플랫폼 제공 기업이 제공한 플랫폼에 맞게 부품 기업이 부품을 제작하고, 플랫폼 제공기업이 이를 다시 완제품으로 조립하는 구조의 생태계를 형성한다. 이는 기술요소형과는 다르게 부품 기업이 자유롭게 참여하는 것을 허락하지 않는다. 대표적인 예는 애플의 iOS와 앱스토어가 있다. 애플은 아이패드, 아이폰, 아이팟 등 자사 제품에서는 자사의 앱스토어만 사용하도록 하였으며, 애플의 원칙에 맞지 않는 앱은 허락하지 않는다. 모든 앱개발사와 콘텐츠 개발사는 애플의 가이드라인에 맞춰 개발을 하며, 최종 애플의 승인을 받을 수 있어야 오픈이 가능한 형태이다.

4) 채널 통제형 비즈니스 생태계

채널 통제형에서는 공급자들은 플랫폼 운영사의 방식에 따라 수요자들에게 제품이나 용역을 제공하게 되어 있다. 따라서 제품과 용역 역시 플랫폼 운영사의 승인을 받아야 참가할 수 있는 통제성을 가지고 있다. 채널 통제형 비즈니스 생태계의 대표적인 예는 월마트의 유통체인 플랫폼이다. 월마트는 유통망 플랫폼을 가지고 있으며, 수많은 제조사들로부터 제품을 소싱한다. 플랫폼 제조사들은 월마트의 방향에 따라 제품을 공급할 수 있으며, 물량조차 월마트의 의사결정으로 이루어진다. 아무리 고객에게 많이 팔리는 제품이라고 하더라도 월마트의 전략상 철수로 결정되면 월마트의 영업채널 플랫폼을 이용할 수 없다.

3. 플랫폼 비즈니스

가. 비즈니스 모델

비즈니스 모델(business model)은 제품이나 서비스를 소비자에게 제공하고 수익을 벌어들이는구조에 대한 아이디어를 말한다. 대표적인 사례로 미국 프라이스라인의 '역경매'가 있다. 일반적인 경매의 방식인 판매자가 내어놓은 물건을 구매자들의 경쟁에 의하여 가격이 결정되는 것에서 역으로 구매자가 구매의향을 제시하면 판매자가 경쟁을 하여 판매가격을 결정하는 것이다. 이 이후 비즈니스 모델이라는 말이 유행처럼 사용되기 시작하였으며, 비즈니스 모델에 대한 특허 출원이 가능한 시대가 되었다. 이외에도 원클릭 서비스와 같은 비즈니스 모델을 포함하여 아주 단순한 구조의 아이디어부터 복잡한 것까지 유행처럼 비즈니스 모델을 개발하는 것이 서비스 제공의 핵심이 된다고 보는 시대가 열렸다.

이런 비즈니스 모델이 되기 위해서는 상품, 서비스와 정보가 흐르는 구조에 대한 정의가 필요하고, 비즈니스 모델에 참여하는 각 플레이어들의 역할에 대한 정의, 각 플레이어들이 얻을 수 있는 수익과 수익을 얻기 위하여 비용을 지불하는 주체에 대한 정의가 필요하다. 즉, 비즈니스 모델은 "사업을 영위하고 이익을 창출하는 방식으로 어떤 상품을 어떤 방식으로 누구에게 판매할 것이며 비용의 지불주체와 수익의 배분 구조에 대한 설계"를 의미한다. 따라서, 구조적으로 잘 갖추어진 비즈니스 모델을 만들어 낼 수 있다면 성공적인 비즈니스가 될 가능성이 크다. 특히, 수요자들에게 어떠한 가치를 제공하여 얼마 정도의 비용을 지불하게 할 것이며, 이를 어떠한 구조로 각 플레이어들이 분배하여 수익화 하는지에 대한 설계가 아주 중요하다.

플랫폼 비즈니스도 고유의 비즈니스 모델을 필요로 하게 되므로, 플랫폼 비즈니스 모델도 많은 학자들이 정의하기 시작하였다. 체스브로(Chesbrough, 2003)와 쿠스마노와 가우어(Cusumano & Gawer, 2002)는 플랫폼 비즈니스 모델을 "플랫폼이 가치 창출과 이익 실현의 중심인 비즈니스 모델"이라고 했고, 히라노 아쓰시 칼과 안드레이 학주(2011)는 "복수 그룹의 요구를 중개함으로써 그룹 간 상호작용을 환기시키고 그 시장의 경제권을 만드는 산업 기반형 비즈니스 모델"이라고 했다. 또 최병삼(2011)은 여러 참여자가 공통된 사양이나 규칙에 따라 경제적 가치를 창출하는 토대로서 플랫폼을 활성화할수록 사업의 기획 포착과 창출, 비용 절감을 할 수 있으며, 참여자의 수가 늘어날수록 개별 참여자의 사업 기회가 체증하는 선순환 효과가 발생한다고 했다.

간단하게 플랫폼 비즈니스 모델을 정의해 보면 "플랫폼을 이용하여 사업을 영위할 경우, 이익을 창출하는 방식으로 어떤 상품을 어떤 방식으로 누구에게 판매할 것이며 비용의 지불주체와 수익의 배분 구조에 대한 설계"라고 볼 수 있다. 여기서 플랫폼을 이용하여 수요자들에게 서비스나 상품을 제공하는 구조 및 플랫폼에서 발생하는 비용을 어떻게 수익화 하여 플랫폼이 지속적으로 생존, 성장할 수 있게 만드는 수익구조가 핵심이라고 할 수 있다.

이러한 플랫폼 비즈니스 모델들은 타 비즈니스 모델과는 다른 몇 가지 특징을 보이고 있다. 수요자와 공급자 모두 **충분한 규모가 되어야 수익화가 가능**하다. 플랫폼은 공통적인 부분을 플랫폼에서 제공하여 줌으로써 수요자와 공급자 모두에게 가치를 창출하고 창출한 가치를 통하여 플랫폼의 로열티를 높여 플랫폼 자체의 수익화를 만들어 가는 부분이기 때문에 규모가 아주 중요한 요소가 된다. 특히 플랫폼 비즈니스는 생태계를 조성하는 일이 최우선이기 때문에 생태계를 조성하고 스스로 내부에서 만들어 나갈 수 있는 규모까지 성장할 수 있는가에 성패가 달려 있다. 따라서 비즈니스 모델에는 초기 규모의 경제를 달성할 수 있는 수준까지 성장하는 방법 등에 대한 설계도 필수적이다. 또한, 한 번 만들어진 생태계가 그 내부에서 스스로 혁신하고 확대해 나가는 특성을 지니고 있으므로 **개방된 플랫폼의 구조**에 대한 설계도 필수적이다. 애플의 앱스토어는 다수의 응용 프로그램 개발자들이 프로그램을 공급할 수 있는 개방된 플랫폼으로, 제공자 스스로 혁신적인 새로운 앱들을 개발할 수 있도록 하여 새로운 비즈니스 모델을 만들어 나간다.

나. 플랫폼 비즈니스 모델의 유형

플랫폼 비즈니스 모델에 대한 분류나 유형 체계에 대한 통일된 의견은 없다. 여기에서는 기존의 연구에 의하여 가게형(store) 비즈니스 모델, 사슬형(chain) 비즈니스 모델, 상거래형(commerce) 비즈니스 모델, 대리인형(agent) 비즈니스 모델, 웹서비스(web service) 비즈니스 모델, 게임 비즈니스 모델 등으로 분류한다.

1) 가게형(store) 비즈니스 모델

수요자와 공급자들이 플랫폼을 근거로 필요한 가치를 교환하는 비즈니스 모델을 말한다. 플랫폼을 매개로 하여 공급자는 스스로 만든 제품 또는 서비스를 수요자에게 공급하고 수요자는 플랫폼 기반 하에서 구매를 한다. 대표적인 예가 애플 iOS의 앱스토어이다. iOS와 애플의 정책을 따르는 앱과 컨텐츠는 자유롭게 공급자와 수요자간 거래가 이루어진다. 플랫폼은 스토어의 기능을 담당하고 결제기능 등을 제공하여 수익모델을 만들어 간다.

2) 사슬형(Chain) 비즈니스 모델

공급자 비즈니스의 가치사슬을 플랫폼 기반으로 수행하는 비즈니스 모델이다. 대표적인 것이 리엔펑의 비즈니스 모델이다. 예를 들어 미국의 의류업체가 필요한 제품을 조달하여 납품하고자 할 때 전체 조달을 리엔펑으로 넘긴다. 그러면 리엔펑은 단추, 지퍼, 실 등 필요한 부품을 플랫폼을 이용하여 조달하고 각각을 공급받아서 제조하는 공장으로 넘겨 제품을 만들어 낸다. 이후 다 만들어진 제품을 원 의류업체로 납품하는 구조이다. 자체적으로 생산능력을 가지고 있는 것은 하나도 없지만, 다양한 전문적 능력을 가지고 있는 제조사, 유통사와의 협업을 통하여 최종 생산물을 만들어 낸다.

3) 상거래형 (Commerce) 비즈니스 모델

다양한 상품 공급자와 수요자들이 만나는 상거래 모델과 사이트를 플랫폼으로 운영하는 비즈니스 모델을 말한다. 스토어형과의 차이는 스토어형에서는 공급자와 수요자를 연결시켜주는 것 뿐 아니라 공급자로부터 공급받는 앱의 검증 등에 대한 모든 책임을 플랫폼이 지는데 반해 상거래형은 다만 중개만 할 뿐이지 거래 당사자는 수요자와 공급자이다. 우리나라의 오픈마켓이 모두 이와 같은 비즈니스 모델을 가지고 있다.

4) 대리인(Agent) 비즈니스 모델

플랫폼으로서 거래 사이트가 직접 매매를 하는 것이 아니라 공급자와 수요자들이 자유롭게 매매할 수 있도록 서비스하는 대리인 역할을 하는 비즈니스 모델이다. 상거래형과의 차이는 상거래형은 모든 거래에서 플랫폼은 중개의 역할만 가지고 있다. 하지만 대리인 모델은 플랫폼이 대리인으로서의 역할을 한다. 온라인 서점의 대표주자인 아마존은 기존에는 소매점 전략으로 시작하였다가, 현재는 대리인 전략으로 수정하여 위탁판매의 형태를 지니고 있으나 재고나 마케팅의 의사결정은 공급자가 내리도록 하고 있다.

5) 웹서비스(Web Service) 비즈니스 모델

플랫폼 기반의 각종 원격 컴퓨팅 서비스를 비즈니스로 하는 모델이다. 아마존 웹서비스(AWS, Amazon Web Services)가 대표적이다. AWS는 클라우드 컴퓨팅 환경에서 다른 웹사이트나 클라이언트 측 응용 프로그램에 대해 온라인 서비스를 제공하고 있다. 컴퓨팅 설비, 스토리지(저장 공간), 데이터베이스, 데이터 분석 등 12가지 클라우드 서비스를 필요로 하는 수요자에게 언제 어디서나 필요한 만큼 사용하도록 서비스하고 있는데 이 서비스는 모두 플랫폼 기반에서 제공되고 있다.

6) 게임 비즈니스 모델

플랫폼 기반으로 게임에 관한 수요와 공급을 연결하는 비즈니스 모델이다. 스토어 모델과 상당히 유사하다고 볼 수 있으나, 주로 SNS에서 시작하여 게임 플랫폼으로 확장되어 가는 모습이 특징이라 할 수 있다. 우리나라의 카카오톡에서 게임하기 서비스를 시작하였는데, 이것이 플랫폼기반의 게임 비즈니스의 시작이었다. SNS기반이라는 특징이 각 게임에 녹아들어가서 특성이 있는 게임이 만들어 졌다. 예를 들어 한번 게임이 끝나고 나면 일정시간 다시 게임에 들어가지 못하지만, SNS를 통하여 지인에게 메시지를 넘기게 되면 충전이 되어 다시 게임을 할 수 있도록 하는 등 SNS만의 특성을 이용할 수 있다는 특징이 있다.

다. 플랫폼 비즈니스의 수익 모델

비즈니스 모델의 구성 요소 중 수익모델은 가장 중요한 부분이 된다. 플랫폼을 사용하는 수요자와 공급자 그리고 플랫폼 운영자들이 어떤 가치를 플랫폼 위에서 주고받는지에 대한 설계이기 때문이다. 수익모델이 어느 하나의 플레이어에 불리하게 되어있거나, 들어가는 비용 대비 수익이 더 작은 구조를 벗어날 수 없는 경우에는 비즈니스 모델 전체가 동작할 수 없는 경우가 생긴다. 하지만 수익모델은 비즈니스 모델에서 직접 발생하는 수익만으로 평가하기는 어렵다. 플랫폼의 특성상 다양한 플레이어들이 플랫폼상에 유입되면서 새로운 비즈니스모델을 만들어 낼 것이라는 미래가치가 있기 때문에 자체적인 수익모델 이외에 부가적인 수익모델과 플랫폼의 확장에 의한 미래 수익모델 예측까지 포함해서 생각해야 한다.

수익 모델은 플랫폼을 이용하고 공급자가 제공하는 상품이나 서비스를 이용하는 가치에 대하여 수요자나 또 다른 플레이어가 지불하는 돈을 어떻게 분배하는지에 대한 모델이다. 가장 간단한 예를 들어 오픈마켓의 경우를 생각해 보자. 오픈마켓은 판매자가 마켓에서 상품을 전시해 놓으면 수요자가 그 중 하나의 상품을 구매한다. 이때 구매자는 상품의 가치를 판단하여 비용을 지불하게 되는 것이다. 이 지불된 돈은 바로 구매자로 가서 일정 부분을 플랫폼 사용료 형식으로 플랫폼 제공사에게 준다. 이것이 가장 간단한 모델이고 여기서 약간의 변형을 주게 되면 구매자가 지불하려고 하는 방식을 플랫폼에서 제공하는 기술을 사용해서 하는 경우에 플랫폼에서는 지불과정에서 일정 수수료를 제하고 공급자에게 지급한다. 공급자의 입장에서는 어차피 거래가 일어날 때 거래를 위해서는 카드 수수료나 은행 송금 등의 비용이 필요한데, 플랫폼이 이런 기능을 다 알아서 해 주면서 그 비용을 동일하게 받고, 오픈마켓 사용료를 받지 않으면 더 이익이 커진다고 인식한다.

또 하나의 예로는 광고모델이 있다. 인터넷 포털을 운영하는 회사들의 수익모델이다. 참여자들은 무료로 서비스를 제공받는 반면에 중간 중간 광고가 들어가게 되고, 이 광고를 보는 것으로 광고주는 포털사에게 광고비를 지급하는 것이다. 이렇듯 플랫폼의 비즈니스 생태계와 순환 구조를 정확히 파악할 수 있다면 다양한 형태의 수익 모델을 만들어낼 수가 있다. 특히 많은 수요자와 공급자들이 나타나서 생태계를 활성화시킬 수 있다면 플랫폼사가 생각하지 못했던 다양한 수익모델이 플레이어간 스스로 만들어지기도 한다. 따라서 수익모델에서 가장 중요한 것은 사용자의 적극적인 참여와 혁신적 방법의 도입을 활성화하는 것이다. 이런 의미에서 플랫폼 자체의 수익모델이 만들어지지 않아도 생태계 활성화 이후 새로운 수익모델이 생태계 내의 플레이어들로부터 만들어져 나올 것을 기대하고 초기에는 비용을 들여 생태계를 조성하는 것에 주력하는 플랫폼들이 많은 이유이다.

라. 플랫폼 수익 모델의 유형

플랫폼 수익모델은 앞에서도 언급했듯이 다양한 모습을 가지고 있다. 게다가 플랫폼 참여자들에 의하여 새롭게 만들어 지는 것들과 주변 다른 서비스나 사업들과 연관되어 융합된 형태로 만들어지기도 한다. 수익모델은 아래의 네가지 모델 이외에 다양한 것들이 만들어질 수 있으며, 플랫폼사의 관점 뿐 아니라 플랫폼 참여자들의 관점에서 수익모델을 정의할 수도 있다. 다음에서는 전통적으로 플랫폼사의 입장에서 수익모델을 구분해 본다.

1) 플랫폼 사용료 모델

플랫폼 사용료 모델은 플랫폼 운영사들이 제공하는 서비스에 대한 사용료를 받는 방식이다. 일반적인 경우 회원가입 등 많은 부분은 무료화를 하되 더 많은 서비스를 받기 위해서는 유료회원이 되어야 하는 형태이다. 플랫폼의 운영에 대한 직접적인 수익계산이 가능하므로 초기 설계 시 편리한 방법이다. 확산에 따라 유료화 비중이 얼마나 진전되는가에 의하여 수익규모가 결정된다. 예를 들면, 슬라이드셰어(www.slideshare.net)는 슬라이드 문서를 업로드하거나 다운로드하면서 공유하는 플랫폼이다. 기본적으로는 무료이지만 유료 회원이 되면 개인 프로필 페이지 구성, 상세 통계 정보 제공, 원하는 사람에게만 슬라이드 공유, 용량 제한 해제, 광고 삭제 등 다양한 혜택을 받게 된다.

2) 광고료 수익 모델

광고료는 전통적인 수익모델이며, 네이버나 다음, 구글, 페이스북등 많은 인터넷 서비스 회사의 가장 기본적인 수익모델이다. 다만, 이 모델은 플랫폼의 참여자 수가 일정 수준이 넘어가기 전까지는 수익을 기대하기 어려운 점이 있다. 광고주의 입장에서는 비용을 들여 광고를 하는 경우 얼마나 고객들에게 노출되는가에 따라 광고비 지급 의사가 발생하기 때문이다. 인터넷 서비스 활성화 초기에는 수많은 포털들이 존재했으나, 광고료 수익모델을 만족시킬 수 있는 수는 적기 때문에 활발한 경쟁 이후 현재의 포털 수로 줄어들어 안정된 이유이기도 하다. 포털 서비스 이외에 더 많은 다양한 인터넷 서비스들이 광고를 주 수익모델로 하는 경우는 역시 참여자 수를 일정 범위 이상으로 늘이기 위한 노력이 필요하다.

3) 수수료(중개료) 수익 모델

앞에서 언급한 오픈마켓이 이 경우이다. 수요자와 공급자가 자유롭게 거래를 하고 거래에 대한 수수료를 받는 모델이다. 수수료는 앞에서 이야기한 대로 지불방식을 이용하는 형태로 변형적용할 수도 있고, 또 다른 다양한 방식으로 변경하여 적용할 수도 있다.

애플의 애플스토어의 경우에도 수수료 모델이라 할 수 있지만 자유롭게 거래를 하는 것은 아니다. 공급자는 애플의 정책에 따라 앱을 개발하고 애플의 승인을 받은 앱에 대해서만 애플스토어에서 오픈할 수 있도록 한다. 이후 앱이 유료로 판매되게 되면 일정 부분을 수수료로 애플사에서 가져가는 구조이다. 거래가 어떤 형태로 이루어지든 거래에 대하여 일정 수수료를 플랫폼사에서 가져가는 구조가 수수료 모델이다.

4) 라이선스 모델

라이선스 모델(license model)은 소프트웨어는 물론 저작권, 상표권, 특허권, 음반저작권, 영화필름 등 무형 자산을 이용하게 한 대가로 플랫폼사에게 사용료를 내는 수익모델이다. 가장 전통적인 플랫폼에서 사용하는 방식으로, 플랫폼이 제공하는 기능이나 다양한 가치에 따라 활성화의 정도가 달라진다. 최근의 경향이 점차 기본적인 플랫폼의 기능은 무료로 제공하고, 특정 거래에 대한 기능이나 또는 독자적인 개발이 어려운 기능등에 대한 라이선스를 받는 방식으로 변형되고 있다. 대표적인 사례는 플랫폼 기반의 클라우드 서비스를 통한 라이선스 수익이다. 주요 선진 기업들이 플랫폼 기반의 클라우드 서비스 사업에 뛰어들어 라이선스 수익을 창출하고 있다. 세일즈포스닷컴, 아마존의 웹서비스(AWS) 등이 이 모델을 사용하고 있다.

제17장
공유경제, 토큰 이코노미

1. 우버, 에어비엔비 등 공유경제의 시작과 발전

공유경제는 2008년 미국 하버드대 법대 로런스 레식 교수에 의해 처음 사용된 말이다. 대량생산과 대량소비가 특징인 20세기 자본주의 경제에서는 쓰던 쓰지 않던 많은 상품을 만들어 내고 판매함으로써 규모를 크게 만들어 냄으로 경제를 성장시키는 폐혜를 만들었는데, 이에 대비하여 한번 생산된 제품을 **여럿이 공유해 쓰는 협력소비를 기본**으로 필요한 제품만 생산하게 함으로써 무분별한 자원의 낭비를 막을 수 있는 경제 방식을 말한다. 물품은 물론, 생산설비나 서비스 등을 개인이 소유할 필요 없이 필요한 만큼 빌려 쓰고, 자신이 필요 없는 경우 다른 사람에게 빌려 주는 공유소비의 의미를 담고 있다. 최근에는 경기침체와 환경오염에 대한 대안을 모색하는 사회운동으로 확대돼 쓰이고 있다.

이러한 대표적인 공유경제 서비스로는 우버와 에어비엔비를 들 수 있다. 우버는 자가용 승용차를 통한 공유경제 모델을 만들어 전 세계에 공유경제의 가능성을 보여줬다고 할 수 있으며, 에어비엔비는 같이 공유하기 어려울 것 같은 주택에 대한 공유경제 서비스를 만들어서 어떠한 것도 공유할 수 있다는 점을 말해줬다. 하지만 최근에는 공유경제 서비스라고 하는 것들이 점차 변형이 일어나면서 또 하나의 서비스 형태로 바뀌는 점도 최근의 트렌드라고 할 수 있다.

가. 대표적인 공유경제 서비스

앞에서와 같이 우버와 에어비엔비가 공유경제 서비스의 가능성을 제시해 줬다. 하지만 넓은 의미의 공유경제를 생각해 보면 이제까지 우리가 알고 있던 서비스 역시 공유경제의 개념하에 만들어진 것도 있다. 예를 들어 렌탈서비스와 같은 전통적인 서비스도 공유경제의 틀을 확대하여 생각해 보면 포함될 수 있다. 일반적으로 1년 이상의 긴 기간을 렌탈을 하게 되면서 공유한다는 의미가 별로 없지만, 최근에는 렌탈서비스의 계약 기간이 짧게는 몇일 동안으로 줄어들면서 이 역시 공유경제 서비스와 같은 형태가 되어가고 있다. 우버부터 최근 공유경제의 모습을 띄고 있는 서비스까지 살펴보도록 하자.

1) 우버 서비스

우버 서비스는 공유경제의 대명사와 같다. 공유하여 사용하는 경우를 뜻하는 '우버화하다(Uberization)'이라는 단어가 쓰일 정도다. 우버는 미국의 기업인 우버 테크놀로지스(Uber Technologies Inc.)가 운영하는 자동차 배차 웹사이트 및 배차 응용 프로그램이다. 우버 서비스에 등록되거나 우버에 고용된 차량의 운전 기사와 승객을 모바일 앱을 통해 중계하는 서비스를 제공한다. 우버 서비스는 스마트폰 GPS 정보를 이용해 호출을 시작하고, 호출 즉시 호출자와 가장 가까운 차량부터 매칭을 시작한다. 매칭 시 호출자와 매칭된 차량 사이의 거리와 교통 정보를 기반으로 예상 가격을 제시한다. 호출자는 매칭된 기사의 평가를 참고해 운송 여부를 결정할 수 있으며, 운전기사에게 문자메시지나 전화로 요청 사항을 전송할 수 있다.

우버 엑스(Uber X)는 우버에 등록한 개인 차량을 공유하는 서비스이며, 우버 블랙(Uber Black)은 렌터카 업체와 제휴한 프리미엄 우버 서비스로 고급 리무진 차량을 차량을 중계해준다. 우버 택시(Uber Taxi)의 경우 일반 및 법인 택시와의 제휴를 통해 승객에게 택시 차량을 중계해주는 서비스이다.

우버 테크놀로지스는 우버 캡(Uber Cab)이라는 이름으로 2009년 3월 트래비스 개릿 캠프(Garrett Camp)와 트래비스 캘러닉(Travis Kalanick)에 의해 설립되었다. 공식 우버 서비스는 2010년 6월 샌프란시스코에서 처음 시작되었다. 2015년 상반기 매출은 500억 달러로 추정되고 있다. 특징으로는 일반 택시의 배차와 달리 일반인이 자신의 여가 시간과 자가용을 사용하여 다른 사람을 운송할 수 있는 시스템을 구축하고 있다는 점으로, 고객이 운전자를 평가하는 동시에 운전자도 고객을 평가하는 상호평가를 실시하고 있다.

이러한 우버 서비스는 기존 택시 시장을 잠식하거나 파괴한다는 점에서 거센 반발이 각 나라에서 생겼다. 우리나라도 2015년에 우버택시의 전면 금지를 법제화 하였고, 지금은 우버가 한국에서는 운영되고 있지 않다. 하지만 이후 우버와 유사한 많은 시도들이 시작되었고, 카카오 카풀 서비스가 2018년 말 뜨거운 논란을 만들어 내었다.

초기 공유경제로서 우버를 도입하였을 때에는 승용차 운전자들이 가는 길에 같은 방향에 있는 사람들을 태우고 가는 카풀의 개념으로 시작하였으나, 최근에는 카풀 보다는 우버 영업을 하기 위하여 승용차를 준비하고 지속적으로 택시와 같은 모델로 운영하는 경우가 많아지고 있다. 택시 산업계에서는 동일한 영업을 하는 서비스임에도 불구하고 택시는 규제대상이 되나, 우버는 규제대상이 되지 않는 점 등 차별적 요소로 문제가 발생한다고 끊임없이 주장하고 있어서 지속적인 문제가 만들어 지고 있다. 어쨌든 현재 우버는 차량을 한 대도 소유하고 있지 않는 전 세계에서 제일 큰 택시 회사가 되었다.

2) 에어비엔비

에어비앤비는 2008년 8월에 창립된 숙박 공유 플랫폼 스타트업이다. 본사는 캘리포니아주 샌프란시스코에 있으며, 191개 이상의 국가, 3만4천개 이상의 도시에 진출해 있다. 에어비앤비(Airbnb)는 조 게비아(Joe Gebbia)와 브라이언 체스키(Brian Chesky), 네이선 블레차르치크(Nathan Blecharczyk)가 머물던 샌프란시스코의 한 아파트에서 시작됐다. 사업을 준비하던 세 사람은 집 안에 남는 공간이 있다는 걸 깨닿고 이를 짧은 시간 임대해 주려고 시도를 했다. 마침 2007년 10월 샌프란시스코에선 대규모 디자인 컨퍼런스가 열렸고, 호텔마다 손님들로 만원이었다. 이때 손님에게 에어베드(air bed)와 아침(breakfast)을 내줬다는 점에 착안해서 만들어진 게 지금의 에어비앤비(Airbnb, air bed & breakfast)다.

에어비앤비의 서비스는 자신의 집을 상품으로 내놓는다는 아이디어에서 출발한다. 집주인(Host)이 사용하지 않거나, 잠시 집을 비울 때, 혹은 집에 비는 방이 있을 때 '원하는 사람은 얼마를 내고 쓰라'고 내놓는다. 여행객이나 머물 곳이 필요한 사람(Guest)이 해당 집이 필요하다고 신청하면 상호 동의 아래 집을 빌려주고 쓸 수 있다. 에어비앤비는 이 과정에서 수수료를 챙긴다. 이처럼 에어비앤비는 친척도 친구도 아닌, 전혀 모르는 사람에게 내 공간을 내어주는 서비스다. 숙박업소가 아니라 일반주택이 이렇게 이용된다. 집을 통으로 빌려줄 수도 있고, 방 한 칸만 빌려줄 수도 있다. 집을 빌려주는 사람은 사용하지 않는 기간 동안 집을 잠시 빌려주는 대가로 금전적인 이익을 볼 수 있고, 사용하는 사람은 일반적으로 지출해야 할 숙박비용보다 더 저렴한 가격이나 좋은 조건으로 머물 곳을 찾을 수 있다.

에어비앤비는 그간 상품으로 여겨지지 않았던 '집'에서 가치를 창출한다는 개념에 바탕을 둬 사업을 확장했다. '어차피 남는 방'을 돈을 벌 수 있는 수단으로 바꿔준 것이다. 에어비앤비는 여행은 물론 부동산의 개념까지 흔들며 성장하고 있다. 하지만 '에어비앤비는 공유경제 플랫폼인가'라는 의문을 낳기도 한다. 최근에는 에어비엔비에 임대하기 위하여 별도의 주택을 소유하고 이를 통하여 새로운 수익을 창출하고자 하는 움직임이 있다. 이러한 경우 에어비앤비는 기존의 숙박 시장을 잠식해 들어가는 새로운 숙박업일 뿐이다. 기존 숙박 업체와 충돌은 피할 수 없는 부분이다. 물론 기존의 고급 호텔들과는 다른 시장 타겟을 가지고 있기 때문에 전체 시장과의 충돌이 아니고, 민박 수준의 숙박업소와의 경쟁이기 때문에 큰 사회적인 문제를 야기하지는 않았으나, 규제없고 안정성이 보장되지 않은 싼 숙박업소로 전락할 가능성도 존재한다. 미국에서는 에어비앤비 집주인들이 숙박업체가 내는 세금을 내지 않고 숙박업체에 적용되는 안전 규정 등과 같은 규제를 받고 있지 않다는 이유 등을 들어서 세금을 추징하고자 하였다. 실제 뉴욕시는 2013년에 에어비앤비에 숙박을 제공하는 집주인 1만5천명에게 세금을 낼지 안낼지 확실히 보고하라는 소환장을 배포하기도 했다.

이러한 충돌현상은 국내에서도 마찬가지이다. 국내에서도 에어비앤비 객실 수가 1만8천여실 이상으로 증가하면서 유사한 상황이 나타나고 있다. 국내 일부 에어비앤비 호스트들은 오피스텔을 대량으로 임대해 빈방으로 제공하고 있다. 서울 홍대입구역 주변의 경우 많게는 6곳, 적게는 2~3곳의 오피스텔을 1명의 슈퍼호스트가 운영하는 경우가 비일비재하다. 이들 대부분은 오피스텔을 임대해 에어비앤비 숙소로 등록해 수익을 올린다. 자신의 빈방을 나눈다는 취지는 사라지고 소득을 올리고 세금을 회피하기 위해 공간을 구매하거나 대여하는 주객전도의 상황이 벌어지고 있는 셈이다. 역으로 에어비엔비를 위하여 구입한 주택들을 일반적인 호텔예약 사이트에 올라오는 경우도 있다. 에어비엔비가 등장함으로 인하여 숙박업소와 기존 주택의 구분이 모호해 지면서 법질서가 어지럽혀지는 일이 잦게 일어난다.

3) 차량 단기 임대서비스

우버는 택시 서비스를 대체하는 시장으로 접근하였고, 이와는 다른 접근으로 기존의 렌터카 시장에서 초단기 렌트를 하는 서비스로 확장이 되고 있다. 짚카(ZipCar)와 같은 글로벌서비스도 있으며, 우리나라에서는 소카(SoCar), 그린카(GreenCar) 등이 영업을 하고 있다. 일반적으로 렌터카라고 하면 1일 단위의 렌트를 기본으로 하고 있으나, 이러한 서비스들은 시간 단위의 사용을 기본으로 하고 있다. 렌터카는 기본적으로 소유에서 공유의 개념으로 변화된 개념의 서비스이지만, 보다 본원적으로 공유경제의 틀을 갖추고 있다고 보여진다. 차량은 소유에 많은 비용이 들고, 기존 렌터카 서비스가 이미 활성화가 되어 있어서 다른 사람의 소유물을 같이 쓴다는 것에 거부감이 적어 시장의 확대가 이미 예상되고 있다. 특히 자율주행 등의 서비스와 결합되게 되면 더 많은 활용 용도가 생길 수 있다고 본다.

우리나라에서는 기본 승용차보다 큰 승합차의 경우는 단기렌트 시 드라이버가 포함되어도 된다는 법률에 따라 초단기 렌터카 서비스를 하는 '타다'와 같은 차량공유서비스이지만 택시와 같은 역할을 하는 서비스도 등장하였다.

나. 새로운 공유경제 서비스의 영역

우버와 에어비엔비 등 대표적인 공유경제 서비스는 기존 산업의 영역을 파고들거나 수유하기 어려울 정도의 비싼 소유비용을 파고든 서비스라 볼 수 있다. 차량이나 주택과 같은 자산은 쉽게 구입하기도 어려울 뿐더러 짧은 시간의 사용을 위하여 구매한다는 자체가 비효율성을 보인다. 이렇듯 크고 무겁고 비싼 곳에서 시작한 공유경제 서비스가 이제는 적용 분야를 서서히 넓히고 있다.

1) 가전제품 및 운동기구 등의 공유경제

자동차렌탈의 1위 회사인 롯데렌탈에서는 기존 렌탈시장에서 벗어난 새로운 시도를 하였다. **'라이프스타일을 렌탈하다'**라는 캐치프레이즈를 내세우고 가정에서 필요한 다양한 모든 상품을 단기 사용 렌탈할 수 있는 '묘미' 사이트를 오픈하였다. 기존에는 모두 구매하여야 한다고 생각했던 가전제품으로부터 의류, 장난감 등 다양한 물품을 짧게 몇일 동안만 사용해 볼 수 있도록 하였다. 물론 사용 후 장기사용을 하고자 하면 구매와 같은 조건의 장기렌탈도 가능하다.

버리자니 아깝고 그렇다고 집에 두려니 짐만 되는 것들. 이런 '쓸데없는 짐'을 노린 공유 비즈니스 업체가 있다. 미국 샌프란시스코에 위치한 '옴니(Omni)'는 사용하지 않는 물건을 대신 보관해줌과 동시에 필요한 사람들에게 대여해주는 사업을 하고 있다. 이용방법은 다음과 같다. 옴니 어플을 설치하고 맡길 물건을 올린다. 이때 브랜드, 크기, 이용기한 등 물건 관련 사항들을 기입하고, 대여 기간(하루, 일주일, 1달 등)에 따른 대여료를 설정한다. 그러면 24시간 내 옴니에서 사람이 찾아와 물건을 직접 받아간다. 보관 비용은 따로 들지 않는다. 대신 누군가 물건을 빌려갔을 때, 수익을 옴니와 50%씩 나눈다. 물건을 대여하려는 사람 역시 옴니 홈페이지와 어플을 이용해 간단하게 이용할 수 있다. 마음에 드는 물건을 클릭해 가격과 상품 정보를 확인한 뒤, 대여 기간을 설정해 결제하면 옴니에서 배달해준다.

2) 주차장 단기 임대

서울이나 부산 등 인구가 밀집한 대도시에서 차를 몰고 다니다 보면 뜻하지 않은 위기에 봉착할 때가 있다. 바로 '주차'다. 특히 주택가로 들어가면 주차를 할 수 있는 공간이 사실상 존재하지 않아 곤란할 때가 많다. 유료 공용 주차장을 찾을 수도 있지만 가격이 부담된다. 주차장 검색 및 예약 애플리케이션 '모두의 주차장'은 각 지역에 등록된 '거주자우선주차구역'을 공유 주차장으로 활용할 수 있도록 했다. 해당 구역에 거주하는 주민이 자기 배정 구역을 어플에 등록하면, 본인이 사용하지 않을 때는 다른 사람이 주차할 수 있도록 공유할 수 있다.

'모두의 주차장' 이외에도 많은 어플리케이션들이 주차장 공유서비스를 제공하고 있고, 앞으로 이러한 추세는 더 확대될 것이다. 특히 차량 인포테인먼트 서비스와의 결합을 통하여 차량내에서 빈 주차장 상면을 찾는 서비스와 연동되면 더 큰 시장으로 확대될 수 있을 것으로 본다.

3) 재능과 취미의 공유경제

꼭 유형(有形)이 아니더라도 공유 가능한 재화가 있다. 바로 재능과 취미다. '재능은 계속된다'는 의미로 이름 지었다는 '탈잉(Taling, Talent+Ing)'은 그런 나만의 재능과 취미를 공유할 수 있게 해주는 플랫폼이다. 탈잉에 따르면설립 이후 1년 반동안 1500명 이상의 사람들이 5만7000여 시간 서로의 재능을 가르치고 배웠다.

탈잉에 있는 강좌는 엑셀이나 디지털 마케팅 등 회사 실무 역량에 관한 것부터, 외국어나 음악, 미술 등 취미 생활에 이르기까지 넓고 다양하다. 특히 2030 젊은 층들에게 인기가 많다. 튜터 역시 대학생이 70%라고 한다. 2017년 11월 기준 2000명의 튜터와 5만명의 회원을 확보한 탈잉은 창업 이후 2년간 정부와 민간으로부터 약 4억 원의 투자를 유치했고, 월평균 30%의 고성장을 기록했다.

한편 이 '취미와 재능' 제공자의 범위를 조금 더 좁혀서 '어른 강사'들에게 집중한 플랫폼도 있다. '쉐어러스'는 시니어(어른)가 가진 경험을 오프라인 수업 형태로 만들어 제공하고 있다. 대단한 업적을 이룬 유명인사가 아니더라도, 시니어의 경험과 연륜을 강의로 나누자는 생각이다. 그렇다고 '미중 무역전쟁의 미래는?' 같은 거창한 주제를 다루는 건 아니다. 오카리나 배우기, 민화 그리기, 꽃차 만들기, 명상으로 행복해지기 등, 꼭 본업이 아니더라도 오랜 세월 가꿔왔던 취미 생활을 나눌 수 있게끔 했다.

다. 공유경제의 발전 방향

공유경제 서비스는 우버나 에어비엔비와 같이 기존 산업의 영역을 파괴하고 들어가는 모습을 보이기도 하지만, 내가 쓰지 않는 것을 남들에게 제공함으로써 새로운 가치를 만들어 내는 것이나, 소유하기에는 부담스런 물건들을 여럿이 나눠 씀으로써 자산 사용의 효율성을 높이는 것은 우리사회에 **새로운 방향을 제시**한 것이라 볼 수 있다. 이러한 공유경제 서비스는 앞의 예와 같이 다양한 방향으로 확대될 것으로 예상하며, 일부는 기존 산업의 영역과 충돌하면서 시장 쟁탈전을 벌여나갈 것이며, 일부는 제공되지 않던 서비스를 새롭게 만들어 내는 효과를 보이게 될 것이다. 어떤 방향으로 공유경제가 발전해 나갈 것인지에 대하여 알아보기로 한다.

1) 인적자원의 공유

취미와 재능을 공유하는 서비스인 탈잉에 대하여 앞에서 소개한 바 있다. 이와 유사한 개념으로 우리나라에서는 '탤런트뱅크'라는 이름으로 인적자원 공유 플랫폼을 발표하였다. 인력 교육 전문기업 ㈜휴넷에서는 시니어를 비롯하여 다양한 분야의 전문지식을 가지고 있는 전문가 풀을 구성하여, 중소기업에서 비싼 금액 때문에 쓸 수 없는 컨설팅의 영역을 커버할 수 있는 새로운 사업을 런칭하였다. 중소기업들은 기존 컨설팅은 고비용 구조이고 직원을 고용하여 문제를 해결하기에는 해야 할 일이 적은 분야의 업무가 있을 경우 어떤 방법으로 문제를 해결할 수 있을지 곤란해 한다. 이러한 때 관련 분야의 경험이 있는 시니어가 짧은 시간 같이 일하여 필요한 분야의 일을 단기간에 해결해 줄 수 있다면 중소기업에는 많은 도움이 될 것이다. 또한, 시니어의 경우는 그동안의 경력에서 쌓은 경험을 사회적으로도 가치 있는 일에 쓸수 있다. 이러한 점을 이용하여 중소기업과 전문가를 매칭하여 서로 도움이 되도록 하는 서비스가 '탤런트뱅크'서비스이다. 인력을 한 회사에서 소유하지 않고 여러 중소기업에서 도움이 되는 분야에서 필요한 사람을 필요한 시간만 고용하는 방식이라 할 수 있다.

이러한 인력공유 서비스는 앞으로 공유경제의 한 부분이 될 것이라 예상한다. 또한, 이를 위하여 1인 기업의 형태로 본인의 경험과 노하우를 타 기업들에 필요한 때 지원해 주는 회사가 활성화 될 것으로 예상한다. 점차 한 회사에 소속된 전문가들의 인건비 구조가 전체 회사의 비용에 영향을 미칠 것이고, 그에 반해 인력이 회사에 공헌하는 시간이 점점 줄어들게 되는 때가 되면, 그러한 경험있는 사람들이 1인 기업의 형태로 회사와 계약한 시간만큼 일하는 프로젝트 형태의 업무 추진이 많아질 것이다.

2) 공간 및 공간서비스의 공유

변호사 사무실 중에 몇 사무실이 합쳐서 하나의 층을 쓰면서 회의실 및 비서서비스를 공유하는 것은 이미 오래전부터 있어왔다. 거기에 얼마 전부터 사무실을 공유하는 서비스 역시 활성화 되었다. 어떤 경우는 개인 자리를 지정해 놓고 공용의 회의실 및 휴게실, 복사기, 팩스 등의 공용기기 사용을 하는 곳도 있고, 지정된 자리가 없이 순서에 따라 자리를 잡고 쓰는 공용사무실도 생겨났다.

최근에는 식당 주방을 공유하여 사용하는 서비스도 등장하였다. 제대로 된 사업을 시작하기 전에 요리에 대한 개발을 하기 위해 사용하는 경우가 대부분이다. 메뉴의 개발을 위하여 식당을 미리 오픈하는 비용을 줄이기 위하여 시간제로 주방공간을 임대해 쓴다. 이 역시 공유경제의 일환으로 새롭게 등장한 서비스이다.

앞으로 공간에 대한 서비스 역시 공유경제 서비스가 등장하고 활성화될 전망이다. **공간의 공유 및 공간서비스의 공유**가 같이 진행될 것으로 예상하고 있으며 서서히 등장하고 있다.

사무실, 주방 이외 또 어떠한 공간이 공유경제 서비스로 편입될 수 있을지 두고 볼 일이다.

3) 공유경제의 논란과 미래의 방향

앞서 우버가 가져온 공유경제의 폐혜로 기존 시장의 침식을 이야기 했다. 에어비엔비 역시 기존 시장을 침식해 들어가는 것이고, 세금을 내지 않고 규제를 받지 않는 숙박업으로 변질되고 있다는 점도 설명했다. 공유경제라고 하지만 기존의 시장과 충돌이 생기는 경우는 빈번히 발생할 것이며, 이 역시 사회문제를 발발하게 될 우려가 있다. 그 하나의 예가 택시기사와 카풀 서비스의 대립이며, 법제도로 이러한 부분을 보완하기에는 아주 어려운 점이 생긴다. 기술의 발전에 의하여 공유경제는 공유 플랫폼 등을 통하여 활성화 될 가능성이 커지고, 기존 시장의 파괴라는 문제점도 보이고 있지만, 저렴한 비용과 같은 소비자편익도 무시할 수 없으므로 공유경제를 억제하는 것 만으로 문제를 해결하기는 어렵다. 발전된 기술이 가져오는 효율성은 결국 시장을 새롭게 만들어갈 것이고, 이를 막기 위하여 규제 입법을 시도할 경우 어쩌면 또 하나의 '붉은 깃발법'이 될 우려가 있기 때문이다.

새롭게 만들어 질 것으로 예상하는 공간이나 인력관련 공유경제 서비스 역시 새로운 문제점을 만들어 낼 수 있기 때문에 이 역시 기존 시장을 파괴하여 전체 질서를 흩트리는 계기가 될 수도 있다. 특히, 인력 관련 공유경제에 의하여 1인 기업이 늘어나는 것은 좋으나, 양질의 일자리가 줄어들고 사회적 보장을 받기 어려운 인력들이 양성될 수 있는 우려 역시 존재한다.

하지만, 많은 공유경제 서비스들의 등장은 지금까지는 없었던 새로운 산업의 발전에 기여하는 수도 있다. 운동기구를 단기간 빌려 쓰는 서비스를 예를 들어 보면, 대부분의 사람들은 집안에 운동기구를 들여놓기 위해서는 많은 고민을 한다. 집에서 운동을 할 수 있다는 점은 좋지만, 좁은 집에 운동기구를 들여놓고 나서 사용하지 않아 처치곤란인 적이 있었기 때문이다. 단기간 한 달만 사용하기 위하여 빌려 쓴다고 생각해 보면 한달 정도 지나보면 계속 사용하여 운동을 할지 말지 대충의 윤곽이 나온다. 그 때는 반납을 하면 된다. 하지만 계속 운동을 할 것으로 결심하고 한달을 열심히 했다면, 이제는 구매의 절차로 들어가도 된다. 예를 들어본 이런 경우는 운동기구의 구매에 대한 초기 장벽을 줄여줌으로서 상품판매를 활성화 하는 효과도 있을 것이다. 인력 공유 역시 중소기업의 입장에서는 높은 비용으로 전문가 컨설팅을 하지 못하였지만, 1인 기업의 전문가에 의한 컨설팅 등으로 하지 못할 경영자문을 받게 되는 효과가 있다면 이 역시 중소기업의 경쟁력을 강화하는 요인이 되어 선순환 효과를 만들어 낼 수도 있다.

이렇듯 공유경제 서비스는 기존의 있는 시장을 파괴하는 것 만이 아니라 **새로운 시장을 창출**할 수 있는 효과도 예상이 된다. 새로운 환경의 도래는 새로운 사업의 창출을 의미할 수도 있다. 따라서 앞으로 공유경제 서비스가 새로운 서비스를 창출할 수 있을지 혹은 기존의 시장만을 파괴하게 될 지는 더 두고 봐야 할 일이라 보인다. 단, 기존 시장의 규제를 피해서 얻을 수 있는 수익만을 바라보는 공유경제 서비스는 막아야 된다. 규제시장에서의 비규제 서비스 도입은 불공정 경쟁환경을 만드는 것이고, 이러한 것마저도 혁신적인 성장모델로 치부해서는 안 된다.

2. 토큰이코노미 - 블록체인

블록체인은 가상화폐 투자 광풍을 일으킨 비트코인에 의해 대중에게 유명해졌다. 원래 가상화폐를 위한 기술은 아니지만 처음 시작이 가상화폐를 구현하는 방식으로 개발되었고, 퍼블릭 블록체인을 구현하기 위해서는 가상화폐와 결합되어야 효과를 나타낼 수 있으므로 둘을 분리시켜서 생각하기는 어렵다. 따라서 마치 블록체인 기술은 가상화폐를 위한 것이며, 가상화폐를 법적으로 금지하게 되면 블록체인 기술을 금지하는 것처럼 인식이 되었으나, 정확한 정의에 의하면 둘은 서로 분리될 수 있는 개념이다. 우선 본 절에서는 가장 기본적인 블록체인의 개념을 정리하고, 블록체인 기술을 가장 많이 그리고 효율적으로 사용하고 있는 가상화폐 등에 대하여 알아본다. 이후 블록체인이 가상화폐 이외의 다양한 분야에 사용될 수 있는 가능성 등을 파악해 보기로 한다.

가. 블록체인의 개념

우선 가상화폐의 예를 들어 블록체인 기술의 개념과 원리를 살펴보자. 블록체인의 실제 상용은 비트코인부터 시작하였을 뿐 아니라 가상화폐가 블록체인에 가장 적합한 개념을 가지고 있기 때문이다. 따라서 블록체인의 기술을 설명하기 이전에 사이버상의 가상화폐를 통한 금융거래의 속성부터 알아보자. 일반적인 화폐의 거래는 중앙은행 등을 통하여 이루어진다. 모든 거래는 중앙의 거래원장에 기록이 되고, 거래원장에 기록되지 않는 거래는 공인될 수 없다. 따라서 A가 B에게 송금을 하게 되면 중앙집중형의 거래원장에 A의 계좌에서 B의 계좌로 송금이 된다는 거래정보가 기록되고, A의 계좌에서는 송금하는 금액만큼 줄어든 것으로 기록되며, B의 계좌에는 송금 받은 금액만큼 늘어났다고 기록을 한다. 모든 거래는 이렇게 하나의 원장에 기록됨으로써 공인된다. 실물화폐의 경우에는 실물을 가지고 있는 사람이 있기 때문에 공인된 거래라고 하는 것이 실물의 소유에 의해 증명이 되는 반면에 가상화폐의 경우에는 실물이 있지 않기 때문에 공인된 거래라고 하는 것을 장부로 증명할 수밖에 없다. 만일 어떤 사람이 송금을 하고 나서도 본인의 계좌에서 마이너스로 차감을 하지 않고 송금데이터만 보냈는데 이 거래가 승인이 되었다면 **이중지불의 문제**가 발생하게 되는 것이다. 쉽게 설명하면 컴퓨터에 기록되어 있는 거래원장에서 'Ctrl+X 후 Ctrl+V'를 해야 하는데, 'Ctrl+C 후 Ctrl+V'를 하여 기존 소유자와 송금을 받은 사람의 두 명이 똑같은 화폐의 소유기록을 가지게 되는 경우이다. 이중지불을 막기 위해서는 누군가 공인된 장부를 가지고 있어서 이러한 이중지불의 문제가 없도록 철저히 관리하고 있으면 된다.

이러한 중앙 집중형의 거래원장 관리는 하나의 거래원장을 해킹하여 조작을 하게 되면 큰 피해를 보게 되는 단점이 있다. 또한, 개인과 개인간의 거래는 불가능하며 중앙의 공인된 은행 등의 개입이 필수적이라는 문제도 있다. 이를 해결하는 방법으로 고안된 것이 블록체인 기술이다. 만일 그림의 A와 같이 하나의 중앙은행이 공인된 원장을 쓰지 않고, B처럼 복수명의 참여자들이 똑같은 원장을 가지고 있다고 보자. 한 명의 참여자가 가지고 있는 원장을 조작하여 변경을 시켰다고 해도 나머지 참여자들과 비교해서 그 사람의 원장만 다른 기록이 되어 있다면 그 사람의 원장은 공인될 수 없다. 전체 참여자 중에서 다수의 참여자가 가지고 있는 원장이 제대로 된 것이라는 믿음이 여기서 생기게 된다. 이러한 아이디어가 블록체인을 시작하는 생각이었다.

따라서 **모든 참여자가 같은 거래원장을 유지**하는 방법을 만들어 주게 된다면 중앙집중형의 공인된 거래원장을 가지고 있지 않아도 거래 내용에 대한 공인을 할 수 있게 된다. 또한 해커의 공격에 의하여 원장이 조작된다고 해도 전체 참여자의 모든 거래원장을 조작해야 거래가 공인되는 것이기 때문에 해킹이 불가능하다고 보면 된다. 따라서, 블록체인 기술은 분산원장을 가지게 하면서도 모두의 원장이 일치하게 만들어 주는 방법이

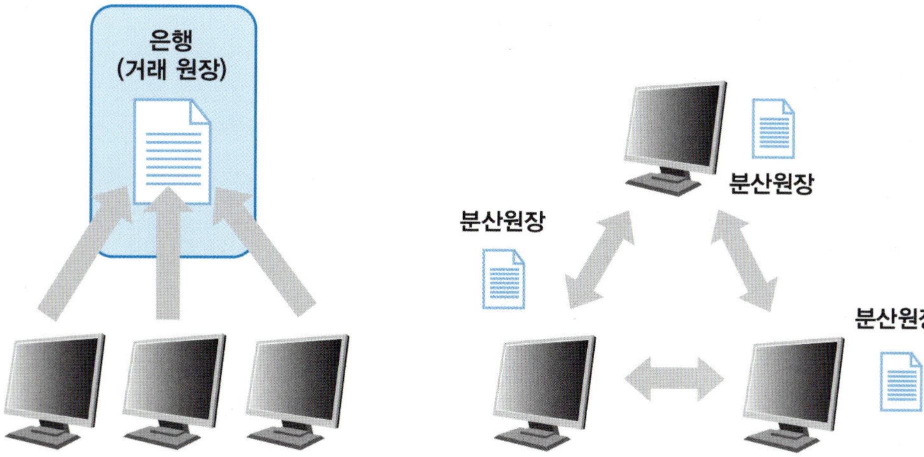

(A) 중앙은행의 공인원장 방식 (B) 블록체인 기술을 이용한 분산원장 방식

그림 17.1 블록체인의 원리 - 분산원장기술
출처 : 김석준 "문과생을 위한 ICT 이야기

라 생각하면 된다. 블록체인은 이렇게 네트워크에 참여하는 모든 사용자가 관리 대상이 되는 모든 데이터를 분산하여 저장하는 데이터 분산처리기술을 말한다. 거래 정보가 담긴 원장(原帳)을 거래 주체나 특정 기관에서 보유하는 것이 아니라 네트워크 참여자 모두가 나누어 가지는 기술이라는 점에서 '분산원장기술(DLC ; distributed ledger technology)' 또는 '공공거래장부'라고도 한다.

블록체인 기술에 의하여 중앙서버에서 관리되던 금융시스템에서 P2P(Peer to Peer ; 개인 대 개인) 거래가 가능한 금융시스템으로 변화함에 의하여 탈(脫)중앙화가 가능해진다. P2P란 서버나 클라이언트 없이 개인 컴퓨터 사이를 연결하는 통신망을 말하며, 연결된 각각의 컴퓨터가 서버이자 클라이언트 역할을 하며 정보를 공유하는 방식이다. 중앙 서버를 운영하는 금융기관이 사라지게 됨에 의하여 중앙기관에서 받아가던 수수료가 없어지고 대신 신뢰도를 모든 참여자들이 직접 만들어 내야 한다는 점이 달라지게 된 것이다.

나. 블록체인의 동작 원리 - 비트코인

1) 비트코인의 과정

비트코인에 참여하는 참여자들은 모두가 최초의 블록부터 현재의 블록까지를 거래원장으로 가지고 있으며, 새로운 블록이 생기게 되면 현재 블록의 뒤에 체인으로 묶어주는 기능을 하게 된다. 이때 새로운 블록을 누가 만들지에 대한 의문이 생긴다. 이를 위하여 블록체인 기술에서는 작업증명(Proof of Work, POW)이라는 과정을 만든다. 이 작업증명은 수학적으로 아주 어려운 문제를 풀어내는 과정이다. 모든 참여자들은 블록체인 네트워크에서 정의한 아주 어려운 수학문제를 풀게 되는데, 처음으로 이 문제를 풀어낸 참여자가 새로운 블록을 만들어 낼 수 있는 권한을 가진다. 문제를 풀어낸 다음 작업증명을 통하여 다음 블록을 만들 참여자로 승인을 받고, 그 동안의 거래를 기입한 블록을 만들어 앞 블록과의 관계를 설정한 다음, 모든 참여자에게 전송을 한다. 그러면 모든 참여자는 새로 만든 블록을 체인으로 묶고, 다음 블록을 만들기 위한 문제풀이에 들어간다.

모든 참여자들은 문제를 풀어내는 과정 및 블록을 저장하는 과정 등 다양한 과정에 참여하여 많은 일을 하게 되는데, 참여한 모든 사람이 원장을 가지고 있게 될 경우, 인증기관과 같은 중앙관리 시스템이 없어도 모두가 가지고 있는 원장이 동일하다는 신뢰도를 유지하는 방법이 필요하다. 이를 위하여 블록체인은 거래내용을 조그마한 블록단위로 만들어서 이 블록 단위로 모든 참여자의 동의를 받아 신뢰도를 확보한다. 한번 동의를 받은 블록은 더 이상 변경하지 못하게 봉인을 하고 바로 앞에 봉인된 블록과 뒤에 새로 만들

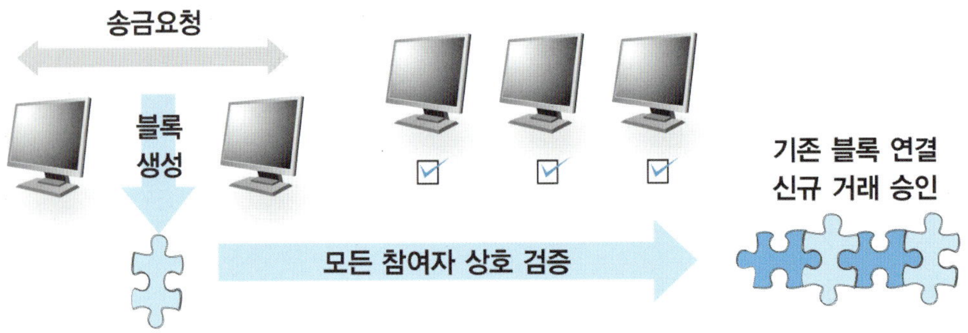

그림 17.2 블록체인의 생성 원리

출처 : 김석준 "문과생을 위한 ICT 이야기"

블록의 관계를 정의하여 블록간 시간의 흐름을 정의한다. 블록을 만드는 방법 및 앞뒤 블록을 정의하는 방법 등은 해시함수라고 하는 수학적 함수를 이용하는 것이다.

2) 블록체인의 의미

블록체인이라는 이름은 이렇게 거래 내용이 담긴 블록(Block)을 사슬처럼 연결(chain)한 것이라 하여 붙여진 명칭이다. 이렇게 하여 거래할 때마다 거래 정보가 담긴 블록이 생성되어 계속 연결되면서 모든 참여자의 컴퓨터에 분산 저장된다. 이를 해킹하여 임의로 수정하거나 위조 또는 변조하려면 전체 참여자의 과반수 이상이 가지고 있는 거래 정보를 동시에 수정하여야 하기 때문에 사실상 불가능하다. 따라서 접근을 차단함으로써 거래 정보를 보호 관리하는 기존의 금융 시스템과는 전혀 달리 블록체인에서는 모든 거래 정보를 누구나 열람할 수 있도록 공개한 상태에서 은행 같은 공신력 있는 제3자의 보증 없이 당사자 간에 안전하게 거래가 이루어진다. 개인정보가 모든 참여자가 가지고 있는 분산원장에 다 보관되기 때문에 보안을 유지해야 되는 개인정보 등에는 사용할 수 없으며, 누구나 다 알고 있어도 문제가 되지 않는 경우에만 사용할 수 있는 방법이다.

3) 블록체인의 시작과 토큰이코노미

이러한 블록체인을 유지하기 위해서는 몇 가지의 과정이 필요하다. 스스로 이러한 블록체인 네트워크에 포함되어 원장을 유지하고, 업데이트 하며 블록을 생성하고 저장하는 역할을 하는 참여자가 필요하다. 그리고 하나의 블록이 만들어지고 다음 블록을 만들고 하는 과정에서 어느 누구가 블록을 만들어서 모든 참가자에게 배포할 것인가에 대한 의사결정을 하는 과정이 필요하다. 이렇게 만들어진 블록들을 지속적으로 연결시키고 어떤 참가자의 블록 내용이 맞는 것인지 확인할 수 있는 과정 역시 필요하다. 비트코인에서는 처음 비트코인을 만든 나카모토 사토시가 2009년 1월 3일 자신에게 50비트코인을 주는 최초의 블록(Genesis Block)으로부터 모든 과정이 시작된다. 이후 10분 단위로 새로운 블록이 생기고, 새로운 블록에 그 동안의 거래를 모아서 기입하며 하나의 블록이 완성되면 새로운 거래는 승인이 되는 과정을 지속해 왔다. (2008년 10월 나카모토 사토시(中本哲史)로 알려진 프로그래머(또는 집단)가 발표한 '비트코인 : P2P 전자화폐 시스템(Bitcoin : A Peer-to-Peer Electronic Cash System)' 논문에서 처음 등장했다. 이 논문에 의하면 비트코인은 화폐 발행을 독점하고 있는 각 국의 중앙은행체제와 이에 의한 자의적인 통화

정책에 반발하기 위해서 개발되었다고 한다.) 이에 대한 보상으로 비트코인을 작업증명을 통하여 다음 블록에 대한 권한을 받은 참여자에게 지급한다.

이러한 리워드가 전체 비트코인 네트워크의 참여자들이 참여를 해야 하는 이유를 제공해 준다. 블록체인 네트워크에 자발적으로 참여하여 어려운 문제를 풀어내고, 그 결과로 새로운 거래에 대한 다음 블록을 생성하여 체인으로 묶어내게 되고, 이에 따른 노력의 **보상으로 비트코인과 같은 암호화폐**를 받게 된다. 이러한 참여자를 비트코인을 채굴한다고 하여 채굴자(Miner)라고 하며, 비트코인을 받기 위하여 문제를 푸는 과정을 채굴(Minning)이라고 한다. 만일 이러한 마이닝 과정이 없다면 참여자가 스스로 비트코인 네트워크에 가입해서 자원을 투자할 이유가 없으므로 어쩌면 블록체인이 스스로 굴러갈 수 있는 힘을 제공하는 것이 바로 이 채굴과정과 비트코인으로의 리워드에 있다고 보는 것이다. 리워드로 코인을 제공하고 이에 의하여 참여자 스스로 활동에 본인의 자원을 투자하는 것으로 시스템이 움직여 나가는 경제체제를 '토큰이코노미'라고 한다.

이렇게 스스로 네트워크에 참여한 참여자(채굴자)들에 의하여 획득한 비트코인 등 암호화폐는 암호화폐 거래소 등을 통하여 서로 거래되기도 하며, 지불의 수단으로 쓰이기도 한다. 현재는 암호화폐를 지불의 수단으로 쓰고 있지는 못하다. 워낙 가격의 변동폭이 크기 때문에 마치 주식시장에서 주식을 사는 것과 같이 투자의 수단처럼 생각하고 있지만, 근원적으로는 화폐와 같은 기능인 보관, 전달, 지불 등의 기능을 다 할 수 있도록 되어 있다. 이처럼 암호화폐 이전의 블록체인은 해킹 등이 불가능하게 기술적으로 만들어 놓고 있으나, 만들어진 암호화폐를 거래하고, 지갑에 담아두고 하는 과정에서는 해킹의 위험이 있다. "블록체인 기술을 사용하였는데 왜 해킹을 당하지?" 라는 의문을 가질 수 있으나, 블록체인 기술은 거래를 기록하는 원장에 대한 신뢰를 만들어 주는 방법이기 때문에 거래 내역에 대한 신뢰는 가질 수 있으나 거래소에서 일어나는 거래 내용까지 모두 신뢰를 줄 수 있는 방법이 아니다. 즉, 블록체인 자체의 기술과 암호화폐 거래에 대한 기술을 분리해서 생각해야 한다.

다. 이더리움(Ethereum) – 암호화폐의 활성화

이더리움은 기존 비트코인이 화폐의 거래에만 적용되는 문제점을 해결하고 다양한 목적으로 사용이 가능하게 만든 블록체인 기술이다. 나카모토 사토시는 누구인지 밝혀져 있지 않은 반면에 이더리움은 비탈릭 부테린이 만든 것으로 알려져 있으며, 비탈릭 부테린은 이더리움 재단을 통하여 활발하게 활동하고 있다. 이더리움은 스마트 컨트랙트(Smart Contract), 탈중앙화 애플리케이션(DApp), ICO(Initial Coin Offering) 그리고 이더(Ether)라는 네 가지의 특징을 가지고 있다.

1) 이더리움의 4가지 특징

스마트 컨트랙트는 블록체인 안에 화폐의 거래만 기록하는 것이 아니고 거래의 조건을 기록시키는 것이다. 예를 들어 비트코인은 'A가 B에게 얼마를 송금했다'는 내용이 기록되고 블록으로 만들어 진다면, 이더리움에서는 '만일 A가 물건을 받았다는 조건이 만족되면 B에게 A의 얼마를 줘라'는 조건을 기록할 수 있다. 실제 A로부터 물건을 받았다는 응답을 받게 되면 A의 대가를 B에게 송금을 해 준다. 이렇게 거래에 대한 조건을 넣어놓은 것을 **스마트 컨트랙트**라고 하고, 실제 스마트 컨트랙트를 동작하게 만드는 프로그램을 **DApp**이라고 한다. 이 DApp은 블록체인 위에 만드는 쇼핑몰과 같은 개념이다. 쇼핑몰을 인터넷에 구현하기 위해서는 서버부터 지불결재 플랫폼 등 다양한 자원이 필요하게 되는데 이더리움이 제공하는 DApp기능을 이용하게 되면 블록체인 상에 있는 오픈된 자원을 이용하게 되므로 쇼핑몰 등을 시작하는 비용이 절감된다. 이외의 과정은 비트코인과 동일하다. 채굴자에 의하여 채굴이 되면 보상으로 화폐를 지급하고 블록단위로 만들어진 원장들을 모든 참여자들이 각자 저장한다. 이때 보상으로 주는 화폐가 이더리움에서는 이더이다.

이더리움은 비트코인과 같이 거래에 대한 저장만이 아닌 마치 쇼핑몰을 만드는 것과 같은 과정이 포함되어 있어서 다양한 사업자들이 이더리움을 통하여 새로운 거래 기능을 만들고자 한다. 각자의 거래는 하나의 사업의 형태로 진행이 되고, 사업자는 이더리움에서 거래를 하게 됨으로써 새로운 사업을 한다. 이때 DApp을 개발하고 사업을 진행하기 위하여 드는 비용을 미리 조달하는 방법으로 **ICO(Initial Coin Offering)**가 사용된다. DApp을 개발할 개발자는 개발된 앱에 의하여 벌어들일 수익을 예상하고 미리 투자를 하는 개념인 ICO를 판매한다. 향후 DApp에 의하여 많은 수익을 벌어들일 수 있다는 예상을 하면 ICO를 구매하게 된다. ICO의 구매는 비트코인이나 이더로 지급한다. ICO를 통하여 자금을 확보한 사업자가 사업을 시작하고 수익을 만들어 내어 일정한 규모에 이르면 메인넷(MainNet)을 구성할 수 있다고 한다. 메인넷은 이더리움 네트워크에서 독립하여 독립적인 블록체인 네트워크를 구성하는 것을 의미한다. 이전에는 사업 초기 단계로 참여자의 수도 얼마 없었을 뿐 아니라 사업의 활성화 여부도 명확하지 않았기 때문에 참여자가 늘어날 것을 기대할 수 없지만, 어느 정도 규모의 거래가 지속되게 되면 이더리움에서 독립하여 자신만의 사업을 위한 새로운 블록체인을 만들 수 있다. 새로운 블록체인을 만들게 되면 ICO를 구매한 투자자들은 ICO를 각 메인넷의 코인으로 교환하는 등 경제적 수익을 얻을 수 있다. 단, ICO는 법적으로 또는 계약으로 규정된 부분이 아니기 때문에 메인넷을 구성한다고 해서 얼마의 코인으로 바꿔줘야 하는 것이 지정되어 있지 않다. 또한, ICO를 한다고 해서 모두가 메인넷을 구성할 수 있는 것도 아니기 때문에 투자를 하였으나 수익을 전혀 얻지 못하고 없어지는 ICO들도 있다. 각자 ICO투자에서 이러한 조건들과 ICO를 하고자 하는 사업자의 사업성 분석 및 기술가능성 등을 잘 파악하지 않으면 안되는 이유이다.

또한 스마트 컨트랙트의 DApp을 실행시키기 위해서는 이더리움 시스템에 **GAS**를 첨부하여야 한다. 컨트랙트가 실행되면 첨부된 GAS는 소진되고 모두 소진되면 더 이상 DApp은 실행이 안된다. 스마트 컨트랙트를 위한 저장공간이 많이 들수록 코드가 복잡할수록 GAS는 많이 필요하다. 따라서 DApp을 통하여 사업을 하는 사업자는 GAS를 이더로 구매하여 지불하여야 지속적인 사업을 영위할 수 있으며, 이더리움 네트워크는 GAS 구매에 의한 이더의 확보로 네트워크 전체의 수익을 얻을 수 있다. GAS를 많이 첨부하고 스마트 컨트랙트를 많이 동작 시킬수록 이더리움의 전체 가치는 올라가게 되는 것이다.

2) 이더리움의 의의와 한계점

이더리움은 화폐의 거래수단으로 사용하던 블록체인 시스템을 분산처리된 App의 영역으로 확대한 획기적인 사실이다. 아직까지는 확장 가능성이나 PoW(Proof-of-Work)방식의 컨센서스 알고리즘의 한계점 등 해결해야 될 문제점이 없는 것은 아니다. 확장성이 부족한 점이나 스마트 컨트랙트에 들어갈 수 있는 조건이 더 복잡해지거나 컨텐츠까지 추가할 수 있는 방법에 대한 고민이 더 필요하다. 활성화가 될수록 느려지는 네트워크의 효율성 문제 등 많은 문제점이 역시 해결해야 될 이슈로 아직은 남아있다. 하지만 거래를 직접 블록체인 네트워크에서 할 수 있는 점이나, 거래에 의하여 GAS가 소진됨에 따라 이더리움 네트워크의 가치가 올라가는 등의 큰 장점이 많아서 더 많은 영역에서 사용될 것으로 예상되고 있다.

라. 퍼블릭 블록체인과 프라이빗 블록체인

1) 퍼블릭 블록체인과 프라이빗 블록체인의 의미

앞에서 설명한 비트코인과 이더리움은 새로운 블록을 만들고 승인을 받고 봉인을 하는 주체와 적절한 거래정보인지 확인하고 승인해 주는 주체인 참여자가 누구나 될 수 있다는 점에서 퍼블릭 블록체인이라고 한다. 통상 블록체인이라 하면 퍼블릭 블록체인을 지칭한다.

이에 반하여 프라이빗 블록체인(Private blockchain)은 상대적 개념으로, 주로 기업에서 활용한다 하여 엔터프라이즈 블록체인(Enterprise blockchain)이라고도 한다. 여러 기업(또는 기관)이 공동으로 참여하는 컨소시엄 블록체인(Consortium blockchain)도 넓은 의미에서 프라이빗 블록체인의 범주에 속한다. 누구에게나 개방되고 누구나 블록을 생성하고 승인할 수 있는 것과는 달리 프라이빗 블록체인은 서비스 제공자(기업 또는 기관)의 승인을 받아야만 참여할 수 있다. 승인된 기관만 거래를 검증하고 승인하며 블록을 만들어 낸다. 따라서 적절한 보상으로 마이닝을 통한 가상화폐가 필요치 않게 된다. 누구나 참여하는 것이 아니기 때문에 더 간단한 과정으로 승인되고 봉인이 되며 새로운 블록을 만들어 낼 수 있다.

2) 퍼블릭과 프라이빗의 장단점

퍼블릭 블록체인은 암호화폐와 같은 보상시스템이 없을 경우 동작하기 어려운 단점이 있다. 예를 들어 비트코인은 2,100만개의 비트코인이 생성되면 자체 알고리즘으로 더 이상의 코인을 생성하지 못하게 해 놓았다. 그 이후는 블록을 만드는 보상을 거래 수수료로 바꾸겠다고 하였다. 그 이후의 시점에도 제대로 동작할 지에 대한 의구심이 전문가들 사이에서 이야기되고 있다. 이에 비하여 프라이빗 블록체인은 승인받은 노드만 참여하므로 리워드를 통한 참여 의지를 만들지 않아도 된다. 또한, 일반 노드의 참가를 승인하지 않기 때문에 승인을 받아야 되는 노드의 수가 적어 처리 속도가 훨씬 빠르다는 장점이 있다. 퍼블릭은 늘어나는 노드를 막을 수 있는 방법이 없어서 참여 노드가 늘어남에 따라 점차 속도의 저하 문제는 더 심각하다. 하지만 프라이빗 블록체인의 사용자는 서비스 제공자에게 전적으로 의존하여야 하기 때문에 퍼블릭 블록체인에 비하여 신뢰성에 한계가 있다. 하지만 원장에 기록된 정보들이 퍼블릭에 공개되지 않으므로 개인정보 보호의 이슈에서는 자유롭다. 처음 블록체인 기술이 만들어질 당시의 목적과는 다른 방향의 전개이지만, 사업자간 네트워킹을 통한 신뢰도 확보 및 보안문제의 해결 등의 장점이 있어서 최근에 많이 고려되는 블록체인 기술이기도 하다.

3) 프라이빗 블록체인의 예

이러한 프라이빗 블록체인 기술 중에서 은행권이 국제송금에 사용하기 위한 리플(Ripple)이 대표적이라 할 수 있다. 리플은 국제은행간 송금규칙인 SWIFT를 대체하기 위한 기술로 만들어졌다. 현재 국제 송금에 쓰여지는 SWIFT는 거래 시간도 많이 걸리고 중간 노드가 많아지면 많아질수록 송금수수료가 커지는 단점이 있다. 40년 전부터 써 오던 복잡한 시스템이기 때문에 중개은행이 개입되는 것이 많으며 따라서 중개수수료가 과다하게 발생하였다.

리플은 각 은행이 바로 리플넷에 접속되도록 하고 퍼블릭 블록체인에서 사용하였던 PoW과정을 사용하지 않고, 이미 **지정된 검증노드(Validation Node)**만 검증작업에 참여하는 컨센서스 알고리듬을 사용한다. 각 검증노드가 거래에 문제가 없는지 검증하고 전체 검증노드의 80%가 문제없다는 판단을 내리면 거래가 성립된다. 리플은 제도권 은행에서 사용하기 가장 좋은 형태로 만들어져 있으며 송금을 위한 특화된 방식으로 프라이빗 블록체인의 좋은 예가 되고 있다. 최근에는 프라이빗 블록체인이 금융거래의 수단 이외에 다양한 분야의 적용을 대상으로 검토되고 있다. 의료분야에 대한 적용이나, 전자문서의 적용, 선거 투표의 공정성을 담보하기 위한 응용 등에 사용되고 있으며, 최근에 KT에서는 국제로밍에서 상호 정산의 문제를 해결하기 위하여 프라이빗 블록체인을 제시하여 몇 사업자간 시범사용에 대한 개발을 들어가기도 했다.

4) 프라이빗 블록체인의 한계와 향후 전개 방향

처음 블록체인 기술이 만들어졌을 때에는 분산원장 기술이 중앙은행 등의 권위를 이용하지 않고도 신뢰할 수 있는 거래장부를 만드는 것에 목적이 있었다. 이후 블록체인 기술이 다양화 되고 참여노드의 수가 급증함에 따라 발생하는 비효율 등의 문제를 해결하면서 은행과 같은 공신력 있는 기관이 사용하기 위한 방법으로 프라이빗 블록체인 기술이 만들어졌다. 프라이빗 블록체인은 참여자가 제한되기 때문에 엄격히 이야기하면 토큰이코노미의 개념이 없다고 보면 된다. 하지만, 기존의 퍼블릭 블록체인에 비하여 POW와 같은 복잡한 과정이 필요 없고, 코인이 개입되지 않아도 되는 등의 장점으로 공공기관 등에서 쓰이는 공신력 있는 데이터를 저장하고 사용하기 위한 방법으로 많이 쓰인다. 지자체의 투표시스템 등에서도 프라이빗 블록체인을 도입하면 공공데이터가 밖으로 빠져 나가는 등의 위험을 제거할 수 있다.

하지만 기존의 중앙화된 서버에서 구현하는 방법에 비하여 어떤 방법이 더 효율적인지에 대한 기본적인 검토가 필요하다. 블록체인 기술을 도입하게 되면 참여자 모두가 가지고 있는 데이터로 인하여 공신력의 문제와 함께 해킹 등으로 인한 문제점을 해결할 수 있는 반면, 여러 서버에서 동일한 데이터를 저장하고 있어야 하고, 단순 저장이 아닌 블록화된 데이터를 체인형태로 구성하는 등의 비효율 요소도 역시 있다. 앞으로 어떠한 방향으로 발전할지는 더 지켜봐야 될 것으로 판단되며, 현재의 기술과 상황에서 더 발전된 기술의 도입으로 발전의 방향이 정해지게 될 것으로 예상한다.

◆ 참고문헌 ◆

■ 국내 문헌

권기헌(2008). 「미래 예측학」. 법문사.

김건식(2018). 가치사슬 내부 및 외부의 지식원천이 급진적 혁신 및 점진적 혁신에 미치는 영향 : 지식원천들의 연구개발투자-혁신성과 관계에 대한 조절효과. 「기술혁신학회지」, 21(1), pp. 454-490.

김대호(2016). 「4차 산업혁명」. 커뮤니케이션북스.

김도관 · 홍성희(2007). 「미래트렌드와 미래연구방법론」. 부산발전연구원.

김병목(2015). 「국가 기초연구 등 연구개발 정책·제도의 성과평가와 미래 과제」. 한국연구재단.

김석준(2018). 「4차 산업혁명 이후의 미래」. 바른북스.

김석준(2019). 「문과생을 위한 ICT 이야기」. 커뮤니케이션북스.

김성태(2007). 「또 다른 미래를 향하여: 국정관리를 위한 미래예측과 미래전략」. 법문사.

김영식(2008). 「과학, 역사 그리고 과학사」. 생각과 나무.

김인수(1997). Imitation to Innovation: The Dynamics of Korea's Technological Learning, Boston: Harvard Business School press

김인수(2000). 「모방에서 혁신으로」, 임윤철·이호선 역, 시그마 인사이트

김재우 · 장태종 · 손종구 · 김기일 · 박현우(2004). 「국내외 기술평가 모델 체계화-기술평가 방법, 유형, 기법을 중심으로」. 한국과학기술정보연구원(KISTI).

김정홍(2002). 「기술혁신의 경제학」 시그마프레스, 2002.

김진수·서순탁(2014). 경로의존성 관점에서 본 세종시정책의 변동과정에 관한 연구. 국토계획, 5-29.

김진우(2017). 「기술경영 :인간중심의 기술사업화」 박영사.

김찬호(2013). 기술 사업화 성공과 실패 사례 연구. 한국과학기술정보 연구원

김창욱(2012). 아키텍처 & 거버넌스: 연결해 구축하고 스마트하게 배분하라. 「DBR Issue 2」, 103, 82～89.

김창욱· 강민형· 가한수· 윤영수· 한일영(2012). 「기업생태계와 플랫폼 전략」. 삼성경제연구소.

김향선 (2001). 하이데거의 기술철학. 「철학연구」, 52, 79-102.

노규성(2014). 「플랫폼이란무엇인가」. 커뮤니케이션북스.

노규성· 조남재(2010). 「경영정보시스템」. 사이텍미디어.

류한석(2012). 「모바일 플랫폼 비즈니스」. 한빛비즈.

박상범(2015). 「생산·운영관리」. 서울. 탑북스.

박영숙(2004). 「미래 예측 리포트」. 랜덤하우스중앙.

박영숙(2007). 「전략적 사고를 위한 미래예측」. 교보문고.

박영숙(2008). 퓨처스 휠 기법. 「월간 국토」, 316.

박영숙·제롬 글렌·테드 고든(2008). 「미래 가본 2018년 유엔 미래보고서」. 교보문고.

박영숙·테드 고든·제롬 글렌(2006). 「미래예측방법론-1」. (사) 유엔미래포럼.

박용태(1995). 「기술경영의 개념정립과 체계화모형」 (연구보고 1995-26). 과학기술정책연구원.

박용태(2012). 「(공학도를 위한) 기술과 경영」 개정 2판. 생능.

박종복(2008), 기술사업화 이론과 기술경영 적용방안. 「산업경제분석」.

박태영(2014). 「(사례를 통한) 기술 경영의 이해 + 미래기술 트렌드」. 무역경영사.

박형호(2005). 「생산운영관리」. 도서출판 청람.

백광현(2017). 「정보통신기술 경영」. 범한.

샤 세이키(1979). 「과학사의 새로운 관점」. 오진곤 등(번역). 전파 과학사.

송성수(2014), 「기술 혁신이란 무엇인가」. 생각의 힘

송위진·성지은·김연철·황혜란·정재용(2006). 「탈추격형 기술혁신체제의 모색」 (정책연구 2006-25). 과학기술정책연구원.

연대성(2017), 사물인터넷 마케팅혁명, 인포더북스

연대성(2018). 「디지털트렌드 2019」. 책들의정원.

유경만·양혜영(2008). 「기초원천연구의 개념 정립 및 추진 방안에 대한 정책 제언」 (R&D Focus 9호). 과학기술정책연구원.

유성열·이강배(2005). 델파이방법을 이용한 비즈니스 프로세스 관리 시스템의 기능 평가에 관한 연구. 「한국산업정보학회논문지」, 10(4): 40-53.

윤상진(2012). 「플랫폼이란 무엇인가?」. 한빛비즈.

윤형중(2012). 「이제는 빅데이터 시대」. e비즈북스.

이공래(2000). 「기술혁신이론개관」(연구보고 2000-01). 과학기술정책연구원

이광호 외(2009).「기초·원천기술 확보를 통한 과학기반산업 육성 방안」(정책연구 2009-16). 과학기술 정책 연구원

이수·김길선·박진한(2014). 지배적 디자인 확보를 위한 공정기술혁신의 진화. 「경영학연구」, 43(4), 1379-1410.

이영덕·조석홍(2015). 「기술 경영」. 두남.

이인우(2009). “기술 경영학의 연구 동향”. 성균관 대학교 석사 학위 논문.
정미애·이민형·안두현·김석현·이지혜(2012). 「기초·원천 연구의 실용화 촉진 방안: 산학연협력을 중심으로」(정책연구 2012-05). 과학기술정책연구원.
정선양(2011). 「전략적 기술 경영」. 박영사.
정선양(2018). 「기술과 경영」. 시대가치.
정운찬· 김영식(2018). 「거시 경제론」. 율곡 출판사.
정지혜(2011). 개방과 소통이 만드는 서비스 사업의 혁신. 「LG Business Insight」.
정진욱·안성진·김현철·이원혁·유수현(2018). 「정보통신 배움터」. 생능.
조동성(2013). 「전략 경영」. 서울경제경영.
조원경(2018). 「한권으로 읽는 디지털혁명 4.0」. 로크미디어.
최병삼(2010). 「성장의 화두, 플랫폼」 (SERI 경영노트 제80호). 삼성경제연구소.
크로스테크랩(2018). 「2019 ICT 트렌드」. 한스미디어.
함유근· 이정우(2012). 적절한 개방으로 기업 차별화의 길 찾아라. 「DBR Issue 2」, No. 103, 76～80.
홍사균(2016). 「기술혁신의 패러다임 변화에 대응하는 국가과학기술혁신전략 탐색연구」(정책연구 2016-18). 과학기술정책연구원.
홍성욱 등(2016). 「기원(the Origin):렉처 사이언스 KAOS」. 휴메니스트 출판 그룹.
홍성욱(2008). 「과학에세이; 인간과 사회를 말하다」. 동아시아.
홍영표(2016). 「기술, 경영을 만나다 :기술의 가치를 높이는 경영의 정석」. 에이콘.
황기하(2009). 「미래예측방법론」. 한국과학기술기획평가원(KISTEP).
황병선(2012). 「스마트플랫폼 전략」. 한빛미디어.
히라노 아쓰시 칼· 안드레이 학주(2011). 「플랫폼 전략」. 천채정 옮김. 더숲.
KT 경제경영연구소(2017). 「한국형 4차 산업혁명의 미래」, 한스미디어
과학기술정책연구원(2003). 「과학기술예측을 위한 미래 사회의 이슈 및 니즈 도출」.
과학기술정책연구원(2008). 「통합적 미래연구 방법론의 탐색 및 적용」. .
전략기술경영연구원(2007). 「Advanced TRM 실무메뉴얼」.
전략기술경영연구원(2008). 「창조적 비즈니스 · 기술기획을 위한 R&BD 평가방법의 적용과 해석실무」.
정보통신연구진흥원(2006). 「IT 기술예측 2020」.
정보통신연구진흥원(2007). 「RADERS를 통한 IT미래 유망기술 발굴」.
정보통신연구진흥원(2008). 「2025년 글로벌 미래예측과 전략 」. 기획보고서.
정보통신연구진흥원(2008). 「IT 기술예측」.
정보통신연구진흥원(2008). 「IT미래 유망기술 발굴」.

정보통신정책연구원(2005). 「미래 시나리오 방법론 연구」.

정보통신정책연구원(2005). 「코리아 메가트렌드와 미래한국 설계」. .

정보통신정책연구원(2006). 「디지털 사회의 미래예측방법론 연구」.

한국 사물인터넷협회(2018). 2018 상반기 사물인터넷 제품 및 서비스 편람.

한국 산업기술진흥원(2011). 세상을 바꾸는 생각들 기술 비즈니스 융합, 시장중심 기술 이전 활성화.

한국과학기술기획평가원 (2008). 「UNODO 기술예측 매뉴얼」. 한국과학기술평가원 기술예측센터.

한국과학기술기획평가원(2005). 「과학기술예측조사(2005~2030) 미래사회 전망과 한국의 과학기술: 미래 변화모습(시나리오)」. .

한국과학기술기획평가원(2008). 「국가미래지수(SOFI) 작성을 위한 실무매뉴얼」. 한국과학기술평가원 기술예측센터.

한국과학기술기획평가원(2008). 「한국 과학기술예측조사 평가 및 개선방안 도출에 관한 연구」. 한국과학기술기획평가원 기술예측센터.

한국과학기술기획평가원(2009), 「미래전망과 유망기술발굴 기능고도화 」. 한국과학기술기획평가원 기술예측센터.

한국과학기술기획평가원(2009). 「KISTEP 10대 미래유망기술」. 한국과학기술기획평가원 기술예측센터.

한국과학기술기획평가원(2009). 「과학기술역량 강화를 통한 R&D 효율성 제고 방안」.

한국과학기술기획평가원(2009). 「신재생에너지 분야의 전략적 미래예측」. 한국과학기술기획평가원 기술예측센터.

한국과학기술정보연구원(2001). 「미래기술의 경쟁력강화를 위한 기술예측기법 연구」.

한국과학기술정보연구원(2009). 「기술 로드맵 작성과 실무」.

한국전자통신연구원(1995). 「기초 · 기반기술연구의 개념 정의」.

한국전자통신연구원(2001). 「ADSL서비스 품질관리방안」.

한국전자통신연구원(2006). 「트렌드 분석 결과보고서」. 미래기술전략연구반 내부자료.

한국전자통신연구원(2008). 「특허분석을 통한 유망 융합기술 전망」.

한국정보사회진흥원(2008). 「2025년 글로벌 미래예측과 전략」(국가미래전략 Brief 제 5호).

한국정보사회진흥원(2008). 「국가 미래예측 메타분석」.

■ 외국 문헌

Abernathy, William J., & Utterback, J. M.(1975). A dynamic model of process and product innovation. Omega. 3(6). 639-656

Abernathy, William J., & Utterback, J. M.(1978). Patterns of Industrial Innovation, technology review, 80(7)

Anderson, P., & Tushman, M. L.(1986). Technological Discontinuities and Organizational Environments. Administrative Science Quarterly. 31(3)

Applegate, L.(2010). Amazon.com: The Brink of Bankruptcy. Harvard Business School.

Barney J. B.(1986). Organizational Culture: Can It Be a Source of Sustained Competitive Advantage?. Academy of Management Review, 11(3), 656-665.

Barney, J. B.(1991). Firm resources and sustained competitive advantage. Journal of Management. 17(1), 99-120.

Basalla, G. (1988). Evolution of Technology. Cambridge : Cambridge Press.

Chesbrough, H. W.,(2003). Open Innovation: The New Imperative for Creating and Profiting, from Technology. Harvard Business School Press, Boston.

Chesbrough, H.(2003). Open Platform Innovation: Creating Value from Internal and External Innovation. Intel Technology Journal, 7(3), 5~9.

Ciampa Dan (1992). Total Quality: A User's Guide for Implementation. Massachusetts: Addison-Wesley.

Croxton, K., García-Dastugue, S., Lambert, D. & Rogers, D. (2001), The Supply Chain Management Processes, International Journal of Logistics Management, The, Vol. 12 No. 2, pp. 13-36.

Cusumano, M. & Gawer, A.(2002) The Elements of Platform Leadership. MIT Sloan Management Review, 43(3), 51~58.

Edison, H., Ali, N.B., & Torkar, R. (2014). Towards innovation measurement in the software industry. Journal of Systems and Software. 86(5), 1390-407.

European Commission(2006). Using Foresight to Improve the Science-Policy Relationship. EUR 21967

Evans JR(2015). 「품질경영」(이창원 옮김). 한경사..

Fenn, J. & Raskino, M. (2008). Mastering The Hype Cycle. Harvard Business Press.

Fleisher, C. S.(2004). 「전략·경쟁 분석 : 비즈니스 경쟁 분석을 위한 방법론 및 테크닉」(소자영 등 옮김) . 서울. 3mecca.com..

Foster, R. N.,(1986). 「Innovation: The Attacker's Advantage」. Summit Books

Gawer, A. & Cusumano, M. A.(2008). How Companies Become Platform Leaders. MIT Sloan

Management Review, 49(2), 25～38.

Gaynor, H. G.(1996). The Handbook of Technology Management. McGraw-Hill Professional; 1 edition.

Glenn, J. & Gordon, T.(2009). Future Research Methodology version 3.0. The Millennium Project.

Graves, A.(1987). Comparative Trends in Automotive Research and Development. DRC Discussion Paper No.54, Science Policy Research Unit. Sussex University. Brighton.

Hassan Masum(2003). http://www.trend.re.kr/attachment/5421971555.pdf

Heidegger, M.(1994), Vorträge und Aufsätze. Stuttgart.

Henderson, R. M., Clark, Kim B(1990). Architectural Innovation: The Reconfiguration of Existing Product Technologies and the Failure of Established Firms. Administrative Science Quarterly. 35(1).

Hunt, M. (1972). Competition in the Major Home Appliance Industry. doctoral dissertation, Harvard University.

Iansiti M. & Levien, R.(2004). The Keystone Advantage: What New Dynamics of Business Ecosystems Means for Strategy, Innovation, and Substantiality. Harvard Business School Books.

Iansiti, M. & Levien, R.(2004). Strategy as Ecology. Harvard Business Review, March, 1～9.

Jolly, V. K.(1997). 「Commercializing New Technologies」. Harvard Business School Press, Boston, MA.

Khalil, T. M. (2000). 「Management of Technology: The Key to Competitiveness and Wealth Creation」, Boston: McGraw Hill.

Kline, S. J. & Rosenberg, N. (1986). An overview of innovation. World Scientific Publishing. chapter 9, 173-203.

Lambert, D. M., Cooper, M. C. & Pagh, J .D.(1998). Supply Chain Management: Implementation Issues and Research Opportunities. The International Journal of Logistics Management. 9(2), 1-20

Mahoney, J(2000). Path Dependence in Historical Sociology. Theory and Society, 29(4),507-548

Markham, S. K. & Mugge, P. C. (2014). 「Traversing the Valley of Death: A Practical Guide for Corporate Innovation Leaders」. 최종인 옮김. Stephen K Markham

Moore, G. A. (2005). Inside the Tornado: Strategies for Developing, Leveraging, and Surviving Hypergrowth Markets. Harpe Business.

Moore, G. A.(2014). Crossing the Chasm. Harper Business Essentials.

Moore, J. F.(1993). Predators and Pray: A New Ecology of Competition. Harvard Business Review, 71(3), 75～86.

Moore, J. F.(2006). Business Ecosystems and the View from the Firm. The Antitrust Bulletin, 51(1), 31

~75.

Na, H.(2010). Competition between Business Ecosystems in Quasi-Open Platform Era: A Case Study of the Japanese Mobile Industry. Kyoto University.

NAG, R., Hambrick, D. C. & Chen, M.(2007). What is strategic management, really? inductive derivation of a consensus definition of the field. Strategic Management Journal. 28, 935-955.

Osterwalder, A. & Pigneur Y., & Smith A. (2010). Business Model Generation. self-published.

Peltoniemi, M.(2006). Preliminary Theoretical Framework for the Study of Business Ecosystems. Eco, 8(1), 10~19.

Policy Studies Institute(2010) . 「Small Firms' Innovation」. University of Westminster

Porter, M. E.(1980). 「Competitive Strategy: Techniques for Analyzing Industries and Competitors」. New York: Free Press.

Porter, M. E.(1985). Review: Competitive Strategy. The Academy of Management Review. 10(4), 873-875.

Prahalad, C. K., & Hamel, G.(1990). The Core Competence of The Corporation, Harvard Business Review, 68(3), 79-91.

Rogers, E. M. (1962). 「Diffusion of innovations (1st ed.)」. New York: Free Press of Glencoe.

Rothaermel, F. T.(2014). 「(최신) 전략경영」.이건희 등 옮김. McGraw-Hill Education Korea.

Rothwell, R. & Zegveld, W.(1985). 「Reindustrialization and technology」. ME Sharpe

Rothwell, R. (1994). Towards the Fifth-generation Innovation Process. International Marketing Review. 11(1), 7-31.

Schilling, M. A.(2010). Strategical Management of Technological Innovation. 김길선 옮김. McGraw Hill korea.

Schumpeter, J. A.(1911). 「The theory of economic development」, Cambridge, MA: Harvard University Press.

Schumpeter, J. A.(1942). 「Capitalism, Socialism and Democracy」, New York: Harper.

Schumpeter, J. A.(1961). 「The Theory of Economic Development」, 3rd Edition, Oxford University Press, New York

Schwab, K.(2016). The Fourth Industrial Revolution. 송경진 옮김(2016). 「제4차 산업혁명」. 새로운 현재.

Simon, P.(2011). The Age of the Platform: How Amazon, Apple, Facebook, and Google Have Redefined Business. Motion Publishing

Teece, D. J.(2007). Explicating dynamic capabilities: The nature and microfoundations of (Sustainable) enterprise performance. Strategic Management Journal. 28(13), 1319-1350.

Teece, D. J., Pisano, G., & Shun, A.(1997). Dynamic Capabilities And Strategic Management. Strategic Management Journal. 18(7), 509-533.

Timmers (1998). Business Models for Electronic Markets. Electronic Markets, 8(2), 3～8.

Tobioka, K.(1997). SENKEN-RYOKU WO TSUKERU. Nihon Keisai Shimbun, Inc.

Utterback, J. M. (1996). Mastering the Dynamics of Innovation.

■ 인터넷 참고 자료

B2U, Porter's Five Forces, retrieved 2019.5.8, https://www.business-to-you.com/porters-five-forces/ Business Model Zen, 기존 비즈니스모델 캔버스의 강점과 한계점, 2019.10.5., http://businessmodelzen.co.kr/archives/5532

DBR, 빠르고 유연한 린스타트업 경영, 2019.8.7, https://dbr.donga.com/article/view/1203/article_no/7397

IT World, 가트너 2019년 10대 전략 기술 트렌드 발표, 2018.10.17, http://www.itworld.co.kr/news/111118

LG CNS, 거시적 환경 분석과 4P, 2019.5.4., https://m.post.naver.com/viewer/postView.nhn?volumeNo=10117650&memberNo=3185448

MBA Crystal Ball, Core Competencies, retrieved 2019.10.1, https://www.mbacrystalball.com/blog/strategy/core-competencies/

MSG, Strategic Management, retrieved 2019.5.10, https://www.managementstudyguide.com/strategic-management.htm

Sarah K. White, "불량률 3/100만"… 식스 시그마의 이해, 2019.9.8, http://www.ciokorea.com/news/36343#csidxc83d0934b2efbcc8a694936b39ea1e1

Wikipedia, 린스타트업, 2019.11.2., https://ko.wikipedia.org/wiki/린스타트업

World Economic Forum, what is disrution innovation, retrieved 2019.7.7 https://www.weforum.org/agenda/2016/06/what-is-disruptive-innovation/

담덕의 경영학 노트, 마이클 포터의 가치사슬 모형, 2019.11.1., https://mbanote2.tistory.com/388

담덕의 경영학 노트,PEST 분석, 2019.11.5., https://mbanote2.tistory.com/384

변화를 즐겨라, 사업타당성 평가, 2019.10.1, http://blog.naver.com/PostView.nhn?blogId=gojump0713&logNo=140105033686

◆ 찾아보기 ◆

ㄱ

ㅅ

ㅇ

ㅈ

ㅊ